【张学良研究中心系列丛书】

张氏父子
与东北城市现代化建设

ZHANGSHIFUZIYUDONGBEICHENGSHIXIANDAIHUAJIANSHE

张连兴 ◎主编

辽宁人民出版社

ⓒ张连兴　2019

图书在版编目（CIP）数据

张氏父子与东北城市现代化建设／张连兴主编．—
沈阳：辽宁人民出版社，2019.7
ISBN 978-7-205-09611-3

Ⅰ.①张… Ⅱ.①张… Ⅲ.①城市建设—城市史—东
北地区 Ⅳ.① F299.273

中国版本图书馆 CIP 数据核字 (2019) 第 098560 号

出版发行：辽宁人民出版社
　　　　　地址：沈阳市和平区十一纬路 25 号　邮编：110003
　　　　　电话：024-23284321（邮　购）　024-23284324（发行部）
　　　　　传真：024-23284191（发行部）　024-23284304（办公室）
　　　　　http://www.lnpph.com.cn
印　　　刷：沈阳新天地印刷有限公司
幅面尺寸：165mm×235mm
印　　张：29.5
字　　数：470 千字
出版时间：2019 年 7 月第 1 版
印刷时间：2019 年 7 月第 1 次印刷
责任编辑：赵维宁
装帧设计：白　咏
责任校对：吴艳杰
书　　号：ISBN 978-7-205-09611-3
定　　价：75.00 元

前　言

　　城市的建设与发展，是人类社会进步和文明的物化体现。1923年，奉天市政公所的成立，标志着沈阳正式建市，实行市制管理。沈阳建市排在全国第一建市的广州之后，在内陆城市中名列第一。在近代中国文化面临的一个几千年未有的大变局中，沈阳人这种敢为天下先的作为，向世人展现了沈阳的精神文化。

　　在沈阳建市95周年之际，为重温和弘扬沈阳的精神文化，助推新时代城市建设与发展，辽宁张学良暨东北军史研究会与张氏帅府博物馆共同举办"张氏父子与东北城市发展——纪念沈阳建市95周年"学术研讨会。研讨会就东北城市发展的历史背景与诸因素、沈阳实行市制的意义、张氏父子推动东北城市近代化的作为、实行市制后沈阳的市政建设等问题展开讨论。

　　城市的建设和发展，是以经济社会发展为基础的。张作霖出任奉天督军兼省长后，将奉天经济建设作为施政的重点。在起用王永江出任财政厅长、代省长后，使奉天的经济呈现迅速好转和快速发展的态势。经济发展首先带动了铁路交通业的发展，在1921年的一年内，奉天省就先后启动了锦朝和打（大）通两条铁路的建设。在开工修建铁路的同时，王永江还大力推进全省的公路建设，将道路分为县道、乡道、里道三级，由县知事负责，分为四期，限令到1924年春季完成。

　　经济和交通的快速发展，自然带动城市工商业的繁荣。为鼓励工商业的发展，王永江在1917年就提出，废止没有前途的官营事业，1922年，他制订了更为详细的工商业发展计划，实行官商联合出资，开发抚顺、本溪、柳河、西安（今辽源）等各县金矿；扩大呼兰制糖厂和鸭绿江采木公司的经营规模；加速筹备奉天纺纱厂等。1918年，张作霖为繁荣城市，发展民族经济，在商埠地与外国展开竞争，下令开辟南、北市场，由王永江督建，奉天省城商埠局局长赵景琪负责具体事宜。南、北市场的开发建设，不仅促进了沈阳城市工商业的繁荣，还使沈阳城市人口得到快速增长。

沈阳经济社会的发展，为沈阳实施市制提供了基础条件，而奉天当局的推动更是至关重要。奉天市政筹备处成立后，张作霖指示制定暂行章程："惟市政机关，所系綦重，亟应筹划，俾得早日正式开办，以策进行。"在张作霖、王永江为首的奉天当局的积极推动下，经过三个月的筹备正式成立了市政公所，对沈阳实行市制管理。

对城市实行市制管理，是城市近代化的重要标志。1923年奉天市政公所成立，是继广州后第二个实行市制的城市，与沿海城市广州并列，走在实行市制的前列，充分展现了沈阳文化的创新性品质。同时，也为沈阳快速发展提供了制度保障。

实行市制让沈阳的城市发展进入了快车道，市长曾有翼亲自规划城市发展蓝图，进行街道改建扩建，区域环境治理，推动文教卫生事业发展等。其中城市扩容包括老城区在内扩大为六大板块：以沈阳古方城为中心的核心板块；以商埠地为范围的商埠板块；以兵工厂为范围的大东新区板块；以附属地为范围的殖民板块；规划和建设中的惠工工业区板块；规划和建设中的沈海工业区板块。城市六大板块的确定，为沈阳城市进一步发展奠定了基础。

实行市制后，沈阳的城市发展展现出一种全新的理念。市政公所成立时，就规划设立沈阳市工业区，在该区中心建成一个广场，取名"惠工广场"。以"惠工"作为广场的名字，在全国是唯一的，这表明了沈阳人对发展工业的一种态度。张学良执掌东北军政后，在"惠工"思想基础上，又提出了"东北新建设"的思想和主张。从"惠工"思想理念到"东北新建设"主张，体现了张氏父子追求工业发展理念的一脉相承。张氏父子的工业强市强省的主张与作为，有力地推动了沈阳近代工业文明前进的车轮。

实行市制后的沈阳城市发展是全方位的，特别是文教卫生、社会公共等事业得到快速的发展。如北陵大街的改造、第一条自主有轨电车的开通等，都给城市带来了新的气象。将清福陵、昭陵开辟为公园，开辟成为市民观光旅游之地。由"皇家禁地"开辟成为"公共空间"，这是一个重大的社会进步。

此次研讨会，是通过纪念沈阳建市95周年，对张氏父子时代东北城市发展做一次梳理和研讨，以增强沈阳人的文化自信，促进城市文化的繁荣。

张连兴

2019 年 2 月

目　录

沈阳建市彰显的精神文化

胡玉海　　郭春修

1923 年，奉天市政公所的成立，标志着沈阳正式建市，实行市制管理。沈阳建市排在全国第一建市的广州之后，在内陆城市中名列第一。在近代中国文化面临着一个几千年都没有碰到的新变局中①，沈阳人这种敢为天下先的作为，向世人展现了沈阳的精神文化，突出地表现在百折不挠的继承精神，兼容中西的包容精神，奋发向上的创新精神上。在沈阳建市95 周年之际，重温和弘扬沈阳的精神文化，具有重要意义。

一、百折不挠的继承精神

当我们翻阅沈阳文化史册，会清晰地看到，从远古走来的沈阳文化，与其他地域文化相比较，极具地方特色。尤其是沈阳近代文化，在与外来文化和中原文化互动交融中，更加绚丽多彩而又别具一格，其突出特点，是具有百折不挠的继承精神。

沈阳最早的先民，是新乐人。具有 7000 余年历史的沈阳文化，到了近代，遇到了来自西方文化的强烈冲击。西方文化输入中国，是以"新"文化的强势姿态出现的，中国传统文化则被冠以"旧"文化，处于被动状态。在中外文化和新旧文化的交流碰撞中，由于历史和所处地理环境的特

①《李鸿章朋僚函稿》卷一。

殊性,外来文化在沈阳地区的传播,还伴随着政治、经济和军事上的推行和强制接受,具有强迫性、统制性。但沈阳文化却不屈于外力与压制,顽强地坚守自身的传统文化;虽在外来文化打压下,仍使传统文化延绵赓续,未曾中绝。故沈阳文化可谓表现出了百折不挠的继承性。

外来文化最早是通过传教进入沈阳地区的。道光十年(1832),德国人郭士立(Gützlaff,Karl Friedrich August)在盖平登陆传教。咸丰二年(1852),德国人郭际烈自暹罗(泰国)乘船到没沟营(今辽宁营口)讲经布道。同治十一年(1872),英国基督教传教士罗斯约翰(Ross John)来沈阳,在西华门、钟鼓楼、小河沿一带设立教堂,传经布道。此后通过宗教途径在辽沈地区传播西方文化,呈快速发展态势。传教首先是通过行医、办学、开办各种活动与沈阳民众接触,传授现代科学知识,提倡西方生活方式,宣传西方思想观念和价值取向。在传教中,传教士们发现沈阳这座城市,虽然"大多数人,甚至商人,都是文盲,但他们是真正的文明人"。包括"最普通的劳动者"在内,他们是通过学者和官员"全身心地学习儒家规范"的。"孔子的格言在人们的生活日常谈话中广为引用,并且作为家族的信条在日常生活中被恪守和履行。"英格利斯评论说,"深深根植于中国人心中的是对自己过去历史、过去圣贤、过去经典、过去传统的崇拜和自豪"①。

沈阳人这种维护传统的行为,在当时的传教者们看来,是"保守"。实际上是一种"坚守","对他们来说,从祖先继承下来的东西是非常完美的,任何变更都将被视为亵渎行为"②。正是这种坚守,让沈阳文化保持了完整的继承性。

这种"坚守"精神,在日俄势力进入东北后,显得尤为重要。自清末日本侵略势力进入沈阳地区后,为巩固和扩大侵略势力,伴随政治、军事力量和满铁附属地扩张的同时,大力扩充文化宣传机构的设置,包括宗教团体、图书馆、报刊出版等,方方面面,推行其文化。在20世纪20年代东

---

① [英]伊泽·英格利斯著,张士尊译:《东北西医的传播者——杜格尔德·克里斯蒂》,辽海出版社2005年版,第36页。

② [英]伊泽·英格利斯著,张士尊译:《东北西医的传播者——杜格尔德·克里斯蒂》,辽海出版社2005年版,第38页。

北就有日本控制的报刊70余家，日本在东北的宗教团体，以宣传教义的方式，大肆宣传殖民与奴化思想。

日本武力和文化的侵略，激起沈阳学人强烈的责任感和维护民族文化的自觉性。他们深知爱国、救国，必须唤起民族精神，而民族精神是由民族文化维系的。早在1918年，奉天省教育厅长谢荫昌就倡议刊行《东北丛书》，整理东北文化，最后在金毓黻主持下，有大批东北旧文史资料的辑印，其中《辽海丛书》辑录了辽沈及东北地区的珍贵地方史料，全面地反映了辽沈和东北地区的发展渊源以及历史沿革、政治、经济、文化和人文地理的状况，是了解和研究辽沈及东北地区不可多得的历史资料。并由此还促成东北问题研究的兴起，等等，这种文化成果和文化现象，真实地反映了沈阳人不屈不挠的民族精神，也正是这种精神维系了中华文明的传承。

二、兼容中西的包容精神

市制问题作为上层建筑的城市行政区划制度，最先出现于产业革命的发源地英国。与西方相比较中国引进市制较晚，沈阳作为中国后发地区，能够率先实行市制，是由它的文化具有兼容并包开放性的特点所决定的。

近代以来，沈阳一直是东北政治、经济、文化中心，这一地位决定了它必然是东北中外文化交流的汇集地，是东北与中原文化关系的汇结点。在与外国文化和中原文化交流中，兼容并包，博采众长，充分显示出沈阳文化的开放性和包容精神。这种包容精神主要体现在以下几方面。

第一，经济形态的进步性。这主要体现在生产模式、主导产业、基本结构及政策等各方面。清末民初，是东北移民最多、人口增加最快的时期。在清乾隆五十至五十六年间，奉天人口只有82.16万，到1912年前，奉天全省就增加到1100余万人[①]。大量异地人口的引入，是政策开放的体现，同时也构成了生产方式、经济结构改变的要素。据1933年调查，奉天从业比例分别是：农业6675440人，工业756377人，商业934987人，教育

---

① 梁方仲：《中国历代人口、田地、田赋统计》，中华书局2008年版，第272、269页。

724051人，军事138791人，政治94551人①。从这个结构比中可看出，全省的非农业人口高达30%。

进入民国后，政府开始对身份制、世袭制的土地进行整顿，同时丈量和清理所有官庄、王庄和旗地，在丈放余荒和官地旗地的过程中，官僚、地主、富商及庄头等乘机兼并土地，使地主经济得到进一步发展。在地主经济快速发展的同时，清末官办农牧垦殖公司企业日趋衰退，而私营农垦经济呈快速发展态势。土地所有制的转变，农垦公司的出现及公私营企业的变化，以及农业机械和优良农作物品种的引进等，对农业经济自然状态的改变，发挥了巨大的作用。农业经济形态进步，极大地促进了工业的发展，据统计1917年沈阳有工厂574家②。这些工厂虽然规模不大，但却成为后来建市的重要支撑条件。

第二，政治形态的复合性。政治形态的复合性，主要体现在民国时期。中华民国建立后，沈阳既是奉天省的省城，同时又是逊清"陪都"所在地，两个新旧不同的政治体制同容一城。从民国建立之初，到1923年市政公所成立前，沈阳作为省城直辖于省政府。而设在沈阳故宫内的盛京内务府，则继续掌管逊清"陪都"政务，设有总管大臣1人，佐领3人，镶黄旗、正黄旗、正白旗各1人。主事1人，掌盛京三旗包衣之政令。

奉天省政府负责全省政务，盛京内务府负责皇室事务和庄款的收缴；一个从属于民国政府，一个从属于北京皇宫的总管内务府。两个完全不同类型、不同体系、不同政治属性的机构，同处一个城内。只有北京和沈阳才有这一政治现象，这是民国政治生态的一个怪胎。

政治形态的复合性，还表现在满铁附属地的存在。沈阳的满铁附属地面积，在日本从俄国接收时为595万平方米③，到1917年后，满铁开始策划大幅扩张附属地，至1926年，在沈阳的满铁附属地就扩大到12.16平

①《满洲经济年报》1933年版，第431页。
②《东北年鉴》，东北文化社1931年版，第1033页。
③《满铁附属地经营沿革全史》第3部，大连南满铁道株式会社编印本，昭和十四年（1939），第818页。

方公里，其中市街面积为9.09平方公里①。在满铁附属地的日本人口呈逐年快速上升态势，1906年为1330人，占附属地总人口50%，1918年为6192人，占附属地总人口的59%，日本人口占绝大多数，让这个城中之"国"既有名也有实。

将政治形态复合纳入沈阳文化包容精神中，是一种被动状态。这种被动状态表现在两个方面：一是历史变革不彻底造成的结果；一是民族衰弱遭受侵略的苦果。而从文化演变历程上看，文化的开放性，也确有主动开放和被动开放的不同形态。从某种意义上讲，后发国家的开放都带有被动性质，由开放性所体现的包容精神，是城市发展和推行新制的重要因素。

第三，意识形态的包容性。在长期的历史发展中，沈阳逐渐形成了以汉族为主体的、由多民族组成的聚居区，少数民族有满族、朝鲜族、回族、锡伯族、蒙古族等37个民族。宗教有佛教、道教、伊斯兰教、基督教。多民族共同生活在一个区域，而每个民族的历史文化背景不同，人们宗教信仰不同，生活习俗也有很大差别。如锡伯人忌用狗皮制品，如狗皮帽子、狗皮手套、狗皮袄等；而朝鲜族则喜欢吃狗肉，认为在夏天吃狗肉、喝狗肉汤有滋补作用。

不同民族间长期积累而形成的不同文化习俗，是观念上的特色；而来自不同区域人群的生产生活习惯，是最宝贵的经验。无论是文化习俗的特点，还是生产生活的经验，都是人类最宝贵的财富。他们聚集在沈阳这个共同的家园内，相互包容，求同存异，相互理解和学习。渔猎族群向汉族人学习农耕技术；汉人向朝鲜族学习水田技术，这些不仅极大地提升了生产力，也促进了农业的进步。在文化习俗方面，也相互学习和借鉴。史载奉省"满汉旧俗不同，久经同化，多已相类，现有习俗或源于满，或移植于汉"。这种独特的文化现象，是沈阳文化富有包容性的具体表现。

沈阳作为移民的聚集地，与中原文化的交汇地，沈阳文化的包容性，还表现在对外来文化的态度上。近代以来，来沈阳的外国人越来越多，而最具文化色彩的是基督教在沈阳的传播。英国苏格兰人杜格尔德·克里斯

①《满铁附属地经营沿革全史》第3部，大连南满铁道株式会社编印本，昭和十四年（1939），第298页。

蒂,取中文名司督阁。司在沈阳40年,传授西医和基督教,是成功者的典型。但这与沈阳人对他的认同与支持是密不可分的。在盛京医学院一次毕业典礼上,沈阳的一位既不是教徒也与医学无关的年轻人站起来说:"我用自己的眼睛一直在观察,一位苏格兰老医生双膝跪地,代表医学院向上帝陈述,他为你们献出了自己的一切。"①这位年轻人对司督阁的认同和支持,从深层次说明沈阳文化的包容和开放的特点。

三、奋发向上的创新精神

实行市制,是为了适应城市发展需求的制度创新,而制度创新,是源于文化上的创新精神。沈阳受地理、历史、习俗诸因素的影响和作用,形成了近代文化上的继承性和包容性特点,在此基础上又培育了创新性的文化特质。这种创新是近代意义上的创新,其内容主要体现于民主与科学的精神追求;这种创新也彰显了沈阳文化敢为人先和与时俱进的特质。

第一,制度的创新,是创新精神的首要表征。光绪元年(1875),调崇实为盛京将军,崇到任后对奉省地方吏治体制进行了大力改革。这次改革虽然还只是"权宜变通",但却是近代以来沈阳最大的一次变革。这次改革后,将流民所开垦的土地一律升科,变成国家正式耕地,科以租税,并将所有居民编入户口册籍,结束无政府状态,实现政府的有效管理。

以实施宪政为中心的政治改革是清末东北政治现代化的重要特征。1901年到1905年,清政府连续颁布了一系列"新政"上谕。1905年初,新任盛京将军的赵尔巽,向清廷提出15条改革措施②,获清廷批准后,赵首先从"改官制"开始。赵认为,"盛京五部体制,原是以隆重陪都,而今不仅徒有虚名,而且事权不专,百弊丛生,胥根于此,不予革除,难言

---

① [英]伊泽·英格利斯著,张士尊译:《东北西医的传播者——杜格尔德·克里斯蒂》,辽海出版社2005年版,第284页。
② 赵尔巽提出的15条是:1. 改官制;2. 练士兵;3. 练旗兵;4. 兴教育;5. 清词讼;6. 加廉俸;7. 惩贪墨;8. 筹电垦;9. 振工艺;10. 兴林利;11. 定矿章;12. 改盐法;13. 制钱币;14. 辟商埠;15. 通航路。

整顿"。他本着"当裁者裁，当改者改，当并者并"的原则①，在清廷的支持下，对奉省官制进行全面整顿。通过官制改革调整了地方行政机构，加强了地方公署对边疆的控制，为东北实施宪政铺平了道路。在英国传教士杜格尔德·克里斯蒂眼里，奉天"积极推行那位机敏的老皇后所批准的所有新政，而在其他许多省份里，朝廷所说的新政只是一纸空文"②。

进入民国后，军阀政治让南北出现纷争，国家处于分裂状态，这时一些党派、政治要人和许多学者为了改变这种状况，提出了联邦制、省自治和联省自治等主张③。实行自治是民国以来的民主政治思想之一，也是人民反对北洋军阀政府专制的一个重要武器。受南北争夺形势影响最敏感的湖南省最先实行省自治，其后因第一次直奉战争失败，东北三省实行联省自治。东三省的联省自治，没能改变军阀统治的本质，但它却是民国时期真正意义上的联省自治。东三省议会联合会制、东三省保安司令制，在民国政治史上都是一种创新。联省自治的民主政治形式，不可能从根本上改变军阀专制的实质，但在维护民主政治发展的趋势上，却起到了极为重要的作用。

从实践的角度看，在各省军阀混战不断的状态中，东三省的联省自治，维护了地方的和平，社会秩序的稳定和经济的发展。据1929年统计，奉天一省的经济：煤产量占全国总产量33%，铁占32.7%，铁路里程占21.7%，发电量占21.5%，豆类产量占85.5%，而人口只占全国总人口的3.2%④。

对城市实行市制管理，是城市近代化的重要标志。1923年奉天市政公所成立，是继广州后第二个实行市制的城市，与沿海城市广州并列首先

---

① 《奉天撤去各部》，天津《大公报》1905年7月26日。

② ［英］伊泽·英格利斯著，张士尊译：《东北西医的传播者——杜格尔德·克里斯蒂》，辽海出版社2005年版，第131页。

③ 中国共产党在二大宣言中，提出了"建立中华联邦共和国"的政纲；1922年5月17日，由蔡元培、黄炎培、聂云台等人发起，组织全国14省区八大系统代表参加的国是会议，起草了一部联邦制宪法。

④ 富兰克林·L.霍：《中国东北边疆人口发展》，引自［英］加文·麦克马克著，毕万闻译：《张作霖在东北》，吉林文史出版社1988年版，第8页。

实行市制，充分展现了沈阳文化的创新性品质。

第二，文学艺术的创新，为制度创新提供了文化支撑。清王朝垮台和民国建立，是近代史上最大的一次政治变革。这次政治变革是由社会和文化变迁所促成，而新旧朝代的更替则进一步推动社会和文化的转型。与政治相比文化的变迁和转型是渐进和缓慢的，但同时又是先行和深刻的。早在同治和光绪之际，沈阳文学就出现了令时人和今人都刮目相看的景象。最有影响的沈阳藕乡诗社和荟兰诗社先后出现，"荟兰诗社"的文学创作与市场结合，主动地将文学创作与大众的文化需求相结合，将文学的艺术性与通俗性、娱乐性相结合，这是那个时代的最大创新。同时还涌现出一个文化群体，留下了许多传世之作。如缪润绂和他的《沈阳百咏》，魏燮均的三千首好诗，还有官员诗人张锡銮留下的诗作等；魏燮均的"论诗我有三千首，足抵豪家百万金"，展现了作家的豪迈、自信，而张锡銮的冷艳诗篇，则闪烁着人性关切和浪漫的风范。

进入民国后，在渐进和缓慢的文化转型过程中，沈阳文学艺术的创新，是起于批判封建文化、提倡革命的文化运动，具体是从改良戏曲提倡文明戏开始的。在这一过程中，奉天落子逐渐演变为评剧，是沈阳艺术创新的重要成果。

东北新文学，虽然是在五四新文化运动中兴起，与关内新文学相比不是走在最前面的，但也有些新文学作品却领风气之先。如穆儒丐的《香粉夜叉》，金小天的《问牵牛花的话》，王莲友的《我的杂感》等，都是当时沈阳文坛上具有较大影响的作品。穆儒丐的《香粉夜叉》是中国五四新文化运动的第一部长篇小说。金小天发表的新诗《问牵牛花的话》，开创了沈阳以白话文写诗的新纪元。金小天其后发表的《青春之歌》，为2100行长诗，在中国文学史上不能说绝无仅有，但也极为罕见。王莲友《我的杂感》新诗，则开创了新诗思想内涵的风气之先。诗中唱出"社会主义来了 / 到处传"的颂歌。唱出"社会主义来了"[1]，无疑显示出强烈的时代感和战斗精神。

---

① 辽宁省地方志编纂委员会办公室主编：《文化志》，辽宁科学出版社1999年版，第43页。

第三，思想观念的创新，是制度创新的本质表征。在一定意义上说，思想观念的更新是各种创新的先导。沈阳人伴随着鸦片战争后出现的海河文明冲击，思想观念经历了一个逐渐演变的过程，由顽强坚守旧思想、旧理念到逐步开始接受新思想、新观念。在相当长的时间内，所谓的新观念只是被动地接受西学，还谈不上真正意义上的创新。但是这种被动地接受新观念，对于被几千年传统理念禁锢的民族来说，是一种很大的进步，也是一种创新。如开办学校、创办农垦公司、兴立会所等。五四新文化运动后，这种创新才有了自觉性和主动性。

沈阳文化史上的观念创新，最具典型意义的是发展工业的理念。在人类历史进入近代工业化阶段，沈阳在世界范围内起步不早，但在全国却走在了最前面。19世纪末，中国历史上第一个机械造币厂"奉天机器局"的诞生，在沈阳掀起了引进机器建设工厂的热潮。沈阳人最早的工业强市和工业强国的理念起于何时，无从考证，而把这种理念付诸行动是在1923年。市政公所成立时，就规划设立沈阳市工业区，在该区中心建成一个广场，取名"惠工广场"，申明沈阳市积极发展工业的理念。以"惠工"作为广场的名字，在全国是唯一的，这表明了沈阳人对发展工业的一种态度。

张学良执掌东北军政后，在"惠工"思想基础上，又提出了"东北新建设"的思想和主张。"东北新建设"思想与"惠工"理念相比较，是一种发展和创新。

从"惠工"思想理念到"东北新建设"主张，体现了张氏父子追求工业发展理念的一脉相承。张氏父子执政这十几年，是近代沈阳乃至全东北经济、社会发展的最快时期。张氏父子的工业强市强省的主张与作为，有力地推动了沈阳近代工业文明前进的车轮。

第四，科学技术的进步，是创新精神的物质成果。两次鸦片战争造成的"变局"，让中国人首先看到的是西方科学文化造就的坚船利炮的威力，承认它的进步并积极移植声光化电学科知识。沈阳在营口开港后，当看到了以蒸汽为动力的船只在水中游弋，就产生了崇尚科学的价值取向。到晚清时期，便开始采用电气技术，并设立研究机构，研究医学、农学，开办农业实验所，引进各种农业优良品种，开办新式学堂等。其中新式学堂开设的各门课程，促进了人们科学宇宙观的确立，也为沈阳培育了科技人才。

进入民国时期，沈阳人这种崇尚科学的探索精神，逐渐演变成为追求科学的实践活动。张学良在口述历史中回忆说，他父亲（张作霖）虽然"没有什么科学知识，但他对外交啊、科学啊却非常敏感，虽然他不懂，但他能看出来了"①。张氏父子对科学技术的敏感和强有力的推动，促进了沈阳科学文化的发展。东北大学、冯庸大学成为全国最具规模和特色的现代化大学；1923年设在沈阳故宫内的东北无线电台，是中国各地与欧美直接通信的开端，被称为"世界收发处"；杜重远的机器制瓷结束了中国没有机器制瓷的历史；东三省兵工厂由于设备、技术和规模，以及"韩氏七九步枪"的问世，被人们称为"东方第一"的兵工厂②；中国的第一辆汽车在这里产出，等等。沈阳近代崇尚科学的探索精神，既为今天沈阳的发展创造了物质基础，也是永久的精神财富。

沈阳作为内陆城市，能在全国率先实行市制，所彰显的精神文化是多方面的。继承性、包容性、创新性显得尤为突出，特别是创新精神，是沈阳精神文化的宝贵财富。

在当下我们要继承和发展沈阳的创新文化，解放思想、实事求是、与时俱进，通过理论创新不断推进制度创新、文化创新，弘扬创新精神。

作者单位：辽宁大学历史学院

张氏帅府博物馆

---

① 《张子丙、张子宇第13次访问张学良》，1992年1月15日。
② ［日］猪木正道著，吴杰等译：《吉田茂传》上册，上海译文出版社1983年版，第291页。

简论张作霖的"惠工"理念及其
对沈阳城市发展的影响

赵菊梅

凡是熟悉沈阳的人都知道"惠工广场"这个地方，但要细究起这个名字的来历，恐怕知道的人就不多了。原来，在 20 世纪 20 年代，奉天市政公所为冲破日本等国外资本对民族工业的束缚，将沈阳城市的重心向城东、城北转移，在老城区的东边规划建设了"奉海工业区"和"大东工业区"，在老城区的西北规划了"西北工业区"。因"西北工业区"中心有一个广场，张作霖将其命名为"惠工广场"，所以后来人们也习惯称这里为"惠工工业区"。

以"惠工"作为广场的名字，在全国是唯一的，它表明了张作霖主政东北时期积极发展工业的一种态度和理念。这种理念既是张学良主政东北后提出的"东北新建设"或"建设新东北"之主张的思想基础①，也与 19 世纪后期兴起并迅速席卷全国的"实业救国"或"工业强国"之社会思潮一脉相承。也可以说，张作霖的"惠工"理念，在近代东北各项建设中起到了承前启后的重要作用，它不仅有力地推动了沈阳近代工业化的进程，也为沈阳工业发展奠定了物质和精神方面的文化基础，使得沈阳进入了它发展历史上的第二个快速发展期。不仅如此，张作霖的这一理念还对沈阳

---

① 彭定安主编，胡玉海、董守义、李丽分卷主编：《沈阳文化史·近代卷》，沈阳出版社 2014 年版，第 299 页。

城市的发展变化产生了深刻的影响。

一、张作霖"惠工"理念的形成与沈阳工业的发展

一切思想都不会是无本之木、无水之源，张作霖的"惠工"理念也是如此。细究起来，可以说它是当时中国社会盛行的"实业救国"或"实业强国"思潮影响之下形成的一种当政者的理念，其旨在提倡优先发展工业，从而实现经济振兴。应该说，无论是张作霖的"惠工"理念，还是张学良继之提出的"东北新建设"号召，都属于当政者自上而下的"顶层设计"或"系统谋划"。与自下而上的"实业救国"论相比，显然这种从上到下对积极发展工业理念的贯彻执行，对经济发展的推动作用更加巨大，影响也更为深远。

"实业救国"论在19世纪末已开始出现。甲午战争之后，陈炽宣称：今后中国的存亡兴废，皆以劝工一言为旋转乾坤之枢纽（《续富国策·劝工强国说》）。这可以说是中国近代"实业救国"论的滥觞。与此同时，许多民族资本家和爱国人士纷纷投资设厂，以实际行动践行"实业救国"的主张。其中的翘楚张謇主张"实业与教育迭相为用"。他在创办纱厂、面粉厂等多种实业的同时，兴办学校，企图实现以实业所得来资助教育，用教育来改进实业，凭实业发展而达到救国的目的。

这种思潮对中国近代民族资本主义的发展起到了一定的促进作用。1895—1898年第一次投资热潮和1905—1908年第二次投资热潮，就是在"实业救国"论的影响下发生的。这一时期，沈阳也形成了"实业强市"和"实业强国"的理念。1898年，盛京将军依克唐阿建立奉天机器局，在沈阳掀起了引进机械设备、建设工厂的热潮。一时间，缫丝厂、色染厂、造车厂、制油工业、制革工厂、金店、银炉业等各种实业如雨后春笋。到辛亥革命前夕，沈阳的实业发展已初具规模。

就是在这样的一个时代背景下，张作霖入主了省城奉天（今沈阳）。他虽为军人，但他关注的问题却不仅仅局限于军事。尤其是自1914年起，随着各方面实力的增长，素有政治野心的张作霖在不断扩充部队实力的同

时，试图改变自己"一介武夫"的形象。他积极参与政事，开始了从军界向政界跨越的尝试与努力。正如我们所熟知的那样，经过两年的努力，张作霖于1916年4月完成了他人生的华丽转身——从师长升任奉天督军兼省长，由戎马生涯的军人变成了治理奉天的当政者。

所谓"在其位，谋其政"。登上奉天最高军政长官之位后，如何治理好奉天，立刻成了张作霖所考虑的头等大事。作为一个思维敏捷、善于把握时局、很会顺应时代发展潮流的人物而言，张作霖深知只有发展经济，促成奉天繁荣昌盛的局面，才能为自己向东北全境扩展乃至日后逐鹿中原提供强大的后盾。而要发展经济、增强实力，就必须开发实业。

对于"实业救国"这一思潮，张作霖是了解并且认可的。因为在辛亥革命时期，全国各大报刊就竞相宣传过"实业救国"；五四运动前后，"实业救国"论更是盛行不衰。"振兴实业，挽回权利"是民族资本家共同的口号，而且当时的社会风气也颇以兴办实业为荣。在开发实业的要求下，资本主义、机器生产与日俱增，形成了不可抗拒的历史趋势。张作霖文化程度不高，对于发展经济，他不可能提出系统的理论，但这并不妨碍他重视发展实业。虽然直到1923年张作霖才通过"惠工广场"的命名第一次明确表达了他对待实业的态度和发展工业的理念，但作为奉天最高当政者，从1916年上任伊始，张作霖就从增强经济实力、巩固统治地位出发，或直接或间接、或主动或被动地用实际行动践行着"实业强市""实业强省"的理念，制定并贯彻执行了一系列有关政策措施，使得沈阳工业发展呈现出了蓬勃繁荣的景象。

首先，沈阳军事工业发展迅猛。主要标志是扩建了两个较大型的兵工厂。一个是东三省兵工厂，一个是奉天迫击炮厂。这两个厂的建立，奠定了沈阳乃至东北军事工业的基础。其他与军事配套的还有东北航空工厂、奉天陆军被服厂、奉天粮秣厂等。其中，东三省兵工厂是张作霖在奉天军械厂基础上扩建起来的，是大型综合军事工业企业，军工生产包括枪弹厂、枪厂、炮弹厂、火具厂、兵器厂，并附设钢厂、造币厂、发电厂、印刷厂以及水压机所和化工所、铸造厂、制酸厂、木工所等。规模宏大，设备精良先进，堪称东方一流。奉天迫击炮厂是1922年张作霖鉴于迫击炮为战争利器，聘请英国人沙顿在北大营修械司旧址上建立的。1926年，张作霖任命李宜春为厂长，并颁发关防，正式取名为奉天迫击炮厂，是专门制造迫击炮、迫击炮弹及附属品的军工企业，在当时也处于全国领先地位。

其次，轻纺工业规模扩大。主要标志是奉天纺纱厂、肇新窑业公司、惠临火柴股份有限公司、八王寺啤酒汽水酱油有限公司、东兴色染纺织有限公司等的迅速崛起。其中，奉天纺纱厂是在张作霖的提倡下，由王永江支持筹办的官商合股企业，是当时东北纺织业最大的企业，在全国也比较著名。肇新窑业公司是著名爱国民主人士杜重远创设的民族企业，并得到了张学良等人的大力支持，它是中国机器制造陶瓷的第一家。该厂的产品在1928年上海中华国货展览会上被评为优良，使得日本粗瓷在东北市场上几乎无立足之地。惠临火柴股份有限公司和八王寺啤酒汽水酱油有限公司是由沈阳民族工业奠基人张惠霖创办的。前者的产品让日本火柴基本退出了辽沈市场，后者的产品销往东北各大城市及京、津、沪等地，远近闻名，经久不衰。

再次，校办工厂影响深远。主要标志是东北大学校办工厂将办好教育与办好实业紧密联系在一起，通过培养人才，促进了东北地方工业的发展。东北大学是在张作霖的倡导和支持下创办的，其校办工厂则是为学生实习而设立的工厂。它以重工业为主体，可制造机车、客货车辆以及各种工作机械，如起重机、钻孔机、送风机、卷扬机、压力机、各式锅炉、矿山机械、印刷机等，还生产各种铜铁工具和暖气材料，并承揽各种车辆、机械的修理。对这些产品的生产与修理，从培养人才的角度看，锻炼了学生的动手能力、创造能力、独立分析问题和解决问题的能力，是一种切实可行的人才培养战略。工厂的各项业务完全适应沈阳及东北工业生产之急需，直接服务于社会；培养出的人才和生产出的产品，对沈阳工业的发展做出了重要贡献，也为后来沈阳成为机械工业基地奠定了基础。

1931年《东北年鉴》工业篇中，关于辽宁工业概况题首这样写道："近数十年来，辽宁省各界人士，因感外力侵入之刺激，受外人经济之压迫，乃图谋振兴实业，以期利权不至外溢。除努力发展交通，开矿垦荒，整顿水利外，纠集资本，创办工厂。又因外商在东北开设工厂，意在垄断我方利权，操纵我方市场，吸收吾人膏脂。国人所立工厂，欲求自立于不败之地位，势非振作精神改良制品不可。"① 这一段背景资料，既反映了民国初年沈阳民族工业创办的艰辛，也说明了张氏父子主政东北时期提倡发展民族工业的现实针对性和深远的历史意义。可以说，正是由于奉天当局当政者的这种"惠工"理念和对发展工业的大力倡导、支持和作为，才有力地推动了沈阳近代工业文明前进的车轮。

二、张作霖"惠工"理念指导下的三大工业园区建设

张作霖主政奉天初期，面临的问题既多又复杂，以至于他虽然也重视工业的发展，但一开始却尚无精力和条件对沈阳工业发展做出系统规划。直到第一次直奉战争惨遭失败之后，张作霖宣布实行"联省自治"，明确表达了"惠工"理念后，奉天地方政府才开始了自上而下的"顶层设计"，展开了对各项事业的"系统谋划"，在发展奉天省城经济和城市规划方面，主要进行了三大工业园区的规划与建设。

（一）西北工业区（惠工工业区）的规划与建设

西北工业区位于老城区西北教场及毗邻北部（今沈阳北站附近）地区。它北临"南满铁路"，南与朱剪炉、西下洼子搭界，东邻山东堡及今小北关街附近，西界与商埠地相连。因工业区中心的广场被张作霖命名为"惠工广场"，所以该工业区也叫惠工工业区。

西北工业区在未开发之前，是一片空地，除少数耕地外，多为公共墓地和坑洼不平的废地。1923 年奉天实行市制之初，市政公所决定开发这片空地。该工业区总占地面积 1400 多亩，其中有 400 余亩土地用于道路、广场、学校、管理机构、公共厕所、医院、市场等公共建筑，约占总面积的 28.5%。② 整个工业区以圆形广场为中心等角度发射出 6 条街道，这 6 条街道将工业区划分为 6 个扇形街区，在 6 个扇形街区内以垂直相交的街道

---

① 《东北年鉴》，东北文化社年鉴编印处 1931 年版，第 1031 页。

② ［日］菊池秋四郎、中岛一郎：《奉天二十年史》，奉天二十年史刊行会，1926 年版，第 184 页。

划分成38个地块，分为879号采用抽签办法对外出租。[1] 根据1924年4月14日奉天市政公所公布的《西北工业区租领地亩章程》，租领土地"以中华民国人民为限"，不得典卖、抵押给外国人。"土地分特、上、中、下四等"，分长租（20年）、年租（10年）等方式抽签出租。[2] 该工业区土地开租后，吸引了不少工商业者和居民前往，截止到1924年9月4日，共放出土地835号。

西北工业区的规划受奉天满铁附属地的影响，采用了圆形广场加放射状道路并配以方格路网的设计手法，以惠工广场为中心，路网呈方格和放射状，街坊整齐划一。西北工业区建立后工商业获得迅速发展，到1931年，该工业区已经出现了迫击炮厂、电灯厂、文教用品厂等军工厂和国民大市场、露天市场等商业机构。可见，此时的西北工业区已经发展成了一个以工商业为主的新城区。

西北工业区是奉天政府在"惠工"理念之下为与满铁附属地进行空间竞争、疏解奉天市老城区的发展压力而进行的一次全新的、自主的城市规划实践。工业区内仿满铁附属地规划建设的圆形广场和放射道路，在客观上将奉天老城区商埠地和奉海工业区之间有机地联系起来，成为奉天省城北部城区的重要连接点。

（二）奉海工业区（奉海新区或奉海市场）的规划与建设

奉海工业区，又称奉海新区或奉海市场，位于奉天外城小东边门外，以奉海车站（今沈阳东站）为依托。其用地东至毛君屯，西隔新开河与大北门相望，南以奉海铁路为界，与祁家坟、三家窝棚相临，北临老瓜堡子、北大营。整个规划占地约3200亩。[3] 沿奉海铁路向东北方向延伸，平面呈规则长方形。该工业区是1925年奉系军阀在中日对峙的态势下，为了实现"以工商业带动东北部城市发展"的目标，依托自办铁路——奉海铁路而建设的新城区。

---

① 《调查：奉天市政工程一年来进行之概况》，《道路月刊》，1924年第11卷第2、3号合刊，第10页。

② 辽宁省图书馆藏：奉天市政公所编《奉天市政公所章则汇编》，第51—54页。

③ 王树楠、吴廷燮、金毓黻：《奉天通志》，卷一百六十四·交通四·铁路，东北文史丛书编辑委员会，1983年影印版，第3834页。

奉海工业区作为奉系军阀自主建设的新城区，与西北工业区的规划形式相比，其选址、规划与建设受奉天满铁附属地的影响更为明显，因而也更接近于奉天满铁附属地的城市形态。该工业区以奉海铁路贯穿用地为长边，增加铁路线与城区的接触长度，方便了铁路和城市间的物资交换；其街区以奉海车站为中心，采用放射状道路和方格网相结合的模式，主要道路与奉海铁路平行或垂直相交。6条放射状的道路（东北、西北、正北、东南、中央及南大马路）在其中穿插，交会于市场中心的椭圆形广场。该广场和广场上矗立的张作霖铜像（后被日军推倒），是整个奉海工业区的空间核心和景观标志。全区的街道名称全部采用东北地区的地名来称呼（如辽沈、东辽、北海等），表现出了浓厚的民族主义情结。

奉海工业区初步形成之后，奉海铁路公司制定了《沈海铁路公司修正出放沈阳市场地亩章程》，规定工业区土地只能租给中国人，在土地转卖时，必须亲自到公司呈报，而且不能转给外国人。铁路公司以离中心干路的远近和繁华程度为评定标准，将土地分为特、甲、乙、丙四等，按永租（期限为30年）、年租（每年续租）和永业（一年内租建房完毕可换发永业执照）三种方式出租。同时还规定租用十二丈马路两侧土地的市民，临街的一面必须建筑楼房，以保证市区风貌的齐整，对于地上建筑，租用者必须在缴纳地租2年内竣工，否则将会没收土地从而另行租放。[①]

由于奉海工业区是在中日对峙态势下，依托自办铁路建设的城市新区，自主建设的空间大，相对"安全"，适宜重要的工业选址发展，因此它成为最内层的奉系军工核心空间，是奉系军事制造工业用地的组成部分之一。奉系军阀在此建设了肇新窑业公司、东兴色染纺织厂、奉海铁路机械厂、东北化学皮革厂等民族工业，并规划建设了大型跑马场和公园、剧场等娱乐、文化设施。奉海工业区的建设后因九一八事变的爆发而中断，但它奠定了今天沈阳东北部城区的基本形态。

（三）大东工业区（大东新市区）的规划与建设

大东工业区位于大东边门外东塔之西，其核心区域是张作霖为加强奉

---

① 王骏：《行政主体视野下的沈阳近代城市规划发展研究》，武汉理工大学博士论文，2013年版，第82—83页。

系武装军备而建立的东三省兵工厂（今黎明发动机制造公司的前身）。在这三大工业园区当中，大东工业区是最早开始建设的。从 1919 年到 1920 年，已经建成贯穿该工业区的大、小东关两条主要马路，后来因经费等原因一度进展缓慢。1923 年奉天市政公所成立后，进入了快速发展阶段。

1924 年 3 月 14 日，奉天市政公所呈请奉天省长公署增设大东新市区："大小东边门外地面既渐趋繁盛，自应扩张为市区，以期整饬，所拟西由土城起东至八里堡以东，南由杨树林一带起，北至八家子以北辟作大东新市区。"3 月 26 日，省长公署批复："西由土城起东至八里堡以东由杨树林一带起北至八家子以北，东西约一千二百五十丈，南北约一千零六十五丈，面积二万二千余亩辟为大东新市区，拟辟马路纵横各四条，东西马路宽十二丈，南北马路宽七丈，凡在马路线内拟禁止一切建筑，以免筑路时有拆房之劳。"①

据此，东三省兵工厂在奉天城大东边门外，长安街西南，原察哈尔以北，滂江街以东，安南路以西，以及兵工厂北侧的开原街以北，三家子以南渐次圈购土地，建设工厂职工住宅、学校、医院、俱乐部、公园，形成了一片隶属于兵工厂管理、具有城市生活特点的长方形新城区，即为"奉天大东新市区"，规划用地面积约 4 平方公里。

在大东新市区，工厂分布于长安街以北，包括东三省兵工厂、大亨铁工厂、东三省航空处附属工厂和飞机场等，占总面积的 2/3；职工生活福利设施（如俱乐部、小学、医院等）及住宅区分布在长安街西南，占总面积的 1/3。生活区有东西向道路 10 条、南北向道路 6 条，形成了方格状城市空间。住宅区内安装有电灯、自来水、下水道、消防栓等现代生活设施。住宅区公用以外土地，划分地号，准由居民竞价购买，自建房屋后，出卖之地号为购买者私有产权，由工厂发给执照。②此后，居户商号渐渐增加，市区逐渐繁盛，蔚然兴起。1925 年开始，兵工厂建设区域划归奉天市政公

①沈阳市档案馆藏：《沈阳市政公所函为增设大东新市区之计划》，沈阳市政档案 173 卷。

②包慕萍：《沈阳自主性的城市近代化过程——由新政到军阀地方政权下的近代化》，张复合主编：《中国近代建筑与保护》（一）（1998 年中国近代建筑史国际研讨会论文集），清华大学出版社 1999 年版，第 264 页。

所管辖。①1928年秋,奉天市公安局分设第七区分局,负责这一地区的治安事宜,大东新市区成为奉天市区的有机组成部分。②为活跃兵工厂员工的业余生活,在新市区内又兴建了大东公园、工人游艺园。园内修建了俱乐部、礼堂、讲歌厅、游戏场、电影放映场、兵工厂医院等。至1931年,大东新区已经建成工厂、住宅以及生活福利设施等配备齐全的新市区。

大东新市区的选址一方面借助了铁路联络线,与奉海、京奉铁路连接;另一方面远离日本控制的南满铁路及其附属地范围,有利于保密和安全。除东三省兵工厂外,包括大亨铁工厂和东三省航空处、飞机场等一系列重要的军事工厂均设于此,是奉系政权的核心区域之一。

除了上述三个工业区外,由奉天地方政府自主发展起来的还有由东北大学校园和东大附属工厂组成的东大新区以及北大营、东大营、冯庸大学板块等,它们不仅扩大了城市的区域,也极大地丰富和提升了这座城市的文化内涵。

三、张作霖"惠工"理念对沈阳城市发展的影响

1923年起,在张作霖"惠工"理念的指导下,为了躲避日本的干扰,并与日本发展势力相抗衡,奉天省公署决定将沈阳城市发展重心向北、向东转移,在北部规划建设了西北工业区(即惠工工业区),在东北依托自主修建的奉海铁路,规划建设了新区——奉海工业区和大东工业区。此外,在北陵、柳条沟等地区,张作霖致力于建设东北大学、东大营、北大营等教育、校办工厂和军营设施,并因此发展成了新的市区。这一切,对沈阳城市发展产生了深远的影响。

首先,沈阳城市空间骤然扩展,从原来单中心城市到多中心城市的变革更加明显,极大地改变了原有的城市空间格局。

内方外圆是近代沈阳最初的城市格局表现形态,其城市中心是单一的。

---

①辽宁省档案馆藏:《奉天市政公所呈送大东新市区绘图》,《奉天省公署档案》,JC10—1—19388号。

②沈阳市文史研究馆《沈阳历史大事本末》(下卷),辽宁人民出版社2002年版,第550页。

后来围绕满铁附属地建设形成了以奉天驿为中心的新的商业交通中心和规模庞大的铁西工业区；随着商埠地的建设，又形成了中外文化交流、富有生活气息的城市新生活中心。这样，到张作霖主政奉天之前，沈阳主要由以盛京方城为中心的老城区、商埠地和满铁附属地三部分构成，城市的基本格局"像一个不等重的哑铃"。①张作霖主政之后，西北工业区、奉海工业区和大东工业区三个板块的开发以及东大新区、东大营、北大营的建设，使得沈阳城市空间骤然扩展，沈阳从原来的单中心城市到多中心城市的变革更加明显，速度加快，极大地改变了原有的城市空间格局。城市形态由"城方郭圆"的封闭性形态，转变为了"多元拼接"的开放性形态。②

其次，沈阳城市主要职能发生了嬗变，从原来的封建陪都、殖民者侵略地变成了近代资本主义工商业城市。

盛京古城原来是有清一代的关外陪都。近代以来，随着殖民势力的入侵，古城的平静发展被完全打破。辛亥革命之后，奉系的崛起，使得沈阳城市发展处在了外国势力入侵、中央政府妥协和地方势力革新这三股力量的相互较量当中，形成了沈阳城市发展的多元化管理主体与发展机制。在整个发展过程中，各方力量都拥有与之发展相对应的空间载体。尤其是张作霖主政后期，有计划地采取了以经济建设为手段，以政治斗争为目的，大力发展实业，推动城市建设，与日本侵略者构成了竞相发展、扩充势力的格局。沈阳也由一座以政治、军事为主要职能的封建陪都嬗变为了以商业贸易、交通枢纽、军事工业为主，兼具区域政治、军事、文化中心职能的近代资本主义工商业城市。

再次，奠定了沈阳近代工业的基础，有效地遏制了日本殖民势力的扩展。

20世纪20年代形成的沈阳城市几大板块中，老城区、商埠地和满铁附属地是历史发展自然形成的，西北工业区、奉海工业区、大东工业区、东大新区等都是奉天地方当局主动规划开发的。这几个板块，尤其是奉海

---

① 张志强：《沈阳城市史》，东北财经大学出版社1993年版，第177页。

② 张璐、李晓宇：《沈阳近代城市转变及规划特点（1898—1945年）》，《民营科技》，2012年第2期，第296页。

工业区、大东工业区的开发，奠定了沈阳近代工业的基础。其中，奉海工业区以民营工业为主，大东工业区以军事工业为主，其工业的近代化水平在当时均处于国内一流，从而极大地促进了沈阳经济、社会的全面快速发展，这在沈阳城市发展历史上不仅是空前的，而且对后来沈阳作为工业城市的历史地位，也起到了决定性的作用。

　　另外，奉系当政者把建设工业园区、发展工业经济作为冲破外国资本对沈阳民族工业尤其是军事工业垄断和压制的筹码，使得大力扶持各类工业和创建城市工业园区，成了维持城市经济长期良性循环的重要保障。同时，各工业区都明确规定其土地不得典卖、抵押给外国人，严禁外国资本染指，也有效地遏制了日本殖民势力的扩展。奉天当局有意识、有规划、主动进行的城市布局与区域建设，虽然也留下了日本殖民侵略者的痕迹，但它所显示出的奉天当局和沈阳广大市民的反抗精神与民族意识，成为沈阳近代文化的特色，是非常可贵的。

作者单位：张氏帅府博物馆

从民国五年张作霖的言行看其理政思想

罗晓敏

张作霖是奉系军阀的核心人物，其理政思想对于东北近代化产生了深远的影响。本文试图陈说张作霖上任伊始时的历史景况，申述其理政思想的构成元素，并进一步评价其举措之历史得失和时代意义。对奉系军阀的主要领导人张作霖的研究过去主要集中在军事、政治、外交等侧面，从思想史角度对张作霖展开论述还有待探索。本文主要利用档案资料和报纸记载中的张作霖言行对其民国五年（1916 年）理政思想进行微观剖析，探索描绘一个更为多维立体化的张作霖。

一、张作霖上任初期施政思想的核心是安民

张作霖作为东北地方军政首长，其受命于"震撼危疑之交，南北交讧之际"[①]。斯时东北面临着来自省垣内外的威胁，正处于"黎民疲敝""吏治窳败""财政虚糜"的破败内政与强敌虎视眈眈相交织的危局之中。值斯世斯时，作为地方军政长官，其首要任务应是对内抚辑民心，广揽人才，兴办实业，对外攘敌安邦，挽回利权。总的来说，就是利用省内外各种资源和条件，最大限度地充实地方势力的同时稳定对外关系，防止和遏制强邻的渗透和破坏。而为了达到上述标的，安民就成了首要选择和最优解，

---

① 辽宁省档案馆：《奉系军阀档案史料汇编》第二册，江苏古籍出版社出版，第419页。

也是破局之策。

张作霖在其上任之后发布的第一份晓谕中即已表明，"本将军生长斯土，桑梓攸关，辛亥之役，即以绥靖地方为唯一之宗旨"。不仅如此，他上任之后依旧要让官吏"恪守职务，黾勉奉公，以维持秩序之安宁为考核属员之功过"，让军警"严密稽查匪徒造谣生事，破坏治安"。总的目的就是要"各安生业"。在执政首年，张作霖就发布了诸多具有安民内容的告示，其中不仅有提防蒙匪、马匪、宗社党的内容，还有要求查禁无政府主义、防范革命党人起事的内容，以及防治民变的内容，可谓十分全面具体。在吏治治理、金融整顿、剪匪清乡等诸多侧面中，安民思想也灼然可见。

张作霖的安民思想主要既不完全同于前近代的爱民思想，也与近现代政治学中的人民主权说大相迥异，基本上是一种过渡状态。这种过渡状态是整个民国初年新陈代谢的时代背景下，国家政治理念和官员身份认同发生不变更迭以及代相承接的一种体现。一方面，张作霖要扮演传统的"仁君贤主"之形象，祈雨晓谕、求贤缉盗，而另一方面，张作霖又必须担负起地方现代化建设的轴心角色，兴办教育、实业，凝合民众，以求独立富强。这种双重身份是时代精神赋予历史人物的独特格调。譬如，在"虐民之旱""田禾尽枯"之时，张作霖、冯德麟曾在《奉天公报》①上发布祷雨文，宣称旱灾"获罪于天"，且是"抑作霖等之不职，而皇天降灾下民以示之警欤"，"作霖等忝守兹土，自维薄德而令吾民遭此荼毒"。通篇祷雨文与清代的地方官员之祷雨文主体思想、行文逻辑基本相同，受传统的"天人感应"思想颇深，基本还是封建时代的形式和内容。不仅如此，在推行地方建设的其他方面也能看到这种旧的外形，譬如在民国五年六月二十八日张作霖批文要求"印两万张"下发的白话晓谕中，依旧有地方官为"民之父母"之表达。然而，张作霖在推行地方教育、兴革机关、试办地方公益等举措上则有着强烈的新时代之征候。

①《奉天公报》1916年版，第1578期，第4—5页。

二、张作霖上任初期施政思想的构成要素

（一）抚民缉盗、整齐清乡的治安管理思想

"奉省多盗，无可讳言。"①东三省素称多匪，如何使东北匪患"渐次平靖"，是地方施政者无可回避的问题。"生长桑梓"的张作霖便是以匪起家，早年曾为贼首，后被招安为朝廷效力，屡建奇功。在张作霖正式上任之后的各种安民告示、晓谕中，他都强调了剿匪缉盗的重要意义。不仅如此，张作霖还具体颁发了剿匪注意事项，要求剿匪节省子弹等。②弭盗的主力是巡警，治理巡警是弭盗的基础。在白话晓谕中，张作霖认为巡警的饷糈出自于民，"任大责重"，只有治理好巡警，"才算对得住老百姓呢"。在给分吉县知事条陈的批示中，对于赵知事的改良警制一节表示十分赞赏，认为其"颇中肯綮"。条陈中关于警政建议有高其学识、提高待遇、严定资格、划清权限四大主旨，这说明张作霖充分认识到了改良警政的作用。而且，在民国五年六月九日的《奉天公报》上通饬合并警察与保卫团两股治安力量，采取化散为整的策略，两者联络通气，归并警区。而且还要求各县将"遵办情形暨全境警团区域人数收支款项分别绘图列表具报查核"。此举可谓是将治安力量进行了综合化和集中化，将权力界限划清，对于警政改良起到了十分重要的作用。

清乡，即"清此乡中之盗贼也"。在"剿则治标，抚则养痈"③的情况下，这两者在治安效果上都不如推行清乡之策。通过严查户籍可以杜绝流窜人口扰乱治安、寻衅滋事，利用连坐之法可以"绝匪类之党援"，而且可以借此奖励耕工、惩罚游手，最终达到"其已为跅弛者不难立就捕灭矣，其欲为跅弛者亦可从此革洗矣"的效果。张作霖在倡议推行清乡政策的诸多条陈中都做了肯定的批复，表示了对清乡措施的认可。

---

① 辽宁省档案馆：《奉系军阀档案史料汇编》第二册，江苏古籍出版社出版，第418页。
② 辽宁省档案馆：《奉系军阀档案史料汇编》第二册，江苏古籍出版社出版，第510页。
③ 辽宁省档案馆：《奉系军阀档案史料汇编》第二册，江苏古籍出版社出版，第425页。

（二）更替吏风、裁汰冗衙的行政兴革思想

吏风，即官员的做派、风气。官员是否能够体察民艰、厉行约束是地方风气的重要体现，也是建立政府公信力的保证。东北于清末民初之时，官吏多居"利禄是求"的心理，得差缺之前"运动钻营，低首下心"，得差缺之后则"志高气扬，骄奢无度"，且"于一切应行应革之政令率多付诸空文"。[1]这种状态既影响了民众对政府的印象和认可参与度，又严重削弱了政策的落地执行力。

张作霖上任后，先是严于律己，在登报稿中宣布自己痛恨"辄相猜测""肆意鼓簧"和滥举私人，结为党援之现象，声称自己"用人行政向来大公，既无爱恶之私，复乏畛域之见"，表明了自己用人重德才，不任用私人之态度。[2]在白话晓谕中，他也明确表示"我用人行政，向来是一秉大公，既没有一个私人，也没有一定的成见，只要是与你们有利无害，我是不怕嫌怨的呀"。不仅如此，他对其属部二十七师"瞻顾乡邻""送情亲友""收受货贿""借树党援"之风气，表示了"殊堪痛恨"，表明再有此种现象"立即撤去现差位并惩办"，并且要求省署转告财政、警察各部门进行联合纠举。张作霖在多处批示上也体现了自己对于吏风革换的重视，批复分吉县赵知事上书、分奉知事黄砚田条陈中对于吏治都多有涉及。张作霖对于政府机关办公规范化也做出了一定规定，在民国五年八月六日的《奉天公报》[3]中刊登了中央申令的公文程式，要求各公务部门遵办。还在民国五年九月九日发布了监察管家出资经营各种事业规则的训令，规定了监察规则十三条，对于官营事业的"用人行政各责任均为详晰定明"[4]。张作霖不仅在宏观上采取兴革方略，在细微处也颇着气力。他要求各个管理部门详叙自己上任之后所兴革各节，将近年办事情形编具报告呈送。这一举措也体现了张作霖对兴革机关，治理吏风的重视。

---

①辽宁省档案馆：《奉系军阀档案史料汇编》第二册，江苏古籍出版社出版，第503页。

②辽宁省档案馆：《奉系军阀档案史料汇编》第二册，江苏古籍出版社出版，第457页。

③《奉天公报》，1916年版，第1581期，第2—26页。

④辽宁省档案馆：《奉系军阀档案史料汇编》第二册，江苏古籍出版社出版，第563页。

（三）保境安民、保障利权的对外联系思想

这种对外方略主要表现为保护各国外人游历旅行，防范外人借口干涉，审慎处理涉外事件的内容。近代以来多有列强以教案为借口兴师来华，继而扩大其在华特权之事。因此，作为地方首长，在处理对外关系之时，必须保持审慎的态度，必须"使知我奉省有妥善保护外人能力，免致借词自卫出而干涉"①。东北为边陲重地，强邻环伺，多有包括日人、俄人、英人、奥地利人等游历，身份以交涉员、教士、商人为多。根据《奉天公报》统计，仅在中华民国五年一年内，就有75次为外人专门分饬保护，颁发护照的记录，与外界交往可谓频繁。在如此频繁的对外联系中，民洋杂处，不分畛域，基本已经成为既成事实。不仅如此，日俄在华还拥有大段铁路，沿线据有军警，稍有不慎即会引发冲突。在这种复杂的情况下，张作霖基本采取的是审慎处理，避其锋芒的措施。譬如，在民国五年七月二十七日，应日本交涉员之要求，张作霖"饬警团一体尊照防避"，要求与马贼交火时避开日本铁路线及通讯线。②在公主岭事件中，张作霖下达指令的中心思想也是"免滋纠葛"。③可以说，这种以保境安民为核心的对外政策是卓有成效的，它减少了中外人员的摩擦，也就削弱了外界干涉东北事务的可能性，对于东北地方建设的外部环境提供了保障。

（四）整顿税捐、节流减负的财政改革思想

"刷新庶政，首在理财。"④张作霖上任面临着严重的财政困难，一方面，由于杂捐名目繁多苛刻，地方政府的信用已被前任多加透支，民众多有怨詈抵牾，而另一方面，军事政事和经济建设又需要大量的资金支持。在这种"错杂纷纭"的财政收支状态下，张作霖采取了整顿税捐的措施。先是公告由省财政厅"将已列预算、未列预算、各杂捐酌量删并，均厘定一种征收"⑤，然后又采取了严格的清丈田亩土地和整治官营工商业的措施，开拓了税收来源。在对于苛捐杂税去除之后，他的税收态度十分坚决，曾

① 辽宁省档案馆：《奉系军阀档案史料汇编》第二册，江苏古籍出版社出版，第418页。
② 辽宁省档案馆：《奉系军阀档案史料汇编》第二册，江苏古籍出版社出版，第518页。
③ 辽宁省档案馆：《奉系军阀档案史料汇编》第二册，江苏古籍出版社出版，第559页。
④《奉天公报》，1916年版，第1538期，第2—3页。
⑤《奉天公报》，1916年版，第1538期，第2—3页。

在批文中表示："本军使莅任伊始，抚靖情殷，业将地方杂捐稍涉苦细者饬厅查核，分别蠲除，车牌清丈，酌量减收。体恤民艰，不为不至。凡属正当捐税，即不容借口邀免。"可以说，此段话表明了张作霖对税捐的鲜明态度，就是在整顿之后的税捐，无论何种借口，均不会再免除，并且对于激起的民变采取高压政策"以挽刁风"。与此同时，他裁汰合并了部分冗衙，治理贪墨吏风，进行了节流减负，使得财政收支趋于稳定可控。此外，民国五年十月二十五日，张作霖对邸松荫条陈税务的批文中也以"整顿税务各节，颇多中肯，存备采择"①的方式对税务细节表示了关注。

（五）兴学重教、广纳贤才的育人用人思想

张作霖曾多次表示对地方教育事业的重视。在民国五年十月三十一日《奉天时报》办学人员宜出外调查学务案中表示教育不能"徒守教育成法"，办学者应当"联袂赴各处参观研究利弊"，以为改良进步，并且体恤"办学人员半多寒酸，月薪甚微"的情况，调查学务之开销由省县承担。②并且在兴建学校的同期，采取了限制私塾的措施。在方案中，先是陈述了基础教育现状："惟近查各塾师程度优美、教管合法者百不获一，倘任其自由设立，不为殆误学生，且与公立学校大有阻碍。"针对此种状况，采取"于限制中仍寓提倡之意"之手段，规定一般情况下公立学校五里之内一律不准设立私塾，对教授的科目和塾师的标准都设置了规定。在他的影响下，教育为全省所重视，采取了广兴公立学校、分发教育公报、增投教育经费等措施，教育一度可谓是勃然而兴。

张作霖对于人才的培养和利用也可谓十分重视。其要求"登公报并登各报速办"③的关于求治任人的登报稿集中体现了他的育人用人思想。"自维求治，首在得人。"④首先他陈述了用人得失对于地方建设之重要性，继而表达了自己的用人观念，就是"用人行政，向秉大公，既无爱恶之私，复乏畛域之见。且此邦系仆桑梓，孰臧孰否，讵有未知。其贤耶，固不待

---

①辽宁省档案馆：《奉系军阀档案史料汇编》第二册，江苏古籍出版社出版，第416页。

②《奉天公报》，1916年版，第1667期，第7—8页。

③着重号为原档案所加。

④辽宁省档案馆：《奉系军阀档案史料汇编》第二册，江苏古籍出版社出版，第457页。

人言而论之，其不贤耶，亦不待人言而去之。……用人行政已无独裁之权……谨布胸臆惟邦人君子垂察焉"。此份布告措辞之谦卑，登报之迅速，张作霖作为地方理政者求才若渴的态度和他的人才取向从中可见一斑。

三、张作霖民国五年施政思想之评价

张作霖上任于国蹙民弱、一世颓波的背景下，其执政首年的理政原则和方略对于挽回流弊，兴革政治有重要意义。在更高的时空下审视其施政思想的得失，对东北地方建设具有重要的理论意义和现实作用。首先，在上任初年，张作霖并未采取激越的手段，而是以"安民"思想为核心，采取了诸如稳定金融秩序，整顿税捐财政的改良手段，在吏治用人，挽救风气等方面则采取了较为系统全面的改革。总体上说，张作霖上任首年已经基本将其理政思想全盘托出，无论是教育用人还是治安管理都有切中时弊之处。张作霖"生于斯，长于斯"的人物经历使得他对东北地方情况多有深入了解和体会。在其理政思想的浸渍下，东北地方推行了一系列卓有成效的举措，一定程度上推进了东北的近代化建设步伐，但是我们也必须看到，他的理政思想也同样具有时代的局限性，有着较为明显的封建印记。这种封建的印记也同样顽固地渗透在其执政的各个侧面，譬如对民变的处理，对财政的截留等。正是在封建因素延续未绝，而近代成分衍生发育的状态下有了张作霖的理政思想，而其理政思想也必定是这种时空格局条件的独特表达。

作者单位：辽宁大学历史学院

从"惠工"到"东北新建设"
——简论张氏父子发展东北的理念与实践

达温阳

自 1840 年鸦片战争以来，中国在西方列强的武力进犯下，打开了国门，中国进入了半殖民地半封建的社会。一些外来的资本主义先进的工业技术，西方的自由思想，宗教文化等涌入中国，推动着中国的发展，也影响着中国人的思想。加之清朝末期国力衰败，清政府签订了一系列丧权辱国的不平等条约，国人在丧失主权的前提下，任人宰割，任人践踏。奉系军阀张作霖就是在这样的历史背景下，一步步登上北洋政府末代元首的宝座，在他主政时期，以工业救国的理念来抵御外侮，在日俄两大强邻的夹缝里，以狡黠的外交手段，与日俄周旋，来极力维护民族的主权与利益，其创建命名的"惠工广场"就是其开展实业救国的实践。长子张学良继任主政东北后，主张坚持和平统一，并提出全面发展的"东北新建设"理念，极力主张发展民族工业，开展实业救国，将实业救国的理念发展到更广泛、更全面、更包容的，涉猎文化、教育、工业，甚至实现军工转民生的爱国、强国、务实的全方位、全覆盖实业救国思想的践行与升华，为成就沈阳曾经的"共和国长子"，如今的"全国装备制造基地"奠定了坚实的基础。

一、张作霖时期"惠工理念"的形成与发展

东北三省是张作霖的势力范围，虽为一介军阀，但其在主政东北时期着实对沈阳的工业发展做出了不小的贡献，"惠工广场"就是张作霖命名的。虽然在张作霖主政时期，没有对沈阳的发展提出口号和确立明确的发展目标，但在实际践行中却在向普惠和发展工业的目标迈进。

（一）张作霖时期惠工广场的建设及规划

民国初期，奉天的市政现代化建设已经在发展推进。特别是在1906年盛京将军赵尔巽宣布奉天省城对外开放，截止到20世纪20年代初，受商埠地和满铁附属地的影响，张作霖在逐步稳固东三省政权的前提下，积极整合市政管理机制。1921年广州率先运行新式市政体制。①1922年王永江决计成立市政厅，②派遣当时留学英国，毕业于伦敦大学的硕士祁彦树赴大连考察调研市政事宜。1923年8月4日奉天市政公所正式成立，成为继广州之后的全国新市制建制的第二个城市，专门负责奉天的市政规划及基础设施建设等事宜。成立之初，奉天市政公所意在改造老城区市内交通，相继拆除动迁了老城西城墙、北城墙外的住户。为安置动迁住户，根据城市发展需要，1924年在奉天城西北教场处规划了西北工业区，张作霖取"惠赐工业"之意定名为"惠工工业区"，中心广场命名为"惠工广场"。工业区占地面积1.3平方千米，建成街路37条，以惠工广场为中心，向四周形成6条辐射均匀分布的放射道路，6条街道将工业区分成6个扇形街区，并以垂直的互联街道划分出38个地块，共分为879号，采用抽签办法对外出租。③市政公所在此安排了迫击炮厂、电灯厂、文教用品厂和国民大市场等，截止到1927年工业区基本建成。惠工工业区是继大东工业区以军事工业为主的规划建设之后，由奉天市政公所综合考量建立的第一个由

---

① 根据《广州市暂行条例》，设立广州市参事会和市长为首的市行政委员会，下设财政、公务、公安、公用、卫生、教育六局。

② 《市政厅积极进行》，《盛京时报》，1922年9月29日，第4版。

③ 《调查：奉天市市工程一年来进行之概况》，《道路月刊》，1924年第11卷2、3号合刊，第10页。

政府主导的，集聚军事工业、民营企业、民生事业、综合娱乐、居住为一体的城市商区。

（二）张作霖时期惠工广场的建设思想

自1918年张作霖就任东三省巡阅使，主掌东三省大权开始，张作霖为抵御外侮，韬光养晦，实现其一统中国的夙愿，开始在沈阳老城东门外首先创立了大东工业区。建立以发展军事工业为重的"东三省兵工厂"，厂址就是现在的黎明发动机厂。直至第一次直奉大战奉系军阀失败后，张作霖下令以张学良挂帅整军经武的同时，并开始夯实稳固经济实力，在奉天开始成立奉天市政公所，负责规划、建设、管理奉天的市政与民生发展，逐步实现与日本经营的满铁附属地、西方英美等国经营的商铺地的抗衡，并有效地遏制其发展。因此，早期惠工工业区的建设思想是张作霖稳固东北地区的中心统治地位的实践与尝试。由单一的军事化的军工建设研发与创新，发展到稳定地方经济、民生，开创多元化城市规划建设，促进城市经济的总体发展，抵御遏制列强侵略的无硝烟的战争升级。也反映了张作霖羽翼未丰时与侵略者欲罢还羞的暗中对抗，转向借助民众力量，激发民族自信，保全地方全面快速发展的公开对抗的实践。

（三）"惠工"理念的形成与发展

1924年4月14日，奉天市政公所公布了《西北工业区租领地亩章程》，章程中规定："租领土地以中华民国人民为限，不得典卖外人。"[1]由此不难看出，惠工工业区是第一个综合的工业区。并且明令指出，其工业区的土地只允许中国人租赁和经营，不得转让或转租给外国人，这是在张作霖主政东北时期的爱国体现。在奉天市政公所成立后，张作霖与日本经营多年的满铁附属地、西方经营的商铺地形成对抗的实践。一方面，张作霖作为奉系军阀的最高首脑，在极力维护扩充军事实力的基础上，建立了以军事工业为引领的完备的武器生产、弹药配给、装备改良、后勤补给为核心的系统生产基地，确保其武装实力和统治地位。一方面，随着张作霖在第一次直奉战争中逐鹿中原的实践失利，迫使其将奉天建立成稳固的实现其入主中原的后方基地。加之，一直在日俄两大强邻的觊觎中周旋，夹缝

---

[1] 辽宁省图书馆藏：奉天市政公所编《奉天市政公所章则汇编》第51页。

中求生存，民族爱国思想的体现。促使张作霖在世界工业革命的大潮中，积极发展普惠奉天工业的发展。以成熟的地域空间对抗理念，以惠工工业区的建立机制为实践，以完备的综合工业区章程为指导，明确了积极建立民族工业，鼓励民生发展，健全沈阳的市政设施和新城扩展的目标，为实现稳定民生抵御外侮的大理念规划奠定了基础。其"惠工"理念的确立，是张作霖民族爱国思想的实践。

二、张学良时期"东北新建设"形成与发展

张学良主政东北后，日本制造了皇姑屯事件，炸死张作霖，日本侵略东北的狼子野心昭然若揭，同时加剧了张学良对日本侵略者的反抗和抵御思想。促使张学良更加强烈地发展东北，建设东北，以实力来抵御日本及列强的侵略妄想。青年时期张学良受西方文化的熏陶，何以救中国，何以图强盛的思想是他一生的追索。中西思想交融的他在主政东北期间，提出了"东北新建设"的口号，在父亲张作霖普惠工业的思想基础上，开始实践全面发展建设新东北的目标，急迫实现中华民族崛起的志愿。

（一）张学良时期提出"东北新建设"的背景

张学良生于乱世，适逢西方列强瓜分侵略中国之时。少年时在张作霖的培养下，不仅学习中国传统文化，同时接受西方"仁爱、慕信和平"思想的熏陶，因此青少年时期的张学良就根植了"救中国，图强盛"的爱国思想。怀揣着这个梦想，一心想学医——通过"医人身体，治病救人"来践行救国之途的张学良，却在父亲张作霖"子承父业"的训教下开始从军。历经军阀混战的洗礼，承受父亲遭日人暗算惨死的痛苦，萌生了对战争的抵触，对和平的向往。东北的何去何从是他思量抉择的关键。目睹东北在日俄两大强邻的觊觎下生存的艰难窘境，时时看到日本耀武扬威的军事威慑，这一切，都激发着年仅 27 岁的张学良，奋不顾身地追求和平，实现东北振兴的夙愿。他一夜之间让东北的辽、吉、黑、热河四省换下五色旗，升起青天白日旗，归顺中枢，实现了国家形式上的统一，并让自己投身到东北的现代化建设上。1928—1931 年间，张学良提出了"东北新建设"的

口号，积极发展城市、教育、文化、经济、民族工业全面的建设，不遗余力培养大量的人才，在张学良的积极倡导下，东北实现了中国10项现代化发展的第一。短短三年，如昙花一现的东北振兴之途，在激发国人爱国狂热之时，却也加速了日本急于侵略东北的脚步，日本用武力征服，让东北沦为侵略者的铁蹄之下，同时拉开了日本侵华的序幕。

（二）张学良时期对"东北新建设"的实践

正因为张学良受中西文化的熏陶，在国力衰败，列强侵略的大背景下，形成了强烈的"图强盛，救中国"的思想。在张学良主政的三年间，在张作霖未完成的遗愿下，张学良开始了"东北新建设"的实践。首先，他注重东北大学的发展和建设。张学良主政时期，提出"建设第一需要人才"，在他担任东北大学校长期间，提倡男女合校，鼓励女人同男人一样接受高等教育，原配夫人于凤至带头到东北大学上课。积极倡导强身御侮，1929年在东北大学特设体育专科，高薪聘请德国著名田径队队长步起·皮克为田径特别指导，培养了百米健将刘长春等体育人才，刘长春也是我国第一位参加奥林匹克的运动员，他的百米成绩10.7秒在国内25年没人打破。张学良倡导和平建设为根本。在他的倡导下，1929年军火生产削减，开始走向军工转民生经济的发展，辽宁迫击炮厂附设的民生工厂，已转型制造汽车、水暖器材、皮革等民用产品。为积极促进民生牌汽车的研发，张学良将迫击炮厂结余款4.3万余元拨出，让李宜春负责，聘请美籍技师麦尔斯为技术顾问，购进美国"瑞雪"号整车进行拆装研发，除发动机、后轴、电气装置、轮胎国外进口，其余零部件进行重新设计、制造，1931年6月我国第一辆载重汽车——民生牌汽车试制成功，并实现了整车60%以上的零部件自主设计生产，截止到9月已生产40辆，实现了和平时期的军工转民生的迅速转型与发展。张学良还解私囊支持杜重远创建的肇新窑业公司的发展，有效地抵制了日本窑业的经济垄断，并成功将日本窑业公司挤出东北市场，实现了民族企业实业救国的夙愿。包括张学良支持冯庸大学、鼓励民营企业的发展等，一系列的举措体现了张学良"东北新建设"实践发展与思想理念举齐并重的融合，在暂时和平的形势下，积极迅猛的发展趋势。

（三）"东北新建设"理念的形成与发展

张学良的"东北新建设"理念，是在日本侵略中国，并多次炫耀其武力与军备实力的基础上，形成的迫切的自强不息抵御外侮的救国理念。由于其父张作霖也惨死在日本的阴谋下，更加剧了张学良不惜一切代价，实现强国保种的思想，也是年轻的张学良爱国思想的体现。张学良在晚年接受日本 NHK 采访时曾说："告诫新一代的日本人，不要用武力侵略别人，也不要以经济侵略别人，帮助别人就是帮助自己。"这足以说明，张学良一生都没有忘记日本对中国的觊觎与侵略，更不能忘记，张作霖惨死在日本精心策划的皇姑屯事件的惨剧，让年仅 28 岁的张学良在短短的三年的时间里，迅速萌发了狂热而自强不息的建设东北，发展东北现代化事业的爱国思想和救国举措。他一心想通过东北易帜来实现国家统一的局面，把外交交于南京政府来协调，通过与蒋介石的联盟，增加奉系军阀与日本进行抗击的筹码。而自己将在国家统一的实力依靠下，积极强化内力，从经济、工业、教育、军工等事业上迅速崛起，实现快速与日本抗衡的实力。但是，由于中国正处于国力凋敝，任人宰割的现实中，无法快速崛起。而蒋介石的国民政府此刻也羽翼未丰，天时、地利均不成熟，徒有人和之志又如何能够扭转乾坤，实现发展救国的理想呢！因此，东北新建设的理念推进了东北现代化建设的进程，但也稍纵即逝，没有在张学良时期发扬光大，实现他的实业救国的愿望，中华民族独立自主的理想。他的美好愿望和理想也只能在日本侵略者的铁蹄下备受践踏与欺凌。

三、"惠工"理念到"东北新建设"思想的升华

如果说张作霖的"惠工"理念，是在奉系军阀预想实现统一全国的思想下形成的，军事工业向稳固统治转型期的实践尝试。那么张学良主政时期提出的"东北新建设"就是全面实现人才培育与储备并举、教育升级以工养学、工业发展军工转民生、技术改造重自主研发、合理规划促进城市综合改造、鼓励民族工业强化爱国自觉的全面发展建设，也是近现代爱国、救国思想的实践与升华。

（一）"惠工"与"东北新建设"是单一发展向广泛发展的转型

张作霖在建立惠工工业区，提出"惠工"思想之前，积极发展的工业是以军事工业为基础，实现军事争霸理想的单一发展模式。也就是说，一切的奉系工业发展和经济转型，都紧紧围绕强化军事实力，促进军事争霸，实现军事武装现代化的发展目标迅猛发展。张作霖时期由于奉系军阀还处于征伐扩充期，一切以军事工业为主，以军队给养提升军队装备实力为要务，因此只注重武器、枪械、军需物资的生产与研发，其惠工理念的提出只是概念和尝试，只是奉系稳固统治地域发展的必由之路的拐点，并没有真正实现多种经济、工业、教育、产业、民生等举足并存综合发展的系统，只是完备了以军事工业为主线的单一发展模式。但是张学良时期，惠工工业区、大东工业区、奉海工业区、沈阳北站（京奉铁路）、沈阳东站（奉海铁路）等已经初具规模，一批民族企业如肇新窑业公司、惠临火柴厂、八王寺啤酒汽水厂等都已形成完备的运营模式，具备了发展的基础。并已形成涉猎广泛的全覆盖发展规模，弘扬"东北新建设"的思想实践体系。因此，惠工思想是初期单一发展工业的实践尝试，而"东北新建设"是宽泛蓬勃东北振兴的健全思想体系发展的实践转型，它涉猎社会发展的全领域，通过实业救国的实践体验，影响力更为广泛，更能激发民族爱国斗志的激情。

（二）"惠工"与"东北新建设"是实践尝试向理论思想的升华

张作霖在初期建立的惠工工业区取"惠赐工业"之意而命名，并没有提出明确口号，只是被动地给新建规划的新城地区取个名字而已，也就是说，只是提出了一个概念，是一种实践尝试，并没有形成科学合理的发展基础，只是摸索前行，还需要实践尝试后的科学总结。这也是源于中国处于殖民地与半殖民地时期，社会不稳定因素下的产物。而张学良时期提出的"东北新建设"已经是经过实践检验，具备了一定的实践基础，并取得了一定的有效成果的基础上，提出的目标与发展方向，是引领东北发展的核心思想。例如在教育方面，张作霖时期，1922年刚刚筹备东北大学的组建，在学科门类上、学院建制上、人才培养方向上、组建人员的配备上都是一种尝试。而在1928年张学良主政时期，东北大学已经具备完整的教学规制，学院也培养出了很多适应时局发展的人才，基础学科已经在国内有了一定的影响力，东北大学的校办工厂已经实践以工养学的良性运营……因此，张学良在提出"东北新建设"的思想时，针对教育提出了"建设第一需要人才"的思想，积极地全方位实践拓展教育强国、教育健体、教育一雪"东亚病夫"之耻。因此"东北新建设"是"惠工"理念的思想升华。

（三）"惠工"与"东北新建设"是张氏父子爱国思想的自由绽放

如果说早期的张作霖一直在焦灼于奉系军阀在东北的扎根，借晚清政府、袁世凯，抑或是民国政府孙中山之力量稳固他在东北名正言顺的政治地位，那么随之而产生的"惠工"理念虽然没有提出切实的口号，或是确立思想体系，但也足以说明张作霖在政治统治东三省的地位稳固后，逐渐改变与日本较量的狡黠与推诿的方式，开始实践摸索东三省经济的发展，并寻求一种软性与日本抗衡的实践。张作霖曾经说："我张作霖没有别的能耐，但为国家守护这点土地还敢自信，你看日本人要求二十一条，他在东三省得着什么，一条也没得着……"这足以说明，张作霖对日本觊觎中国的野心一直都在戒备、小心谨慎却不失主权的爱国情怀。直至给惠工工业区命名而提出"惠赐工业"之意的流露，甚至其土地招标不得转让给外国人的命令条例的出台，足以说明张作霖从含蓄内敛的较量转变为公开对峙的较量，从强军理念转化为政府主导鼓励民众发展民族工业的爱国思想体现。而张学良更是在西方列强侵略的夹缝里挤压、碾磨后的爱国思想肆意绽放。张学良年轻时代的爱国与救国即是医人身体实现医人精神的"治病救人"，但在其历经生与死的考验，国恨与家仇的洗礼之后，却激发了张学良强烈的爱国统一、强国振兴、舍身忘我的图存、爱国、救国的实践。短短三年间，张学良毅然改易旗帜、武装调停中原大战促成二次全国统一，虽然在蒋介石的劝说下单方面挑起的中东路事件最后以失败告终，但却显示出迫切的抵御外侮的爱国情怀，以强国保种的思想明确提出"培养实用人才，建设新东北，以促成国家现代化，而消弭邻邦之野心"[1]，公然拉开了与日本抗衡的序幕。张学良继承父业后提出"东北新建设"相继张作

---

[1] 唐德刚、王书君：《口述实录——张学良世纪传奇》，山东友谊出版社 2002 年版，第 301 页。

霖时期的以军工和武力来支撑统治地位的局面得以发扬光大。针对商埠地的商业抵制,奉天市政公所在商埠地的南北分别建立了南市场和北市场,市场内外国的商户和本地的商户互通有无,相互合作,同时还有各种相应的服务娱乐等综合场所,形成了商埠地的经济融合和遏制壁垒。如果说张作霖时期建立的大东工业区和日本建立的铁西工业区是遥遥相望的工业对视,那么依靠东站建立的奉海工业区和依靠北站建立的惠工工业区就是与日本南满铁路的沈阳南站满铁附属地之间的跨域竞争,工业区内成立了军工企业、民营企业、民族企业都在政府的扶持下与日本进行市场竞争,在张学良的积极支持下掀起了全民公开抵制日货,抗击日本政治、经济侵略的高潮,让张氏父子的爱国思想自由绽放。

从1924年张作霖提出以"惠赐工业"之意命名惠工工业区的核心广场,将其定名为惠工广场,到张学良主政时期提出的"东北新建设",开展如火如荼的鼓励民族工业,抵制日本货对东北政治、经济、文化的蚕食政策,使东北民众的抗日热潮不断高涨。更是以东北大学学生为首的,民众参与到抗击日寇侵略的民族意识的引领中,以多种方式并存共举,或租赁限制,或公募基金实行股份制,抑或解私囊鼓励扶持杜重远等一批民族爱国人士,以实业救国的形式打破日本的经济垄断,在张氏父子的积极带动引领下,东北三省,特别是以沈阳为核心的工业发展迅猛,从技术、设备、人才的培养与储备方面,都给日本和西方列强以沉痛的打击。当时的中国正处于国力衰败时期,虽然"急起直追"的快速发展并没有在全国形成,但也足以展现张氏父子的爱国狂热,爱国思想由理念到实践和践行的升华。

作者单位:张氏帅府博物馆

沈阳实行市制的动因与城市空间

程亚娟   胡玉海

"城市"是人类步入文明时代的标志之一，同时它又记录了人类进步的历史。实行市制管理，是城市近代化的必然要求。沈阳作为城市存在历史久远，但市政建设的理念直到 20 世纪 20 年代才形成。沈阳近代化的萌芽，在甲午战争后就已经出现，但直到 30 年后才最终形成市制。1923 年，奉天市政公所的成立，标志着在管理体制上开始了城市社会形态的转变。建市时规划城区发展的六大板块，为后来沈阳的城市发展奠定了基础。

一、清末民初沈阳城内治所的演变

近代以来的沈阳，名称曾多次更改，其政治空间也不断变化。而作为一座城市，其文化空间往往要超出它的实际空间，如 1634 年（明崇祯七年、后金天聪八年）升沈阳卫为盛京后，其文化空间已大大超出了一座城池。1644 年（顺治元年），清定都京师顺天府（今北京）后，仍以盛京为陪都。因此，沈阳是以"陪都"的"身份"步入近代社会的。

进入近代社会后，沈阳是奉天府和承德县两级治所的所在地。光绪二十八年（1902），分承德县东部分置兴仁县，承德、兴仁两县同治于沈阳古城内。光绪三十四年（1908），兴仁县更名为抚顺县，移治所今抚顺。其时，奉天府下辖：承德、兴仁、开原、铁岭、海城、盖平 6 县，辽阳、复州、金州 3 散州，营口 1 散厅。

光绪三十一年（1907）9 月，东三省改为行省制度后，其实与内地各省在体制上并不尽相同，最重要的一点就是总督职权异常专一与庞大。据新定东三省官制规定，奉天、吉林、黑龙江三省各设行省公署，以总督为长官，巡抚为次官。东三省总督是高于三省巡抚之上的总揽行政、军事、财政等各项大权的最高长官。值得注意的是，东三省总督原则上应在奉天、吉林、黑龙江三省的行省公署办公，但事实上则是常驻奉天，这样便与奉天巡抚同城，发生新的督抚同城问题。也就是说，在清末沈阳城既是东三省总督的治所，也是奉天省、奉天府、承德县的治所。宣统三年（1911）2 月，承德县建制撤销，其地为奉天府直辖。

进入民国后，1913 年 1 月，奉天府改为奉天县。2 月，新民府改为新民县。4 月，奉天县改为承德县，5 月，承德县又改为沈阳县。1913 年 7 月，改省辖府制为省辖道制，改八府制为三道制，设南路道、北路道、东路道。1914 年 6 月，南路道改为辽沈道，东路道改为东边道，北路道改为洮昌道。这种建制直到 1928 年。

1918 年 9 月，张作霖就任东三省巡阅使后，沈阳既是东三省巡阅使署的治所，也是奉天省、辽沈道、沈阳县的治所。沈阳除四个层级的治所同在一城外，还有一特殊现象，今沈阳故宫仍然保留"盛京内务府"机构，负责管理皇产。

1911 年，在武昌起义炮声的震荡下，清王朝轰然倒塌。清王朝灭亡了，延续几千年的帝制被废除了。但是，依据南京临时政府参议院通过的《关于大清皇帝辞位之后优待之条件》，清朝虽然灭亡了，但逊帝和皇室却得以完整地保存下来。直到 1924 年，冯玉祥发动"北京政变"之后，清朝逊帝才被迫出宫，清王朝才彻底地退出了历史舞台。从清帝逊位到最后被迫出宫，被称作"逊清"时期。这样，在这段时间内，沈阳城内"盛京内务府"的存在，说明沈阳仍旧扮演逊清"陪都"的角色。

四个层级的治所，再加"盛京内务府"，同处一城。促进了城市的发展，也为城市实行市制创造了条件。

二、沈阳率先实行建市的动因

中国古代城市有三个基本要素，即统治机构（宫廷、官署）、手工业和商业区、居民区。以此为标准，沈阳作为城市已有两千多年的历史。从候城到沈州，从沈州再到两代帝王的京都，悠悠岁月，沈阳作为封建时代的城市经历了几度沧海桑田。进入民国时期，中国城市普遍处于社会形态转变中。1921年，广州成立"市政厅"，率先实现了这一转变。奉天紧随其后实行市制，主要有以下几方面动因。

第一，城市发展的内在需求。进入民国以来，特别是王永江担任代理省长后，沈阳的城市发展出现了快速发展和转型的态势。各项事业都处于创立创建的起步阶段，如工厂企业的开办，马路铺建问题，城市交通问题，电灯、电话扩展安装问题，公共卫生问题，公园和其他娱乐场所问题等，都提上了日程。而这些城市建设依然由商业局、警察局、建筑局、公用局多个部门负责，而且有些分工也不尽合理，如城市消防是由商业局负责等。

在城市快速发展的形势下，诸多事业由无隶属关系的多个部门负责，必然导致相互推诿和掣肘，这既不能统筹全局又无法协调关系的现状，会滞殆城市经济社会的发展。因此，建立专门的市政机关，来统筹和协调城市的发展，势在必行。

第二，商埠地的示范效应。沈阳商埠地是1903年（清光绪二十九年）美国、日本与清朝政府订立《中美通商行船续约》《中日通商行船续约》而被迫自开商埠之一。这块自开商埠位于沈阳老城和满铁附属地之间，属于城市中心地带。

1906年，在奉天交涉署内设开埠局，负责开埠地管理。主要职能是：规划街道、修筑马路、收购民地房产。后又增设经办土地出租事宜。到1914年开埠局移交省政府直接领导，变为省属机构。商埠地虽然面积不大，但经过十几年建设，在城市的间隙空地有了楼房、平房、瓦房；有了街道，建起了工厂、盖起了商店；还有影剧院和游艺场等。与老城区相比进步之快，变化之大，令人瞠目结舌。

第三，广州率先实行市制的引领。早在 1918 年 10 月，广州就成立了市政公所。1921 年 2 月 15 日，广州市政公所改为市政厅正式建市，孙科被委任为市政厅厅长。孙科曾在美国接受大学教育，归国以后，撰有《都市规划》专著。在接受市政厅长任命后，起草了《广州市暂行条例》57 条。2 月中旬，条例获省政府通过并公布执行。按照暂行条例，市政首长改称市长，孙科为首任广州市市长。市政委员会下设财政、工务、公安、卫生、公用、教育六局，这是中国城市实行市制和市政设局管理的肇端。

广州建市后市政建设，集中体现在填壕沟、迁民居、筑道路。在公共卫生管理方面，清除水沟，录用清扫工定期清扫搬运垃圾。在公用事业方面，设立邮政总局、市立图书馆等。在治安、公共场所统一管理、民众教育等方面也有举措。《盛京时报》等传媒对此给予及时报道，并发表了一些赞扬的评论，这为奉天省政府提供了现实的可供借鉴的经验。

第四，大连、哈尔滨的参照作用。1899 年初，俄国在租借地置五个行政区、三个市。1902 年 5 月设达里尼特别市（今大连市中心区），萨哈罗夫为市长，直属俄国财政部管辖。1903 年，俄国在旅顺设置远东总督府，为俄国远东地区最高统治机构。日本取代俄国侵占大连地区后，设置金州军政署、大连军政署、旅顺军政署和复州军政署。1905 年 6 月，军政署撤销，置关东州民政署。1906 年，在关东州民政署之上置关东都督府。1919 年，关东都督府改称关东厅。

中东铁路建成后，俄国在哈尔滨设中东铁路管理局，负责对中东铁路的管理。中东铁路管理局以对铁路附属地管理之名，严重超出铁路的商业范畴，涉及财政税收、治安司法、市政管理、城镇规划、户居管理、测量测绘诸多方面的中国主权！1907 年哈尔滨刚刚开埠后，霍尔瓦特未经中国政府同意，擅自公布了《公议会章程》，于 1908 年成立了哈尔滨市自治会和市董事会。使哈尔滨成为沙俄政府在远东推行殖民政策的据点。

殖民统治下的大连、哈尔滨，其统治机构不尽相同，但都实行正规的市政建制，这一体制包括市长及领导下的市政厅、市参事会、警察署、法院等。这种市政体制模式在实践中的高效率，吸引了以张作霖为首的奉天当局，也为奉天实行市政管理提供了可以参照的样本。

三、奉天当局积极推动市制管理

奉天省早期近代化步伐走在全国的前列，是地方政府积极推动的结果。张作霖出任奉天督军兼省长后，就十分关注城市改造、建设与发展，如为振兴民族工业决定开辟南、北市场，还批准修筑第一支铁路；1919年春，奉天省政府设立政务厅第四科，负责管理省城街道、桥梁和土木建筑。为推动工业发展，同年还在城外规划和建设了东北第一个民族工业园区——大东工业区。为整治市容，还下令将通天街的所有妓院迁移至北市场。当时主要目的是，以新建商埠地与具有百年历史的四平街（中街）形成掎角之势，以与日本的南满铁路附属地相抗衡。

1922年5月，张作霖在第一次直奉战争战败后宣布东北联省自治。实行自治后，张作霖在大力进行整军经武的同时，全面推进奉天经济社会的发展。张在宣布自治后，还下令所有各关税款、盐款的余款，"自本月起一律解交奉天省库，不准拨交北京"①。这为奉天推进经济社会发展，提供了一定的经济支撑。

1922年9月，代省长王永江为推进城市建设和发展，在省政府成立市政厅，办公地点设在总商会院内，并拟建"楼房1所，内设厅长1人、科长4人、科员若干人，计分总务、工程、捐务、卫生四科，等待楼房告成即正式成立"②。市政厅的设置，为市政公所成立准备了条件。

1923年5月3日，奉天市政公所筹备处成立，并由电灯厂厂长曾有翼负责具体筹办。7月间，制定了"奉天市暂行章程"，上报省政府。张作霖批示："惟市政机关，所系綦重，亟应筹划，俾得早日正式开办，以策进行章程规定。"同时指出"所拟规章大致明晰，惟命名为市政公所组织规章，殊欠妥协。……兹特由本署另订暂行章程，颁发遵守"③。在张作霖和王永江合力推动下，筹备工作进展顺利。

---

①《张作霖致奉吉黑三省海关监督盐运使》，1922年，《张作霖书信文电集》下册，第545页。
②《市政厅积极进行》，《盛京时报》1922年9月29日。
③《张作霖令发奉天市政筹备处》，1923年7月31日，《张作霖书信文电集》下册，第571页。

在市政筹备期间为借鉴国外市制和市政经验，王永江派专门人员赴大连学习调研，考察道路、植树、卫生、电车、下水、电气、瓦斯、建筑形式，以及学校、医院、娱乐设施的设立与预算情况。同时还派人分别赴日本、美国考察市政管理方法[①]。

由省长公署制定的《市政所暂行新章》规定："奉天市设总办一员，监督全市行政事宜；设市长一员，总理全市事宜；设协理一员，坐办二员，辅助市长策划并办理全市行政事宜。"[②]市政公所组织机构设总务、财务、工程、卫生、教育、事业六课及一个技术部。每课设课长一人，课员3—4人。这样算起来整个市政机关也不超过30人。从机构设置和人员构成上看，市制的不完备是明显的，机构极为简单。如市制中的社会治安是空位的，只提出社会治安由省会警察厅配合。这既与初设市制参照体系有关，如广州市六科也没有高性能置警务，也与当时社会发展的现状有关。同时也与对市政公所的定位有关，"市政公所直隶于省长，为办理市政之机关"[③]。没有明确市政公所为一级政府，而只定位是隶属于省长的办事机关。这些因素的存在，设立市制之初的不完备和简单，是很自然的。这是近代政治文化起步发展阶段的表现。

经过几个月的筹备，市政公所于同年8月4日，在今沈河区西顺城街正式成立，曾有翼为第一任市长。

市政公所机构简单，人员很少，但市政职能却也很全面。包括市财政及公债管理；市公产管理及点分；市街道桥梁及其他土木工程事项；市公共卫生；市教育风纪及慈善事项；市交通、电力、煤气、自来水及其他公用事业；省政府委任办理事项[④]。市制设置后，随着城市管理的实践，市政职能也不断变化和扩大。

①《市政厅成立日期》，《盛京时报》1922年10月27日。

②辽宁省档案馆：《奉系军阀档案史料汇编》（4），江苏古籍出版社、香港地平线出版社1990年版，第237页。

③辽宁省档案馆：《奉系军阀档案史料汇编》（4），江苏古籍出版社、香港地平线出版社1990年版，第237页。

④辽宁省档案馆：《奉系军阀档案史料汇编》（4），江苏古籍出版社、香港地平线出版社1990年版，第236—237页。

市制建立之初，之所以称奉天而不是称沈阳，有两方面原因。从历史上看，早在 1644（顺治元年）年，就设置承德县，为奉天府首县，管理盛京城外的四郊，东至抚顺 80 里、南至十里河 60 里、西至辽河 100 里、北至懿路 70 里；到民国称为沈阳县时期，这一空间范围没有大的变化。自 1657（顺治十四年）年开始，又设立了奉天府，为管理汉民和除旗民之外其他各民的一级行政机构，隶属于盛京将军。这样，就出现了承德县与奉天府同治一城的局面，这种局面延续了几百年。故此，以奉天府名为市名。从现实上看，1913 年 5 月，承德县改为沈阳县。这时，沈阳、新民、辽中三县，同属奉天省辽沈道。新设置的市，直属于省政府，级别要高于县，另外又有沈阳县的存在，故此市名仍沿用原来的府名。1929 年 2 月 5 日，奉天省改称辽宁省。同年 4 月 2 日，奉天市改称沈阳市。

四、建市后沈阳城区的六大板块

沈阳建市之初，对其管辖的区域就有明确的界限，"奉天市行政区域以省会为限"。所谓省会即原奉天府所管辖的区域，包括沈阳古方城及八关和商埠地。建市之初，按当时已形成的六个警区，划分为六个行政区。当时是以序号作为区名：一区所辖范围为沈阳古方城内；二区所辖为东关；三区所辖为南关；四区所辖为西关；五区所辖为北关；六区所辖为商埠地。在延续警区空间划定行政区的同时，各警察署长也均被任命为各区区长。这样有利于市制初建时的管理。

城市实行近代化的市制管理，在中国是一种改革，城市的空间划定始终处于不断发展变化的状态。《奉天市暂行章程》明确提出：沈阳市的行政区域，"应时势之要求得呈省长扩张之"①。当时，《奉天市暂行章程》中的这一款是非常重要的，是有着现实针对性的。因为刚刚成立的沈阳市作为一级行政区划，还不能将属于城市重要组成部分的全部纳入其管辖范围，如大东新区和附属地。没有纳入市政管理范围的部分，也都具备了城

---

① 辽宁省档案馆：《奉系军阀档案史料汇编》（4），江苏古籍出版社、香港地平线出版社 1990 年版，第 236 页。

市的功能，是沈阳城一部分。当时，沈阳可分为四大板块：

第一，以沈阳古方城为中心的核心板块。这一板块包括东关、南关、西关、北关，就是以古城为中心向四周延伸。这个核心板块总面积 15.70 平方公里，其中古城内为 1.70 平方公里，八门八关为 14 平方公里。这一板块是沈阳城市发展的内核，从元代设沈阳路修筑沈阳土城，到 1923 年沈阳改为市制，历尽沧桑，走过了 600 多个春秋。所以，建市之初，仍以此为核心。市管辖的 6 个区，这里就占了 5 个。

第二，以商埠地为范围的商埠板块。奉天商埠地位于沈阳老城和满铁附属地之间，属于市中心地带。东临今青年大街以西；西靠和平区和平大街以东；南至运河以北；北倚和平区皇寺路至沈阳纺织厂后墙的铁路。这一区域的总面积 27.1 公里。据 1923 年统计，该区域内住中国居民 27755 人，占商埠地总人口的 94%；居住美、英、法、德、俄、日、波兰等外国人 1632 人，占总人口的 6%[①]。

在商埠地未开辟之前，这里大部分是城市的间隙空地。商埠地开辟后，划分为 4 个区界，即正界、北正界、副界和预备界。正界位于中央偏北，地理环境优于其他各界。在正界内除外国人置地建房，开办工商业，设立外交机构外，也有中国人居住，主要是当时的军政要人和富绅名流，他们在这里置买土地、建公馆、设私邸。正界地处商埠中心，是 4 个界区中市政设施最完善的一个区域。北正界以北市场、西北市场为中心，是以商服娱乐业为主体的居民混合区，是当时和后来沈阳市比较繁华的地区。北正界开埠后，也吸引各行各业纷至沓来，办商业、建工厂、开妓院、设影剧院和游艺场，市场内仅妓院就有 132 家[②]，可谓"三教九流""五行八作"，应有尽有。副界和预备界以南市场为中心，它类似北正界，但又有所区别，是一般市民的住宅区和中小型私营工厂与手工业作坊集中的地方。在这一区界内，餐饮服务和妓院旅店业较兴隆。

商埠地的行政主权，名义上是属于奉天商埠局，而实际上受日、美等殖民主义国家驻沈阳领事控制。殖民主义者在沈阳拥有"领事裁判权"，

---

①《沈阳房地产志》，辽沈出临图字（1996）108 号，第 20 页。

②《沈阳房地产志》，辽沈出临图字（1996）108 号，第 21 页。

是对商埠地司法行政的最大侵害。商埠地公益事业费用的负担，还须与各国领事馆先行商议再行分派。至于土地税、外货入口税在完纳正税之后，其他杂税得于减免，属于外商的"土货"入埠，免纳任何税款。因而商埠地的中国工商业遭受洋商买办和外国资本排挤，逐渐失去竞争能力，而处于日趋衰落的状态。

沈阳实行市制管理之初，将商埠地作为第六区纳入市行政管理范围后，实际上仍是双重管理，涉外行政方面仍由商埠局负责，治安等其他行政事务由区政府管理。

第三，以兵工厂为范围的大东新区板块。大东新区的范围，是从大东边门到东塔之间。这一带原为一片农耕土地，有土山子、十王坟、御花园、韩家栏、孤家子、东塔等村屯。1920 年，东北军政当局为发展军工生产，购买土地 2000 亩，在原奉天机械局的基础上，兴建兵工厂。到 1923 年共购置土地 3284 亩，将原村屯居民全部迁出，创建奉天军械厂，后改为东三省兵工厂（今黎明机械厂址）。东三省兵工厂发展很快，规模很大，日本人称中国"在奉天建造了'东方第一'的兵工厂"①。

大东新区在沈阳实行市制时，已经成为沈阳市区的一部分，但因涉及军工的特殊情况，没有纳入市区。除公安、司法外，新市区其他一切行政事务均由东三省兵工厂自行管理。东三省兵工厂自设市政管理处，负责市区的市政建设，区域规划，土地房产经营管理。大东新区虽然行政上没有划入沈阳市区，但仍然是沈阳城市的一部分。

第四，以附属地为范围的殖民板块。附属地全称为"南满洲铁道株式会社奉天附属地"，简称"满铁附属地"。附属地位于今沈阳市和平区的中部西侧，占地面积为 6 平方公里。奉天满铁附属地原始界限是：西至原铁西区沈阳第二纺织机械厂西墙，东至和平区和平大街，北至和平区北七马路，南至和平区中山公园南墙外，由南京街拐至南八马路再向西至铁道。在这四至范围内的铁路用地为 1.2 平方公里，市街用地 4.8 平方公里。

日本取得奉天满铁附属地的权利，是通过日俄战争获胜后从俄国手中夺取，本应以沙俄签订租借期 25 年为限，即到 1923 年 3 月 26 日期满。

---

① [日]猪木正道著，吴杰译：《吉田茂传》（下册），上海译文出版社 1984 年版，第 291 页。

1915年，日本通过"二十一条"不平等条约，擅自延长74年租借期，即99年。附属地本是依据修筑铁路之需所租借的土地，后来，日伪在"地籍整理"时，居然将附属地土地确定为南满铁道株式会社"所有"，变租借权为所有权。

在日本接管南满铁路之初，还照原中俄有关方面的条约规定，由中国警察在车站维持铁路治安。后来，日本"照会"中国政府不许中国警察进入铁路用地范围和在站内执行勤务，否则将以"相当手段"对待。中国政府对此照会提出异议，日本置之不理。自此，附属地内所有捐税、邮政等各项行政权，均被日本所侵夺。在附属地内，司法裁判及外交事务由领事馆掌管，军事属于关东军司令部，警察属于关东厅长官，一切行政权为满铁株式会社所有。在附属地内，对中国人和欧美人施行所谓"契约主义"，制定了入居规约，"凡入居者，均须遵守此规约，并须服从会社之各种规则负担各项费用"[1]。日本在不断掠夺附属地权利的同时，还在不断扩张附属地的土地面积，到九一八事变前，铁路沿线的附属地由早期的147.766平方公里，扩大到482.9平方公里[2]。

满铁附属地虽然是沈阳城市的一部分，但直到1945年日本投降主权回归后，才纳入沈阳的市政管理。长达半个世纪的附属地现象，在沈阳历史上留下了深深的殖民印迹。

第五，规划和建设中的惠工工业区板块。惠工工业区，是以惠工广场为中心向四周辐射的区域，因其地处老城区的西北，故当时称为"西北工业区"。惠工工业区以惠工广场为中心，南至五三工厂及沈阳市政府北侧；东至小北边门、山城堡；西至团结路西（原保安堡）；西北至中长铁路，土地面积982市亩（不包括道路和铁路用地面积）[3]。

惠工工业区在未开发之前，是一片空地，除少数耕地外，多为公共墓地和坑洼不平的废地。1923年实行市制之初，市政公所决定开发这片空地。经过测量规划、平整后，分为特、上、中、下四个等级予以出租。规定分为"长期租"和"年期租"两种形式。1924年4月17日，市政公所公布了《西

① 《东北年鉴》，东北文化社1931年版，第252页。

② 日本满洲开发四十年史研究会编：《满洲开发四十年史》下卷，第365页。

③ 《沈阳房地产志》，辽沈出临图字（1996）108号，第33页。

北工业区租领地亩章程》和《西北工业区租领地亩章程施行细则》，规定租领土地以中华民国公民为限，不得典卖、抵押给外国人。实行土地租领后，吸引诸多工商业者和居民认租。当时迫击炮厂是在原27师修械司及医院旧址上改建的，工业区开发时又到工业区选址修建新厂，1927年2月，新旧两厂合并，并正式取名为奉天迫击炮厂。1929年改为辽宁迫击炮厂。

惠工工业区是市政公所成立前，省公署规划开发的新区，并取名为"惠工"，旨在优先发展工业，走工业兴市之路。

第六，规划和建设中的沈海工业区板块。沈海工业区板块在规划之初，意在依托沈海铁路，围绕沈海火车站建成商业区，故取名为沈海市场。位于大东区大北边门外，沿东北大马路两侧迤东至沈阳东站（当时称沈海站）并延伸到东毛君屯。当时，东北当局面对日本和其他资本主义国家利用"附属地"和"商埠地"，大肆实行经济扩张和民族工商业日趋衰弱的现实，决心采取措施繁荣民族经济，振兴沈阳。意在以沈海车站为客货运输中心，形成一个大市场，与沈阳站（附属地内车站）遥相抗争，以抵消外国经济势力的扩张。

沈海工业区由沈海铁路公司投资建设，1925年开始规划设计，1926年完成土地收买并着手建设。沈海铁路公司为加快新区建设，土地出租分为年租、永租和永业三种，并实行奖励政策。三种形式出租及奖励措施的实行，极大地促进了开发和建设的速度。与惠工工业区相比，沈海工业区开发虽晚，但区内建成的启新窑业公司、肇新窑业公司都是当时东北实业界的大家；东兴色染纺织厂、奉海铁路机械厂等也都是这时开工兴建的。其他各业也随之兴旺，有农副产品市场的建立；也有戏院、影院的兴隆；还有妓院、烟馆及赌博场所等，集中于站北四德里一带。

沈海工业区、大东新区、惠工工业区三个板块的开发，都旨在发展工业经济。这三个板块，尤其前两个板块的开发，奠定了沈阳近代工业的基础。沈海工业区以民营工业为主；大东新区以军工工业为主。在20世纪20年代，其工业近代化的水平均处于国内一流。

20世纪20年代形成的沈阳城市六大板块，有的是历史发展自然形成的，有的是省市当局主动规划开发的。其中主动规划开发的就占三大板块，这在沈阳城市发展史上不仅是空前的，而且对后来沈阳作为工业城市的历史地位，起到了决定性的作用。沈阳市工业地位在民国时期已经形成，日伪时期只是在这一基础上的发展。

20世纪20年代的沈阳城市发展，除了规划建设这六大板块外，在发展中也逐渐形成了一些小的区块。如东北大学、北大营、东大营、冯庸大学的建成，不仅扩大了城市的区域，也极大地丰富和提升了这座城市文化内涵的水准。

作者单位：张氏帅府博物馆
辽宁大学历史学院

奉天市政公所的成立及其组织职能

金　宁　　张晓丹

一、奉天市政公所成立的历史背景

东北地区的城市近代化应该从 1861 年 4 月 3 日的牛庄开埠算起，后来因为牛庄的河水淤塞导致船只出入十分不便，所以清政府决定将港口移至营口，从此营口成为东北地区第一个正式开放口岸。随着帝国主义殖民统治者的强力入侵、资本主义商品的大量流入，东北地区开始从简单的商品经济社会向复杂的工业经济社会转变，即开始了所谓的近代化进程。尽管这一历史性的转变是被动的，是受外力刺激的，但中国上层建筑和广大民众的自我觉醒、危机意识及救亡图存思想却逐渐增强。清政府意识到需要一场广泛而深刻的社会变革运动来促进社会转型、加速城市近代化的发展速度，由此而生的便是清末新政。

清末新政是 1901 年开始在全国范围内开展的包括政治、经济、军事、教育等多领域、多角度的近代化变革运动。由于东北地区当时处于沙俄占领之下，后又经历日俄战争，所以新政开始得较晚。1905 年 7 月，刚刚就任盛京将军的赵尔巽在奉天省城率先启动新政，随后他的两位继任者徐世昌和锡良将新政深入并推广到东北各地，内容主要有以下几个方面：

1.政治方面：弃用盛京陪都的行政制度，建立新的行政决策运行机制。

首先裁撤了盛京五部侍郎进而裁撤掉了五部；废除三省将军军署衙门，设三省行省公署，行省公署内设承宣、谘议二厅，交涉、旗务、民政、提学、度支、劝业、蒙务七司；裁撤三省外城副都统，设省属府、厅、州三级地方机构。①改革司法制度，设立审判厅，附设监察厅，并建立"奉天省模范监狱"。奉天省设巡警总局，负责全省治安。另设警察总局，专司奉天城治安、卫生事宜，分设七分局。截至1909年统计：奉天全省有警区218处，分驻所687个，巡警总数达19190余名。②推行"地方自治"，奉天设全省自治局，以调查惯例、考订法典为宗旨，附设调查员养成会，培训实地调查人才。1909年，奉天设立谘议局，效仿西方立宪选举制度。

2. 经济方面：兴办实业。东北当局振兴实业的总方针是企图全面依靠欧美的资本，筹建东三省实业银行，自建铁路和商港，从而吸引外商投资，推动各项实业的振兴。1909年7月，总督锡良"拟借外债银二千万两，以一千万两设东三省实业银行，以五百万两移民开垦，以五百万两为开矿筑路之用"。③通过官办、商办、官商合办和官督商办等方式，东北各地兴办了大批近代化企业。

3. 军事方面：整饬军备，编练新军。设全国练兵处，各省设督练处，以督抚、将军主政。同时裁汰原有的绿营，训练新军，并增征练兵专款。④

4. 教育文化等方面：1905年，奉天、吉林、黑龙江三省各设学务处，总管全省教育事务，后改为学务公所，并陆续成立了一些辅助机构，如教育官练习所等。新的教育体系完善后，新式学校大量成立起来，据统计：1908年奉天省有专门学堂3所，在学人数602人；普通学堂2071所，在学人数82745人；师范学堂31所，在学人数1634人；实业学堂8所，在学人数584人。⑤政府还重视文化出版事业的发展，建立了奉天图书馆，打破日本人办报的垄断局面，《东三省官报》《奉天官报》《微言报》《醒时白话报》《大中公报》《奉天国民报》等相继出版。

---

① 王革生等编《清代东北史》，辽宁教育出版社1991年版，第299页。
② 王革生等编《清代东北史》，辽宁教育出版社1991年版，第302页。
③ 王革生等编《清代东北史》，辽宁教育出版社1991年版，第310页。
④ 王革生等编《清代东北史》，辽宁教育出版社1991年版，第303页。
⑤ 王革生等编《清代东北史》，辽宁教育出版社1991年版，第586页。

总之，通过推行一系列的"新政"，东北地区在多个领域迎来了许多新的变化，资本主义开始萌芽与发展，城市的属性开始由单一的消费型转向工业型、商业型，市民的近代化思想意识也在逐步增强，参与热情也逐步提高。新政虽然有着诸多的弊端和局限性，但也极大地促进了社会的进步、城市转型的发展和民众思想的觉醒。

如果说"清末新政"是奉天城市近代化的奠基石，那么商埠地的建设则是奉天近代化进程中市制改革的催化剂。民国成立后，政治体制的彻底颠覆使得原本已经处于转型起步阶段的社会各个层面全面进入快速转变的轨道。

张作霖主政后，为了对抗日本和沙俄铁路附属地的侵略和扩张，特别重视对商埠地的开发和建设，这一举措更是奉天城市发展的强心剂。虽然商埠地的设立是为了抵制日俄的侵略，但不得不承认铁路附属地内的建设和管理模式具有先进性，值得学习和借鉴。在商埠地内，奉天商埠局负责辖地内的所有事物。设总办一人，下设总务课、埠政课和工程课，各课设课长一人，佐员若干、雇员若干。通过努力，奉天商埠地发展迅速，人口大量向商埠地聚集，商埠地内道路齐整、商铺林立、南北两市场遥相呼应，逐渐成为奉天城区内最为繁华地带。

而相比于铁路附属地和奉天商埠地，奉天老城区的落后日渐明显。为了缩小这一差距，使奉天城的两大板块实现融合，达到均衡发展，加大老城区的改造与发展的呼声日渐高涨。1922年4月，第一次直奉大战失败后，张作霖宣布东北自治，8月重新起用王永江开始全面治理奉天。新的省长给此时的奉天带来了新的发展机遇：政治上稳定、经济全面复苏、商业活跃，这些都使奉天的城市化脚步加快，即将迈入一个崭新的发展阶段。

二、奉天市政公所的组织体系及职能

1921年2月15日，广州市市政厅成立，下设公安、公用、财政、卫生、教育、工务等6个局，孙科为第一任市长，广州正式建市。广州的市制改革给了奉天极大的示范作用和促进作用，也提供了许多可借鉴和实施的经验。

1923年5月3日，奉天省长公署颁布了第二号委任令："兹委任曾有翼为奉天市市长，在市政公所未开办以前每月支给车马费大洋一百元，仍兼电灯厂厂长。委任祁彦树为奉天市政公所参事，在未开办以前仍照旧月支车马费大洋一百元。"[①]奉天市政公所开始筹建。

8月，市政公所正式成立，颁布《奉天市暂行章程》。[②]从章程中我们可以看出市政公所的组织体系及职能如下：

1.班子成员：市政公所隶属省长公署，是办理市政之机关，设总办一人负责监督全市行政事宜；设市长一员综理全市行政事宜；设协理一员、坐办二员负责辅助市长策划并办理全市行政事宜。

2.下设机关：设总务课、财务课、工程课、卫生课、教育课、事业课六课，每课设课长一人负责掌管本科事务，课员三至四人分司本课事务，各课设雇员若干人。另外，公所设技师一人、技士四人专司一切技术事宜。

总务课职能如下：（1）办理市选举；（2）主管文书及印信；（3）编制章程并办理统计报告及其他编译事项；（4）记录职员之进退；（5）办理市政公所经费预算及决算；（6）关于庶务及其他不属于各课事项。

财务课职能如下：（1）征收市费；（2）管理市公产；（3）办理市公债；（4）关于省库补助金之收入及经理；（5）办理全市行政经费预算；（6）其他关于市财务事宜。

工程课职能如下：（1）规划市区；（2）建设及修理道路、桥梁、沟渠、水道及自来水、电车等项；（3）关于路树之种植及保护；（4）测制图案；（5）经理公园及公共建筑物并取缔私用各种建筑物；（6）其他关于市工程事项。

卫生课职能如下：（1）清除街道及公共厕所；（2）管理公立市场、屠场、药场、浴池并取缔戏园、旅店、妓馆及饮食营业；（3）取缔市民厕所；（4）设立及管理检疫所及各种传染病院；（5）取缔医生及药房；（6）办理户

① 《奉天省长公署委任令第二号》，《奉天公报》，民国十二年五月三日，第四千零零七号。
② 赵焕林、辽宁省档案馆编：《民国奉系军阀档案》1924年卷第四册，线装书局，2017年8月，第8—13页。

口调查；（7）其他关于公共卫生事项。

教育课职能如下：（1）管理市立各学校；（2）监督市内私立各学校；（3）管理图书馆、阅报处及讲演所；（4）维持市民风纪并禁止不正当营业；（5）取缔各种戏院及公共娱乐场；（6）经营市立慈善事业；（7）其他关于市教育事项。

事业课职能如下：（1）经理电力、电车、自来水、煤气及其他公用事业；（2）收回及管理现有商铺各公用事业；（3）取缔自动车、马车、人力车及河船；（4）其他属于公用性质之各种事业。

以上所见，奉天市政公所组织体系完备，职能涵盖了全市各项行政管理事务。公所"每星期三开会议一次，其时间自午后三时起至五时止。会议由市长主席"[1]。每次会议召开均有详细记录在案，会上各课可以提出议案，经市长取决后办理。制度还规定：每次会议召开时，人员非因特别事故不得缺席；有特殊情况可延长会议时间；如有紧急和特别事务时，市长有权召开临时会议。

另外，在日常工作的管理上，市政公所也极具现代意识，管理制度制定得十分细致、规范：工作人员上班期间一律在胸前佩戴襟章，襟章图案由"奉天市"三字组成"奉"字[2]，襟章不得随意损毁或借给他人，如有损毁十倍赔偿。[3]办公时间为每天7小时，上午9—12时、下午1—5时，上下班需要签到，因故不能到所需填请假单。在工作流程方面规定所有往来文件先由总务课收发员负责开拆、加盖戳记、编号登记，然后送市长审阅后分发给其他各课。规定了办件时限为二日，紧要文件随到随办。各课日常草拟的稿件由课长核定送市长批阅后发还各课再次缮校，然后送回市长处署名盖章并由监印员盖用公章，原稿最后由总务课收发员负责编号、登记、归档。各课收文发文送稿须设立专用登记簿，每月月末将办理的事

---

① 《公所会议厅暂行规则》，1923年8月。赵焕林、辽宁省档案馆编：《民国奉系军阀档案》1924年卷第四册，线装书局，2017年8月，第16页。

② 《奉天省长公署指令第二零五零号》，《奉天公报》，民国十二年十月五日，第四千一百六十号。

③ 《公所制发襟章规则》，1923年9月。赵焕林、辽宁省档案馆编：《民国奉系军阀档案》1924年卷第四册，线装书局，2017年8月，第17页。

件分类列表报送总务课统计。另外，公所还要求工作人员对本所未经宣布的事件应严守秘密不得泄露，职员签名之戳记也不得随时改易。[1]

可以说，无论从组织体系、工作职能还是管理制度上看，奉天市政公所都可以称为是近代化的、规范的市政管理机构，为其今后开展各项城市管理建设工作奠定了坚实的组织基础。

三、奉天市政公所成立的意义

奉天市政公所成立后，公所各课职员在市长曾有翼的统领下，各尽其职、各司其能，有法可依、有章可循，使原本混乱的奉天行政管理模式逐渐归于正式，使原本落后的奉天城市面貌焕然一新，对奉天古城走向近代化大都市的行列起到了助推剂的作用，具有积极的进步意义。

首先，奉天市政公所组织体系合理完善、规章制度严谨全面、行政履职民主专业，对东北各城市乃至全国城市的市制建设起到了标杆的示范作用。根据档案材料显示，奉天市政公所成立后制定的各类章程有近百个，各项市政管理均按章程执行，这标志着奉天城市的建设与管理进入到了法制化、规范化的时代。

其次，奉天市政公所对奉天城的规划，站得高看得远，使城市规模空前扩大。曾有翼的发展战略可以总结归纳为：立足改建老城区、扩大发展新城区、联结接续商埠地、平行发展附属地。从现今沈阳市的版图来看，就是在当年的这四大板块的基础上发展起来的。1929年，奉天市改称沈阳市，此时已拥有东起沈海工业区（现今的洮昌、辽沈、北海等街道及东北大马路、联合路、工农路），西至冯庸大学（现今滑翔一带），北有北大营、北陵公园、东北大学，南至小河沿模范区一带，已然成为东北最大的城市。

特别值得一提的是奉天市政公所成立后，通过各项举措，城市面貌大为改观，市民居住环境得到改善，市民近代思想意识得到极大的启蒙与提高。奉天市政公所修缮马路、建设有轨电车、铺设自来水及下水管道、修

---

[1]《公所各课办事细则》，1923年8月24日。赵焕林、辽宁省档案馆编：《民国奉系军阀档案》1924年卷第四册，线装书局，2017年8月，第14—15页。

建公共厕所，各项事业无一不是关乎民生的大事，不仅得到了上级领导张作霖、王永江等人的大力支持，更是得到了市民们的广泛配合，取得的成绩和效果都是突出和显著的。尤其是奉天市政公所特别注重对市民文化意识的引导，通过创办《奉天市报》，"以启迪市民之知识，促进市民责任义务之自觉，协助市政进行为宗旨"[①]。通过建立通俗书报阅览社、通俗教育讲演社、公所书报阅览室、改良书曲传习社等大众教育场所，使市民得到了良好的、进步的社会教育，使近代城市市民新风逐渐养成。

综上所述，奉天市政公所在全国城市近代化的大背景下由张作霖主导成立，加速奉天城市发展是张作霖成立市政公所的主要目的。奉天市政公所组织机构完备、职能涵盖全面、管理制度严格、市政举措全面而有效，它的成立是奉天市制建立的标志，是奉天城市发展转型过程中不可或缺的组织基础，在奉天城市发展史上做出了重要的贡献。

作者单位：张氏帅府博物馆

---

① 《市报简章》，1923 年 9 月 4 日。赵焕林、辽宁省档案馆编：《民国奉系军阀档案》1924 年卷第四册，线装书局，2017 年 8 月，第 134 页。

奉天市政公所成立后的市政建设

张晓丹

1921年2月15日，广州市市政厅成立，下设公安、公用、财政、卫生、教育、工务等6个局，孙科为第一任市长，广州正式建市。广州的市制改革给了奉天极大的示范作用和促进作用，也提供了许多可借鉴和实施的经验。1923年5月3日，奉天省长公署颁布了第二号委任令："兹委任曾有翼为奉天市市长，在市政公所未开办以前每月支给车马费大洋一百元，仍兼电灯厂厂长。委任祁彦树为奉天市政公所参事，在未开办以前仍照旧月支车马费大洋一百元。"①奉天市政公所开始筹建。

筹建之初，市长曾有翼首先公布了公所近期工作的三要务：1.筹设无轨电车以便交通；2.设立自来水以资便利；3.修筑新马路以重路政②。不久，他聘请留日人才李德新、张圣恩、徐箴为技师，经过规划磋商又公布了更为详细的19条应办事项：1.组织市政机关之规定；2.市政工程之计划；3.卫生队之组织；4.消防队之组织；5.组织公共澡堂；6.兴办社会慈善事业；7.设立公园；8.设立旅馆；9.市内路政；10.设劝业商场；11.填设公共游泳场；12.设立公共茶社；13.设立厕所；14.设立教育会；15.筹设义冢；16.市区之改正；17.市内模范区之计划；18.市内工业区之计划；19.设立新肥料场。③

---

① 《奉天省长公署委任令第二号》，《奉天公报》，民国十二年五月三日，第四千零零七号。
② 《市政公所三要务》，《盛京时报》，1923年5月5日，第四版。
③ 《市政公所进行详志》，《盛京时报》，1923年5月23日，第四版。

由上述档案材料可知，市长曾有翼在市政公所开办之初即有雄心大志，要全面综合地规划治理好奉天城，梳理其后期接续的表现来看，他也确实做到了。在张作霖和王永江的大力支持下，曾有翼对奉天城的综合治理全面而有效，极大地促进了奉天城市近代化的发展。

一、市政规划合理，城市向外扩延

一个城市的规划水平代表着城市的发展水平，更可以看出城市的发展方向，所以市政公所成立后首先就要对奉天城进行全面规划。在进行规划前，曾有翼给省长张作霖打了报告称要首先进行全市测量工作："计划市政事项拟先开办全市测量为各事项之基，……计划测量经费之概算为四千八百元，需三月时间方能告竣。今各项事项将次第举办而测量尚未实行，各项工程毫无依据且工程测量必须专门人才，此项人才尚需远处聘请，与公所技术员协同办理。如不及早开办恐误工程之进行。"呈文中还附有测量说明，文中强调："各国举办市政首重下水道，盖下水道不整则脏水不能宣泄，全市永无清洁之望。……公所拟详细测量各处地势高低、水准距离以为下水道之准备。"[1] 测量说明中还有详细的测量概算表，将所需经费一一列明。省长张作霖很快给了批复称："呈及说明均悉，查该公所拟全市测量计划，大致可行，应准实施。"[2]

1923 年 8 月，市政公所为了改善市民居住环境和扩展城市空间，计划设立西北工业区和东南模范区，8 月 12 日省长公署下发第 1546 号指令："呈悉所拟将西北工业东南模范两区及时办理，系为节省款项、便利商民起见，自应照准。"[3]

西北工业区大致在今天的惠工广场附近，以广场为中心向外辐射，区

①《曾有翼给张作霖呈》，1923 年 7 月 27 日。赵焕林、辽宁省档案馆编：《民国奉系军阀档案》1923 年卷第十三册，线装书局，2017 年 8 月，第 19～22 页。

②《张作霖给曾有翼令》，1923 年 8 月 4 日。赵焕林、辽宁省档案馆编：《民国奉系军阀档案》1923 年卷第十三册，线装书局，2017 年 8 月，第 28 页。

③《奉天省长公署指令第一五四六号》，《奉天公报》，民国十二年八月十二日，第四千一百零七号。

内规划有奉天迫击炮厂、电灯厂等工商业企业，并参照商埠地的南北市场规划了国民大市场。公所对工业区的管理也十分规范，先后制定了《奉天市西北工业区租领地亩章程》①《西北工业区租领地亩章程实施细则》②《工业区挖填土工说明书》③《工业区民地挖填土工简章》④《工业区市房建筑说明书》⑤《工业区官房租户须知》⑥等法规。

东南模范区建在小河沿以南，由于"该处空气难佳而地势卑湿且时有水患"⑦，公所在规划时还按照省长公署的指令特别注意预筹救济办法。公所原计划在万泉河南岸地方建筑房屋规划居住区，后因水患严重改为"向城北一带扩张，在大小北边门外划定甲乙丙三类居住区"⑧。

为了规划城市功能空间，公所还对距离城区中心较近的荒冢进行了拆迁，"城外西教场暨风雨坛以南小河沿边墙等处荒冢累累，殊与改正市区之计划大有妨碍"，特制定了详细的迁葬给费办法五条：1. 迁葬地点有三，西南城外五里河、西北城外西营房、东南城外龙王庙；2. 有主坟自行迁移，无主坟公家代迁；3. 迁葬时间为二个月；4. 给迁葬费为每棺奉小洋二元五角；5. 各坟主到各管区署办理，核实后发放费用。⑨自 1923 年 11 月 11 日起两个月的时间内，《奉天公报》每天都刊登了奉天市政公所的迁坟布告。为

①《奉天市西北工业区租领地亩章程》，1924年4月17日。赵焕林、辽宁省档案馆编：《民国奉系军阀档案》1924年卷第四册，线装书局，2017年8月，第47页。

②《西北工业区租领地亩章程实施细则》，1924年4月15日。赵焕林、辽宁省档案馆编：《民国奉系军阀档案》1924年卷第四册，线装书局，2017年8月，第51页。

③《工业区挖填土工说明书》，1924年4月29日。赵焕林、辽宁省档案馆编：《民国奉系军阀档案》1924年卷第四册，线装书局，2017年8月，第56页。

④《工业区民地挖填土工简章》，1924年6月16日。赵焕林、辽宁省档案馆编：《民国奉系军阀档案》1924年卷第四册，线装书局，2017年8月，第59页。

⑤《工业区市房建筑说明书》，1924年7月9日。赵焕林、辽宁省档案馆编：《民国奉系军阀档案》1924年卷第四册，线装书局，2017年8月，第61页。

⑥《工业区官房租户须知》，1924年11月。赵焕林、辽宁省档案馆编：《民国奉系军阀档案》1924年卷第四册，线装书局，2017年8月，第30页。

⑦《奉天省长公署指令第一五四六号》，《奉天公报》，民国十二年八月十二日，第四千一百零七号。

⑧《市所规划居住区》，《盛京时报》，1924年4月17号，第四版。

⑨《奉天市政公所布告第三十四号》，《奉天公报》，民国十二年十一月十一日，第四千一百九十六号。

了规范迁坟流程，公所制定了《招商包移义坟办法》[1]以确保迁坟顺利进行。小南关风雨坛地区迁坟后，市政公所将这一地带规划为皮货交易市场，"令制皮各商一律迁居彼处，划成街道列肆而居"[2]。公所还将城区东北部的草仓地区规划为农贸市场，聚集各菜农在此经营。

经过市政公所的合理规划，老城区与商埠地之间的空白地区逐渐繁盛起来，城区逐渐以西北部工业区、东南部模范区、西南部风雨坛皮革市场、东北部草仓路菜市场等四大区域为核心向东、南、西、北四个方向辐射性地发展建设起来，奉天城区的近代化城市蓝图得以奠基并发展起来。

二、积极发展交通事业，促进城市繁荣

城市的发展繁荣离不开有效而便捷的城市交通体系，所以规划有轨电车一直是市政公所筹建之初的重要工作。1924 年 2 月 10 日，奉天市政公所在《奉天公报》上刊发布告[3]，对筹划奉天市第一期电车线路问题的进展情况进行了公示：

"奉垣比年以来，人烟稠密工商辐辏，前经省长公署为畅利交通起见，筹及敷设电车暨电车线路问题，历时半载甫有成仪。适本公所成立即蒙将此项要政发交到所，责成办理。关于订购电车机器材料及勘测第一期路线事极繁重。本公所几经调查，几经考虑始克就绪。早蒙省长公署召集军政绅商各界暨市政委员会开特别会议，提出电车路线详加讨论，以大小西关大街旧道狭窄改修困难，不如另开新路足资发展。新路由西塔日站附属地界起东达奉天车站，再直东抵西北砖城角南，折返小西门至大西门止，计长一千三百四十丈，沿线拆房较少敷设较易。"

布告中还提到，"筹设电车原为公共谋交通便利，经过路线收买民房

---

①《招商包移义坟办法》，1923 年 10 月 27 日。赵焕林、辽宁省档案馆编：《民国奉系军阀档案》1924 年卷第四册，线装书局，2017 年 8 月，第 37 页。

②《奉天省长公署指令第六三七六号》，《奉天公报》，民国十二年十月七日，第四千一百六十二号。

③《奉天市政公所布告第四十六号》，《奉天公报》，民国十三年二月十日，第四千二百八十一号。

园地一律照章给价并不仿照北京广州成例低价收用，续期要政得以举行，人民不至失所。其收买价格及迁移期限应酌定另行公布"。布告还提醒市民要"乐观厥成，勿得妄生疑阻致碍进行，尚有无知之徒从中鼓惑滋事，惟有随时呈请省长公署依法严惩以昭炯戒"。

布告中附有详细的电车路线图：南北走向的东段由大西门脸起沿砖城墙经小西门脸迄西北砖城角止，由砖城墙起东西宽十五丈；东西走向的西段由西北城角起经欣来当胡同、欣来当西胡同、恒牛禄胡同、东奇后胡同、北小庙胡同、奉天车站前至西公园东门前一段按路宽南北八丈；后段由西公园东门前沿大街西至西塔日站附属地界。

第一期电车线路规划完毕后，市政公所开始着手收回线路规划内的房屋。1924年3月20日，公所在《奉天公报》上发布布告称："奉垣户口日增，必须展扩市区方足以资容纳。兹第一期电车路线业经勘定公布，线内民房均须一律收买、限期拆移，势非亟谋救济方法难免失所之虞。本公所兼顾并筹已承奉天省长公署核准，先将西教场暨附近地方划设西北工业住区，藉为安集之计划。该区宽长四至，业由本公所订立标桩，凡在标桩以内房地无论官有民有一并收用。其属于民有者自布告日起，限半个月内来所报明，持验契管经委勘相符，即予评定等即发给价。倘逾期不自呈报即以官有论，除登报外合行布告，市民人等一体遵照勿得迟延自误。"①

此次收用电车线路内房地前，公所就已经对外公布了《收用房地暂行章程》，"凡关于办理奉天市政收用城关房地均适用之"②，随后又陆续公布了《收用房地章程实施细则》③《收用房地补偿费标准规则》④，对以

---

①《奉天市政公所布告第五十六号》，《奉天公报》，民国十三年三月二十日，第四千三百九十六号。

②《收用房地暂行章程》，1924年2月20日。赵焕林、辽宁省档案馆编：《民国奉系军阀档案》1924年卷第四册，线装书局，2017年8月，第144页。

③《收用房地章程实施细则》，1924年3月3日。赵焕林、辽宁省档案馆编：《民国奉系军阀档案》1924年卷第四册，线装书局，2017年8月，第147页。

④《收用房地补偿费标准规则》，1924年3月3日。赵焕林、辽宁省档案馆编：《民国奉系军阀档案》1924年卷第四册，线装书局，2017年8月，第151页。

上补偿标准奉天省长公署均下发指令予以认可。①1924年7月16日至9月20日，拆迁工作顺利完成，共拆迁"小西边门外66间，小西边门至城西北角338间，城西北角至小西门246间，小西门至大西门545间，合计1195间。此外，尚有木棚、偏厦、铁棚133间"②。"除北寺四亩菜园、10间房间尚未领动迁费外，共支付奉大洋88305元"③。

电车线路东段最先开始动工，严格按照《第一期电车道东段工程说明书》④进行施工，共分十一小项工程。线路施工的同时，公所还对线路规划内已收回的房地进行租放，制定了《收回附城第一期电车路线官地皮分别公用租放办法》⑤和《订定附城第一期电车路线地皮租细则》⑥。值得一提的是，在租放地皮时，公所特别考虑到了城市沿街建筑美观问题，要求承租地皮者若盖房，必须"建筑楼房或起脊之砖瓦房为限"。

1925年10月10日东段电车竣工通车，11月5日西段电车竣工通车，奉天有轨电车正式营运，全程4.2公里，设12个车站，分四段售票，每段票价奉小洋一角。⑦根据1925年8月曾有翼与日商大仓组代表川本静夫签署的《奉天市电车联络运输契约》⑧的约定，奉天市电车和附属地电车进行联运，至此奉天城市交通实现跨时代的发展，近代化的交通体系开始构建。

交通方面除了规划电车，市政公所还积极进行了道路的改良建设。省长王永江认为："道路为交通之脉络，在内政上最关重要。"⑨按照省长

---

①《奉天省长公署指令第三三一号》，《奉天公报》，民国十三年三月四日，第四千三百零二号。

②沈阳城市建设管理局编：《沈阳城建志（1388—1990）》，沈阳出版社1995年版，第25页。

③沈阳城市建设管理局编：《沈阳城建志（1388—1990）》，沈阳出版社1995年版，第27页。

④《第一期电车道东段工程说明书》，1924年9月4日。赵焕林、辽宁省档案馆编：《民国奉系军阀档案》1924年卷第四册，线装书局，2017年8月，第154页。

⑤《收回附城第一期电车路线官地皮分别公用租放办法》，1924年7月16日。赵焕林、辽宁省档案馆编：《民国奉系军阀档案》1924年卷第四册，线装书局，2017年8月，第152页。

⑥《订定第一期电车路线官地皮租细则》，1924年7月。赵焕林、辽宁省档案馆编：《民国奉系军阀档案》1924年卷第四册，线装书局，2017年8月，第153页。

⑦张志强：《沈阳城市史》，东北财经大学出版社1993年版，第213页。

⑧石源华：《中华民国外交史辞典》，上海古籍出版社1996年版，第372页。

⑨《王省长注重路政》，《盛京时报》，1922年8月29日，第四版。

的指示，市政公所因 "市内街道太窄，拟定整理旧路，丈尺标准为城内干路宽度均以 7 丈为标准，自马路中心起算两旁应展 3 丈 5 尺。其他街道根据地点不同宽度标志分为 4 丈、3 丈和 2 丈等三种"①。为了规范扩路工作，公所制定了《旧市区退让道路及禁止建筑办法》②，详细规定了何种情况退让道路、如何退让道路以及何种建筑物不准修补只准重建等事项。

根据档案显示截止到 1924 年底，公所先后制定了《大东关马路新筑工程说明书》③《大南关新筑马路改用洋灰混凝土管沟渠意见书》④《大南关新筑马路改用洋灰混凝土管工程说明书》⑤《大南关马路新筑工程说明书》⑥《大南关马路采用混凝土管计划声明书》⑦《小西门至小西边门马路补修工程说明书》⑧等章程对以上马路进行了重新修筑。大东关马路从 1924 年 5 月起历时 3 个月，耗资 52600 元，完成了长 390 丈、宽 3.8 丈的新路，便捷了东部区域与老城区的联系；小西关街路改造于 1924 年 5 月开始，从小西边门东经小西门、鼓楼、钟楼间历时 2 个月，修缮面积达 905.59 平方丈；大南关马路于 1924 年 8 月动工，历时 10 个月，耗资 54280 元，完成了 534.4 丈的新路。⑨为保证工程质量，公所经省长公署批准，还特别定购了英国费克斯公司制造的 15 吨重压路机，订购价格为英金一千镑约

①《市道展宽之办法》，《盛京时报》，1923 年 9 月 22 日，第四版。

②《旧市区退让道路及禁止建筑办法》，1924 年 5 月 27 日。赵焕林、辽宁省档案馆编：《民国奉系军阀档案》1924 年卷第四册，线装书局，2017 年 8 月，第 44 页。

③《大东关马路新筑工程说明书》，1924 年 3 月 15 日。赵焕林、辽宁省档案馆编：《民国奉系军阀档案》1924 年卷第四册，线装书局，2017 年 8 月，第 71 页。

④《大南关新筑马路改用洋灰混凝土管沟渠意见书》，1924 年 5 月 24 日。赵焕林、辽宁省档案馆编：《民国奉系军阀档案》1924 年卷第四册，线装书局，2017 年 8 月，第 85 页。

⑤《大南关新筑马路改用洋灰混凝土管工程说明书》，1924 年 5 月 24 日。赵焕林、辽宁省档案馆编：《民国奉系军阀档案》1924 年卷第四册，线装书局，2017 年 8 月，第 87 页。

⑥《大南关马路新筑工程说明书》，1924 年 6 月 10 日。赵焕林、辽宁省档案馆编：《民国奉系军阀档案》1924 年卷第四册，线装书局，2017 年 8 月，第 91 页。

⑦《大南关马路采用混凝土管计划声明书》，1924 年 6 月 26 日。赵焕林、辽宁省档案馆编：《民国奉系军阀档案》1924 年卷第四册，线装书局，2017 年 8 月，第 96 页。

⑧《小西门至小西边门马路修补工程说明书》，1924 年 5 月 27 日。赵焕林、辽宁省档案馆编：《民国奉系军阀档案》1924 年卷第四册，线装书局，2017 年 8 月，第 97 页。

⑨张志强：《沈阳城市史》，东北财经大学出版社 1993 年版，第 197 页。

合现大洋九千元。①另外，市政公所还特别制定了《保护马路办法》②对行人及沿路商家进行规范管理。1924 年 8 月 10 日，公所花费 880 英镑从德国礼和洋行购进了奉天城的第一辆马路洒水车③，用于马路的日常清洁养护工作。

奉天市政公所成立初期对道路的修缮拓宽，尤其是建设了有轨电车，极大地改善了奉天省城老旧的交通局面，不仅连通了老城区、商埠地及铁路附属地之间的交通，更是促进了相关地带的繁荣，沿街路面整洁、建筑美观、商户林立，奉天开始向着现代化大都市迈进。

三、整治城区环境卫生，改善和规范市民生活

与商埠地和满铁附属地比较而言，市政公所成立前的老城区用脏、乱、差来形容也不为过。所以，市政公所成立之初，市长曾有翼特别注重市容环境卫生的整治工作。"市政成立首重卫生，诸凡不洁营业以及不洁之物均拟逐渐廓清。"④

首先，迁移了手工皮作坊。"省城各项制皮作坊居住向无定所，尤以砖城内居中之地为多。该皮行等任意倾倒秽水致各街巷臭气熏蒸，人皆掩鼻，于市内公众卫生实大为阻碍。小南关风雨坛以南一带旷地甚多，前曾呈请将旷地乱坟移出，拟令制皮各商一律迁居彼处，划成街道列肆而居。所有秽水向南流出城外窖坑各地，既壮聚类之观复收清洁之效，卖皮营业仍准设于繁盛之区以便营业。似此办理于皮商无损于公众卫生上裨益良

---

①《奉天市政公所呈送定购英国费克斯公司压路机合同及奉天省长公署指令》，1923 年 9 月 21—28 日。赵焕林、辽宁省档案馆编：《民国奉系军阀档案》1923 年卷第十三册，线装书局，2017 年 8 月，第 361—367 页。

②《保护马路办法》，1924 年 6 月 7 日。赵焕林、辽宁省档案馆编：《民国奉系军阀档案》1924 年卷第四册，线装书局，2017 年 8 月，第 100 页。

③沈阳市地方志编纂办公室编：《沈阳之最》，中国展望出版社 1986 年版，第 104 页。

④《奉天省长公署指令第七二二五号》，《奉天公报》，民国十二年十一月十八日，第四千二百零三号。

多。"①

其次，取缔了汤锅（屠宰加工作坊）。"省垣自有汤锅以来向无具体管理，随处设立任便宰割，病毙牲畜沿街售卖，疾疫之生厥有由来。甚至城乡牲畜恒被屠宰，左近居民时受溅污者残害肮脏莫此为甚。……汤锅营业尤难优容，市长为注重卫生扫尽污秽起见，拟将最残忍极肮脏之各汤锅尽数查禁。"②

另外，市政公所制定了《取缔理发营业规则》③《取缔妓馆戏院书馆茶社营业卫生规则》④《取缔澡堂营业卫生规则》⑤《取缔皮作坊辖布坊豆腐坊胶坊酱园营业卫生规则》⑥《取缔旅店营业卫生规则》⑦，对以上各种行业的营业场所的经营设施、卫生情况等方面进行了规范。还制定了《取缔饮食营业卫生规则》⑧《检查罐头及其他饮食品规则》⑨，对食品安全方面进行严格管控。

为了方便市民生活用水和商户营业用水，市政公所还积极筹建铺设自来水管道。公所将自来水说明书及表图上报给省长公署后，公署明确批复："查自来水说明书及表图所拟分年进行事项尚属详明，应准照办。惟木管

---

① 《奉天省长公署指令第六三七六号》，《奉天公报》，民国十二年十月七日，第四千一百六十二号。

② 《奉天省长公署指令第七二二五号》，《奉天公报》，民国十二年十一月十八日，第四千二百零三号。

③ 《取缔理发营业规则》，1924 年 7 月 10 日。赵焕林、辽宁省档案馆编：《民国奉系军阀档案》1924 年卷第四册，线装书局，2017 年 8 月，第 128 页。

④ 《取缔妓馆戏院书馆茶社营业卫生规则》，1924 年 7 月 10 日。赵焕林、辽宁省档案馆编：《民国奉系军阀档案》1924 年卷第四册，线装书局，2017 年 8 月，第 129 页。

⑤ 《取缔澡堂营业卫生规则》，1924 年 7 月 10 日。赵焕林、辽宁省档案馆编：《民国奉系军阀档案》1924 年卷第四册，线装书局，2017 年 8 月，第 131 页。

⑥ 《取缔皮作坊辖布坊豆腐坊胶坊酱园营业卫生规则》，1924 年 7 月 10 日。赵焕林、辽宁省档案馆编：《民国奉系军阀档案》1924 年卷第四册，线装书局，2017 年 8 月，第 132 页。

⑦ 《取缔旅店营业卫生规则》，1924 年 7 月 10 日。赵焕林、辽宁省档案馆编：《民国奉系军阀档案》1924 年卷第四册，线装书局，2017 年 8 月，第 133 页。

⑧ 《取缔饮食营业卫生规则》，1924 年 7 月 10 日。赵焕林、辽宁省档案馆编：《民国奉系军阀档案》1924 年卷第四册，线装书局，2017 年 8 月，第 130 页。

⑨ 《检查罐头及其他饮食品规则》，1924 年 6 月 24 日。赵焕林、辽宁省档案馆编：《民国奉系军阀档案》1924 年卷第四册，线装书局，2017 年 8 月，第 126 页。

易于腐朽，铁管可以耐久，如果价格不相上下，自应采用铁管。至于润富公司计算每人每日用水量以五十斤为标准已采用下等生活限度，限度太低设将来发展时必无盈余地步，易感困难。该公所自拟办法注重实事求是，尚无不合，但用水量系因市民之生活程度及营业而有差异，西北工业区若亦按普通人民用水量计算，实际亦难敷用，此层须再加考虑。此外，选择水源尤关重要，盖省垣冬季天气严寒时有封冻之虞，所拟由浑河挑沟引至小河沿滤净再送入水塔或择八王寺小河沿等处多掘水井再汲入水塔，究竟以何者为善，应详加审查。"①可见，对于自来水一事，省长公署和市政公所都是极为重视的，设计时对于管道用料、收费标准、水源选择等细节都是考虑详尽。

市政公所对于城市环境卫生基础设施——公共厕所的改造与管理工作也十分重视，"为整顿公共卫生起见，招圃业公司承办运除奉天市公共厕所及平康里厕所之便溺"。按照公所制定的《圃业公司承包运除市内公共厕所及平康里厕所章程》②之规定，圃业公司每年向公所缴纳报效金奉大洋三千元，另缴纳保证金奉小洋四千元，圃业公司需要严格按照公所的要求清理厕所，公所会随时派员检查，如有违规行为即酌处罚金。如 1923 年 12 月两次和 1924 年 1 月和 3 月，圃业公司就因运便违章 4 次被市政公所分别处以大洋 25 元、4.167 元、8.333 元和 8.333 元的罚款。③另外，公所制定了《管理公厕规则》④，要求市民遵守以重公德。规则规范了市民的如厕行为，对违反者处以大洋五角以上二元以下的罚款或一日以上三日以下的拘留。为了调动各区警士管理厕所的积极性，规则中还明确了每位警士每抓获一人，可从罚金中提小洋五角作为奖励金。由此可见，市政公所对公共厕所的整治力度之大。

①《奉天省长公署训令第三三五号》，《奉天公报》，民国十二年八月二十二日，第四千一百十七号。

②《圃业公司承包运除市内公共厕所及平康里厕所章程》，1924 年 3 月 15 日。赵焕林、辽宁省档案馆编：《民国奉系军阀档案》1924 年卷第四册，线装书局，2017 年 8 月，第 102 页。

③《奉天省长公署指令第一九二九号》，《奉天公报》，民国十三年六月二十五日，第四千四百十三号。

④《管理公厕规则》，1924 年 12 月 7 日。赵焕林、辽宁省档案馆编：《民国奉系军阀档案》1924 年卷第四册，线装书局，2017 年 8 月，第 101 页。

　　在大力整治奉天城内市容卫生状况的同时，市政公所还积极筹划栽种街道树木以美化环境。1923 年 8 月，公所技士翟运田在市长曾有翼的授意下，给省长王永江上报了《奉天省城市街行道树栽植意见书》[①]，条陈道："奉天省城为东北要区，轮轨交驰工商辐辏，近年以来日趋繁盛。惟对于交通卫生美观诸大端尚属简陋。此我省长之所以急急筹设市政公所，以期改良市政也。维市政创办伊始百凡待兴而对于栽植行道树尤为市政中刻不容缓之要图。"《意见书》分五章，详细介绍了栽植树木的功效、树种的选择、栽植的准备、栽植过程、栽植区域等，省长公署当即批复照此办理。公所制定了《招商投标包栽街树章程》，计划在大东门至大西门大街栽种 100 株，大西关大街 300 株，小西关大街 130 株，小北关大街 220 株，大北关大街 230 株，小东关大街 180 株，小南关大街 250 株。[②]另外，《意见书》中特别强调了在市民私有地内栽种树木的重要性："我国人民向无爱树观念，以故各民户院内门前多无树木。试观东西文明诸国，其民户之院内门前多植各种树木，既壮观瞻复有益于卫生。"为此，市政公所向省长公署呈报了《拟将市民私有地劝种树木办法》并附栽树说明及预算表各一份，计划在全市各民房私有地内栽树 2180 株，共计需奉大洋 763 元。[③]

　　以上的各项举措实施之后，奉天城市内的市容环境大为改观，路面街道呈现出近代大都市应有的整洁美观，行业经营卫生情况得到规范，市民生活条件也大幅提高。另外，市政公所还加强了检查管理工作，从《奉天市政公所民国十二三年各月份征收各项罚金数目清册》[④]中可以看到：1923 年 12 月—1924 年 5 月，市政公所因运便违章、侵占官地、建筑违章、偷漏经纪捐、盗土、损害街树、栽树逾期等原因对 57 人次的个人和公司进

　　①《技士翟运田条陈奉天省城市街行道树栽植意见书及奉天省长公署批》，1923 年 8 月 28 日—9 月 1 日。赵焕林、辽宁省档案馆编：《民国奉系军阀档案》1923 年卷第十三册，线装书局，2017 年 8 月，第 150—196 页。

　　②《招商投标包栽街树章程》，1924 年 3 月。赵焕林、辽宁省档案馆编：《民国奉系军阀档案》1924 年卷第四册，线装书局，2017 年 8 月，第 31 页。

　　③《奉天省长公署指令第五五七号》，《奉天公报》，民国十三年三月十四日，第四千三百十二号。

　　④《奉天市政公所民国十二三年各月份征收各项罚金数目清册》，《奉天公报》，民国十三年六月二十六日，第四千四百十四号。

行了罚款，金额为大洋 1805.977 元。通过这些管理手段和市民进步意识的不断提高，奉天市民纷纷改掉陋习，接纳新的生活习惯，市民行为得到规范。

四、发展文教卫生事业，促进精神文明建设

奉天市政公所成立以前，奉天城内的文教卫生工作分别由教育厅、警察厅等多个部门负责，相互掣肘不另赘述。成立市政公所后，省长公署逐渐将这些事务一一划归到市政公所的管辖范围。

1923 年 8 月 1 日省长公署发布训令将同善堂划归市政公所隶属："省城市政公所现已举办，有市区内之慈善事业应由该公所督饬办理。"① 奉天城的医疗卫生防疫工作以前一直由同善堂负责，移交后自然开始由市政公所负责。除了继续发挥同善堂下设施医院、牛痘局公办慈善医疗机构的作用外，公所还加强了对普通医士的管理工作，制定了《公所管理医士规则》② 规定医士必须取得许可证书方可从业等，还规范了医士许可证、注册簿、诊断书、报告表等各种文件格式。③ 另外，公所也加强了对药商的管理，制定了《公所管理药商规则》④，并对医士和药商的违规行为一并进行处罚。⑤

1923 年 8 月，省立第五、六、七小学及市立第一、二、三、四小学移归市政公所管辖，市长曾有翼和教育厅长谢荫昌联名呈请："查奉天市政公所业经成立，此后市内一切事业自应力图发展。教育为一切事业之基础，尤须积极进行。从前省城小学七校统由教育厅管辖，现既举办市政，

① 《张作霖训令》，1923 年 8 月 1 日。赵焕林、辽宁省档案馆编：《民国奉系军阀档案》1923 年卷第二册，线装书局，2017 年 8 月，第 288 页。

② 《公所管理医士暂行规则》，1924 年 1 月 22 日。赵焕林、辽宁省档案馆编：《民国奉系军阀档案》1924 年卷第四册，线装书局，2017 年 8 月，第 105 页。

③ 《公所管理医士实施手续》，1924 年 1 月 22 日。赵焕林、辽宁省档案馆编：《民国奉系军阀档案》1924 年卷第四册，线装书局，2017 年 8 月，第 111 页。

④ 《公所管理药商规则》，1924 年 1 月 22 日。赵焕林、辽宁省档案馆编：《民国奉系军阀档案》1924 年卷第四册，线装书局，2017 年 8 月，第 117 页。

⑤ 《关于医士药商罚则》，1924 年 6 月 24 日。赵焕林、辽宁省档案馆编：《民国奉系军阀档案》1924 年卷第四册，线装书局，2017 年 8 月，第 125 页。

本应悉数移交，以清权限而符法制。"①接管各小学后，市政公所"按照各校学生级数多寡依次编定"②各校名称。

除了接收以上教育卫生事业外，公所成立后也加大了对文化市场的整治力度。根据公所对市内5区范围内的文化演艺场所进行调查显示，共有书场书肆近50个，全市的文艺场所集中在老城区、小河沿、大西街、大南门外和工业区等地。③这些文化活动场所良莠不齐，其中不乏淫秽低俗内容，对目前市政公所提倡之城市新风的养成极为不利。1923年11月11日，《奉天公报》刊登了省教育会审议通过了市政公所与教育厅联合提交的《取缔有伤风化之小说、戏剧、影片案》，指出："小说、戏剧、影片为社会教育之利器，此中外同然者。故小说、戏剧、影片良则社会道德有蒸蒸日上之风象，否则民德日即于卑污，自无待言。……今后欲使民智民德日趋高尚，非严行取缔有伤风化之小说、戏剧、影片不可也。"④另外，市政公所制定了具体的取缔规则17条⑤，成立了取缔委员会，与教育厅、教育会、警察厅配合在全市范围大力整顿文化市场的经营乱象。

为了促进奉天城市精神文明层面的发展，提升民众的思想意识水平，公所还积极创办了《奉天市报》，"以启迪市民之知识，促进市民责任义务之自觉，协助市政进行为宗旨"⑥。市政公所还建立了通俗书报阅览社、通俗教育讲演社、公所书报阅览室、改良书曲传习社等大众教育场所，使民众得到了良好的、进步的社会教育，使近代城市市民新风逐渐养成。

---

①《奉天市政公所呈接办小学》，1923年8月14日。赵焕林、辽宁省档案馆编：《民国奉系军阀档案》1923年卷第八册，线装书局，2017年8月，第108页。

②《奉天市政公所呈更定市立小学校名称》，1923年9月14日。赵焕林、辽宁省档案馆编：《民国奉系军阀档案》1923年卷第八册，线装书局，2017年8月，第126页。

③朱辉：《民国初年奉天文化市场整顿述略》，《辽宁经济》2004年第11期，第107页。

④《奉天教育厅训令第三三三号》，《奉天公报》，民国十二年十一月十一日，第四千一百九十二号。

⑤《取缔戏曲影片图书小说唱本规则》，1923年10月29日。赵焕林、辽宁省档案馆编：《民国奉系军阀档案》1924年卷第四册，线装书局，2017年8月，第141页。

⑥《市报简章》，1923年9月4日。赵焕林、辽宁省档案馆编：《民国奉系军阀档案》1924年卷第四册，线装书局，2017年8月，第134页。

综上所述，奉天市政公所在张作霖与王永江的积极支持下，在北大才子曾有翼的大力主持下，应势而生、顺势发展，它的组织体系合理完善、规章制度严谨全面、行政履职民主专业，极大地促进了奉天城市各个领域的快速发展。

本文由于篇幅及掌握资料有限，仅粗略梳理了奉天市政公所成立之初的市政活动。实际上，作为奉天市综合行政管理机关，奉天市政公所自1923年5月开始筹建至后期改称沈阳市政公所至九一八事变后改称奉天市政公署，期间对这个城市均做出了大量行而有效的管理工作，极大地促进了城市的近代化转型与发展，具有不可磨灭的历史功绩。

作者单位：张氏帅府博物馆

北陵大街变迁与沈阳城市化进程之考量

张志强

北陵大街是沈阳市内的一级街路，其前身向称北陵土路，是指从市区铁路桥（二空桥）到昭陵门前谒陵古道的俗称。民国期间改土路称北陵大道，解放后改称北陵大街。

一、市政公所启动改造土路工程

1927年，奉天市政公所决定开放昭陵为公园[1]，并改修北陵（昭陵）土路为石子路，冠名为北陵大道。市长李德新在报送省长的呈文中说：各种道路与公园有密切之关系，对于游人有莫大之影响[2]，因此请批改建土路，有园有路成为必需的工程。

北陵土路的正名应称为昭陵神道，始建于1651年[3]，是历代清朝皇帝、皇族、官员等祭祖、谒陵的必经之路。该路，南经大御路（今皇寺路）北转，可直抵昭陵大红门。当时，逾大御路北行即进入昭陵青桩界内。所以，神道亦是昭陵范围内的一部分，而且是不可或缺的一部分。只不过由于昭

---

① 辽宁省档案馆藏《奉天省公署档》第3748号。

② 沈阳市档案馆藏《奉天市政公所专档》《奉天市市长李德新为关于北陵公园各项办法及预算事呈奉天省长》卷。

③ 沈阳一宫两陵志编纂委员会《沈阳昭陵志》概述，辽宁民族出版社2006年版，第1页。

陵范围不断收缩，现在的神道是专指北陵公园正门到大红门的通道，或专指神桥北到大红门的石板路，或专指大红门经隆恩门直抵隆恩殿的石板路。该路在大红门以外虽为土路，但路基甚坚，与普通土路不同。以致改筑时竟有主张只要将原有神道加以修理即可。就是虽不铺布石渣，亦必可观。

还在光绪年间，昭陵的青桩界线已经收缩到今北运河以北，昭陵神道的大半已经成为市郊的车便道，两旁的土地仍是盛京内务府管辖的官庄地，仍享有旗地的特权。随着皇帝东巡已经停止，只有每年的代祭和盛京地发官员常祭才使用神道，平时行人稀少，有些落寞。现在启动改路工程的根本原因在于路的功能发生了需求变化。由于昭陵决定被开放为公园，神秘的皇家禁地增加了社会文化功能。于是，为方便游人、车辆，神道也必须加以改造。冷清的神道也有可能成为沈阳的第一条旅游大道。

对于将昭陵辟为公园，广大市民是欢迎的，市政公所也有明确的态度。并且，市长李德新于"昨冬奉职所总办张汉卿面谕办理北陵公园，旋复奉省令督促进行"[①]。但即或如此，清朝遗老不无抱怨。清室驻奉办事处还专门致函奉天省长公署，表示：昭陵本先朝陵寝，为沈阳古迹，亦当与历代帝王一律看待，加以保护，不应该为公共娱乐场所。显然，这有对公园功能的误解，也有对前清特权制度的留恋和坚守。函文中还列举"关内各省历代帝王陵寝，自入民国以来均视为古迹加以保护，只任人瞻仰未闻有改做公园之议"[②]。这种观点既不是事实，也不是对国内外的重点考量。中山陵不仅建在明孝陵的比邻，而且一并成为南京市民的城郊公园。在欧洲，一些国王的陵寝被辟为公园亦是常态。

昭陵开辟公园有所波折，陵前神道改筑的事也有所延宕。

同年，市政公所在有些犹疑中开始了神道土路的改造工程。李德新主张：是以职所对于该路暂拟铲高垫抵，用汽碾排压，从缓修筑石渣马路，

---

① 沈阳市档案馆藏《奉天市政公所专档》《奉天市市长李德新为拟送北陵公园十年分期计划说明书及图纸事禀奉天省长》卷。

② 沈阳市档案馆藏《奉天市政公所专档》《清室驻奉天办事处为请取消将昭陵开放为公园等事函奉天省长公署》卷。

以节虚糜①。虽然工程仍以土路为主，但该路的轴向已经有所取值。蒸汽压道机的使用也开辟了市政工程施工的先河。机械压力较之传统的夯土施工，效率提高质量提高。压路机一经出现即受到市民围观。

1929 年，市政公所再次启动北陵大道工程，并以此为干路，计宽 10 丈。次为纵横两 8 丈路②，一者南接工业区、三马路，北越稻田而通东北大学；一者西通皇姑屯而接御路，东越居住区而通沈海路站。其余道路或为 4 丈或为 2 丈，衔接连贯，如纲在纲。这次，使用了北陵大道的新路名，路宽也比土路时放宽了 4 丈。路面也有部分铺装了渣石，减少了晴天满街土、雨天满街泥的现象。按照规划，路两侧辟有人行道，与车道之间栽植了大量新绿，柳树为主兼有丁香，新开河北的路段中间留有一些古松，苍拔、凝重，多了一些庄重肃穆，彰显着皇陵、公园的特有氛围。直到上世纪 70 年代，路边的大柳树仍枝叶繁茂，微风轻拂柳枝婀娜摇曳，高大的树冠遮天蔽日，粗壮的树干一个人都抱不过来，成为沈城第一条林荫道的标识。

全路最后竣工一直延迟到 1930 年 3 月，由于多数路段仍为砂石、土的混合，所以全路仍呈北陵土路。全路分为两段：第一段东起工业区三马路（今团结路）西至日本桥（当时由满铁控制，亦称二空桥），路长 671 米，路宽为 24 米。第二段南起日本桥，北至新开河北陵木桥，路长 2073 米，路宽为 33 米③。

北陵土路改造工程是在顺治七年（1651）基础上改筑，是在 1906 年改造的砂石路上翻修，应该说没有技术上的障碍。只是由于日本浪人的阻挠、刁难才致使工期一拖再拖。

日本人的刁难是从北陵木桥改建工程开始的。北陵木桥架于新开河上，是清代的遗存，是谒陵土路的一部分，是祭祖的必经之路。虽然多次维修，但到了土路改建时已经破败不堪。故此，市政公所决定新建一座三孔石拱

---

①沈阳市档案馆藏《奉天市政公所专档》《奉天市市长李德新为关于管理北陵公园各项办法及预算事呈奉天省长》卷。

②沈阳市档案馆藏《奉天市政公所专档》《沈阳市政公所为报北陵道路缘由事呈辽宁省政府》卷。

③李雁林：《北陵大道话沧桑》，见张黎光主编《皇姑文史资料》（上），中国文史出版社 2015 年版，第 510 页。

桥取而代之。不想却受到日本人榊榑政雄及日本军警、浪人的无理阻挠，甚至拆毁正在建筑的新桥桥基，故意将水泥、钢筋、砂石等建材肆意抛撒，侮辱取笑中国工人等。原来新桥要在木桥西移10米的地方落址，榊榑农场却以不可穿越为由对土路改建工程横加干涉。

榊榑政雄是日本退役士兵，日俄战争以后被编遣却赖在沈阳不走，纠集日本浪人和一些骗招的朝鲜人进行非法移民、骗占土地、霸占新开河水，改变沈阳农业生态。1916年谷雨前后，通过骗买和抢占，在数十名日本警察的伙同下，在今北塔以西、新开河南到燕山路北，北陵小区、省实验中学、辽宁大厦、启运大厦，泰山小区、鉴赏欧洲等处立标为界[1]，成立所谓榊榑农场。这片清代以来的官庄旗地良田百顷，虽有过溥丰农场的经历，但是现在却易手换人。直至1924年，清政府以20万大洋"赎回"了榊榑农场[2]。可没过多久，日本人溥本正一郎以年交租700元的代价，重占水田1600亩、旱田30亩，房屋7间，即原所谓榊榑农场的全部用地。后又因拒不纳租，1925年3月奉天省长公署下令解除契约将地收回。这样，土路改筑、重修北陵木桥，在哪经过何时开工都是在昭陵青白桩地内进行，均与榊榑农场无有半点关系。但工程开工时榊榑带领日本浪人又跑来捣乱，数年间经或如此。直到1930年6月，桥成、路成方才告一段落。不过一年多以后，"九一八"战事突起，沈阳沦陷，北陵桥、路又都陷于敌手。

二、土路改造的城市化意义

北陵土路改造具有多项意义。变成砂石路、石子路，路的质量有了提高，方便行旅、方便祭祖谒陵等活动。有利于正在建设或已经规划建设的社会单元与老城区的联系，从而形成新的城区。彰显了沈阳市政公所的决心，遏制了日本浪人的无理行径。顺应了城市化的大趋势，推进了沈阳的

---

① 参考沈阳市皇姑区人民政府地方志编纂委员会办公室编《皇姑区志》1993年版,辽宁大学出版社及现场调查。

② 李洪武、马忠礼:《榊榑农场》,见张黎光主编《皇姑文史资料》(上),中国文史出版社2015年版, 第520页。

城市化进程。

　　三百多年以来，康熙、乾隆、嘉庆、道光皇帝东巡、昭陵祭祖都要从土路来往，队伍浩荡，尘土飞扬。即或是盛京地方官员到昭陵的代祭、年祭、常祭等也避不开土路的颠簸或泥泞。土路改筑后，虽然没有了皇帝东巡，但昭陵的祭祀活动还是有的，少了许多乡间土路行旅的艰辛。特别是昭陵开放为公园，国内外游人累年增加，既有城市公园的感慨，也有行路方便的惬意。

　　改筑之前，占地广大的东北大学城市板块已经渐次形成，东新村、西新村的教授及家属，汉卿南楼、汉卿北楼、理工学院等众多的学生及员工与市内的交通仍然摆脱不了不便。东北大学工厂的千余名职工、著名的万国球场、省立第三高中、东北军的粮秣厂、军草场、张学良的北陵别墅[①]等都位于土路的东西两侧，各界人士对土路改造有所期待。与东大工厂相配套，路东建起八趟两层红楼，每趟分别有五幢、六幢不等，作为职工住宅。但周围尚属农田，有一种农村中的城市感觉。

　　土路改筑的过程并不顺利，内有清朝遗老的反对，外有日本强权的干涉。对内，经过奉天省公署的政令，奉天市政公所的公告，实际派员谈话，承诺对昭陵按例祭祀、保护，并安置陵户、陵差人员之后，这些人也不再反对。对外，日本以榊榬政雄为代表，以尚未有合法居留权的所谓开拓民为骨干，大肆冲砸土路改筑办公室，冲撞中方人员，破坏施工现场。榊榬和后来的溥本都是带枪的日本在乡军人，他们分持长短枪、牵着大狼狗以攻击中国人为乐。他们一次次抬高所谓赎地金，就是想无理霸占陵前的这些官庄旗地。至于土路改筑、昭陵开放、东大办学、这片区域的城市化进步等，他们是不关心的，或者说，土路改筑的一开始，他们就是反对的。榊榬每次阻挠破坏，都是有日本军警直接出面支持的。只是由于市政公所的坚持，由于省公署的强令没收，才使得日本的干涉落空。

　　土路改筑竣工提高了原已建成的城市单元的城市成熟度，同时也改变了昭陵陵前地区的社会结构、生产方式和居民的生活方式。即土路改筑竣

---

　　① 参考王华隆《辽宁省城市街全图》1927 年及现场调查。

工直接推进了路两边地区的城市化进程，推进了沈阳市的城市化进程。

昭陵初成时，其四至：东起二台子，西到小韩屯，北起三台子，南到保安寺①，即今皇姑区之大部。上述地名，只有小韩屯是清代村名，其余三个均为明代地名。所以，有观点说昭陵及其周围原是荒地一片的说法是值得商榷的。明代，南起头台子（今东北大马路与北海街交口处）北上二台子西转三台子，北上四台子、五台子，经上蒲河台，直抵平罗堡，形成沈阳卫城之外的一条烽火台警戒线。同理，保和（合）堡南连保安堡，直通小西边门。保和堡又西北经静安堡、闸上堡、英守台等直到老边台，形成沈阳卫城之外的西北军事戍堡连线。清取代明，这些烽火台警戒线、军事卫戍线都已失去功能。昭陵建成，这些地名依然在，不过是军卒及后裔或成为农民，或成为官庄旗地的庄户，有些也可能成为陵户。土路改筑，区域城市化加快，这些农户、庄户、陵户又要面临局域社会变革带来的新选择。

清初，这里是满族正黄旗的旗地②，旗主就是皇太极。这与后来昭陵选址有很大关系。先是区域内东南部建起老爷庙、点将台，建起盛京最大的练兵场，多次与明军辽西大战的清军都在这里检阅、誓师出发，这里出现了军户村庄。西南部则建起御花园，后改称长宁寺，与之相伴出现了满族村落那家窝棚。昭陵初成，东部又出现了陵窝堡、妈妈坟、索家坟，西部又出现了罗家坟、大韩屯等陵户村落。在北陵土路东侧有东营房，西侧有西营房。与营房相伴分别出现居民聚落。土路改筑之前，路之东侧又出现了日本骗招的朝鲜族聚落"三间房"。西侧又增加了蓝家窝棚。路之南端靠近铁路出现居民点，后称二空桥。路之北端出现陵堡子等。

1929年，土路改筑石子路③改称北陵大道，两侧的东北大学、东大工厂、万国球场等已经占地数千亩，还有规划的跑马场要占地400多亩④，加之

---

①沈阳一宫两陵志编纂委员会编著《沈阳昭陵志》概述，辽宁民族出版社2005年版，第1页。

②李凤民：《盛京八旗方位之谜》，东北大学出版社1998年版，第37页。

③沈阳市人民政府地方志办公室编：《沈阳市志第二卷城市建设》，沈阳出版社1998年版，第87页。

④夏放：《万国球场》，见张黎光主编《皇姑文史资料》（上），中国文史出版社2015年版，第512页。

日本榊榐农场占地千余亩，中国农民几乎无地可种。失地农民或被迫迁徙，或无奈地成为城市用工、匠人，成为城市待就业的后备军。在这个意义上说，这个地区的城市化也在所必然。

1930 年 11 月，市长李德新表示：如保和堡、蓝家窝棚、御花园、四村地方，前已商得沈阳县政府同意，派员堪明界址，会衔呈奉钧府享字第 3463 号指令，划归市区之内 ①。旋即，北陵大道西到今长江街，东到今松花江街，北起昭陵，南到铁路的原沈阳县九区的部分属地并入市区，直接推进了沈阳的城市化进程。自此，北陵大道南连工业区三马路，连通惠工街，交通更加便利。东大铁工厂的大烟囱、连片的厂房与工业区的辽宁迫击炮厂、华北机器厂、裕民油坊 ② 等工厂遥相呼应。北陵大道等于工业区主干道三马路的延长，工业区是北陵大道新市区的基地和保障。

如果说盛京城的建立是古代城市化的最高峰，那么，近代则是沈阳城市发展史上的第二次城市化过程。盛京城的建立是全域一次性规划、统一建设完成。近代，则由于先是沙俄，后是日本以《铁路用地》《满铁附属地》的名义强占盛京城西部，肆意进行殖民地城市化。这种城市化是旨在为殖民者服务的城市化，是相对盛京全城来说的畸形城市化。奉天省公署、奉天市政公所不断进行城市化的努力，但只能是皇姑屯兴隆街、商埠地、大东、沈海、惠工等分别规划建设。在时间上，城市化的进程被拉长，在地域结构上被边缘化、破碎化。

北陵土路改筑竣工并改称北陵大道仍然未能改变沈阳近代城市化的尴尬，但毕竟成为新市区的交通主轴，成为城市化进程中的一个亮点。

三、北陵大街的变迁及影响

北陵大道的诞生颇费周折，其后又经历了万年街、维德街、北陵大街等街名更迭，可谓历史辛酸，影响深远。

---

① 沈阳市档案馆藏《奉天市政公所专档》《沈阳市政公所为报北陵道路规划缘由事呈辽宁省政府》卷。

② 沈阳市沈河区人民政府地方志办公室编《沈河区志》地理篇，1989 年版，第 9 页。

北陵大道竣工仅仅一年多，即遭遇了九一八事变，沈阳沦陷。虽然，北陵正门到小西边门的公共汽车仍然运行，但殖民地的社会形态、亡国奴的屈辱，都无奈于大道两旁的变化。大道东侧，由南向北，万国球场被拆分。南部新建有围墙连起来的两幢二层红砖楼，坐北朝南。前楼正中喷有"关东军被服厂"字样的黑色大字①，紧邻其后，高高耸立着一片原木接成的军用电台天线杆。北部则成为日本关东军后勤保障指挥机构。原规划跑马场的位置，弃而不用（另辟今新乐遗址北），越过今岐山路、跨越巴山路、直抵今燕山路，设立了日本关东军的医院、汽车营、奶牛场等。再往北，越过今崇山路，榊榱农场的水田又恢复使用。东北大学则被占用和拆分。一部校舍被占为军营或军乐团用地，还有日本宪兵队驻地等。至于原来的教职工住宅和学生宿舍，或被占用，或任其荒废。大道南侧，由南向北，原来的二空桥聚落依然，多为汉、回民族杂居。北越今昆山路至巴山路以南，在北陵大道与今嘉陵江街之间建起一片趟房，作为日本占领后同和自动车（原辽宁迫击炮厂）的宿舍区。在原东大铁工厂，先是将机械、铸造、木工等厂并入满洲车辆（原京奉铁路工厂），其余部分则挂出了"奉天铁路学院"的牌子，成为满铁培养火车司机、电工、调度、工务等人员的基地。学院的东正门依然对着北陵大道，院墙又南延到巴山路以北，即解放后成为东北微电子研究所的地方，作为铁路学院实验基地。再北越今宁山路原辽宁省立第三高中被迫停办，校园则被日军占用。北越今崇山路还是日本人榊榱农场用地。再北越北运河，在一片菜田之后竟出现一座院落，是日本关东军宪兵队秘密监狱。

沦陷时期，北陵大道南段东侧起建有日本人的别墅式豪宅，北端的张学良别墅则被改成日军的"军犬训练所"②。东北向建成水泥预制的大板路直通日军的北陵飞机场（原东北军北陵航空场）。中段路东（今宁山路与北陵大街交口东北角）建起一座二层小楼，是日本警察派出所。可以说，北陵大道完全被日军占领，并完全军事化。

---

① 上世纪 80 年代初尚有遗存，为本人亲见。后曾为沈阳电视台宿舍。

② 刘振超、王景集：《皇姑大事记》，见张黎光主编《皇姑文史资料》（上），中国文史出版社 2015 年版，第 49 页。

1938 年，铺装柏油（时称臭油漆），路名被改成万年街。

1946 年，国民党统治时期，路名被改成维德大街。

解放后，1957 年路名被改成北陵大街[1]，至今未变。

北陵大街见证了历史沧桑，见证了沈阳城市化进程。

作者单位：辽宁社会科学院

---

① 马忠礼：《从老地图了解皇姑城区及地名》，见张黎光主编《皇姑文史资料》（上），中国文史出版社 2015 年版，第 7 页。

从皇家禁地到公共空间
——清福陵、昭陵开辟为公园的历程

李　婷

1923 年 5 月 3 日，奉天省长公署颁布了第二号委任令："兹委任曾有翼为奉天市市长，在市政公所未开办以前每月支给车马费大洋一百元，仍兼电灯厂厂长。"[①] 曾有翼为第一任奉天市长，奉天市政公所开始筹建，8 月市政公所正式成立，并颁布了《奉天市暂行章程》[②]。奉天市政公所是仅次于 1921 年广州市市政厅成立的第二个城市市政公所。因而奉天是近代以来较早进行市制管理的城市。此后在市政公所的大力主持下，奉天展开了一系列市政建设。

公园作为市政建设的重要方面，是市民生活公共空间的重要部分，近代沈阳的第一个近代意义上的公园诞生于清末光绪年间，但大规模的城市公园建设则是在市政公所成立以后进行的。沈阳作为"一朝发祥地，两代帝王都"，辛亥革命前一直是清代的陪都，拥有大量的皇产，如皇宫、皇陵、皇寺等。由皇家禁地转变为城市公共空间是近代沈阳公园建设的显著特点。

---

① 《奉天省长公署委任令第二号》，《奉天公报》，民国十二年五月三日，第 4007 号。
② 赵焕林、辽宁省档案馆编：《民国奉系军阀档案》1924 年卷第四册，线装书局，2017 年 8 月，第 8—13 页。

一、清福陵、昭陵开辟为公园的经过

关外三陵是清代建置最早、风格独特的一代祖陵，亦称盛京三陵、清初三陵，由位于今抚顺新宾的永陵和沈阳的福陵和昭陵组成。福陵是清太祖努尔哈赤和孝慈高皇后叶赫那拉氏墓，因位于沈阳东郊浑河北岸的天柱山上，故又称东陵。昭陵则是清太宗皇太极与皇后博尔济吉特氏的陵墓，为清朝关外三陵中规模最大、保存最完整的一座帝王陵寝，因位于城北俗称北陵。福陵昭陵于顺治八年初步完工。此后清政府还有多次增建改建。关外三陵备受清朝皇帝重视，遇有国家大事常到"龙兴之地"请祖宗庇护。从康熙朝以来，清朝曾有 4 位皇帝 10 次东巡祭祖。

福陵昭陵虽然远离京城，但却由内务府直接管辖，特设总管、关防两衙门负责管理防卫、祭祀、修缮等事务，并配有大量的官地和官奴供养皇陵。位于奉天的两陵面积很大，如昭陵的范围，东起二台子，西至小韩屯，北起三台子，南到保安寺。东西与南北各不少于 15 华里，几乎占了大半个沈阳市。

皇陵面积虽大，为保护皇陵风水不被破坏，清政府制定了严格的管理制度和详尽的措施，可谓壁垒森严百姓难以入内。首先，以昭陵为例，在陵区设红白青三层桩界，由内及外实行不同级别的保护。最里面的红桩设在风水红墙外 1 里的地方，周围共有 128 根。白桩设在红桩外 10 丈到 20 丈不等的地方，共有 90 根。青桩设在白桩外约 10 华里共有 40 根。陵区最外层的青桩上挂有警示牌，内容为："军民人等不得取土、取石、砍伐、采摘，违者论罪；陵区重地，风水攸关，设立界桩禁止采樵、耕种"等字样。白桩界南还设有下马碑，禁止官员在陵区内骑马乘车。其次，《大清律》对皇陵保护有明确规定：凡是擅自进入皇陵陵区者，杖刑一百。如果是守陵官兵有意将其放入，则要受到同样的刑罚；进入陵区打柴、牧放牲畜者杖刑八十，对打猎捕兽者除受杖刑之外，还要枷号两个月或发配到极为边远的地区充军。最后，界桩和严密的律法，还有数量众多的八旗官兵以及杂役等。如昭陵的食辛者库人数，乾隆二十三年为 1571 人，嘉庆二十五年为2225人①。食辛者库是被籍没财产、失去人身自由、仅靠口粮为生的"官奴"，他们从事祭品制作各项劳务，仅食辛者库人数就有一两千人之多，可见负责关外皇陵的人数之多。因此，奉天皇陵在清代属于百姓难以进入的皇家禁地。

中华民国建立后，因有清室优待条件，奉天的故宫、福陵、昭陵作为清皇室的财产依旧保留。在奉天省，盛京副都统衙门仍然存在，盛京副都统同时兼任三陵守护大臣，除管理所属旗人的同时，还兼管宫殿和陵寝的事务。1925年冯玉祥在北京发动政变后，撤销三陵总管衙门，福、昭两陵由奉天省公署接收，交省警务处看管。昭陵、福陵也由皇家禁地渐渐地成为人们观光旅游之地。

自晚清以来，我国逐渐开始建立城市公园，晚清最早的公园是在租界内1868年英美租借工部局在上海开设的外滩公园，以后在各大城市纷纷建立了近代意义上的公园。近代沈阳历史上第一个公园是本地士绅建立的万泉公园，即小河沿公园。光绪三十二年（1906），东三省总督徐世昌建立了奉天第一座官方修建的公园——奉天公园。逛公园已经是市民的一种生活方式。所以，皇陵解禁后，福陵、昭陵逐渐演变为城市公园的角色。因此，奉天不少有识之士开始呼吁政府将皇陵设置为公园。1926年张学良面谕奉天市长曾透露出办理北陵公园之意。时任北陵监视员的苗文华也曾根据民意提出建议"一般硕学通儒来陵展览者争相建议，谓国体既已变更，昭陵地方地势宏敞，树林丛森，略加点缀即可成为天然公园。每耸监视员速向当道陈请，第以陵寝所关，未敢冒渎。前承省长面谕添设昭陵公园门面，始知改作公园一节已逐渐施行。惟监视员在陵任事已及二载，……兹关于筹备昭陵诸大端，谨就耳之所闻，目之所睹，相度地势，略陈意见"。

1926年李德新就任奉天市长，着手规划市区建设，将建设北陵公园提到了日程上来。他在1927年3月8日给奉天省长的呈上说："……关于北陵为公园一项，……原非在北陵公园即足观美，须以北陵为公园有相当之设置，始得尽园林之胜，是以实行之际，除修筑马路建筑桥梁外，园中尚须有相当之点缀，必当拟计一定妥善之管理规则，以资取缔而便维持。"

①《黑图档》60—651—65，辽宁省档案馆藏。

并请求掌管公园的管理权。当时的奉天省长张作霖允诺了其请求。李德新即开始设立北陵公园的筹备工作，5月15日起派警员对北陵实行管理，由奉天全省警务处委派看管陵寝视察员兼盛京昭陵视察员苗文华为北陵公园管理员。北陵公园正式成立。

5月22日，奉天市政公所公布《北陵公园许可摊床、茶社暂行办法》，进行摊位招租。6月1日，公布《北陵公园售票暂行办法》，规定售票范围限于陵内，如不入陵内仅在陵外游览者不需购票。普通成人须购普遍票，每张为奉小洋1元；团体票10—30人按照普遍票8折，30人以上6折；儿童半票，军人穿制服者免票。为了保护园内文物，市政公所又公布了《禁止损坏园物暂行办法》。至此，北陵作为一个开放公园已初具规模。

1929年，福陵开辟为城市公园。有了北陵开辟公园的经验，在东陵公园的开辟过程中，市政公所更为从容。"查，东陵山川雄秀，林木翳郁，实具有天然公园形势，每当春夏之交，中外游人相望于道，实为本省名胜之区。顾地方寥阔未经设备，犹不足以畅游观，亟应就其地势择风景佳胜处辟成公园，加以点缀，借于陵寝古迹亦得保存维护。惟该地原归公安管理处经管，兹应查照北陵成案划归市政公所管辖，以一权限而便经管。"在开辟之初就明确了所属的机构，责任明确，避免不少纠纷。

二、开辟皇陵为公园的复杂性

虽然在市政公所正式将昭陵开辟为公园之前，福陵昭陵成为沈阳城市的游览之地已经成为市民的共识，但从昔日皇家禁地开放为公园，过程充满曲折，既有清室的反对，也有日本的阻挠。

（一）清室的抗议

奉天市政公所宣布将昭陵辟为公园，受到广大奉天市民的欢迎。但是作为清朝发祥地，清朝遗老数量众多，他们对昔日皇陵变公园颇为不满。北陵公园建设之初，遭到清室驻奉办事处的强烈反对。1927年5月21日，清室驻奉办事处专门致函奉天省长公署："昭陵为清室先陵，与公共坛庙大有区别，即以平等视之，与民间有主坟茔无异，自应归其后人保守，焉得目为公产？昭陵现有人承奉祭祀，以有主之坟改做公园似觉于理不顺。关内各省历代帝王陵寝自入民国以来均视为古迹加以保护，只任瞻仰，并未闻有发作公园之议。昭陵本先朝陵寝，为沈阳古迹，当与历代帝王一律看待，加以保护，不应改为公共娱乐场所。"①

清室遗老对于皇陵充满感怀，但是，晚清以来，占半个沈阳的昭陵已经无法维持原有形态已是大势所趋。而且最先打破昭陵界限的实际上是清政府自己。昭陵是随着清朝的衰落，东北在清朝后期与帝国主义签订的一系列条约逐步开放。1894年，沙俄修建中东铁路支线，从昭陵青桩界内通过；1906年，清政府在奉天设立商埠局，奉天城西北今北市一带被开辟为商埠地。昭陵面积不断缩小，禁令也逐渐松弛。随着清朝的覆亡，不管是福陵还是昭陵实际上已经成为参观游览之地。

民国元年（1912），福、昭陵守护大臣德裕为禁止外国人游览陵园打枪喝酒事给奉天总督的咨文中称："福、昭陵系属禁地，中外人等前往瞻仰游览均应诚敬，乃近来本国人前往游览任便行走，外人前往瞻仰，在林内随便放枪打鸟及饮酒喧嚣等事，殊为不敬。即应查案严禁，以昭慎重。……请照会驻奉各国领事，饬管商民人等一体遵照。"从这篇咨文中可以看出，民国元年昭陵已有游人"任便行走"了。不仅如此，更是显示出清室式微已经无力管理昭陵，对于在陵区内的不文明参观行为无能为力。进入民国后，破坏陵区环境的事情也时有发生，民国十七年曾出现了军人偷伐陵内树木的行为。

混乱无序的状态实际上并不利于皇陵的保护。因此，清室驻奉办事处的反对并不合理。建立公园，将昭陵处于政府的规范管理之下，不仅是顺应民心顺应时代大势，实际上更有利于保护好昭陵，结束混乱无力的状态。并且，将帝王陵墓建设为公园等公共空间也并非是对于墓主人的不尊重，在公园这一事物的发源地欧洲早已有之，当时国内民国初期的公园建设运动中也并非个案。

根据清室驻奉办事处的意见，奉天省长作了批示，准许其自行经管

① 沈阳市档案馆藏《奉天市政公所专档》《清室驻奉天办事处为请取消将昭陵开放为公园等事函奉天省长公署》卷。

保留地段和红墙内殿宇，并将原由昭陵监视员掌管的各门锁钥及祭器交还给承祭人，但同时还要求，如有参观陵寝之人，必须随时开门接待。据此，北陵公园分成了两个部分：一为原有陵地，一为新辟之公园。原有陵地一切事务，由从前旧有机关照依从前各项旧案继续办理，所有保护该陵的原有警甲继续存在，执行保护职能。这样，算是照顾到了清室的感情，又不妨碍公园的开辟。

因此，奉天市政公所态度基本上是明确的，在尊重清室感情的前提下，继续市长李德新对于北陵公园展开的紧锣密鼓的建设。

（二）日本人的阻挠

清室反对昭陵开辟为公园可以说在意料之中，但日本人的干涉更为复杂。自日俄战后，日本在南满实力大增，日本继承了俄国在中国东北东清铁道南满支线的所有权，同时继承了铁路附属地，以武力为后盾，以铁路为依托，不断干涉中国内政。北陵土路及桥梁的建设，就凸显了日本干涉下，北陵公园建设的困难。

所谓北陵土路其实是昭陵神道，始建于1651年，是历代清朝皇帝、皇族、官员等祭祖、谒陵的必经之路。当时，逾大御路北行即进入昭陵青桩界内，该路南经大御路北转，可直抵昭陵大红门。所以，神道是昭陵的一部分。开辟为公园之后，也是市民去公园的所行道路。如果道路年久失修难以通行势必影响市民享受城市公园。因此，北陵土路的建设势在必行。奉天市长李德新在报送省长的呈文中说：各种道路与公园有密切之关系，对于游人有莫大之影响[1]，因此请批改建土路，有园有路成为必需的工程。

昭陵还未开辟为北陵公园之前，英国领事为英人游览便利在得到了奉天省长公署的同意后，对北陵土马路进行过修整。1927年，奉天市政公所开放昭陵为公园后[2]，着手将北陵土路变为石子路，并命名为北陵大道。同年，市政公所开始了神道土路的改造工程，但进展不顺。1929年，市政

---

[1] 沈阳市档案馆藏《奉天市政公所专档》《奉天市市长李德新为关于北陵公园各项办法及预算事呈奉天省长》卷。

[2] 辽宁省档案馆藏《奉天省公署档》第3748号。

公所再次启动北陵大道工程，并以此为干路，计宽10丈。次为纵横两8丈路①。其余道路或为4丈，或为2丈，衔接连贯。这次修整正式使用了北陵大道的新路名，路宽放宽了4丈。路面有的部分铺装了渣石，减少了晴天满街土、雨天满街泥的现象。按照规划，路两侧辟有人行道，与车道之间增加各色植物为绿化。然而北陵土路直到1930年才初步完工。

北陵土路改造工程之所以困难重重并非技术上的障碍，主要原因在于日本人的阻挠、刁难。北陵木桥是神道的一部分，因年久破损，市政公所决定新建一座三孔石拱桥。然而，修桥却受到日本人的无理阻拦。

榊原政雄是日本退役士兵，日俄战争后纠集部分日本人、朝鲜人进行非法移民、骗占土地、霸占新开河水。1916年，通过骗买和抢占，在日本警察的伙同下，在原昭陵范围内官庄旗地良田百顷上成立所谓榊原农场。新桥要在木桥西移10米的地方落址，榊原政雄及日本军警、浪人阻挠市政公所对北陵木桥的建设，榊原以不可穿越其农场为由对土路改建工程横加干涉。甚至拆毁正在建筑的新桥桥基，故意将水泥、钢筋、砂石等建材肆意抛撒，侮辱取笑建筑工人。

直至1924年，清政府以20万大洋"赎回"了榊原农场②。如此土路改筑、重修北陵木桥，与日人农场无关。但工程开工时日本人又故技重演，反复数次。致使北陵土路的施工一拖再拖，至九一八事变前才初步完工。

三、奉天当局对皇陵公园的建设与管理

奉天当局对皇陵建成公园有明确的原则和建设决心。如北陵公园建设之初，当局认为"该公园之经营计划若不注重原有之状态，徒尚洋风，不独埋没数百年之精华，且不异委珠玉于泥土之中，殊为可惜。故经营该公园者必须精通东三省之情形，富备实施之学识，有巩固之决心，以相当之

---

①沈阳市档案馆藏《奉天市政公所专档》《沈阳市政公所为报北陵道路缘由事呈辽宁省政府》卷。

②李洪武、马忠礼：《榊原农场》，见张黎光主编《皇姑文史资料》（上），中国文史出版社2015年版，第520页。

财力，坚毅筹划而经营之，则不数年必收良好之效果"。

当时的奉天市政府制定了一个北陵公园十年分期计划，将公园内部设置大体分三部分：一为植物园，树木草卉以陵内之自生者为主，并设温室，收集热带植物，供研究之用；二是动物园，园内动物以东北出产的鸟兽为主，在供人欣赏的同时还可以供学术研究之用；三是风景区与游乐场所，风景区以天然景观为主，风格采用东北风景为主体，辅之以部分人工亭榭，建筑风格以中国古代为主，个别建筑为欧式风格，景区内修筑大小用途不同的道路，并在不影响自然景观的地方设运动场，其中包括圆形运动场、溜冰场、泳水池、足球场、儿童运动场、高尔夫球场等设施。这一分期计划省政府略作调整后基本同意。但在奉天市政府具体建设中，仍面对诸多问题，需要经费、政策等的支持。

（一）地方政府的经费支持

城市公园作为一项用费颇巨的市政建设，没有政府的财政大力支持是很难实施的。这其中涉及公园基础设施建设、办公器材与经费、员工工资等。

北陵公园建设之初，经费投入就急剧上升。如 1927 年的投资经费预算增长了 4925 元。预算的增加仍然赶不上实际费用，常遇到经费不够的问题，"北陵公园管理处呈称：查，职处自成立以来，每月经费之开之历感不敷，尤以第二项办公栏内纸张暨煤火两节较为拮据"。所以北陵公园管理处提出了增加支出的提案。财政厅长刘尚清为市政公所追加北陵公园经费问题做出了"应予照准"的决议，"查原呈所称北陵公园经费预算书原定较少，实属不敷开支，请追加文具月额放十元，炉煤月额一百一十元。又，该园向燃油灯，火警堪虞，现已改为电灯，月增一百九十六元，共增大洋三千五百五十元，核其事实，均无不合，应请准予照加，以利进行"。由此可以看出，政府也认识到了城市公园所具有的独特功能，在经济上政府方面是给予了大力支持的。

在地方财政的大力支持下，市政公所即着手翻修北陵木桥，在园内修整道路，修建休息所，便溺所，修复钟亭、开挖池沼等，始建北陵公园的面积并不是很大，设施以游乐场为主，集中在陵寝四周。为了增加北陵公园的多样性，对公园的景致进行了一定程度上的修整和添置。首先是对原有的景点的修整。"昭陵原有蛇神庙一座，年久失修，破败不堪。曾奉钧谕，妥加修葺，早经工竣。"[①]为北陵公园增添了一道景致。其次，安装游乐设施尤其是注重儿童游乐设施的安设。"拟在陵后茶厅前树木较少，游人较多地方设备儿童游戏场一处，内备滑台等运动器十件，预算约须现大洋三千五百七十七元九角，由收入项下开支。"[②]

（二）明确公园管理责任

北陵公园建立之初属于奉天市政公所和省警务处双方共同拥有。如同其他市政建设初期的困境一样，多头管理带来了诸多的不便。

随着沈阳城市的面积逐渐扩大，市政公所管辖的范围也在扩大，奉天市政公所为了能够更好地经营和管理，避免不必要的纠纷和瓜葛，对相关事宜做了明文规定。1930年，"为免除误会，分清权限，以符省令计，理合呈请钧府根据原案转饬警务处，北陵监视员一职速即撤回，所有公文器具一并尊章交代，实感公便"[③]。北陵监视员一职原本就是下属于辽宁省警务处，该职位的撤销意味着北陵公园的管理权限全部都归市政公所所有，能够进一步提高管理的效率。"该处拟将北陵一切事务及公有物品一并移交市政公所接管，并将驻在该陵之监视员撤回，核属可行，应准照办。仰即遵照，并将交接情形事竣具报。此令。等因。奉此，当经函请市政公所派员接收，并令饬该陵监视员遵照交接具报在案。"此后，北陵公园归市政公所的管辖之下，结束了多头管理的复杂局面。

为了避免因为北陵公园开辟而带来的经济效益的纷争，奉天市政公所还规定"有北陵公园为之点缀，将来之发达成意中事，如不加以整理，一任人民自由经营，将来居住区、北陵公园以及通北陵马路桥梁修筑整齐之后，必将有极不整齐秩序杂然之街市一块，横于中间，如果发生此种现象，殊为遗憾。职是之故，应请将清丈局所放北陵前官地划归职所管辖"。将

---

①赵丰陌、赵焕林、佟悦：《盛京皇宫和关外三陵档案》，沈阳，辽宁民族出版社2002年版，第350页。

②赵丰陌、赵焕林、佟悦：《盛京皇宫和关外三陵档案》，沈阳，辽宁民族出版社2002年版，第376页。

③赵丰陌、赵焕林、佟悦：《盛京皇宫和关外三陵档案》，沈阳，辽宁民族出版社2002年版，第375页。

北陵前之官地全部划归由市政公所经营管理，尽管有争利之嫌但是也确实会减少不必要的麻烦。

（三）扩建计划

1929年，奉天市长李德新又提出扩建北陵公园计划，并呈请张学良批准。"新开河以北、北陵公园以南地势优异，风景绝佳，实具控各国盛倡之田园都市形态。"北陵公园有得天独厚的条件，"就树株一项言之，已非其他公园所能望其项背，他如北陵古迹，中外人士来游东北者必以先观为快，且莫不以名胜许之"，他认为该处之发展定有一日千里之势，建议"为重视名胜，保存风景起见，拟将新开河以北经清丈局放出陵地除已经领户建设完成者不计外，其他未建各地由清丈局发还原价，一律收回，与北陵公园混为一处经营一伟大公园"。

这一"伟大公园"计划得到了张学良的首肯，并复函李德新表示支持。市政公所即派测量员实地勘测，圈定界限为东至法库大道，大体上相当于现在的陵东街；西至堆子房，大体上相当于现在的黄河北大街；南到新开河，北至昭陵原界，即现在的东油馨村附近。"除东南隅东北大学原占地基五百余亩不计外，该公园面积为12方里4分，按每方里为540亩计算，计核总面积为6696亩。"相当于今天北陵公园面积的1.4倍。然而，这个"伟大公园"的宏伟蓝图，随着"九一八"硝烟而夭折。

四、结语：皇陵开辟为公园的意义及局限性

公园不仅仅是城市不可或缺的"都市装置"，实际上公园记录着城市的变迁和时代的风云变幻，是传承城市文化的载体，"是实现都市理想的一种制度，更是一种思想的体现"。清王朝是从辽宁走来，沈阳这座清王朝的陪都，在近代城市发展中有其独特之处，昔日壁垒森严的皇陵开辟为公园，是东北地方政府顺应时代，顺应民意之举。但将皇陵开辟为公园的历程充满了曲折和艰辛，既有封建守旧势力的反对与应对；也有外国势力日本人的阻挠，凸显了近现代列强环伺下，东北地区地方市政建设的艰难与曲折。

奉天市政公所以及辽宁省政府对于公园的建设不仅目的是明确的，而且有详细的计划在逐步实施。直至九一八事变前，沈阳的两座皇陵福陵和昭陵都已开放为公园，成为沈阳市民重要的公共空间。时至今日，北陵公园与东陵公园都是沈阳重要的城市公园。虽然，东北地方政府对于皇陵转变为公园倾注了巨大的财力物力，并有长远的规划，但是终因九一八事变的发生而夭折。

作者单位：厦门大学台湾研究院

"杂巴地"承载着城市进程

赵 杰

1923 年 5 月，创立奉天市政公所，即建立市政公所是沈阳市最早的正规市政领导机关。管理城市行政，是城市近代化的标志。上溯沈阳建城的历史中，其间也有过清陪都盛京的荣耀，要打破千百年定封建城市形态，从筹划建立沈阳（时称奉天）要建立市制，到实施一直为万众瞩目。

"杂巴地"，异军突起。在构建和推动城市发展历史的进程中，举凡市政建设、工商、实业、文化、教育、卫生、社会等诸项，"杂巴地"都显示着它特有的价值。

"杂巴地"带有方言意思，至今没有准确的定义。"主要是社会民俗事象的展现，涉及面既广且杂。"①今人就"杂巴地"民俗文化研究，可称深入。但就它与城市进程关系，期待有起色。

"杂巴地"，顾名思义，入其中的是下里巴人文化，为低层民众会合憩息之所。就城市结构而言，它是人类居住环境不断演变的产物，承载着城市进程。

所以，"杂巴地"与城市发展是相辅相成、相互伴生、相互影响，承载着城市兴起、发展、繁荣历史。

---

① 齐守成：《都市里的杂巴地》前言，辽宁人民出版社 2000 年版。

一、"杂巴地"与城市兴起相互伴生

城市板块是沈阳城市发展的特点，也是城区演变的历史地迹，在沈阳形成都会的过程中起过重要的基础作用。[①]

因市而城，还是城而市，都是经济发展到一定阶段的产物。"杂巴地"与城市兴起相互伴生，其本质上是民众的聚集中心和交易中心。

建市之初，奉天是有一个固定的地域，其奉天市区是指原沈阳城的八门八关地区及商埠地。

盛京八门即沈阳八座城门，八座城门沿用努尔哈赤为辽阳确定的旧名称。沈阳作为东北古城，城垣四面各辟二门，称八门八关。城垣城内称顺城街，城处通称"门脸"。

抚近门俗称"大东门"，小河沿"杂巴地"，就在"东门脸"。"旧时旗亭卖浆者，自沿岸设席棚，土锉烹茶，盲词进曲，供倦游驻足而已。1923年，小河沿移归东三省官银号管理，后另设专员经营，逐年整修，改变旧观。将河两岸的商肆棚亭，书场和所有的走江湖卖艺的，叫卖小贩……全部转移到虹桥之西南角。"[②]

场地按规划搬迁后，说书的、唱戏的、变戏法的艺人，纷纷来此地摆地摊卖艺。一些商号租用官银号的地皮，在这儿开饭店、设摊亭卖货、搭戏楼或席棚，组班邀角演出书曲、杂耍的小戏等，以招徕游人，赚钱取利。这里成了季节性的商业化游艺场所。第二年，起名"万泉公园"，虹桥以东铺平道路，栽植花木，砌筑山石，间以亭榭。故有了沈阳八景中的"万泉莲舟"。

相辅相启，相得益彰，小河沿"杂巴地"，名声大振。

1923年，市政公所筹备处立之列一个月，即万省公署决定在原城

---

① 张志强：《沈阳城市史》，东北财经大学出版社1993年版，第193页。

② 刘洪儒：《沈阳的"杂巴地"》，辽宁文史资料第34辑《杂巴地旧忆》，辽宁人民出版社1992年版，第12页。

区西北练兵场及毗邻北部建立惠工工业区。[①]工业区的街路中心，就是至今仍用此名的惠工广场，其放射出六条街道。

怀远门俗称"大西门"，与东部的抚近门相对而望，"西门脸"就在放射地之内，也是非常热闹的杂巴地。

1926年春末夏初，夯实基建"奉天第一商场"。从商场东面的两个门都通联"两院"，这时称"兴游园"。横额为袁金铠题写。逛商场、尝吃货、看杂耍为一体，"确实是东北之首创"。

商业勃兴，除中街是沈阳的商业中心街外，其他八关及井字街，俗称中街都是繁盛之地。商埠地、"满铁附属地"即今太原街地区一带，也在其中，而且已经形成了一定规模。但那里是历史上留存的日本攫夺的"满铁附属地"，在行政主权方面特权治理，都在奉天市政公所管理权限之外。

根据列强胁迫清廷签订的不平等条约，奉天当局将大西边门、小西边门以西满铁附属地以东，计21.4平方公里土地开辟为"商埠地"。奉天(沈阳)"商埠地"建成后，专设外国人居留地。美、日、英、法、德、俄、意大利、波兰、澳大利亚等国家的总领事馆、领事馆也在其中。

"1918年，张作霖下令开发南、北市场，由省长王永江督建，奉天省城埠局具体办理。商埠局在划定南市场地区后，拟定了招商承建办法，划出地号进行承租抽签。当时承租人很多，为集中开发，只放出了53块地号。"[②]及至1923年，沈阳建市后，大兴土木，发放商号，广聚财源。各国商人到奉天(沈阳)"商埠地"，争相购买、租用地皮，建厂开店，外国洋货充斥市场，使南市场成了颇为热闹的商贸、娱乐、餐饮、铁业、木业制造、加工集中地。

为了满足生存和发展良好、稳定的人居环境，各处"杂巴地"相继多年的建设，分别达到了它们历史上的极盛时期。北市场、南市场这两大市场成为闻名关内外的"杂巴地"。

---

① 辽宁省档案馆：《奉天省公署档》第3840卷第184页。
② 刘世文：《特色的"杂巴地"——北市场》，和平文史资料（第一集），2005年版，第266页。

可以说，"杂巴地"在城市发展进程中，显示着市民意识的要求和变化，与城市发展相互伴生。

二、"杂巴地"与城市发展相辅相成

城市的规划和建设有助于城市空间的扩展，形成新的地域文化。

还在建立市制的当年，市政公所就曾有过布告，要在太清宫至小西边门开辟有轨电车，要路面八丈宽，两侧商铺民房一律拆除后移重建门市，并相应发放地号统一管理。①

任何一个地域都有其独特的文化特色，"杂巴地"城市是地域文化资源的重要载体之一。

"在新市街计划中，涉及对应西门脸一带旧商业区、热闹地的改造。西门脸主要是指大西至小西城门中间的那一段。民初伊始，这里便是沈阳有名的'江湖杂巴地'，估衣铺、麻袋庄、鞋铺、饭馆、作坊、杂物摊床密密麻麻，而江湖上的医、卜、星、相、风、马、燕、缺八大生意会聚场地。"②

有城就有市，有市就有商，这在中国乃至世界也是普遍的规律。沈阳曾有二百年的繁荣，随着市政公所新市街改造的规划，一部分店铺在新街路两侧，新建的中西结合式的二三层楼面继续营业，另一部分则集中到1926年新建的奉天第一商场。商场平面呈"井"字形，把原散在西门脸等处的商店、储集合一处，融布匹、鞋帽、成衣、杂货为一统。

东北首创的奉天商场，是建市以后商界的一件盛事。

商场主要是清真北寺以东的民房商场，和以后在其东邻兴建的"兴游园"。兴游园以白茶馆为轴，辐辏交错，吃货铺、杂耍棚分割相间。

兴游园里的评书、鼓词、棚户、双簧、戏法、小戏儿、女大鼓、西洋景、驴皮影、小电影等席棚，成为江湖的艺人跑码头之地。

---

① 张志强：《沈阳城市史》，东北财经大学出版社 1993 年版，第 210 页。
② 西园：《从西门脸到奉天第一商场》，辽宁文史资料第 34 辑《杂巴地旧忆》，辽宁人民出版社 1992 年版，第 38 页。

随着奉天第一商场的营业、电车路的开辟，西顺城街相关的街、路，又出现了新的商业繁荣。

南市场是商埠地最热闹的地区，进入南市场往南不足百米就是"八卦街"，沿街密集着商家、妓院、烟馆和各色各样的店铺。

华兴场，俗称的"圈儿楼"，四面设有书馆，其实，为掩盖真面目，将妓院称为书馆。"圈儿楼"向南的"小南街内还有一家官办的露天游艺场，叫'欢乐园'"①。

南市场内建有著名的奉天大舞台，号称沈阳最新式、最大的戏园子，可容纳 1300 多名观众。当时南市场的餐饮，包括鹿鸣春、商埠大酒楼等也是出了名。

"杂巴地"因市场的兴起而发展，而这一市场，又是面向平民大众，集文化娱乐和商业服务为一体，文商结合，互为促进。在乱象频仍的年代，显示着城市发展一种气度，一番风韵。

所以，"杂巴地"由城市发展而发展。

三、"杂巴地"与城市繁荣相互影响

建立市政公所时，奉军在第一次直奉战争失败而归不久，张作霖宣布东三省独立，自任保安总司令，在整军经武成立陆军整理处时，着手扩建奉天兵工厂，适时东北大学开学。

在奉系调整政策，谋求军事经济大发展的前提下，工业区的设想开始实施，而在工业区前冠以"惠工"二字，旨在明确优先发展工业。②

20 年代，沈阳近代工业的兴起，把中国自办近代大工业和发展民族工业推向了较高的水平，这是特殊的历史条件下的经济勃兴。

1922 年，在北市场西侧，官商就合办了有 2000 多工人的奉天纺纱厂。同年惠临火柴股份有限公司在皇寺北面成立。

---

① 刘世文：《特色的"杂巴地"——北市场》，和平文史资料（第一集），2005 年版，第 269 页。

② 张志强：《沈阳城市史》，东北财经大学出版社 1993 年版，第 207 页。

张氏父子先后在大东门外、北市场等地创办了被服厂、兵工厂、粮秣厂、奉天纺纱厂等军工、民需企业。由于军工配件加工，划拨了南市工业区，带动了南市铁工厂的兴起与发展。产业工人急剧增加的同时，促进了城市人口急剧增加，也在改变着市民社会结构，改变着市民的文化需求心态。

北市场，"1920年，按张作霖'兴通地面'的要求，吸引商人投资建房，开办商场、商店、饭店和各种娱乐场所，经过十年建设发展，到20世纪30年代初，已建成3座百货商场，八家丝房，5家金店，大小饭店120多家，3家浴池，大型理发店4家，照相馆4家，钟表店4家，药店17家，大旅店3家，小旅店10多家"[1]。所以北市场成了老沈阳著名商业区、市井文化的缩影。除去购物，北市场还是吃喝玩乐的绝佳处所。洋行、剧场、戏院、饭店、赌场、当铺、烟馆、妓院、茶社、摔跤场、电影院……茶社不仅仅喝茶，还有说书的、变戏法的、唱大鼓的、说相声的等文艺表演，很是热闹。北市场一下子声名鹊起，成为具有浓郁东北传统民俗文化特色的繁华娱乐区。

1922年落成的大观茶园，可容纳800多名观众，专营落子戏（即评剧前身）。作为市井文化最集中的舞台，当年的北市场每天都有各色艺术形式上演，奉天落子、评戏、相声等曲艺最受追捧。不仅如此，梅兰芳、杨小楼、马三立、侯宝林等曲艺大家，也都曾在北市场登台演出，并轰动一时。

城市的文化形态，需要一定社会群体相互作用展示，北市场与其他八关及井字街都是繁盛之地。和大北、大南、大西一样旗幡招展，成就了"杂巴地"和北京天桥、天津劝业场、南京夫子庙、上海城隍庙一样的蜚声。

"杂巴地"与沈阳繁荣城市商业经济发展紧密相连。但是，在耍枪弄棒、叫卖小吃、卖大碗茶、摆摊设赌、算命占卦、拉洋片、捏糖人、卖狗皮膏药——五花八门，不一而足中，"杂巴地"也使无良产业滋生蔓延，三教九流江湖社会现象招摇过市。所以城市机构及管理等方面，确实要应对时代的进展。

1923年11月6日，奉天教育厅谢荫昌代表市政公所，针对当时社会

---

[1] 刘世文:《特色的"杂巴地"——北市场》,和平文史资料(第一集),2005年版,第256页。

情况发布了布告。"查市民开设戏园、影园、书肆、书场，或以资本谋生，或恃技艺糊口，均为一种工营业，倘无守碍于善良风俗，自属无庸干涉。近来习尚奢靡，群趋娱乐，一般商贩游民，因而各图私利，不顾公德，争以奇技淫乐，眩惑视听。各书肆往往私售春画及秽亵小说，各戏、影园亦多演唱淫词，毫无忌惮，若不严行取缔，匪惟贻害青年，抑且大伤风化。兹由本所酌拟取缔规则十七条，呈奉天省长指令核准，嗣后即行由所派员分别视察，倘有违章图利情事，一经查明，定予重罚。"①

奉天市政公所成立后，文化和文化市场由教育课分管。在落实对所属市区的行业管理和整顿中，为解决多个部门负责，相互推诿和掣肘，无法适应加快城市发展的现实要求，先后发布了有关饮食、理发、妓馆、戏园、书馆、茶馆、澡堂、旅店、药商、医士等管理法规。这些法规，都涉及对杂巴地加强管理，使其有利城市社会生活走向制度化和有序化，促进早期城市向现代化迈进了一大步。

城市总体环境的改善，文化事业的进步，无疑都在促进着沈阳都会城市的整合。在各种因素的整合作用下，沈阳日益明显占据东北第一大都会的地位。

"杂巴地"独特的沈阳平民文化，是环境、风土、人情、戏曲、饮食，包括宗教等多重元素在各个层面的综合反映。是经过历史的演变，沉淀下来的精神成果。时下，沈阳市进入第一批国家级非物质文化遗产名录的共有四个：东北大鼓、谭振山口头文学、评剧"韩、花、筱"三大流派艺术、唐派京剧艺术，当年都曾在"杂巴地"之一的北市场传承。

各种生命体之间的相互依存，是一个完整的生态系统。"杂巴地"的兴起到发展不仅是一个经济现象，也是一个文化现象。这一文化特点是一个地区的特殊符号、象征。在它发展过程中，逐渐形成了独特的沈阳平民文化，因其生根于平民百姓之中，所以可历沧桑。"杂巴地"有别于其他地域文化，它承载着城市兴起、发展、繁荣历史。在文化融合的今天，其特点也随之渐渐淡去，但年代延续性中，仍然是集中体现了一个地理、

---

①孙景悦：《二十年代奉天文艺概况》，辽宁文史资料第34辑《杂巴地旧忆》，辽宁人民出版社1992年版，第277页。

空间范围内的文化特点。

　　"杂巴地"与城市的发展相辅相成、相互伴生、相互影响中寻求平衡,三者的平衡是实现城市可持续发展的必要前提。今天,在城市的飞速发展过程中,"杂巴地"作为城市文化软实力,也是城市的文化魅力,其产生的作用和价值,一定逐步增大。

作者单位:辽宁省政协

曾有翼署理奉天市政公所期间
推动奉天市政建设的举措

康艳华

在东北地方政府的积极推动下，在广州等城市的市政现代化示范作用下，1923年5月3日，"兹委任曾有翼为奉天市市长仍兼电灯厂厂长""敝市长遵于五月九日呈报就职并暂在电灯厂内组设市政公所筹备处"[①]。经过数月筹备，奉天市政公所"通告各机关准于八月一日正式开办"[②]，并于8月10日致函奉天商务会启用关防[③]。到1926年曾有翼辞职，其在奉天市长任上共计三年。其间，曾有翼积极推动奉天的市政建设，本文即通过部分原始档案及《盛京时报》的相关报道对曾有翼任期内为推动奉天市政建设所做出的努力做一简单叙述。

一、规划组织体系，完善职能范围

组织机构健全，管理有序的新型市政机关是开展近代化市政管理的先决条件。在近三个月的筹备过程中，"市政所长曾有翼对于事务之筹划不

[①]《奉天市政公所筹备处为曾有翼任奉天市长致奉天总商会函》，1923年6月4日。辽宁省档案馆编：《奉系军阀档案史料汇编》第4辑，江苏古籍出版社1990年版。

[②]《市政所开办有期》，《盛京时报》，1923年7月27日。

[③]《奉天市政公所为启用关防致奉天商务会函》，1923年8月10日。辽宁省档案馆编：《奉系军阀档案史料汇编》第4辑，江苏古籍出版社1990年版，第242页。

遗余力"，与筹备人员制定出《奉天市暂行新章》，对市政机构的性质、职权、责任以及机构编制、数额等以制度的形式予以明确规定。《奉天市暂行新章》"全文凡十八条"[1]，规定了市政公所直属省长，设总办一员监督全市行政事宜，设市长一员策划办理市之行政事宜，坐办两员协理市长。公所内设六课：总务课、财务课、工务课、卫生课、教育课、事业课。每课置课长一人，课员三至四人，设技师一人，技士四人，专司一切技术事宜。该新章还对市政公所的行政范围、各课掌理内容做了细致规定。从上面可以看到，曾有翼拟定的这个《奉天市暂行新章》，其规划下的奉天市政公所组织机构完备、职能涵盖全面、人员设置合理，为奉天建市奠定了完备的组织基础，使奉天市政公所得以制度化运行。

为完善市政管理，曾有翼还统领市政公所制定并颁布各项章程、细则六十余个，如《征收官地皮细则》《征收特许广告捐章则》《征收各行经纪捐章则》《征收房捐及各种捐费办法》《征收处办事细则》《工业区官房租户须知》《包移义坟办法》《西北工业区租领地亩章程》《验收石料规则》《保护马路办法》《管理公厕规则》《管理医士暂行规则》《管理医士实施手续》《管理医士规则但书》《管理药商规则》《检查罐头及其他饮食品规则》《招商投标包栽街树章程》[2]，等等，以使市政管理在法制化、体系化范围内进行，从而规范城市管理。

在公所内部管理上，曾有翼则组织制定了《公所会议厅暂行规则》《公所各课办事细则》《公所制发襟章规则》《奉天市各区区长办事权限》，对市政决策及公所日常管理进行了严格的规定。如《公所会议厅暂行规则》规定：公所"每星期三开会议一次"，"会议由市长主席"，"各课部议案于开会时提出"，"经市长取决后即交各主管课部办理之"[3]。从而将市政决策置于民主化范畴之内。为方便百姓办事，公所的办公时间还在《盛京时报》上予以公示："市政公所业经成立，职员已正式委任，市长曾子

---

① 《市政所暂行新章》，《盛京时报》，1923年8月11日。

② 《奉天市政公所章则汇编》，1924年12月。赵焕林、辽宁省档案馆编：《民国奉系军阀档案》1924年卷第4册，线装书局2017年版，第1—171页。

③ 《公所会议厅暂行规则》，1923年8月。赵焕林、辽宁省档案馆编：《民国奉系军阀档案》1924年卷第4册，线装书局2017年版，第16页。

敬氏为限制服务起见特定于上午九时起至十二时，下午一时至五时为职员办公时间云。"①

可以说，无论从组织体系、工作职能还是管理制度上看，奉天市政公所都可以称为是近代化的、规范的市政管理机构，为其今后开展各项城市管理建设工作奠定了坚实的组织基础。

二、加大宣传市政文明，积极引导舆论导向

奉天市政公所是东北地区设立的第一个正规近代市政领导机关，即便是在全国范围内，尚属前沿。因而平民百姓对近代市政理念、市政文明缺乏了解。针对此，曾有翼非常重视市政文明的宣传教育活动，"为举办市政之宣传"，"以启迪市民之知识，促进市民责任义务之自觉，协助市政进行"②，他在市政公所正式运行后，即创办了市政宣传的理论刊物《奉天市报》。该报"每日出版一张"③，内容以有关市政建设的论著、市政公牍议案、市政布告、市内大事记、市民论坛、各省市政要闻等为主。《奉天市报》的发行，对于提高市民素质，培养市民近代意识，起了很好的作用。同期，还在公所内附设通俗书报阅览社一处，通俗教育讲演社一处，"分日派定讲员讲演市政方针,以及道德法律实业交通卫生各种利害关系，务使一般市民，渐闻新知，共谋幸福，现订讲演所由阳历十月一号起，每日上午十二点起至下午一点半止"④。

此外，市政公所还通过经常性地在公共场所举办巡回演讲、播放市政教育影片、发放市政建设宣传单等形式对市民进行市政文明教育。如，"市政公所于十五六两日连次假会仙大舞台讲演卫生辅以电影，其影片内皆系

①《市政所办公时间》，《盛京时报》，1923年8月8日。

②《奉市报定出版期》，《盛京时报》，1923年9月19日。

③《市报简章》，1923年9月3日。赵焕林、辽宁省档案馆编：《民国奉系军阀档案》1924年卷第4册，线装书局2017年版，第134页。

④《奉天市政公所为设立通俗书报阅览社及通俗教育讲演社的布告》，1923年10月。辽宁省档案馆编：《奉系军阀档案史料汇编》第4辑，江苏古籍出版社1990年版，第291页。

关于卫生事宜"，"观者颇众"。①"市政公所巡回讲演员李永安，目前在小北关瘟神庙前入有茶社讲演，题为建筑与交通之关系，一时听讲者月百余人，听者欢迎鼓掌之声几如雷动云。"②在这些群众喜闻乐见的形式中，既宣传了市政，又娱乐了民众。

除重视市政宣传，为使市政开展顺利，曾有翼还很注意舆论导向，注重舆情。为此，"市政公所曾子敬市长为征集舆论计于该所报室内特设投函箱，并备纸笔。凡有关于市政之应兴革者，尽可投函以备采择，如关于市政之新闻亦可投稿"③。另外，对于市民在市政建设中所产生的不解、窒碍，他亦是积极协调，务必使市政顺利进行。筹备之初，曾有翼筹划了市政公所成立后之"首先要务：1. 筹设无轨电车以便交通；2. 设立自来水以资便利；3. 修筑新马路以重路政"④。这些举措都是城市近代化建设的必不可少的环节，但在实行过程中，破旧立新，难免会不同程度触及市民利益，从而引起市民的不满。但当曾有翼"于新年接见友朋时每有以办市政无须过苛为由规劝者，该市长遂决然一答谓：明知此事必挨人唾骂，然生于挨骂之时，不得而不，大有笑骂由他之态度"⑤。不同的意见并没有打消他加强市政建设之决心，反而促使他积极协调，引导舆论导向，以正视听。1924 年 1 月 23 日，曾有翼宴请《东三省公报》《东报》《民报》《盛京时报》《奉天新闻》《每日新闻》等奉天当地各社记者及法团代表二十余人。在宴会上，曾有翼对市政公所成立之经过，办理之情形，外间之评判，内部之计划，进行之状况进行了说明，最后，他对各媒体记者提出真诚的要求："事巨计缓，立刻不能收效，从而市民发生误会之虑不少，所中非敢乞诸君之辩护也，唯愿诸君随时对于敝所时赐指导，对于市民之误会时予解释，俾市政要图得以如期发展是至幸也。"⑥

市政公所成立后，"除特别事业另案经营外所内之当年经费及直接事

①《市政所讲演卫生》，《盛京时报》，1924 年 7 月 18 日。
②《市所巡回演讲讯》，《盛京时报》，1924 年 5 月 27 日
③《曾市长注重舆论》，《盛京时报》，1924 年 1 月 31 日。
④《市政公所三要务》，《盛京时报》，1923 年 5 月 5 日。
⑤《曾市长决心市政》，《盛京时报》，1924 年 1 月 8 日
⑥《市政所之新年宴》，《盛京时报》，1924 年 1 月 25 日

业费每年规定为十万元"①。对于这笔经费，"市政公所拟定征收省城房捐作为办理市政之底款"②，因而对市内房屋等第进行全面调查，曾有翼市长为"深恐将来实行征收时商民怀疑，特撰白话布告于廿八日张贴通衢，谓征收房捐东西各国著有先例，并收房捐为办市政是拿自己钱办自己事"③。

另外，在涉及百姓利益之时，曾有翼尽量在职权范围内为平民百姓争取最大之利益。如在有轨电车进行过程中，"曾市长以第一期电车路线房地被占各户多属穷苦，兹为特别体恤起见将各户原领工业区中等地均改拨特等地"④。"以西门脸电车道地皮不足一号业经归并成为一号抽签租放，其未仲签者未免向隅，市长为体恤起见凡地皮被归并抽签未仲放给他人者，均准由工业区拨给一号以免失业而示体恤云。"⑤

三、拓展城市空间，规划城市布局

奉天市政公所成立之前，奉天市主要城区由古城区、附属地、商埠地、大东新区构成。市政公所成立后，开始对城市进行整体规划，重点进行西北工业区、居住区、商业区的规划和建设。在进行整体规划前，曾有翼拟对全市进行测量："计划市政事项拟先开办全市测量为各事项之基"，"各国举办市政首重下水道，盖下水道不整则脏水不能宣泄，全市永无清洁之望。省垣警察每年据款修沟所费已属不赀，然不过就近宣泄注入各区水泡或河内为一时之计，以致泄者自泄，堵者自堵，污水秽气依旧存在原因乃在于测量不讲并无通盘筹画，公所拟详细测量各处地势高低、水准距离以为下水道之准备"⑥。此项动议虽因经费问题没能全市范围内进行，但曾有翼在城市整体规划中的长远谋略、通盘考虑却可见一斑。成立后不久，

---

① 《市政所经费规定》，《盛京时报》，1923 年 8 月 11 日。
② 《市政所调查民房》，《盛京时报》，1923 年 8 月 19 日。
③ 《市政所说明房捐》，《盛京时报》，1923 年 8 月 30 日。
④ 《曾市长体恤租户》，《盛京时报》，1924 年 8 月 26 日。
⑤ 《曾市长体恤民艰》，《盛京时报》，1924 年 8 月 16 日。
⑥ 《曾有翼给张作霖呈》，1923 年 7 月 27 日。赵焕林、辽宁省档案馆编：《民国奉系军阀档案》1923 年卷第 13 册，线装书局 2017 年版，第 19—22 页。

市政公所还制定了市政建设计划书，确定其今后"重点经营小河沿、风雨坛、东北草仓、西北校场四大区。将风雨坛（皮革区）、草仓（菜市）两地拟由市所筑房租于商人，小河沿之模范区、校场之工业区拟定为官筑私筑并行"①。

近代城市的发展必然会带来市区向周边的扩张。曾有翼任期，奉天市主要打造模范居住区和西北工业区。初期，曾有翼设想"将万泉河一带定为模范区"，后因"防范水患之计划"②而改变地点。1924 年 2 月 11 日，曾有翼为拟请收买土地展拓市区上呈奉天省长。此后，因工业区计划进行，该计划暂缓。年底，曾有翼再次上函，"办理市政，端在展拓市区，而展拓市区必须收买民地，且奉垣户口逐年增加，地狭人稠，又非扩充住区不足以资容纳，当由职所呈拟在大小北边门外购买民地扩充居住区"。其欲购买"全区面积二千三百亩，加以开辟公园用地三百五十亩，共二千六百五十亩"。"查奉垣人烟稠密，交通辐辏，而迄无相当地点为市民游憩之所，不肯让你此次计划居住区，拟南沿新开河北领南满铁路设置中华公园。"③在居住区开展过程中，出台了《居住地领地章程》，规定"租领本区地亩者以中华民国人民为限"，"租期以二十年为限"。"本区道路分三等，十丈八丈者为大路，四丈三丈者为中路，二丈土路及区边土路为小路"，根据基线所在道路情况，"本区地亩分上中下三等，上等地每亩奉大洋五百元，中等地每亩奉大洋四百五十元，下等地每亩奉大洋四百元"，"凡租领本区地亩者均应摊马路费"。④

西北工业区，以惠工广场为中心，其东起今小北关街、山东堡，西止今南京北街，南起奉海（今沈吉线）京奉铁路联络线（今快速高架桥），

---

① 《本年度市政计划》，《盛京时报》，1923 年 11 月 25 日。

② 《模范区与水利局》，《盛京时报》，1924 年 2 月 14 日。

③ 1924 年 12 月 30 日，《曾有翼为拟具奉天市居住区计划概算及设置公园意见书给奉天省长呈》。辽宁省档案馆编：《奉系军阀档案史料汇编》第 4 辑，江苏古籍出版社 1990 年版，第 539 页。

④ 1925 年 3 月 17 日，《曾有翼为拟具奉天市居住区领地章程给奉天省长呈》，辽宁省档案馆编：《奉系军阀档案史料汇编》第 4 辑，江苏古籍出版社 1990 年版，第 583 页。

北至今哈大铁路①。

工业区初起占地 1400 多亩，其中 400 亩用于道路、广场、学校、管理机构、医院、市场、公共厕所等建筑。工业区工程巨大，从其建设经费可见：工业区收买民地民房暨杂费预算，包括民地、民房、水井、移坟、修路胎等，计奉大洋 324132.11 元，工业区公共建筑暨栽树，包括碎石路、纵沟、厕所、广场、下水道等，预算为奉大洋 190960.90 元②。在建设工业区过程中，曾有翼先后出台《奉天市西北工业区租领地亩章程》《西北工业区租领地亩章程施行细则》《工业区挖填土工说明书》《工业区民地挖填土工简章》《工业区市房建筑说明书》，对于居住区管理规划做出了规定，以使建设有章可依。该工业区于 1925 年 4 月 1 日实行动工③。

1924 年，因大小东边门外地面日渐繁盛，奉天市政公所还"将大东门外定为东市区，放地招租兴通地面"④。大东新市区面积两万两千余亩。

曾有翼在展拓市区的同时，"以发达工商各业端在市场现在南北两市场偏在城西，城南城北尚付缺"，因而"拟定就风雨坛空地大北边门外西各开辟一市场以资提倡工商各业云"。⑤ 同时，在奉天市区面积逐渐扩张过程中，原有的城墙和城门逐阻碍交通、制约发展的弊端开始显现。市政公所从城市发展的总体布局考虑，先后制订并实施拆除城墙计划。1924 年，曾有翼就前后 4 次呈文省长公署请求拆除大东边门。奉天市政公所还发布《奉天市政公所呈修取缔建筑暂行章程》，对老城区的违规房屋及其一切建筑工程进行取缔，维护城区正常秩序。

随着近代城市化水平和人民生活水平的提高，人们对于生活环境的要求越来越高，曾有翼借鉴日本等国田园城市概念，注重城市绿化建设，积极筹划栽种树木。"市政公所拟在城关植树一千四百一十株"，"计大东

---

① 张志强：《沈阳城市规划摘例试析》。

②《曾有翼为拟具创设奉天市工业区计划概算及租领地亩章程给奉天省长呈》，1924 年 3 月 18 日。辽宁省档案馆编：《奉系军阀档案史料汇编》第 4 辑，江苏古籍出版社 1990 年版，第 335 页。

③《工业区开工确期》，《盛京时报》，1925 年 2 月 14 日。

④《扩充市区之预闻》，《盛京时报》，1924 年 8 月 26 日。

⑤《市政所扩充市场》，《盛京时报》，1923 年 9 月 6 日。

门至大西门大街一百株，大西关大街三百株，小西关大街一百三十株，小北关大街二百二十株，大北关大街二百三十株，小东关大街一百八十株，小南关大街二百五十株。间隔两丈"。① 为利交通，不足三丈宽的胡同内不予植树。

此次植树，采取招标形式，3月27日布告招标，4月1日开标。第一期有轨电车建成后，市政公所又通过招商形式，在电车路两侧栽植柳树二百株，杨树六百株，枫树二百株计一千株②。

四、建设城市交通体系，筹设有轨电车

近代化城市的主要特点即便捷有效的城市交通体系。曾有翼任职期间，非常重视城市交通建设，兴建新马路，翻修改建旧马路，并筹设了有轨电车。

城市交通体系最基础的就是道路建设。由于战争以及年久失修，奉天市原有的道路已经不能够适应城市快速发展的需要。为了城市交通的便利，民国初期奉天市修筑了许多新式的马路。1924年，奉天市政公所对大东新市区进行了规划，为便捷大东新区与老城区的联系，5月1日开始修筑大东关马路。该工程历时3个月，耗资57283.72元，完成了长390丈、宽3.8丈的新路③，修好的大东关马路"中间之坎坷不平者今已成为坦途，一般行人罔不称便云"④。

此后三年，奉天市政公所又相继修了小西关街路、大南关马路、南七街马路、六马路、十纬路、八经路、北陵马路、小东关马路等。仅1924年1月至6月马路经费支出"共实支大洋一万五千一百七十二元二角一分

---

① 《市公所植树续讯》，《盛京时报》，1924年3月30日。
② 《市政所招商栽树》，《盛京时报》，1926年4月13日。
③ 1924年9月8日，《奉天市政公所呈及奉天省长公署指令》，《关于奉天市政公所修筑大东关马路的文件》，赵焕林、辽宁省档案馆编：《民国奉系军阀档案》1924年卷第8册，线装书局2017年版，245页。
④ 《大东关马路竣工》，《盛京时报》，1924年8月2日。

八厘"①。

在修建新马路的同时，市政公所还对旧城区街路进行整顿，以利交通。因为"旧市街道狭窄，建筑凌乱"，不利交通，因而市政公所制定《旧市区退让道路及禁止建筑办法》，饬令"城内及各关大街金银库胡同街道定为七丈，改造建筑时即须退让；城内支路通天街沈阳县胡同城外支路各大什字街北关横街顺承街叠道利升庆翠花缪翰林子孙堂同善堂等胡同街道定为三丈，其他定为二丈，改造建筑时即须退让。其他如草房或土墙土平房随大街大小什字街者并坍塌危险者不准修补，准另建筑，其近砖城内外距城根不满十五丈者或建筑雨搭及修补一切停止工程者一律禁止修建云"②。

同时，"查载重大车通行马路向有限制"，但由于执行不力，"虽然限制大车四马力就不可以上道，但六套马上马路亦有，如大小西关马路皆行破坏，尤以小西关为尤甚"，"如不取缔车辆通行将来益行忐忑不堪"。对此情况，曾有翼出台政策，加强对马路上行驶车辆的限制："嗣后各关大街宽轨车上马路限一马力载重，半吨窄轮车不准在马路通行。"③为改善交通，市政公所还规定炉灰场、取缔有碍交通的横匾布幌④。

城市扩张之后，城区间往来路途变远，急需快速便捷的交通运输工具，有轨电车铺设提上日程。1924年3月15日，有轨电车第一期工程开始建设。修建过程中，问题颇多，曾有翼一一解决，他先后上呈《为第一期电车路线外之官地实行抽签租放呈》《为请魏德公司承包奉天市第一期电车安装工程呈》《为需购买抽水机压水机等呈》《为请饬拨火车拉运电车变电机器呈》《为报第一期电车路线及电车厂房收用房地支出款数呈》《为报运搬电车钢轨材料及购置木方支出款数呈》《为修筑厂房拟将原合同改添安设机器台座增加费用呈》《为用养成费给电车生购置服装并延长实习

①《奉天财政厅为准核销奉天市一至六月马路经费支出给奉天市政公所咨复》，1925年1月8日。辽宁省档案馆编：《奉系军阀档案史料汇编》第4辑，江苏古籍出版社1990年版，第547页

②《市政所整理交通》，《盛京时报》，1924年5月29日

③《市所饬限制车辆》，《盛京时报》，1924年3月14日。

④《市所规定炉灰场》，《盛京时报》，1924年2月26日。《市政所取缔幌匾》《盛京时报》，1924年5月5日。

时间呈》《为请将附城电车路线两旁官地傅等官产归市政公所管辖呈》[①]，从而确保铺设得以进行。

1925年10月有轨电车建成，并于8日在工业区电车厂厂内举行了盛大的开幕礼[②]。营业一段时间后，有轨电车"一日之间平常可收票资一千六百元上下，星期日准收两千元以上"，"按第一期建设费共花七十几万，照现况计算除出支销一年有半便可够本"。[③]另外，"市政公所开设之汽车往来搭客颇称发达，现为扩充业务计，特行添购汽车数辆往来南北市场闻于昨五日实行开驶搭客云"[④]。

五、整治文化事业，关注市民教育

民国时期，市民的主要文化活动场所为书场、戏园、影院等，奉天市政公所成立后，对这些文化活动场所进行了调查，发现"近来俗尚奢靡，人耽娱乐，奸商利徒只营私利，不顾道德争以奇技淫巧眩惑视听，其耳濡目染之结果必至风俗人心日趋变坏，自非严行取缔不足以维风纪，而导善民"[⑤]。为维持良好社会风气，1923年10月29日，奉天市政公所发布了《奉天市政公所取缔不良戏曲影片图画唱本规则》，规定："为维持善良风俗，诱导正当娱乐，对于有伤风化之戏曲影片图画小说唱本严行取缔"，"随时遴派检察员前往各书肆戏园影园图书场实地检查"，"凡有伤风化之戏曲影片小说唱本等一概严行取缔"，"凡书籍画本曲本影片，认为有伤风化者，得由本所禁止演唱暨售卖，倘仍不遵，除禁演禁卖外并处以相

①1924年9月19日至11月21日，《奉天市长曾有翼为修建第一期电车工程各项问题给奉天省长呈》。赵焕林、辽宁省档案馆编：《民国奉系军阀档案》1924年卷，线装书局2017年。
②《电车开幕礼志盛》，《盛京时报》，1925年11月10日。
③《市所电车之起色》，《盛京时报》，1926年3月16日。
④《市政汽车扩充讯》，《盛京时报》。
⑤1923年10月16日，《奉天市政公所呈及奉天省长公署令》，赵焕林、辽宁省档案馆编：《民国奉系军阀档案》1923年卷第8册，线装书局2017年版，第175页。

当罚金"①。此规则印就后发给各戏园、影院、书场、游艺场及各书肆，并训令各区督促办理，以便进行，而资改善。

对于庙会戏院书场有演淫词淫戏之举，曾有翼亦予以重行禁止，并开出重罚，"如有违犯者处以十五日以下之拘留，十五元以下之罚金，凡戏园书场之业主倘有不正当行为即应受相当惩罚"②。

市政公所职责范畴还包括市之教育。1923 年 8 月，市长曾有翼和教育厅长谢荫昌联名呈请："查奉天市政公所业经成立，此后市内一切事业自应力图发展。教育为一切事业之基础，尤须积极进行。"③"划省立第五、第六、第七及县立第一、第二、第三、第四小学校归为市立。"④ 接管各小学后，市政公所"按照各校学生级数多寡依次编定"⑤ 各校名称。

市政公所还颁发训练标准给各学校，"制定训练标准颁发市立各校以便遵守实施，其标准如下：一培养儿童国家观念；二养成富有责任义务关系之国民；三养成有气节重道义之国民；四精神活泼体格健全之国民；五养成富有互助精神之国民；六养成有研究性情及制造能力之国民；七养成崇俭及储蓄之习惯；八养成有艺术思想之国民云"⑥。此训练标准，注重国民素质教育，颇具近代教育色彩。

为使"失学暨无暇就学之人得以稍获常识"，奉天市政公所成立后还在公所内"附设通俗书报阅览社一处，通俗教育讲演社一处，凡关于有益于风俗人心政治学术之书籍新闻杂志，胥列其中，任人阅览"。在布告中还指出"知识有一线之光明，能力上即有一分之增进，匪惟裨益于个人，

---

① 1923 年 10 月 29 日，奉天市政公所为维持良好社会风气发布了《奉天市政公所取缔不良戏曲影片图画唱本规则》，辽宁省档案馆编：《奉系军阀档案史料汇编》第 4 辑，江苏古籍出版社 1990 年版，第 288 页。

②《曾市长禁演淫戏》，《盛京时报》，1924 年 5 月 20 日。

③《奉天市政公所呈接办小学》，1923 年 8 月 14 日。赵焕林、辽宁省档案馆编：《民国奉系军阀档案》1923 年卷第 8 册，线装书局 2017 年版，第 108 页。

④《市政教育之初步》，《盛京时报》，1923 年 8 月 31 日

⑤《奉天市政公所呈更定市立小学校名称》，1923 年 9 月 14 日。赵焕林、辽宁省档案馆编：《民国奉系军阀档案》1923 年卷第 8 册，线装书局 2017 年版，第 126 页。

⑥《市所颁训练标准》，《盛京时报》，1924 年 2 月 17 日。

抑将造福于社会"①。

曾有翼的重视教育还体现在对职业教育的重视，在得知奉天美术专门学校经费严重短缺后，"该市长遂由该所罚金项下拨助捐款二千元以二年为限分期拨交，以资兴学"②。

六、改善城市卫生，加强医疗管理

城市环境卫生是社会精神面貌、民族文化素养和市民道德风尚的重要体现。环境卫生的好坏关系到每个市民的身心健康，又关系到城市的整洁观瞻，代表了城市形象。曾有翼在施行房捐之事纳入正轨后，"乃进而为卫生计划，现已拟定先将城内之臭皮坊、豆腐房等一律迫令迁移城南浑河沿，一俟移去，再添设副所检查住户之清洁云"③。1924年开春后，天气渐暖，市政公所通令全市"一严令商贩住户清洁；取缔腐烂生冷食物；露卖食品一律遮盖以防污染；公共游场沐塘旅饭馆店及戏园妓馆等之清洁须按日清查"④。

曾有翼对公共场所及食品卫生极为重视，先后出台《检查罐头及其他饮食品规则》《取缔饮食营业卫生规则》《取缔皮作坊辖布坊豆腐坊胶坊酱园营业卫生规则》《取缔澡堂营业卫生规则》《取缔旅店营业卫生规则》，《取缔理发营业规则》《取缔妓馆戏园书馆茶社营业卫生规则》，对营业场所卫生做出严格规定，如"手帕须用笼屉蒸汽消毒器消毒后方准使用""室内须备痰筒纱窗捕蝇器等痰筒内须注入杀菌药品""营业者须设备便所并须以石炭酸、石灰乳、石油乳石灰等杀菌药品不时撒布以灭菌类"，甚至要求理发师"须带呼吸囊以防传染"⑤。而对于违反"上列各项者处以十元以下二元以上之罚金，共连犯三次而不悛者则停止其营业"。

---

①1923年10月《奉天市政公所为设立通俗书报阅览社及通俗教育讲演社的布告》。辽宁省档案馆：《奉系军阀档案史料汇编》第4辑，江苏古籍出版社1990年版，第291页。
②《曾市长拨款助学》，《盛京时报》，1924年2月14日。
③《市政所卫生计划》，《盛京时报》，1923年9月20日。
④《市政所通饬卫生》，《盛京时报》，1926年5月14日。
⑤辽宁省档案馆编《奉系军阀档案史料汇编》第4辑，江苏古籍出版社1990年版，第128页。

对于沿街宰杀牲畜之汤锅，虽然不受官府之检查，但其"所售者易为疫病传染之媒介，即其污秽之弃并亦致市内之不洁"①，因而，曾有翼为此专门呈文省长请求"实行查禁以重卫生而保清洁"。

清末民初时期，奉天政府并没有建立卫生设施的意图，除一些敞开的地沟之外，看不到任何排水设施。至民国初年，虽然每年拨款修沟，"然不过就近宣泄注入各区水泡或河内为一时之计，以致泄者自泄，堵者自堵，污水秽气依旧存在"②。曾有翼认为，"各国举办市政首重下水道，盖下水道不整则脏水不能宣泄，全市永无清洁之望"。于是开始兴建下水道。"市政公所现在计划省城下水道，分第一第二两大干路，第一下水道由小边门起至由东会所窑坑止，泄西北关之水，已招商承修，由小桥至二道沟焉，第二下水道矣，第一下水道修竣即开工建筑混土暗沟云"③。"市政公所以下水道关系重要，除前勘定由工业区沿大小西边城至由东会馆一道已建筑外，现复勘定由小津桥经大小东关至小河沿，复由小河沿上游至大南边门，于本年准备建筑云。"④"市政公所建筑由西北工业区土城起，至山东会馆止下水道开沟工程，已至大西边门，装置混泥水管已至小西边门外以南，预计十月中旬即可竣工。"⑤

公共厕所是城市的基础公共设施，关乎整个城市的市容卫生，是城市文明化的一个重要标志。奉天市政公所对公共厕所的建立与治理非常重视，1923年制定了《公厕须知》，1924年制定了《管理公厕规则》，加强公厕管理，规范市民行为。公厕的运行管理采取招标形式，但市政公所加强对中标公司的管理。因而在"城关公厕在管理上有诸多不如人意的地方，既有碍观瞻，亦不利卫生"时，曾有翼特于24日"饬圃业公司经理刘福庆转令各段董事查勘分别整理，如再敷衍一经查觉严予惩罚不贷"⑥。随

①《市政所取缔汤锅》，《盛京时报》，1923年11月20日。

②《曾有翼给张作霖呈》，1923年7月27日。赵焕林、辽宁省档案馆编：《民国奉系军阀档案》1923年卷第13册，线装书局2017年版，第19—22页。

③《市所下水道计划》，《盛京时报》，1925年6月24日。

④《市所勘定下水道》，《盛京时报》，1925年9月5日。

⑤《下水道工程近况》，《盛京时报》，1925年10月2日。

⑥《曾市长饬整公厕》，《盛京时报》，1923年12月27日。

着市区人口的增长，曾有翼还增加公厕的建设。

为改善奉天市民的公共医疗卫生条件，1923 年，建立了奉天公立医院，任命南满医科大学毕业的阮振铎担任院长，医院设内科、外科、小儿科、产妇科、眼科、皮肤科、耳鼻咽喉科等，设有病房 30 余间，设施完备，整齐清洁。开办之初，病人以"由警察证明确为丙等以下之贫户和旅中乏资、无亲无依之病者"①为主，至 1924 年 10 月，该院共治疗病人达 10024 人，主要医治"肺病、梅病、流行性感冒及胃病伤寒"②。奉天公立医院内还创办了中华民国医药学会奉天分会和奉天医学杂志社。该院的建立，对于改善沈阳市公共医疗卫生设施，传播现代西医学知识，提高沈阳市民的生活质量发挥了重要作用。

针对民国时期环境卫生差，疫情多方的现状，奉天市政公所还计划筹建防疫院，后因"将成之公立医院耗去款项过多对于防疫院实难再筹"③而不得不中止。但对于防疫工作，从未懈怠。当得知沪上发现虎烈拉，极为猖獗，每日患者已有百名之多，奉天市政公所马上"令各警署每日考察市民死亡状况，并规划预防办法以保市民之安全"④。为全面掌握疫情，市政公所还"饬令各兼区长所属务将界内患病或死亡者之病类分别查明逐日造表向市所具报以便考察而防传染"⑤。

公所还加强了对普通医士、药商的管理工作，制定了《公所管理医士暂行规则》《公所管理药商规则》，规定"未经核准给证者不得执行医士（药商）之义务"，并对医士和药商的违规行为一并进行处罚。此后在实践中，发现按照规定"换新证者医术多肤浅，药品则多含毒质"，因而增加"请补医生许可证者须经文字考试、请领换药品许可证者须经检验认为有效，否则不准补发及换领"⑥。此后，市政公所多次对医士、药商进行

---

① 《奉天公立医院成立参观记》，《盛京时报》，1923 年 12 月 18 日。
② 《公立病院周年记》，《盛京时报》，1924 年 11 月 16 日。
③ 《防疫院缓设原因》，《盛京时报》，1923 年 12 月 14 日。
④ 《市公所预防虎疫》，《盛京时报》，1924 年 8 月 15 日。
⑤ 《饬造病死人数表》，《盛京时报》，1926 年 3 月 19 日。
⑥ 《曾市长慎重医药》，《盛京时报》，1924 年 5 月 29 日。

考试，其中一次四十余人进行考试，其通过者仅二人①。这一比例，既可看出曾有翼对医药工作者的严格要求，亦可看出如此性命攸关的职业，从业者水平之参差不齐。

综上所述，曾有翼任期虽只有三年，但处在奉天市政公所成立之初，百废待兴之际，他建立城市管理机构、规划城区建设、改善城市交通、整饬城市医院卫生、发展文化教育事业，促进了奉天城市建设发展，为奉天城市近代化奠定了坚实基础。

作者单位：张氏帅府博物馆

①《曾市长考试医生》，《盛京时报》，1923 年 12 月 30 日。

城与城市：哈尔滨城史纪元问题探究

高龙彬

关于哈尔滨城史纪元问题，"金源说"以金朝建国为基点（1115 年的正月初一）。"金源说"还涉及哈尔滨的名称由来；"设治说"以滨江关道的设立为标识，其中有以设治奏准（1905 年 10 月 31 日）与设立办公（1906 年 5 月 11 日）两种不同说法。"设治说"还关涉哈尔滨城史纪元的"开埠说"；"铁路说"有的学者以中东铁路开工（1898 年 6 月 9 日）和开通（1903 年 7 月 14 日）为节点，还有以俄国"海兰泡"轮船带来最后一批中东铁路技术人员（1898 年 5 月 28 日）为标志的。然而，"金源说"需要厘清现在的阿城区与哈尔滨主城区的历史与现实关系，说明哈尔滨主城区历史沿革；"设治说"需要梳理设治当时的管辖范围与哈尔滨的关系以及民族情感意识；"铁路说"需要解释中东铁路与哈尔滨近代化的关系，阐释殖民主义"双重性"的问题。同时，还要处理好民族情感与历史真相的关系。不同于长春（宽城子）和沈阳（奉天）由"城"到"城市"的发展脉络，具有连续性和继承性，哈尔滨是一个随着中东铁路的修建和开通，作为中东铁路的枢纽，经过二三十年的发展，而逐渐形成的国际化城市。哈尔滨的城史纪元没有一个确切的时期，而是从 1898 年开始"建设"城市。1948 年，中共中央东北局的《东北日报》和《生活报》的哈尔滨建设五十周年纪念报道，也证明哈尔滨作为"城市"被"建设"始于 1898 年。

一、千年文脉："金源说"，金朝建国与哈尔滨城史纪元

20世纪90年代，哈尔滨历史研究领域进行了第一次关于哈尔滨城史纪元的大讨论。核心问题是"金源说"的提出以及对此的商榷。王禹浪（哈尔滨市社会科学院）的《哈尔滨地名含义揭秘》①、段光达（黑龙江大学历史系）的《关于哈尔滨城史纪元的几个问题》②和《哈尔滨早期城市特点刍议》③及纪凤辉（黑龙江省档案馆）的《哈尔滨寻根》④等是主要代表成果。当时在《哈尔滨日报》和《新晚报》等报刊开设了专栏，具有全民性讨论的性质，学院派与民间互动。王禹浪是"金源说"的始作俑者。他最初以金代为节点，后来随着考古发现进一步以近代建国为起始。并且，这种说法一直主要在阿城存在市场。

王禹浪介绍，"1990年9月，我曾在《北方文物》第3期上发表了《哈尔滨城史纪元的初步研究》一文，认为哈尔滨城史纪元应始于金代。无论从当时哈尔滨地区的人口规模、古城性质和形态，还是城市手工业与商品经济的角度看，都说明了金代的哈尔滨已踏上了最初的城市历程，已经形成了具有古代都市文明规模及其城市功能的城市，哈尔滨地区的古代城市文明在金代已经形成，这就是哈尔滨的城史纪元。作为城市形态的代表，位于哈尔滨香坊区的莫力街古城和位于哈尔滨市东郊阿什河畔的小城子古城的建置年代，就是哈尔滨古代城史纪元的实物遗存的重要组成部分。今天，当年的阿城市已经成为哈尔滨市的阿城区，坐落在阿城区的金上京会宁府的都城，实际上就是哈尔滨城史纪元最重要、最真实的历史标志"⑤。

2015年5月10日，在哈尔滨市阿城区召开的"2015年哈尔滨城史纪

---

① 哈尔滨出版社2001年版。

② 《学术交流》1994年第2期。后编入黑龙江省哈尔滨历史文化研究会编：《哈尔滨历史文化研究》（第一辑），黑龙江大学出版社2017年版，第18—27页。

③ 《北方文物》1994年第2期。

④ 哈尔滨出版社1996年版。

⑤ 王禹浪：《走读东北是我一生的坚守》，王禹浪、王文轶主编：《东北的历史与空间》，黑龙江人民出版社2016年版，第11—12页。

元学术研讨会"①上，王禹浪指出，"作为哈尔滨地名语源的'阿勒锦'（霭建）村的地名，早在穆宗统治时期即公元 10 世纪末期，就已经出现在《金史》中。特别是'塞北马王堆'完颜晏夫妇墓的发现，印证了今阿城区巨源乡的小城子村古城正是金建国前的阿勒锦村。在古代行政区划上，哈尔滨一直受金上京城会宁府和清代阿勒楚喀副都统衙门管辖，只是中东铁路修建后把哈尔滨作为中东铁路管理局的所在地，哈尔滨才脱离了阿勒楚喀的行政管辖范围。因此，现在的哈尔滨与阿城区无论在历史上，还是在现实中均属同一行政区划。除此之外，哈尔滨地名的区域化在清末也已经形成，以哈尔滨、大哈尔滨、小哈尔滨地名为村屯的区域称谓在阿什河下游及与松花江汇合处附近已经具有特殊的地域范围，这也进一步说明阿什河流域的阿城地区与哈尔滨实为同一地域的文化区域"②。

具体而言，"完颜阿骨打建立大金帝国之日（公元 1115 年正月初一，笔者注）应作为哈尔滨都市文明城史纪元的标志具有深刻的现实意义。这一观点得到了与会学者的一致认可，研讨会后学者们联合撰写了鉴定意见书，对我在二十多年前提出的哈尔滨城史纪元应从金代开始的观点给予了充分肯定和高度评价，并以此作为定论。我的家乡哈尔滨的城史纪元也将有望提前至数百年，并期待能够步入中国古都行列"③。

此次会议达成共识，"金上京会宁府的出现是今天哈尔滨地区的区域文明的源头，城史的开始"。因为，"哈尔滨的城史纪元与金源文化密

---

① 此次会议的论文集为李玮主编：《金源文史论丛》，黑龙江人民出版社 2017 年版。此论文集收录关于哈尔滨城史纪元的文章为，齐心、高凯军：《关于哈尔滨城建起点问题的思考》；李士良：《大金第一都的创建定为哈尔滨城史纪元》；郭旃：《共识与个性：一个外地人对哈尔滨的印象和期待》；王禹浪：《哈尔滨城史纪元始于金代的主要依据》；魏国忠：《关于哈尔滨城史纪元之我见》；韩扬：《保护文物 保存历史——追述〈金上京会宁府遗址保护规划〉》；谭烈飞：《研究金上京与金中都历史需要关注的人物——以入〈北京人物志〉的人物为例》；孙学民：《挖掘金源宝库 打造历史名城》；鲍海春：《金朝对哈尔滨城史历史文化影响探析》；郑懋晓：《金源文化与哈尔滨》；洪仁怀：《哈尔滨城史纪元——会宁州（府）》；黄澄：《金朝第一都——上京会宁府——记哈尔滨城史纪元的重要基石》，等。

② 王禹浪：《走读东北是我一生的坚守》，王禹浪、王文轶主编：《东北的历史与空间》，黑龙江人民出版社 2016 年版，第 22—23 页。

③ 王禹浪：《走读东北是我一生的坚守》，王禹浪、王文轶主编：《东北的历史与空间》，黑龙江人民出版社 2016 年版，第 23 页。

不可分，金源文化是哈尔滨城市发展中最为重要的一个阶段。有金一代国都的建立，其规模、功能也都是在当时的城市基础上建立起来的，所以金上京会宁府这座都城作为哈尔滨城史纪元的重要基础应当是毫无疑问的。金上京会宁府就是今天哈尔滨城市之源头，将金上京的创建时间定为哈尔滨建城的时间是科学的、确切的，这具有重大的现实意义和深远的历史意义"[1]。并且强调，"根据哈尔滨市阿城区所保存的金代上京会宁府遗址的事实，确定了哈尔滨的城史纪元应该起始于金代的观点，从而改变了以往哈尔滨城史纪元起始于近代中东铁路设置的观点，为哈尔滨城史纪元寻到了根脉"[2]。需要指明的是，这次会议没有哈尔滨主流历史学者如李述笑、石方等的参与。这样的共识是否具有意义？

20世纪90年代，毕业于吉林大学历史系的段光达和纪凤辉指出，"在史学界，有关哈尔滨城史纪元问题争论了很长时间，已趋共识的就是金代古城堡与近代哈尔滨是完全不同的两个概念，不可混为一谈。在争论之初，有相当一部分人认为，哈尔滨城史纪元应该始于金代，迄今已有800多年的城市历史"[3]。

但是，哈尔滨的城史纪元绝非在金代。"首先，这些古城堡都有自己的城堡名称，与今哈尔滨城名不同，名不正，则言不顺。很难想象，在金代连哈尔滨这个地名都没有产生，何谈哈尔滨城的城市纪元？其次，这些城堡的位置与哈尔滨的位置不同，莫力街、四方台古城堡均在城郊，而白城古城堡遗址更远在30公里开外。区域概念是很重要的，事实上，金代哈尔滨还未形成地域概念，它只不过是金上京会宁府会宁县的边荒，莫力街、四方台也只不过是金上京城延伸出来的城堡而已。清末哈尔滨范围只局限在'西起正阳河，东至马家沟河下口，南达田家烧锅，北靠松花江这一三角地带'，并不包括莫力街、四方台、白城古城。因此，近代兴起的哈尔滨城，与后来才成为哈尔滨辖区内的古城堡是两回事。况且白城古城

---

① 李玮主编：《金源文史论丛》，黑龙江人民出版社2017年版，《序》第1、2页。

② 王禹浪：《走读东北是我一生的坚守》，王禹浪、王文轶主编：《东北的历史与空间》，黑龙江人民出版社2016年版，第28页。

③ 段光达、纪凤辉：《东方珍珠·哈尔滨》（上），哈尔滨出版社1998年版，第7页。

一直归阿勒楚喀所辖，无论如何'张冠李戴'，也戴不到哈尔滨的'头'上。"①

他们强调，"哈尔滨地区的城市发展史起源可以追溯至辽金代或更久远的年代，但哈尔滨这座城市本身的城史纪元却不能从辽金代或更久远的年代算起，而只能从近代算起"。因为，"确定城史纪元，不仅需要进行共时态的横向比较，即搞清城乡差别，而且还要进行历时态的纵向考察，即明确自身的发展轨迹。无论是以辽金古城堡为起点的顺向延伸，还是以近代哈尔滨城为起点的逆向上溯，都可以发现二者之间的非连续性的断裂关系是十分明显的"。这些"金代古城堡早就以其遗址为自身的历史画上了句号，完成了它自身的生命周期，与近代哈尔滨并不存在任何遗传的'血缘关系'"②。并且，"哈尔滨地区的金代古城堡，与近代哈尔滨城具有完全不同的文化形态。产生这种差异的原因就在于二者形成于完全不同的社会历史条件。哈尔滨是作为近代意义上的城市而问世的，它不像其他一些中国城市那样，是在传统形态的基础上开始起近代化过程的，而是由强行介入的西方文明推上了城市发展之路。中东铁路的枢纽作用，从根本上改变了它与附近地区经济社会的原有结构，掀起了以工商业为主体的城市近代化运动，与金代古城堡完全是'风马牛不相及'"③。还有，"我国著名的历史学家金毓黻先生在所著《东北通史》一书中，曾经论及东北和内蒙古地区历史上的'四大古都'，上京会宁府是其中之一。这里的'四大古都'皆未发展成近现代的大城市"④。

"哈尔滨城史纪元，犹如城市历史的定盘星，它不仅关系到对哈尔滨历史研究的总体把握，也涉及对具体历史问题的再认识。人造城市，城市造人，人和城市造就着城市文化。哈尔滨城市沿革史，有别于哈尔滨地区的发展史。社会发展史可以追溯到该地名出现的最早时间和该地区最早人类活动；而城市沿革史则不然。从严格意义上来讲，甚至该地区最早出

---

① 段光达、纪凤辉：《东方珍珠·哈尔滨》（上），哈尔滨出版社1998年版，第7—8页。
② 段光达、纪凤辉：《东方珍珠·哈尔滨》（上），哈尔滨出版社1998年版，第8、8—9、9页。
③ 段光达、纪凤辉：《东方珍珠·哈尔滨》（上），哈尔滨出版社1998年版，第9页。
④ 朱国忱：《金源古都》，北方文物杂志社1991年，内部资料，《前言》第1页。

现的村落、堡寨的年代，也不是城市沿革史的开端。哈尔滨城市沿革史，有别于哈尔滨地区城市发展史。作为地区城市发展史，它可以包括这个地区的若干古代城市兴衰和若干现代城市发展史。而哈尔滨城市沿革史则不然，从严格意义上来讲，它只能指现今的这座城市的兴起与发展史。哈尔滨城史纪元，有别于哈尔滨城市沿革史。作为城市沿革史，它包括这个城市本身的兴起、形成、发展，以及未来趋势的整个过程，而城史纪元则不然，仅仅指这个城市本身的开端、起点或起步。"①

针对 2015 年 5 月 10 日在哈尔滨市阿城区召开的"2015 年哈尔滨城史纪元学术研讨会"（在此基础上，哈尔滨市计划召开哈尔滨建城 900 年大会，后取消），黑龙江省哈尔滨历史文化研究会与李述笑会长给哈尔滨市相关部门"建言献策"，李述笑还在《新晚报》刊发《哈尔滨历史误读误释考订》②一文，对相关问题特别是城史纪元问题进行了澄清。

"金源说"与哈尔滨城史纪元讨论涉及哈尔滨地名的由来，如关成和的"阿勒锦说"③、王禹浪的"天鹅说""晒网场说""大坟墓说""渡口说"等，与女真语、满语④、蒙语、俄语等有关联。实际上，20 世纪上半叶出版的书籍如《哈尔滨指南》《北满与东省铁路》《北满农业》《滨江尘嚣录》等早有提及。据《哈尔滨四十年回顾史》介绍，"哈尔滨于俄人筑路前，距今约三十年，固一篇荒野场，其命名之来源，于汉义，绝无讲解。哈尔滨三个字，原系满洲之语，有谓晒鱼网之义，惜不佞不谙满语，不敢率然决定，但敢证其确为满语也"⑤。孟烈和李述笑在《名城与城名》⑥一文中也明确提出了自己的看法。

———————

①段光达、纪凤辉：《东方珍珠·哈尔滨》（上），哈尔滨出版社 1998 年版，第 10 页。

②黑龙江省哈尔滨历史文化研究会编：《哈尔滨历史文化研究》第一辑，黑龙江人民出版社 2017 年版。

③关成和：《哈尔滨考》，哈尔滨社会科学研究所，内部资料，1985 年版。

④黄锡惠：《哈尔滨地名考释》，《满语研究》，2010 年第 1 期。

⑤《滨江日报》，1938 年 10 月 2 日，第三版。

⑥《黑龙江日报》，2010 年 10 月 21 日。

二、百年设治："设治说"，滨江关道与哈尔滨城史纪元

随着 21 世纪初期（2005 年）哈尔滨道台府的发现与修复，出现了关于哈尔滨城史纪元的第二次大讨论。这次的主题是"设治说"与哈尔滨城史纪元。李兴盛（黑龙江省社会科学院）、柳成栋（黑龙江省地方志办公室）与曾一智（《黑龙江日报》）等参与研讨、保护和报道。《黑龙江晨报》与《黑龙江日报》（《城与人》专栏）给予宣传。

关于哈尔滨关道设治，《清实录·卷五五零》载：光绪三十一年十月癸卯（初四）"添设哈尔滨道员一缺，从署吉林将军达桂、署黑龙江将军程德全请也"①。滨江道奏准于光绪三十一年十月初四日，即公元 1905 年 10 月 31 日；设立于光绪三十二年四月十八日，即公元 1906 年 5 月 11 日。②

曾一智在《保护滨江关道衙门行动》一文中介绍，"1905 年（光绪三十一年），清政府在哈尔滨设滨江关道，道台为杜学瀛（正四品）。哈尔滨自此开埠。杜学瀛为由皇帝任用的第一个也是最高级别的哈尔滨地方行政长官，而 1906 年建成的滨江关道衙门也就是哈尔滨最早和最高的行政机构"。"滨江关道衙门建于 1906 年，是哈尔滨的第一个最高级别的行政机关机构。"③刘延年进一步解释，"1906 年 5 月 11 日，在哈尔滨傅家甸（今道外）正式设治办公并启用'滨江关道兼吉江交涉事宜关防'，这是哈尔滨地区历史上第一次由政府批准设立的行政机构。机构当初的任务很明确，就是专办与中东铁路公司交涉事宜，并督征关税。这个关道并不是真正意义上的地方政府机关，因滨江关道没有辖区也没有管理地方事务的职能，以致出现'专管华洋交涉案件，俄国人不承认其职权，而所辖区不足十里，殊难成治'的现象"④。阿唐在《老街漫步》一书中讲过，"1905

---

① 《清实录》第五九册，《德宗景皇帝实录》（八），光绪三十年至三十四年·卷五二六至卷五九七，中华书局 1987 年版，第 301 页。

② 刘亚祥主编：《黑龙江市县设治时间考》，黑龙江人民出版社 1988 年版，第 2 页。

③ 曾一智：《城与人：哈尔滨故事》，黑龙江人民出版社 2004 年版，第 8—9 页。

④ 刘延年：《老街轶事：哈尔滨建筑背后的故事》，黑龙江人民出版社 2008 年版，第 103 页。

年，清朝在傅家店设置了只收税不管治安的衙门，史称'滨江关道'"①。王哲在《国士无双伍连德》一书中也有涉及，"伍连德事先已经听施肇基介绍过，知道这就是朝廷在哈尔滨最高级别的官员"，"吉林西北路分巡兵备道道台于泗兴"（应是于驷兴，笔者注）②。然而，柳成栋在《哈尔滨设治及几个相关问题的再认识》中指出，"哈尔滨关道衙门的建立，并非是中国封建王朝设立的最后一个传统式衙门和清王朝最后在中国北方设立的权力机关"。并且，"哈尔滨关道设立的同时，哈尔滨吉江两省的铁路交涉局也随之裁撤"③。但是，《吉林公署政书》中关于《交涉司》一章中提到，"旋以俄议不协，总局未撤，故滨江道于征税外，犹兼总局会办"④。并且1917年11月27日《施道尹兼任交涉局总办》强调，"吉林铁路交涉局总办一席向滨江道尹兼任"⑤。

笔者认为，这些关于哈尔滨关道性质的说法不尽合理，不具备学术意义上的探讨。第一，"最高""最早"等称谓有失偏颇。在一定历史时期，设治在道外的哈尔滨关道并不能管理现代意义上的哈尔滨（道外、道里、南岗、香坊），作为铁路附属地的哈尔滨由中东铁路管理局管理。随着中国收回路权的斗争，哈尔滨关道道尹的权力有所变化，如董士恩兼任东省特别区管理局局长，但是权力实质有待研究。黑龙江省社科院研究员石方指出，一般意义上，道是"中华民国前期沿用清制而设立的省和县之间的一级行政建制，为省辖下的二级政区，所辖数县或设治局"。道官（观察使、道尹）"为一道之行政长官，其职权范围是依照法令执行辖区行政事务，接收上级行政长官委任监督财政及司法的执行情况，对所辖县份的人事任免、奖惩权力可报上级核办，对辖区内巡防警备队的调遣节制等"⑥。

---

① 阿唐：《老街漫步》，黑龙江人民出版社2011年版，第366页。

② 王哲：《国士无双伍连德》，福建教育出版社2007年版，第66页。

③《厚重文脉　沧桑百年——哈尔滨市"千年文脉、百年设治"座谈会文集》，哈尔滨市人民政府地方志办公室2005年版，第12、8页。

④ 吉林师范学院古籍研究所李澍田主编，孟东风、潘景隆等整理：《长白丛书》第四集《吉林新志·吉林公署政书》，吉林文史出版社1995年版，第2版，第68页。

⑤《远东报》摘编第五辑，《哈尔滨史志》，1984年增刊第1期，第12页。

⑥ 石方：《黑龙江区域社会史研究（1912—1931）》，黑龙江人民出版社2009年版，第5页。

而黑龙江省社会科学院研究员李述笑在《谈滨江关道设治的几个问题》中强调，"哈尔滨却有它自身的特殊性：它是一座借中东铁路的修筑和经营的机遇，由村镇聚落点向近代城市逐渐转化而形成的城市。第一，它没有建筑城垣的经历；第二，1905年滨江关道的设治又明显地滞后于哈尔滨城乡嬗变的开端"①。值得思考的是哈尔滨关道道尹不同于其他地方的道尹的职能是，专办吉江交涉事宜及督征关税，还兼任外交部的交涉员、吉林铁路交涉局或黑龙江铁路交涉局总办等，哈尔滨关道道尹的工作重心是外交事务，特别是处理中俄关系。如施肇基所言，"哈尔滨关道交涉事项对俄者最烦，尤多主权之争。因凡在铁路附近地段，俄人皆认为有行使行政之权"②。

关于哈尔滨关道设治有一个不可回避的问题，是哈尔滨设治与城史纪元问题的关系。关于设治说，柳成栋强调"奏准设立哈尔滨关道即哈尔滨设治，是哈尔滨近代城市建设的最权威的纪念日"。同时，他指出"中东铁路的修建，绝非只形成一个哈尔滨，导致城市（镇）的形成和发展主要在于其本身的内在因素即内因起作用"。"中东铁路是沙俄帝国主义侵略东北的产物，哈尔滨近代城市纪念日绝不能定在与帝国主义侵略相关的耻辱之日。"③笔者认为，我们应该承认历史事实和相关条约的客观结果，不能进行情绪化论述。关于哈尔滨的城史纪元，米大伟总结为，"作为现代城市功能和定位的哈尔滨，主体内容自然是哈尔滨作为城市的历史，它的发生、发展是中东铁路建设带来的，是一座借中东铁路的修筑和经营的机缘，由村镇聚落点迅速转化的现代城市"④。这些村镇聚落点主要是随

①《厚重文脉 沧桑百年——哈尔滨市"千年文脉、百年设治"座谈会文集》，哈尔滨市人民政府地方志办公室2005年版，第19页。

②施肇基：《施肇基早年回忆录》，台湾传记文学出版社1985年版，第64页。

③柳成栋：《哈尔滨近代城市纪念日的权威日期是设治之日》，《黑龙江史志》1994年第5期，第30、28、29页。同时，他还在《哈尔滨设治始末》，载《学理论》，2005年第6期，第58页；《哈尔滨设治及几个相关问题的再认识》，载《黑龙江史志》，2005年第10期，第49—51页等论及此问题。

④米大伟：《黑龙江历史——附哈尔滨城市史》，黑龙江人民出版社2012年版，第303页。

着铁路建设形成的铁路村。①尽管铁路附属地和租界、租借地有所不同，但用殖民主义的双重性来解释它是有一定合理性的。马克思在《不列颠在印度统治的未来结果》中讲到，"英国在印度要完成双重的使命：一个是破坏性的使命，即消灭旧的亚洲式的使命；另一个是重建性的使命，即在亚洲为西方式的社会奠定物质基础"②。作为铁路附属地的哈尔滨，俄苏等国建设性的结果不仅仅表现在物质方面，也表现在精神文化方面，从而形成了一个"洋华杂处、中西交融"的城市。这也就是说哈尔滨的城市化和近代化是一种后发现代化。

三、建设周年："铁路说"，中东铁路与哈尔滨的城市纪元

第三次关于哈尔滨城史纪元的大讨论，肇始于 2015 年拟召开的哈尔滨建城 900 周年大会。黑龙江省哈尔滨历史文化研究会及李述笑等对"金源说"等问题进行了回应，并且提出"铁路说"与哈尔滨城史纪元的关系。1898 年 6 月 9 日中东铁路的开建和 1903 年 7 月 14 日开通不应作为哈尔滨城史纪元的标识，同时"海兰泡号"到达哈尔滨的日期，也不该作为哈尔滨城史纪元的标志。哈尔滨因路而兴，是随着中东铁路建设与开通而逐渐"建设"而成的新兴近代城市。哈尔滨历史上的《远东报》《滨江时报》《盛京时报》《生活报》③《东北日报》等报刊都曾刊发过关于哈尔滨城史纪元的文章。《生活报》曾专门关于哈尔滨城市"建设"刊发《哈尔滨

---

① 在哈尔滨城市的形成过程中，也不能忽视"闯关东"中山东、山西、河北等地的人。现在学界对"闯关东"的研究往往重视"逃荒"这一部分，而忽视了从事商业等行业的"淘金"者，其实这是一个不小的群体。笔者认为，李述笑先生 2013 年增订本的《哈尔滨历史编年（1763—1949）》中，把起始时间放到 1763 年就有这层含义。

② 马克思：《马克思恩格斯选集》第一卷，人民出版社，1995 年版，第 2 版、2006 年版，第 6 次印刷，第 768 页。

③ 哈尔滨历史上有两份《生活报》。一种是 1948 年 5 月 1 日由中共中央东北局宣传部在哈尔滨创刊，为 5 日刊，由生活报社编印，光华书店发。后因故停刊。1949 年 1 月 16 日在沈阳复刊。后来在沈阳终刊；另一种是黑龙江日报报业集团于 1984 年 10 月 16 日正式创办的，发行至今。

建设五十周年纪念特刊》。《新晚报》《哈尔滨日报》《生活报》与《黑龙江省广播电视报》等参与报道了这次大讨论。

关于这次哈尔滨城史纪元大讨论，2015年5月18日《新晚报》刊发《哈尔滨城史或提至900年前 有望进入中国古都之列》；然而，《黑龙江广播电视报》在2015年5月22日刊出《哈尔滨城史要沾阿城的光？荒唐》。《哈尔滨城史或提至900年前 有望进入中国古都之列》的五大论据为："1.《金史》中明确记载，公元1115年正月初一，女真首领完颜阿骨打在按出虎畔(今阿什河)建国立帝，国号大金；2.金上京会宁府遗址建于12世纪，至今仍像长龙一样横亘在阿城大地上，这是不可移动的标志性建筑遗址，它无言地述说着这里当年作为都城的辉煌，这是哈尔滨市古代城市文明形成的历史见证；3.2006年，阿城出土了一件金代铭文石尊，其铭文为'承命建元收国·子曰典祀'，而金建国时的年号为收国，这件文物确凿地证明了金朝当年立国建都的事实；4.哈尔滨地名的语源来自《金史》中记载的'阿勒锦'，其地理位置就是今天哈尔滨市道外区巨源镇城子村。专家考证，城子村古城是金初皇帝的春水捺钵行宫之地；5.哈尔滨古代历史的行政区划一直受金上京会宁府和清代阿勒楚喀副都统衙门管辖。不论历史上的阿城管辖哈尔滨区域，或是当下哈尔滨管辖阿城，都说明哈尔滨与阿城历史上就属于同一行政区划。"[1]

2015年5月24日下午，黑龙江省哈尔滨历史文化研究会在果戈里书店针对该问题进行了详细而严肃的讨论。其中，李述笑指出，在阿城召开的城史纪元研讨会，"五大论据不足为据"；"五大概念不可偷换"。文明的源头≠城史纪元；上京会宁府≠阿城；阿城区≠哈尔滨市；城史纪元≠建城时间；加入古都行列≠增加城市竞争力。城史纪元，顾名思义，是城市历史的起算年代，其上限应从其最早形成村落，并有自己名字的年代起算。依据中外计算城史的规则和惯例，考察该村落最早形成的时间应以有文献记载或有文物可证的时间为准；建城时间，一般指开始建设城垣或城市行政建置的时间。我国的六大古都以及讨论中涉及的上海、齐齐哈尔和青岛均可据此确定建城时间。哈尔滨是特殊的，它既无建筑城垣的历史，

---

[1]《新晚报》，2015年5月18日。

城市设置的时间又远滞后于城市形成的时间。因此，它没有建城时间或建城纪念日可言，它是个随着中东铁路修筑和经营，逐渐形成的近代城市。①

关于哈尔滨城史纪元问题，在改革开放前没有形成问题。这个问题是改革开放以后逐渐浮出水面的。"金源说"的相关"研究者"《盛京时报》的《滨江特刊》曾经介绍《哈尔滨特别市概况（一）》，"一八九八年，旧俄帝政时代之建设中东铁路，辄以此间为侵略远东政策根据地，自是厥后扶摇直上"②。在《生活报》的《哈尔滨建设五十周年纪念特刊》中，署名"一波"的人在《哈尔滨历史标志着人民胜利》一文里写道："五月二十八日，是哈尔滨建设五十周年的日子。"并且强调，"帝俄为着侵略远东，用中国人民的血汗，把哈尔滨建设成一座现代的城市，这时，哈尔滨是半殖民地，不是属于人民的，它包含着耻辱和愤怒"③。王坪在《哈尔滨半世纪》中指出，"哈尔滨是满洲语，译成汉文是'打渔泡'或'晒网场'的意思。由此可知哈尔滨不过是松花江边一荒村。自从一八九八年（光绪二十四年）中东铁路兴筑以后，哈尔滨才慢慢的脱落原始本色，逐渐穿上时代新装而成为今天新中国第一个新都会"④。《生活报》的文章仅仅指出 1898 年 5 月 28 日这个纪念日，并没有讲出具体的出处。1949 年 5 月 29 日，《东北日报》刊发《哈尔滨各界欢度建设五十周年》的消息。"昨日哈尔滨建设五十周年纪念，全市国旗飘扬，在进一步支援战争建设人民城市的号召下，各界人民欢欣庆祝。"并且强调，"会中，李议长首述'五二八'来历系因一八九八年的今天，从帝俄以'海兰泡号'轮船，载来最后一批建路技术人材，兴筑中东路开始建设哈市"⑤。

关于中东铁路的修建与哈尔滨的城市发展之间的关系，哈尔滨地方史专家、黑龙江省社会科学院研究员石方分析，"哈尔滨被确定为中东铁路的中心枢纽后，使资本主义得以安身立命的蒸汽机、动力机械较早地出现在这里。'外力'赋予的现代工业化因素使其从根本上改变了哈尔滨地方

---

① 笔者也参加了此次讨论。

② 《盛京时报》，1936 年 8 月 6 日，第七版。

③ 钱孙：《哈尔滨历史标志着人民胜利》，《生活报》，1948 年 5 月 26 日，第二版。

④ 《生活报》，1948 年 5 月 26 日，第三版。

⑤ 《东北日报》，1948 年 5 月 29 日，第一版。

经济社会的原有格局"。中东铁路的修筑"实是在哈尔滨地方形成了一场巨大的'社会革命',使其能够在短短一二十年内便由一个以传统的分散的自然村落经济占主导地位的社区系统迅速崛起为现代城市。中东铁路修筑的本身就是现代工业的产物,而近十年来围绕着中东铁路的建设出现的为生产生活服务的工业企业把哈尔滨推上了高起点的发展之路"。随着中东铁路的建设,"哈尔滨已摆脱了传统文化氛围的束缚,显露出现代城市的雏形并日趋发展"①。在《关于哈尔滨城史纪元的几个问题》一文中,黑龙江大学历史文化旅游学院教授段光达指出,"哈尔滨作为中东铁路的中枢,是沙俄在华推广殖民主义侵略政策的产物,因而从形成之日起便带有相当浓厚的半殖民地色彩。由于它是在特定的历史条件下,受特殊的外力和诱导因素的作用,开始其特殊的城市形成过程的"②。2018 年 4 月 29 日傍晚孟烈与李述笑进行了关于中东铁路与哈尔滨城史纪元的对谈。他们的共识为,哈尔滨是随着中东铁路的修筑而逐渐"建设"而成的城市。

关于哈尔滨城史纪元问题,研究者需要从具体的史料出发,进行实事求是的探究。而不是对该问题进行过度阐释和过度消费。李述笑指出,"史料对于历史研究是重要的,没有史料基础的所谓研究是空洞无物的。我们应该相信既往的史料,因为前人比我们更接近于那个历史年代;同时,我们又不迷信既往的史料,因为任何史料都会因为时代的局限性、作者的片面性而有疏漏、讳忌和差错"③。哈尔滨城史纪元问题作为哈尔滨历史文化研究的节点问题,将会随着研究的日益深入而逐渐澄清和明朗。

作者单位:黑龙江大学历史文化旅游学院

---

① 石方:《黑龙江区域社会文明转型研究(1861—1911)》,黑龙江人民出版社 2006 年版,第 314、315 页。

② 段光达:《关于哈尔滨城史纪元的几个问题》,《学术交流》1994 年第 2 期。

③ 李冬梅主编:《哈尔滨四十年回顾史——〈滨江日报〉(1938 年 9 月—1943 年 2 月)地方史料辑录》,黑龙江人民出版社 2016 年版,《序言》第 2 页。

鞍山台町建筑群初步研究

李　刚　张　旗

在鞍山市铁东区二一九公园西北，有一片百余座的近代日式建筑群，当地人称之为"台町"。它是日本殖民者对鞍山铁矿资源掠夺的历史见证，具有特殊的历史意义。2014年，台町建筑群被评为辽宁省近现代优秀建筑。2018年1月，鞍山钢铁公司被公布为中国工业遗产名录（第一批），台町建筑群内的昭和制钢所迎宾馆就作为子项目位列其中。

一、台町建筑群的位置及数量

"町"在日本是指村庄和街道，"台町"就是指位于台地或山坡之上的住宅区。日本侵略者统治鞍山时，还有"赤城町""吉野町"等数十个类似的名字，但只有"台町"之名保留至今。

（一）台町建筑群的位置

本文所述台町建筑群的范围是东山街以南、文化街以北、中华南路以东、园林路以西（图1）。随着时间的变化，人们又将台町建筑群以北的地界称为"新台町"（现鞍钢嘉园）和"上台町"（建于上世纪50年代末的连体别墅，也被称为"市长楼"）。新台町和上台町之间原来是一条马路。1961年，在这条马路建成的4座楼，约十年前又改成现在的盛宁花园。在文化街以南和二一九路之间，原有"外八座"，也为日式建筑楼，现为新建住宅楼。因此，当地人们也有称为更广泛意义的台町，即除本文所述台町建筑群外，还包括上台町、新台町及外八座等区域，即东山街以北直至千山中路，文化街以南直至二一九路。上述地段均为铁东区和平街道办事处东宾社区所管辖。

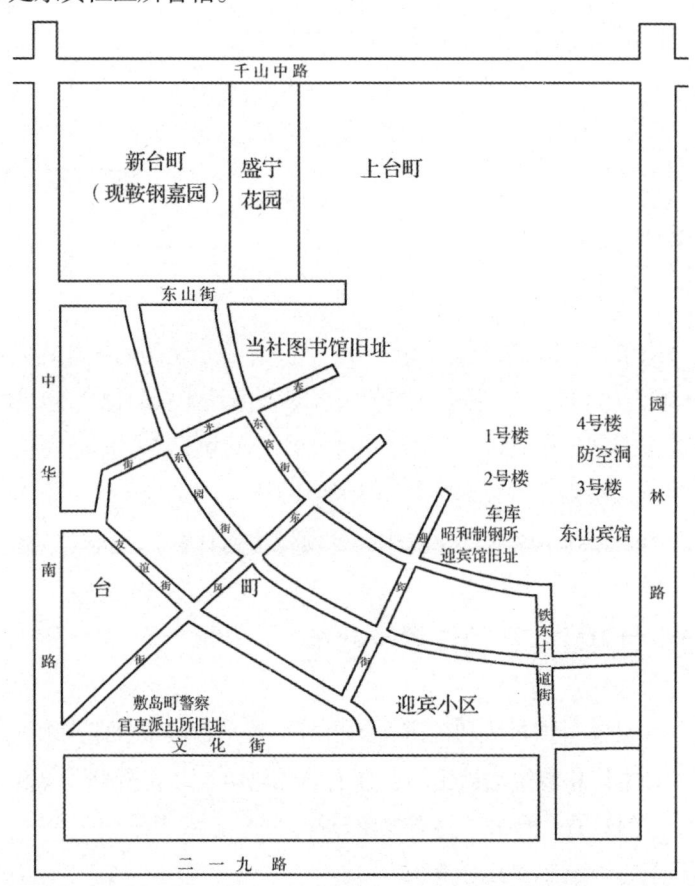

图 1　台町建筑群位置图

（二）台町建筑群的数量

台町建筑群包括住宅、办公设施、军事设施及文体设施（现已拆除）。这些日式住宅均为一层和二层结构。以友谊街为分界线，其北基本为二层建筑（仅有两个一层建筑），友谊街以南基本为一层建筑（仅东风街21号、23号、25号三座为二层建筑）。一层住宅共计39座，二层住宅共计62座。

共计101座，现居住有160余户。这里现在还保留原有的办公设施5座，即迎宾馆办公楼1座（现为鞍钢老干部活动中心）、库房1座（现为戏曲爱好者活动站）、车库1座（现仍为车库）、图书馆（现为住宅）及警署（现为住宅）。在现东山宾馆院内有防空洞一座。共计107座建筑。在现在的迎宾小区和台町中部，原来还有文体设施。解放后，这些都陆续拆除了，取而代之的是"红军楼"、市老干办、鞍钢供暖公司、22座住宅等建筑及绿地。

二、台町建筑群是满铁附属市街计划的一部分

台町建筑群是鞍山近代史上一部珍贵的"教科书"，它是随着日本殖民者对鞍山铁矿资源掠夺的深入并想长期占为己有而建设的。《昭和制钢所二十年志》称："它是在全'满'主要都市中，唯一由日本人建设起来的市街。"[①]

（一）历史背景

鞍山是因城南有两座形似马鞍的山峰而得名，明洪武二十年建鞍山驿。在20世纪初，日本人尚未发现铁矿之前，鞍山驿是当地的最主要的聚居地。1906年，日本人开始在鞍山探矿。1916年，日本人在鞍山成立振兴矿业公司。1917年，日本人成立鞍山制铁所。1919年4月29日，鞍山制铁所正式投产。此时，日本高级社员就住在旧办公室（临时的简易木板房）里，单身宿舍则分散位于立山旧市街、辽阳、千山附属地。随着日本侵略者对铁矿资源掠夺的加速，立山附近的制铁所的扩大，原有设施已不能满足需要。1919年，为了给高级管理人员提供住处，日本人始建台町。当时，台町归属辽阳县十一区管辖。

（二）满铁附属市街计划

1916年9月，日本南满洲铁道株式会在大连成立鞍山工厂创立委员会，筹建鞍山制铁所。1917年，他们制订了满铁附属市街计划。计划提出将鞍山建成15万人口，年产铁100万吨的工业城市，是鞍山历

---

① 鞍钢史志办公室：《昭和制钢所二十年志》，1986年版，第279页。

史上第一个城市规划。在市街计划中，满铁将鞍山站（后称旧堡站，现已改为货运站）改称千山驿，在千山驿至立山驿的中间段建设一个火车站，取名为鞍山驿（即现在的鞍山火车站）。在长大铁路以西的八家子、柳西屯、立山屯一带，占地面积约 7.5 平方公里，建立鞍山制铁所的办公楼及所属工厂，以鞍山驿为中心，在铁路的东西两侧非法进行市街建设。市街的范围，大致在今天鞍山铁东站前街、对炉街、铁西启明街、繁荣街一带。南起镇守山（今烈士山），北至八卦沟、排洪沟，东起东连山（今"二一九"公园东山），西至长大路以西的陶官屯昭和制钢所事务所原址[1]（今鞍山铁西区十道街）。台町建筑群就位于站前街的东端，东连山（今玉佛山）的西侧。

从 1918 年开始，附属地内开始建有一些市街道路和上下水道，经过1917—1920 年的建设，满铁附属地内出现了市区的雏形。到 1937 年，鞍山工业从早期的单一冶铁生产，发展成钢铁联合生产，城市规模扩大，形成了铁东、铁西两个商业区，建立了医院、学校、电影院、剧院，还建成了几个较集中的居民区。同年，鞍山成立市。

三、住宅楼的建设

台町建筑群中住宅楼基本分两个批次建成，第一批建于 1919—1920 年，第二批建于 1932—1937 年。它们均为一层或两层坡屋顶建筑，虽然有几种不同结构，但建筑材料、外观设计基本类似。

（一）第一批建筑

从 1918—1919 年，日本人以"铁路附属地"需要的名义，首先将东山分水岭以西石家峪村（台町东侧，现二一九公园北侧）的大块平原土地划走[2]。1919 年，台町始建，1920 年建成。《昭和制钢所二十年志》对此也有记载："从 1919 年到 1920 年，住宅建设逐步顺利开展起来，东京建

---

[1] 王丽：《鞍山近代建筑》，东北大学出版社 2010 年版，第 8 页。
[2] 郑激宇：《钢城百年城记》，东北大学出版社 2015 年版，第 41 页。

筑会社建造的日本人代用住宅 650 户和满铁直营的台町住宅 34 户。"① 这批住宅共 17 座，均为二层楼，两户为一座楼，但在外墙交界处有一道矮墙相隔，这也是区别于后期住宅的一个标志。这 17 座分别是：东宾路北侧的春光街 9 号、东风街 34 号和 77 号及迎宾街 16 号；东宾街以南、东园街以北的东山街 69 号和 72 号、春光街 5 号、6 号、7 号、8 号；东园街以南的春光街 3 号、东风街 24 号、43 号、28 号、18 号、53 号及 63 号。

（二）第二批建筑

由于第一次世界大战等原因，台町建筑群的建设放慢了脚步。在昭和制钢所成立后，即从 1932 年至 1937 年，日本人在台町又新建 82 座住宅。这批建筑中，二层建筑略早于一层，面积也较大，均在 200 平方米以上（一层约为 120 平方米）。

四、其他建筑

除住宅外，台町建筑群还有办公设施、军事设施及文体设施，它们均建于上世纪 20 至 30 年代。

（一）办公设施

这里有四处办公设施：

1. 昭和制钢所迎宾馆。位于迎宾街 21 号，20 世纪 30 年代修建，东西长 50 米、南北宽 48 米、高约 7 米，为砖混结构。该建筑地面二层，地下一层，建筑面积 2350 平方米。这里是昭和制钢所经理办公及住宿的地方，由昭和制钢所直接经营，内有舞厅、餐厅、客房等设施，可作为住宿、会餐及集会等用。内为地板，木质楼梯扶手。建国初期，它曾作为中央领导人视察鞍钢时的住所。1949 年鞍钢开工时，朱德、董必武、林枫、李富春等国家领导人均在此住过，朱德在这里为鞍钢题写了厂名。在 20 世纪 60 年代，它曾作为市委常委会议场所。1986 年，正式改为鞍钢老干办，为老干部活动的场所。该楼后原有一座库房，现为戏曲爱好者活动站。

---

① 鞍钢史志办公室：《昭和制钢所二十年志》，1986 年版，第 285 页。

2. 昭和制钢所迎宾馆车库旧址。位于东山宾馆西侧，共两排，现在为东山宾馆车库。

3. 昭和制钢所图书馆旧址。位于东风街 73 号，为两层，外墙上贴着细小的瓷砖，一楼窗户为欧式风格，上有老虎窗，现已改为住宅。

4. 敷岛町警察官吏派出所。位于东风街 13 号，房屋为南北走向，门向东开。1915 年 12 月 1 日，辽阳警务署立山派出所在后立山（即原立山火车站附近）成立。1918 年，其升格为辽阳警务署鞍山支署。所辖区域，南到汤岗子，北到首山北及制铁所所属各地矿区。1919 年，其搬至原鞍山饮食服务公司办公楼（现市新华书店南）。1924 年 12 月，改称鞍山警察支署。1925 年 4 月 1 日，又升格为鞍山警察署，脱离辽阳警署管辖。鞍山警察署设署长 1 人（警部级），警部补 3 人、嘱托 1 人、巡查部长 3 人、巡查 45 人、巡捕 10 人（多中国人），共 63 人。另外，还包括下属暗探。鞍山警察署分别在附属地、矿山、制铁所厂区内设立派出所 13 处，其中就有敷岛町派出所。1960 年，这座房子改成住宅，并逐渐将正门改成窗户，在北侧开门。

（二）军事设施

在台町建筑群东北有一个防空洞。1924 年，日本人在东山分水岭的制高点建了一个山顶公园，公园面积五六万平方米，其位置就在今天东山宾馆 2 号楼、3 号楼、4 号楼之间及鞍钢科技馆一带的空地上。公园设施简单，建有一座忠魂碑（1958 年拆除）和一座马魂碑，是纪念在日俄战争中阵亡的日本军人和死亡的战马，并有 4 座炮台。在 3 号楼和 4 号楼之间，有一防空洞入口。洞口高 1.9 米、宽 1.5 米，两侧为水泥垒砌的石头，各长 3 米。门为外鼓曲面，宽 1 米，高 1.75 米，厚 0.16 米。门及门框为水泥灌制，门有铁锁和铁合页，门紧闭，锈迹斑斑。洞顶有两个直径 1.02 米、高 1 米的铁制透气孔，两孔相距约 5 米。曾进到内部的智春山描述：洞口上原有一个炮楼，建国后拆除。进入防空洞后，是一个铁制的旋转楼梯，下降 20 多米深后前行，中途有一个房间，房间里铺着地板。再走出约三百米，是一个圆形大厅。通过这个大厅，再向前走，有两条路，一条通向二一九公园(当时称为朝日山公园)的动物园,另一条延伸出二百多米,没看到出口。在上世纪90年代开通千山中路时,施工单位曾挖断这个地道,后来在洞口修成一凉亭。

(三)原有的文体设施

原有的文体设施包括体育设施和游乐设施。分别在现在的迎宾小区院内和昭和制钢所迎宾馆西侧。在现在的东宾小区院内的游乐场分为幼儿运动场和儿童乐园两部分。幼儿运动场面积1万平方米,内有滑梯、秋千、跷跷板等设施。儿童乐园面积1000平方米,内有爬竿、套腿环等设施。网球场有两个,水泥地面、周围用铁丝网围着,中间隔一条小甬路。棒球场很小,只有几百平方米。排球场设有木制裁判席、木制支架等。游泳池长50米、宽15米,内有更衣室、淋浴室。所有的娱乐场地,均由木栅栏统一围起来。在昭和制钢所西侧为电影放映场1个。

此外,在台町建筑群中还有两座独特的建筑值得一提,面积均为313平方米,堪称台町两座最大的住宅。现在的门牌号分别是十二道街73号和十二道街75号。解放后,十二道街75号曾接待了周恩来、邓小平等国家领导人。

五、台町建筑群的布局特点、历史价值、保护现状及措施

(一)台町布局特点

受欧洲城市规划理念影响,鞍山市街的规划以大量星形广场与放射状道路为其主要特点,台町即为一例。台町住宅区依山而建,以山顶为中心向山下延伸,有如一个扇形。当时规划修建了8条路:纵向(即以山顶为中心,向南和西的放射道路)5条,由北向南依次为东山街、春光街、东风街、迎宾路及铁东十二道街;横向(东西向的环形道路)3条,即东宾街、东园街及友谊街。这种源于欧洲的扇形布局,优势在于采光好、景观好。

(二)历史价值

台町建筑群是日本侵华、掠夺鞍山铁矿资源的历史见证,是近现代鞍

山城市发展历史的代表性建筑，具有典型的历史价值。这种扇形布局是欧洲设计理念在鞍山的实践，不仅实用，而且还美观，具有科学价值和艺术价值。

（三）现状

台町建筑群现为鞍钢集团公司所有，每座楼住户为1—3户，历史总体风貌保存尚好。但也存在一些问题：一是因屋顶有漏雨现象，各户对屋顶几乎都有维修、更换，色彩、材料各异；二是建筑群总体结构尚无大的改变，但在院内增建许多附属建筑，如车库、门房及储物间等，在二楼有增扩房间及搭建遮阳棚等现象；三是各户基于自己实际情况，对地下管线进行私改，给房管部门维修和文物保护造成困难；四是区内的商铺装修对外观改动较大，还有新独立建筑出现，风格与原建筑不符。

（四）保护措施

2014年，台町建筑群被公布为省级历史文化保护街区。同年，鞍山市编制《鞍山市"台町"历史风貌街区保护规划》，对它的整体风貌、街巷道路、建筑内外结构色彩、庭院树木、景观、绿化等严格保护。规划要求最大限度保留台町地区历史遗存的原物，对街区进行的维护、修缮、整治、改造等措施应以历史原貌作为标准，"修旧如旧"、延续风貌。通过划定规划红线、绿线、紫线来严格控制建设活动，控制周边建筑高度和风格，对规划地块外围200米环境协调区提出高度控制要求。近年来，管理部门对于历史风貌不协调的建筑物将进行改造，例如将平屋顶改成坡屋顶，最大限度地与周边文物建筑协调；与历史风貌冲突的乱搭乱建违章建筑物将进行拆除。鞍山市政府也致力于将台町打造并建设成三个功能圈，第一功能圈为创意文化区、风情酒吧；第二功能圈为居住区；第三圈层为休闲旅游业。

六、结语

台町建筑群是近现代鞍山历史的缩影，也是日本侵略者掠夺鞍山铁矿资源见证。台町的规划和设计，体现了日本侵略者妄图长期掠夺、霸占鞍山铁矿资源，殖民统治鞍山的意图。社会各界一方面要加强对这个建筑群的保护，另一方面也要积极宣传其所蕴含的历史和现实意义。

作者单位：鞍山市博物馆

清末新政与辽宁早期城市近代化

王 雁

　　辽宁地处东北核心地区，历来是东北政治经济军事文化的中心，尤其沈阳作为清代开国都城和陪都具有较高的政治地位。在整个清朝时期，辽沈地区的城镇出现巨大变化，有的城镇迅速崛起，其中发展较快的城镇有沈阳、营口、大连、抚顺等。有的城镇功能逐渐消退，发展也渐趋迟缓，如辽阳、朝阳、开原、宁远等。此外，还有一些稳定发展的城镇。它们有的是区域性的经济中心，有的具有鲜明的发展特点，例如锦州、铁岭等。到清代末期，辽宁城市的群体基本形成了这三类发展态势，虽然发展程度不同，但均是处于封建王朝统治管理下的城市。随着社会经济的不断发展，一些城市中逐渐出现了近代化的萌芽，而清末新政则对辽宁地区的城镇近代化产生了一定的刺激作用。

　　清末新政是清朝末年尤指 20 世纪初，也就是清政府在其统治的最后十年，开展的一场由上而下的全国范围内的经济和政治体制改革运动，这也是中国近代化的重大事件之一。戊戌变法失败后，内忧外患愈演愈烈，义和团运动爆发、八国联军大举入侵，清政府已经无力应对，慈禧携王公大臣仓皇出逃。外部列强不断施压清政府要求改变当前的无能状态，内部洋务派不断敦促清政府实行政治经济改革，在这种情形下，光绪二十七年(1901)，慈禧太后正式宣布实行新政。一般认为，新政的实施可以分为两个阶段。第一个阶段是 1901—1905 年清政府在政治、经济、军事、文化教育、社会生活等方面推行的改革。第二阶段是 1906—1922 年开展的宪政改革即预备立宪，这一阶段是政治体制本身的变革。[1] 这场改革在全国范围内展开，当然也包含清末的辽宁地区。同全国一样，辽宁地区的改革也分为两个阶段，第一阶段清政府推行东北"新政"，是破旧立新的阶段，主要围绕裁撤盛京五部、裁撤盛京将军、废除旗民二重制、改革司法及编练新军、设立奉天省公署等内容展开。第二阶段则以围绕"预备立宪"展开，在辽宁主要是包括设立全省自治局、奉省地方自治筹备处、奉天省谘议局等内容。新政的措施方方面面，涉及城市近代化主要有以下几点。

一、城市管理机构的近代化

在城市管理机构方面，新政除旧布新。在辽宁的新政可以说是从改革官制开始的，主要包含三个方面的内容。第一，裁撤五部。盛京是满族崛起的地方，清入关后，盛京作为陪都，以总管大臣镇守，总理盛京户、礼、兵、刑、工各项政务。盛京五部是相沿 200 余年，其实际意义原本较弱，到了清朝末期，更是"事权不专""百弊丛生"。光绪三十一年朝廷任命赵尔巽为盛京将军，准其"将奉事变通办理，不必尽拘成例"[2]。同年八月，清廷同意了赵尔巽"裁撤五部"请求，将五部官员除与三陵事务有关者外，一律裁撤。第二，废除盛京将军，设立行省公署。清兵入关后，先以内大臣何洛会为留守，称"盛京总管"，后改称为"盛京将军"。盛京将军下设印务处、折本房、步营司、督捕司和户、礼、兵、刑、工五科等办事机构，负有总督所辖地区旗、民事务的全责。到光绪元年 (1875)，盛京将军"管理盛京兵刑两部，兼管奉天府尹事务，兼兵部尚书督察院右都御史，总督奉天地方军政兼理粮饷"，集盛京地区各大官署权力于一身。光绪三十二年九月，清廷派载振、徐世昌考察东三省情形，二人指出东三省形成沦亡的危急形势的根本症结在于旗汉并治的双重行政体制。根据徐世昌上奏，

---

① 李细珠：《清末政治史研究的宏观检讨》《新政、立宪与革命——清末民初政治转型研究》，北京师范大学出版社 2018 年版。

② 《奉省改定官制说略》，中国第一历史档案馆藏《赵尔巽档案全宗》，第 101 号。

清政府将三省将军军署衙门原有户、礼、兵、刑、工五司与三省民署衙门各局、所合并，分别成立奉天、吉林、黑龙江行省公署，以总督为长官，巡抚为次官。行省公署内设承宣、谘议二厅，承宣厅禀承督抚掌管全省机要，谘议厅管理议定一省法令章制，分设交涉、旗务、民政、提学、度支、劝业、蒙务七司。第三，设立道、府、厅、州、县。①清政府实行新政，设立行省制度之后，对于行省当局的各级属官进行改革，增设府县，并划清行政区域，以加强地方政权建设，截至宣统三年，奉天省辖四道、八府、八厅、六州，三十三县。

在进行官制改革之前，盛京官场弊端百出，"盛京五部体制，原是以隆重陪都，而今不仅徒有虚名，而且事权不专，百弊丛生，胥根于此，不予革除，难言整顿"。而旗署、民官各怀意见，"欲图整治，牵掣良多"。经过改革，原来一些职能重叠的机构得以精简，一些职能分割的部门得以调整，这与城市发展近代化的内在要求是一致的。

二、城市管理思想的近代化

在进入新政的第二阶段，光绪三十一年（1905），清政府设立中央考察政治馆，同时要求各直省设立类似机构，考察本省政治，为立宪做准备。光绪三十二年（1906）冬，赵尔巽奏请设立奉天全省地方自治局，分为考订、调查两科，考订注重对东西各国已成之法的编译，调查注重对本地旧有习惯的详细了解。光绪三十三年（1907），清政府诏令各省设立调查局，奉天设立调查处，调查本省土地、人口、气候、工、农、牧、副、渔及商业情况，定期向省署报告。光绪三十二年（1906）九月，清廷要求各省设立谘议局，作为"采取舆论之所，稗其指陈通省利弊，筹计地方治安，并为资政院储材之阶"②。奉省亦成立谘议局，翌年，受清政府命令改为谘议局筹备处。同年六月，清政府公布《谘议局章程》《议员选举章程》，并要各省督抚一年以内一律办齐。奉天省谘议局于宣统元年九月初一日（1909

---

① 《东三省政略》第853—859页。

② 故宫博物院明清档案部编：《清末筹备立宪档案史料》下册，第667页。

年10月4日）宣布成立。谘议局是全省的议事机关，议员针对本省应兴应革事件、本省岁出、岁入预决算，接受本省自治会或人民陈请建议事件，申覆督抚咨询事件，资政院议员选举以及本省单行章程规则之增删修改和处理地方自治等相关事宜进行讨论，议决各项应行应革事宜。

从表面上看，自治局、谘议局的设立虽然仍属于官制改革范畴，但实质上，这些机构的设立更重要的是体现了城市管理思想上的近代化。1840年鸦片战争以后，中国饱受欺凌，许多有识之士开始思索强国之道，从起初的开眼看世界，到师夷长技以制夷，国人逐渐认识到科学技术不足以挽救中国，而开始逐渐探索到国体政体的层面上来，特别是逐渐认识到西方政治制度是富国强兵的法宝。光绪三十三年（1907），中国清政府颁布了《钦定宪法大纲》。《钦定宪法大纲》共计23条，由"君上大权"和"臣民权利义务"两部分构成。《钦定宪法大纲》是中国历史上第一部宪法性文件，确认了君主立宪制的政治改革方向，虽然封建性浓厚，但对于思想的自由、法律的规范具有划时代的意义。自治局、谘议局之所以备受关注，因为它们设立核心体现的是自治、是民主，以及在谘议局萌现的立法、监督权力都是极具近代意义。清末自治在很大程度上主要表现在城镇，所谓地方自治实际上就是城镇自治。① 在当时，自治体现最好的城市是天津和上海，而奉天则作为效果较好的第二梯队城市之一。

三、城市社会结构的近代化

所谓城市社会结构，一般是指城市社会各组成部分之间的比较稳定的关系或构成方式。城市社会结构包括城市居民结构和城市社会组织结构，其中居民结构包括人口结构、职业结构和智力结构。在清末新政推行过程中，对于社会机构也有所涉及和改变。

清朝建立以后，在东北首先推行八旗制度，把东北社会完全纳入到八旗制度的管理之下，推行一元制的行政管理体制。盛京旗署中最高的管理者是盛京将军。盛京将军下设副都统、城守尉、防守尉、协领、骁骑校、

---

① 余子明：《清末地方自治与城市近代化》，《人文杂志》1998 年第 3 期。

佐领等级官丁，各级旗署衙门是清朝管理旗人的机构。但是，在旗人之外，依然存在其他的民众，特别是移民进入奉天地区之后，民人的数量大大增加。为了管理这些民人，在旗属之外，清政府又设置了以州县为特征的新管理体制。顺治十年（1653）清政府设立了辽阳府，辖辽阳、海城两县。顺治十四年（1657）设奉天府，凡民人事务均统之于奉天府尹。奉天府作为民籍的专门管理机构与以盛京将军衙门为首的旗民管理机构并立，形成了盛京地区二元行政管理体制。随着移民迁入的数量越来越多，旗民杂处现象已经十分普遍。旗民二重行政体制已经不再适合于奉天地区，虽然清廷不断调整，但旗民之间的矛盾日益明显。随着东北新政的展开，官制改革的推进，旗民二重制这一管理体制也被逐步废除。旗民二重制的废除意味着从政体管理的层面看，旗人与民人的区别正在消除，作为城市社会结构人群的构成更为简单。同时在新政推行的过程中也有关于改变城市社会居民职业结构和智力机构的内容，在后文中有所涉及。

四、城市警备司法的近代化

东北新政的一项重要内容就是设立警察制度。东三省的警察制度，始于光绪二十八年（1902），主要负责全省治安。其前身是光绪二十七年（1901）盛京将军增祺于东华门设立的保甲局。光绪二十八年三月改为警察总局，专司奉天城治安、卫生事宜。创设警察的目的在于巡查城内外的重要地点，而且执行勤务和轮休时都要严格遵守相关规则。光绪三十一年（1905），赵尔巽就任东三省将军，开始大幅度地改革奉天警察组织，扩充省城州县警察，使其具有一定的规模，组织系统也开始了专门化趋向，奠定了后来警政发展的基础。在杜格尔德·克里斯蒂著的《奉天三十年（1883—1913）》中记载："此时人们开始感到需要警察了。战争带来了很多变化，有好的也有坏的。传统而简单的生活方式正在成为过去，因此，政府组织了一支半军事化的强大的警察队伍，小小的蓝色岗亭出现在街角，这些维持社会治安的卫士们日夜监视着城市，不久，这些岗亭甚至出现在城市要道上，去指挥城市交通。卫生委员会也组建起来，虽然不太完善，却有了一个良好的开端，并且在奉天历史上第一次颁布了有关城市卫生方面的法律。"[1]

在司法方面，徐世昌全面推行官制改革，"首以行政、司法分权为要务"[2]，他认为司法机关只有与行政机关真正分离，才能实现司法独立。光绪三十三年(1907)五月二十七日清廷发布上谕，各省按察使司改为提法使司，分设审判厅，并令东三省先行开办。光绪三十三年(1907)，总督徐世昌奏请先于各省设提法司，试行司法与行政分权。提法司掌全省司法行政，监督各级审判厅。当年底，奉天省始设省府州县审判厅，并附设检察厅，至清统治结束时，在奉天省共设有高等审判厅 1 所，地方审判厅 7 所，初级审判厅 9 所。此外 1908 年年底创办奉天省模范监狱，并制定了《试办简明章程》。

警备司法作为清末"新政"的重要内容，作为基层行政的重要机制，在某种程度上保障城市机制顺利运行，发挥了稳定城乡社会的作用。

五、城市经济的近代化

清末新政体现在经济领域，主要涉及金融、商会和一些官办的经济体。随着商品生产和商品交换的发展，对货币的需求量也越来越大，清廷允许各省设立纸币发行机构。而辽宁的情况是，京局及外省宝银经公估局折兑，可以在各地流通，于是出现钱法混杂不一，民用不便的情况。光绪三十一年（1905）十一月一日，盛京将军赵尔巽整顿奉天金融，为收回官帖及限制私帖流通，向清廷奏准创建奉天官银号。官银号业务主要办理存款、信用放款、抵押放款、汇兑、货币发行等，并设官银炉熔铸生金银，附设公估局检验宝银及银成色等业务。奉天官银号下设分号，先后在营口、辽阳、安东（丹东）、新民、彰武、长春设立分号。奉天官银号的设立为奉天地区金融事业的发展发挥了很大作用，对奉天的经济繁荣发挥了促进作用。

---

①杜格尔德·克里斯蒂著，伊泽·英格利斯编，张士尊、信丹娜译：《奉天三十年（1883—1913）——杜格尔德·克里斯蒂的经历回忆》，湖北人民出版社 2007 年版，第 170 页。

②《司法·述要》（清）徐世昌等编纂《东三省政略》卷 10，第 1440 页。

同时我们也应看到，当时的官私银行业是在外国资本的压迫下，在错综复杂的环境中形成的畸形发展。

新政期间，赵尔巽、徐世昌等也积极采取策略，振兴奉天工商业，其中一条就是引导设立商会。1902年奉天设立奉天商务总会，拟定奉天商务总会章程十三章，确定了调查商业、研究商学、改良商品、协商息讼四项宗旨。商务总会的出现，推动各项城市经济的规范发展，"嗣后该商会既经成立，所有各项农矿鱼盐实业，不难次第研究、逐渐扩张"。商会可以说是商业发展与繁荣的重要标志之一。在二十世纪初年，清政府在全国各地兴办了一批新的官立经济机构——官办工艺局和工艺厂。在奉天也先后成立了工艺传习所、工艺局、八旗女工传习、八旗工艺厂所等相关机构。光绪三十二年（1906）四月，奉天将军赵尔巽在奉天城东门外银圆局内附设工艺局，开始先成立金、木两科试办，随后更名为工艺传习所。次年六月奉天行省公署设劝业道，掌管工人培训和调配等事宜，工艺传习所隶于劝业道。同时又在城东小河沿扩充厂房，进而修订章程，改良工艺，添设织布、刷印、玻璃、凿井、胰皂、洋烛等工厂。传习所招收公费艺徒，传授工艺，待学员毕业后，即可分配各地府、州、县教授工艺或创办工厂。奉省地区物产丰富，工艺传习所及各种工厂的创办，就本地之原料制成本地之货，为促进当地的经济发展创造了有利条件。光绪三十四年（1908）奉天工艺学堂与工艺传习所合并。光绪三十三年（1907），创办八旗女工传习。宣统元年（1909）设立奉天八旗工艺厂，"得利尤丰"。后又筹设奉天八旗女工传习所。这些公办的经济体，"使八旗子弟人人皆能各执一业，以为谋生自主之基"①，改变了城市中原来八旗子弟依靠祖辈们的功劳领取俸禄、旗饷、地租的情况，促进城市社会人口职业结构的近代化和城市经济的近代化。

六、城市教育近代化

在奉天实行新政以前，作为学校教育的三种主要形式即官学、书院、

① 徐世昌：《东三省政略》卷八，《奉天教养篇》。

私学。此外，还有一些特殊的教育载体，如宗室觉罗学、八旗官学、八旗义学等，这是专为满蒙贵族、满族地主子弟设立的专门教育机构。直至清末，奉天的教育水平一直处在较低水平的层次，赵尔巽称："陪都根本重地，应早昌明学业以为各省倡。乃风气不开，反逊各省，父老于此各如愧矣。"[①]

光绪三十一年（1905）赵尔巽接任盛京将军，遵光绪帝上谕于东三省各设学务处，作为各省教育的行政机构，总管仍称为学政，下设书记、庶务、编辑、调查、会计、游学等八科。同时责令各地方兴办学堂。光绪三十二年（1906），奉天省改设提学使司，设提学使一人，张鹤龄出任奉天省首任提学使。学务处改为学务公所，并在下属府厅州县设立劝学所，层层管理。光绪三十三年（1907）以后，奉天设立教育总会、宪政讲习所等教育行政机构，并将私塾改称为夜课。这些均是新政中对教育管理机构的改革。

在学校设立方面，从普通教育到职业教育、到继续教育进行了全面设立和改革。按照1903年清政府颁布的《癸卯学制》要求，光绪三十三年（1907），奉天地区创建最早的蒙养院——省城第一蒙养院。在科举制废除的背景下，奉天省的小学教育开始了大规模的转变，新式小学校纷纷设立。经过几年的大力发展，到清末，奉天地区的小学教育，尤其是初等小学教育相当发达，在全国23省中名列前茅。奉天官立中学堂最早创办于光绪三十一年（1905）九月，后改名为奉天中学堂。到宣统元年（1909），奉天省已有中学堂5所，学生505人。高等教育是新政中的一大亮点。光绪二十七年（1901）十一月盛京将军增祺筹办奉天大学堂，次年九月，正式开办。光绪二十九年（1903）正月，奉天大学堂迁入新校舍后改称盛京省学堂，仍任孙百斛为总理，聘李伯陶为提调，刘春烺为总教习，"以后学生或留学外国，或考入国内高等学堂，或办地方教育，对当时社会风气颇有相当影响"[②]。早年设立的宗室学和八旗官学，在实行新政时期开始发生变化，有的停办，有的转为公立学堂。在职业教育方面，当时奉天省开展了各种形式的"职业技术教育"，具体包括：各类专门学堂、师范学

---

① 中国第一历史档案馆藏《赵尔巽档案全宗》，第187号。

② 孙祖昌：《奉天省第一个学堂》，《文史资料选辑（第一辑）》，沈阳：辽宁人民出版社1962年版，第76页。

堂、实业学堂以及成人的短期职业培训班。在继续教育方面，学务公所设立教育官练习所；奉天乡镇巡警局开设了乡镇警察补习科；开办方言肄习所，这些成人教育的开办，扩大了受教育者的范围，进一步提高了教育的社会功用。

在新学兴起以前，奉天地区教育完全服务于科举制度，形式单一。在新政中，奉天地方当局顺应时代发展的需要，在教育领域进行比较深入的改革。在常规教育体系中，从模式到内容，从规模到管理，都进行了现代化的改革。在职业教育和继续教育方面，奉天省大力发展实业教育，建立了农、工、商等的专门学堂，不仅培养了专门人才，也调整社会人口职业和教育结构。

七、城市市政建设的近代化

狭义的市政建设是指行政机关对市辖区内的各类行政事务和社会公共事务所进行的管理活动及其过程，一般包含道路交通、卫生教育、供水供电、林园绿化等内容。但是在清末，涉及有限。在城市公园方面，小河沿是自清道光年间以来的休闲避暑的胜地和民俗荟萃之所，清代末年，一些商人看好该地的发展前景，在此购置土地，并添建一些亭、椅、小桥等景观设施，使之面貌一新。随着"新政"的推行，光绪三十三年（1907），经当时的东三省总督徐世昌提议，还修建了一座"奉天公园"。在此之前，省内所有园林，基本上都是私家园林，而这两座园林的出现，既可供城内居民闲暇游赏，又便于外来客人领略沈阳时尚景观，改变了沈阳人的习惯性观念。在卫生医疗方面，有奉天官立卫生院。在交通方面，有合办的马车铁道公司。在文化新闻方面，有出版的报纸刊物。此外在社会风俗方面，清政府允许满汉通婚、禁止鸦片、禁止妇女缠足，对于改善社会风气，促进民风近代化转变也具有积极意义。

所谓的城市近代化，是指原来的城市发展模式发生了变化，这种变化可以体现在城市空间和格局、城市的管理体制、城市的社会结构、城市运行机制和城市市政建设与风俗等诸多方面。奉天新政涉及范围广，似乎每一项内容都有所涉及，但每一项都难以深入开展，甚至一些措施半途而废，这是由新政实施主体决定的。清政府作为新政实施的主体，它只是想通过对统治政策进行修补，从而达到维持自身统治的目的，并不想从根本上动摇国体政体，这必然导致新政的局限性。影响城市近代化发展的因素有很多，政治、军事、经济、交通和外来因素等都能制约城市的发展。清政府在主观上希望通过采取政治经济等行政措施，缓解统治危机，推动社会发展，但是在当时的社会情况下，在列强势力的干扰下，不必说新政措施推行不力，就连清政府的统治都难以为继。从改革效果来看，新政的推行，在某种程度上促进城市经济体系和社会结构的变迁，促进了城市文化形态和风尚世俗的近代化，对于推动社会发展具有一定积极意义。但是我们也应该清醒地认识到，清末的奉天新政不足以从本质上对城市近代化产生深远影响，更是难以解决当时中华民族所面临的危机。

作者单位：辽宁社会科学院历史研究所

铁路与近代东北的城市化进程
——以奉系自建和合办铁路为中心的讨论

易丙兰

　　"交通者，人类互相来往之媒介，感情因之以达，经济赖之以周，布粟得以运输，而文化所攸促进者也。"① 东北地区是近代中国铁路体系最完善、铁路运营里程最长的地区，除了南满铁路、中东铁路两大铁路系统外，1920 年代，经过张作霖、张学良父子为首的奉系的潜心规划和积极推进，东北还形成了以沈海、吉海、打通、呼海、齐克等奉系自建铁路、合办铁路和北宁铁路构成的东北交通委员会管辖的国有铁路系统。奉系以自建铁路为核心的铁路网的修筑和运营，不仅整体上进一步改变了东北的交通运输现状，推动了沿线地区的经济发展，作为与人们生产、生活息息相关的媒介，它还带来了城市化的新发展，影响了人们的日常生活。本文即主要以各类期刊调查资料、地方志和各铁路相关统计资料，以奉系自建铁为核心对象兼及吉敦和洮昂等合办铁路，探讨近代东北城市化进程中铁路交通的作用与影响。②

　　① 连濬：《东三省经济实况概要》，《观海时事》月刊，1931 年版，第 221 页。
　　② 有关东北铁路与近代东北城市化进程，学界探讨较多的是中东铁路与南满铁路。在对奉系自建铁路的讨论上，有不少研究者肯定了这些铁路对东北经济开发、移民实边、交通变迁等领域的积极效应，但对它们与城市化进程的讨论相对较少。比较有代表性的曲晓范的研究，他在《近代东北城市的历史变迁》中对民族资本铁路的建设与沿线城市化有比较集中的讨论，此外，他与王凤杰的《沈（阳）吉（林）铁路的修建与 1920 年代奉天、吉林两省东部地区的城市化》（《史学集刊》2011 年第 2 期）对沈吉铁路进行了个案分析。整体来说，与奉系铁路建设的丰富活动和较为出色的成绩相比，对这些铁路与近代东北城市化进程的探讨仍有深化的必要。

一、自建铁路与近代东北的城市区域分布和结构的变迁

城市化是社会生产力变革带来的人类生产、生活、居住方式改变的过程，它以农村人口向城市转移、城市人口的比重不断提高为主要特征。它既包括城市数量、规模、基础设施的不断增加和提高，也包括人们日常生活日益摆脱自然经济下的自给自足，日益市场化。在近代东北，城市化进程与交通运输的变革，尤其是水运和铁路运输的变化息息相关。

19 世纪中后期水陆运输的繁荣带来了近代东北的第一波城市化浪潮，突出表现在近代城镇的出现。19 世纪后期和 20 世纪初，辽河水运最盛时，干流沿岸的停船大码头有 50 多个，自然码头有 130 多个[1]，在此基础上，在辽河流域形成了依托于水运和码头的 30 多个城镇组成的带状城镇群，构成了辽河流域的多层次梯级市场。

20 世纪初期，随着中东铁路、南满铁路、京奉铁路的修筑与运营，东北出现了 20 世纪城市化的第一波浪潮。首先，城市的数量和规模迅速发展。中东铁路建成后，东北的城镇总数从 1898 年前的 45 个增长到 1908 年的 75 个。[2] 其次，东北传统的城市发展模式也因铁路带来的商业和市场结构、经济发展模式的转变而发生巨大变化。主要表现在：部分旧的码头（水运）和驿站（陆运）催生的城镇由于航运业和陆运业难以维系，无法再与其他城镇建立有效的经济和市场联系，转运机能消失，丧失市场集约中心的功能，最终导致城镇的人口缩减、规模减小，甚至回落到农村的普通集市；部分原有的城镇依托铁路的建设，迁移到铁路站点，与铁路形成依存关系，转变成近代铁路城市，得以持续发展；不少地方由于铁路的经行而崛起为新兴城市。

1920 年代奉系的铁路建设进一步改变了近代东北城市的发展模式和结构，可以说是东北城市化的第二波浪潮。从下表可见，奉系主政东北期

---

[1] 营口市地方志编纂委员会办公室：《营口市志》第二卷，方志出版社 1997 年版，第 319—320 页。

[2] 曲晓范：《近代东北城市的历史变迁》，东北师范大学出版社 2001 年版，第 62 页。

间修建的部分自建铁路和合办铁路直接经过的县城有二十多个，在它们途经的近百个车站中，有三十多个较大的站点或城镇。

表 1　奉系主要自建铁路、合办铁路概况

路线名称及设站数量	主要途经县域	沿线较大的站点、城镇	是否有其他铁路接续
奉（沈）海路（奉天—海龙），共计 23 站	奉天、抚顺、清原、海龙、东丰、西安	奉天、抚顺、清原、山城镇、梅河口、海龙、朝阳镇	与吉海路在朝阳镇相接
吉海路（吉林—海龙），共计 15 站	吉林、磐石县	吉林、烟筒山、磐石、朝阳镇	与沈海在朝阳镇相接
呼海路（呼兰—海伦），共计 21 站	呼兰、绥化、巴彦、海伦	松浦、兴隆镇、呼兰、绥化、海伦	从松浦渡江后可接续中东铁路本线
齐克路（齐齐哈尔—克山），共计 9 站	龙江、克山、依安、讷河	昂昂溪、塔哈、宁年、龙江、克山、泰安	在昂昂溪可接续洮昂路、中东路本线
打通路（打虎山—通辽），共计 18 站	黑山、彰武、通辽	黑山、彰武、通辽	在打虎山与京奉（沈）路干路相接；通辽段可接续四通路（四平街—通辽）
吉敦路（吉林—敦化），共计 17 站	吉林、额穆、敦化	吉林、延吉、蛟河、敦化	在吉林可与吉长路相接续
洮昂路（洮南—昂昂溪），共计 10 站	洮南、泰来、龙江	洮南、泰来、昂昂溪	洮南段可接续四洮路（四平街—洮南）；昂昂溪段可接续齐克路

这些铁路的开通，改变了此前城镇过于集中在中东铁路和南满铁路沿线的局面，将东北城市继续向内陆和腹地推进，东北城市格局由原来的带状结构向四周辐射，初步形成了网状发展的模式。大致来说，这些自建铁路沿线的城镇或城市可分为几种情况：

1. 部分原本的铁路城市由于自建铁路的开通，其经济发展由于多条铁路的交会更上一层楼，城市布局和产业都向车站集中。

如齐齐哈尔，中东路建设时城市并未靠近铁路周边，城市发展受限。奉系修建的齐克路和洮昂路开通后，由于北边的克山、西边的龙江、林甸、甘南、依安，以及东部的拜泉和克山等地的特产和粮食均被齐克铁路吸收[1]，齐齐哈尔成为新的铁路交通运输中心，城市布局和发展向车站附近聚拢，

---

[1] 钏廉英：《齐克铁路与其沿线之概况》，《中东经济月刊》7 卷 7 号（1931 年），第 95 页。
陈逢时：《东北贸易在中国贸易中之地位》，《中东经济月刊》7 卷 9 号（1931 年），第 19 页。

到 1930 年，齐齐哈尔人口已有 9.5 万多人。

奉海路经过的山城镇，原本海龙、柳河、辉南三县及附近几十个村镇的粮食和山货均汇集此地，"远地客商，贲临极多"，"每当冬季粮货车辆，不绝于途"。奉海路和吉海路开通后，山城镇的工商业虽一度因为其他站的分流而受影响，但经济仍保持繁荣气象，市内的商号有 550 多家，粮商有 58 家，丝房 27 家，杂货商 220 家。山城镇也被人们称为"小奉天"，人口由原来的 2.4 万人增加到 1930 年前后的 4.1 万多人。[①]

尤其是奉天，因东干线的形成以及地处奉海、京奉、南满三条铁路的交会地而出现巨变。奉海路的奉天站建筑有规模为 4 平方公里的奉天市场，是 1920 年代东北大型客货运输集散中心。围绕奉天站，出现了兵工厂、铁工厂、造币厂等各种新式企业聚集的新工业区。由于交通运输、工商业的兴旺，以奉海市场为中心，出现了向周围发散的 6 条大马路，以及十几条中型马路，奉天的城市格局也因此更新。

2. 部分铁路沿线的地方由于铁路运输的便利和其他产业的发展，吸引了大量人口涌入、商业日渐繁盛，一跃为新兴工商业城镇。

朝阳镇是奉海路的终点、吉海路的起点，在奉海、吉海两路开通前，商业已经比较繁荣，仅次于山城镇。铁路开通后，这里成为著名的大豆、粮食、杂粮、亚麻、木耳、药材等物资集散地[②]，其商业范围"北占磐石、桦甸两县，东占辉南及濛江两县，南至柳河县之东部"，"各地派来之作客商人及设立分号于此者，接踵相继，故其人口亦年年大有激增之势"，很快发展成中等规模的城市。到 1930 年，其人口有 2.5 万多人，市街南北长三里，东西宽五里，"中央大街最为繁盛。粮栈杂货以及大小商号鳞次栉比，极尽热闹"。城内各种商铺有四五百家之多，仅粮栈就有大规模的 12 家大粮栈，小规模的 20 多家，机织业有 80 多家，油坊有 14 家，转运公司有 20 多家。[③]

磐石县自 1928 年吉海铁路开通后，人口一年内从 20.9 万人增加到

---

① 介卿：《沈海铁路与其沿线之经济状况》（续），《中东经济月刊》6 卷 9 号（1930 年），第 55 页。

② 冷观：《东北之游》（续），《大公报》，1928 年 9 月 28 日（2 版）。

③ 介卿：《沈海铁路与其沿线之经济状况》（续），《中东经济月刊》6 卷 10 号（1930 年），第 67、71 页。

22.3 万人，人口密度由 1916 年的 44.17 人 / 平方公里增加到 61.3 人 / 平方公里，县、区人口比例从 1916 年的 2.68% 上升到 1929 年的 2.77%。①

奉海路梅西支线的起点梅河口，1926 年是一个人口只有一百来户的小村庄，村内只有一条不到 2 里长的小街，可谓名不见经传。1928 年，奉海路梅西支线通车，梅河口设站，此地成为交通要冲，车站的规模仅次于沈阳总站。由于有西安煤矿等产业的发展以及交通便利的吸引力，梅河口的人口迅速增多，出现各种手工业作坊。到 1930 年，梅河口已经颇具繁华集镇规模，此前的集镇保安镇由于梅河口的崛起而衰落。1936 年，梅河口的人口增加到 1700 多户、总人口近万人。②

吉敦路经过的蛟河，原为边陲的山区小镇，到 20 世纪初期才由于农业和林业略有发展，1926 年，人口仅有 2000 人，商户仅有 40 多家。但在吉敦路开工后，由于吉敦路在此设站、距离蛟河不到 10 公里又有奶子山煤矿和蛟奶运煤专线并且周边山货、木材丰富，蛟河成为张广才岭以西森林采伐、贸易、加工的中心和物资集散地，工商业开始兴旺。到 1934 年，当地的商民已经有 2110 户，人口增加到 1.3 万多人。城镇的主街由原来的一条扩大到三条。③敦化由于吉敦路的开通以及沿线林业较为发达，其人口从 1925 年的 1 万人增加到 1928 年的 1.5 万人。④

齐克路沿线的城镇因铁路开通迅速近代化。如拉哈站在铁路开通后，车站周边有公安局、骑兵游击队、步兵队、邮政局、电报局、税捐局、商会、小学校等各种机构，商铺有 20 多家，还有电灯厂 1 处。宁年站周边原本仅有住户 130 多家，人口不过 800 多人，齐克路开通后，人口激增数倍。泰安镇在齐克路兴修前仅为一小村落，人口不满 4000，到 1930 年 2 月铁路开通后，工商业急速发展，人口总数超过 1 万人。齐克路所在的克山县，

①吉林省地方志编纂委员会：《吉林省志》卷五（人口志），吉林人民出版社 1992 年版，第 20、40—44 页。

②梅河口市地方志编纂委员会：《梅河口市志》，吉林人民出版社 1999 年版，第 19—20 页。

③林明棠：《吉林发展史略》，吉林文史出版社 1997 年版，第 316 页；李之：《蛟河镇商业发展简况》，中国人民政治协商会议吉林省蛟河县委员会文史资料研究委员会编：《蛟河文史资料》第 3 辑，1987 年版，第 98 页。

④曲晓范：《近代东北城市的历史变迁》，东北师范大学出版社 2001 年版，第 197—198 页。

境内除县城外，沿线的泰安、古城、通宽以及北兴镇等交通要地的工商业逐渐发展。泰安镇 1920 年代初期"仅为一小村落，人口不满四千"，1930 年齐克铁路途经后，"人口激增，工商发达"，人口迅速增加到 1 万多人，商铺 50 多家。①1931 年，这里的商铺增加为 134 家，1935 年，激增到 271 家，仅比克山县城少 103 家。②

呼海路的马船口，此前仅仅是一贫寒小村庄，呼海路开通后，"人口遽见增加，地价亦腾涨二三倍以上"，并且因地处松花江北岸，与哈尔滨隔江相望，属于交通要冲，城市和经济"益见发达，大有蒸蒸日上之概"。③距离马船口 7 公里左右的松浦，1926 年才设市，此前"不过茅舍十数椽而已"。自从呼海铁路兴修后，松浦设有总站和路局办公地点，这里"陡行发达，抢报街基者，大有人在"，由默默无闻的荒凉之地一跃成为近代化城镇。"新建筑之房舍，约三千余间……其租金较江南之道外尚昂。"居民达到 500 多户、3200 多人，且一半人口从事买卖等行业，客栈、伙房、小店有 40 多家，其他商店有 30 多家。1927 年后，由于从哈尔滨前往绥化、海伦等地的旅客，多赴松浦乘坐火车，松浦至哈尔滨的过江船只由原来的几艘激增到几十只。邮局、电报局、学校等机构也渐趋完备。④

尤其是位于铁路沿线、工业有一定基础的部分地方，其经济和城市发展更迅速。奉海路所在的西安县，在 1930 年前后，其人口达到了 5.2 万人，"为东山一带之一重要都市"。西安煤矿为代表的工业也带动了商业发展，"商店鳞次栉比"，"市内农产之集散，遽形增加，而其商业范围，亦因之扩大"。市内有大商号 27 家，其中，机织业有 40 多家，南丝房 15 家，洋杂货店 14 家，木材商店大小 24 家，马车铺 13 家，饭馆 55 家，客栈 50 多家，粮栈 20 多家，铁匠炉 10 多家，油房 8 家，石板印刷 8 家，布店 14

---

① 钏廉英：《齐克铁路与其沿线之概况》（续），《中东经济月刊》第 7 卷第 7 号（1931 年），第 77—81 页。

② 克山县志编纂委员会：《克山县志》，中国经济出版社 1991 年版，第 298 页。

③ 介卿：《呼海铁路与其沿线之农业状况》，《中东经济月刊》7 卷 4、5 号（1931 年），第 145 页。

④ 辽左散人：《滨江尘嚣录》，李兴盛主编：《东游日记（外十六种）》上册，黑龙江人民出版社 2009 年版，第 1055—1056 页。

家，烟麻店6家，洋服店6家。不仅如此，铁路以及它带来的经济变化还影响到西安县城的城市布局。由于商业中心在北边，城市重心也随之北移，商业辐射范围由此前的六七十华里扩充到百里之外。①

3. 部分城市在丧失以往的多地农业转运集散地的地位后，商业和农业中心地位有所下降，但城市依托于铁路出现转型迹象。

呼海路沿线各地的物产原本主要集中在海伦、绥化和呼兰三地，其他地方的市场"不过供来往商旅停骖驻足之所而已"，铁路开通后，沿线设置了18个站，其中有14个站都有较大货源，呼兰、海伦和绥化的集运地位迅速下降。特别是呼兰县，"铁路未通以前……市面极为繁荣""百业蔚兴"，呼海路运营后，客货分流，运出的粮食不到1500车，结果"市况凄寂，有江河日下之势"，"除十字街商号尚有相当生气外，其他概门可罗雀"。②不过，当地利用其发展基础以及交通重镇的有利条件，近代工业却有新发展，有8家烧锅（即制酒）店、12家油房，并开设了振兴火柴公司，一日可制造火柴80箱，职工有1200人。整个城市"大有为工业地之现象。颇可为一般之注目"。③

4. 部分原有的铁路城镇因新建铁路的分流和冲击，工商转运中心的地位削弱又难以转型，经济状况持续下降。

昂昂溪原本为无名荒村，因中东路在此设站，克山、拉哈、讷河、泰安等地特产均集中在这里经由中东铁路输送，到1920年代初期时，每年发送物资最多可达到4000车、6.8万吨，成为黑龙江境内和中东铁路沿线的重要物资集散重镇，城镇繁荣兴盛。但到齐克路开通后，克山、拉哈、讷河、泰安等地物产可直接经由齐克路输出，直接造成昂昂溪经济资源流失，其经济环境转而萧条，城镇也因此衰退。④其商户从1928年的223户下降到1931年的120户。到1937年，由于大力推动齐齐哈尔周边的铁路

① 介卿：《沈海铁路与其沿线之经济状况》，《中东经济月刊》6卷12号，第53—55页。
② 吴士元：《呼海铁路在经济上之价值》，《中东经济月刊》6卷2号（1930年），第9页。
③ 介卿：《呼海铁路与其沿线之农业状况》，《中东经济月刊》7卷4、5号（1931年），第146页。
④ 杨树明、张庆杰译：《西北满洲经济环境》，龙江县环境保护办公室，1988年版，第142、151页。

建设，昂昂溪的经济才在齐齐哈尔带动下有所恢复，其商户数量恢复到1928年的水平。[①]

安达镇因中东铁路在此设站，工商业从20世纪初起极其繁荣，1925年前后，安达有大大小小的商号一千多家，道东市场有九条大街，粮栈数十家，是附近十几个县的重要粮谷集散中心，每天进出安达站的粮车不下千辆。曾有俗语称，"拉不完的拜泉粮，填不满的安达站"。[②]但自从齐克路、呼海路通车后，安达站以西、以北的拜泉、碎花、海伦、望奎、克山、克东、讷河、嫩江、龙江等地的粮食、特产等大量被它们吸收，安达站的入站粮车逐渐减少，运输量下降，工商业渐有萧条之势。

拜泉县在呼海路未通之前，周边数县的物资和农产品均需经由这里运往中东路安达站，商业极其繁荣，1926年，商业遍及54个行业，大小商号有792户，有"北上海"之誉。但自1927年呼海铁路开通后，北部各县的物产转经呼海路输出，拜泉县的商业中转中心地位丧失，商业反而不及此前发达[③]，"从前之繁华热闹之商店……多行歇业者"。[④]呼海路未完全通车前，仅在松浦至绥化间营业，绥化县遂汇集了海伦、望奎、通北等地的资源，"百凡业务……皆有欣欣向荣之概"，仅粮食采买店铺就有30多家，以此为副业的还有100多家，钱庄业有十四五家，但自呼海路全线通车后，各地粮食都就近车站运输，"绥化亦成一过路站区……故城内业粮相继倒闭者，迭有所闻"。[⑤]

二、日常消费和生活的变化

铁路还是日常消费、文化生活、社会观念的重要媒介和载体。如中东

① 齐齐哈尔市地方志办公室编纂：《齐齐哈尔地方志·昂昂溪区志》，黑龙江人民出版社2004年版，第192页。

② 柳成栋等主编：《黑龙江市镇总览》，黑龙江教育出版社1998年版，第60页。

③ 拜泉县志编审委员会：《拜泉县志》，黑龙江人民出版社1988年版，第198页。

④ 钊廉英：《齐克铁路与其沿线之概况》，《中东经济月刊》7卷9号（1931年），第53页。

⑤ 史亚擘：《黑省绥化县商业农产最近之状况》（续），《东三省官银号经济月刊》1卷7号（1929年），第4—6页。

铁路和南满铁路沿线，呈现出"辽长之间，宛然日本领域，所经无一而非日本化。中东沿线'俄国化'之情形，与南满沿线之'日本化'相对照"的景象。① 奉系修筑的各铁路对东北城市化进程的影响，也包括它引发的城市生活的变迁。

运输的便利、经济的发展直接促进了人们的生活消费。东北以农产品为输出主体，但工商业相对发展迟缓，日常所需的用品和杂货均需依赖进口。以往，许多地方的日用杂货主要靠向外地搬运粮食的马车回程时捎带，由于粮运多在秋季比较繁忙、冬季道路不便，因而日用杂货难以即时输入，且价格昂贵。自建铁路开通后，运输条件得以改善，日常生活所需的物资可依靠铁路输入，采购的范围迅速扩大，频率提高，价格较此前更平缓。如奉海路沿途的山城镇，此前日用杂货只能依靠运送粮食的大车返程时从开原购买，自沈海路运营后，其日用杂货多直接从大连和营口方面购入。朝阳镇输入的日用杂货，原来主要由开原、四平街、公主岭购入，奉海铁路开通后，直接由沈阳和营口方面输入的"大见激增"。呼海路沿线不少地方，原本日用必需品都采购自哈尔滨，"成本既昂，税捐又复繁重，故售价平均较哈埠昂十分之二"，用铁路运输则可以与哈尔滨间朝发夕返，大宗日用品可随时前往哈尔滨采买，既便利又实惠。②

一些城市的日常消费由于城市发展和运输便利而飞速增长。以西安县为例，这里因为西安煤矿的存在和农业相对发达，经济实力比较好，"一般杂货之销路，实为东山一带之冠"，部分日用杂货的年消费量也相当惊人：冰糖 3.75 万斤；白砂糖 37.5 万斤，棉系 1.8 万捆，胶皮底鞋 400 箱，肥皂 3100 打。仅罐头每年市内的消耗就达到现洋 5000 元以上。③ 而且，随着输入品的增加，外来产品对人们生活的冲击更大。东北的输入品中，占输入品中第一位的是棉织物，其次是钢铁、糖、烟草、机器、石油、纸、面粉、皮革、染料等工业和消费用品，这些制造品多数来自于日本、

① 冷观：《东北视察记》，《国闻周报》6卷31期（1929年），第1页。
② 吴士元：《呼海铁路在经济上之价值》，《中东经济月刊》6卷2号（1930年），第9页。
③ 介卿：《沈海铁路与其沿线之经济状况》，《中东经济月刊》6卷12号（1930年），第53页。

英美等，又以日本为最。1927 年，日本与东北的贸易占东三省贸易总量的 39.3%。①1918—1930 年，东北输入中"第一位置无一不为日本所占"，"其数与其他竞争各国之全数相较，尚属有盈无绌"。②沈海路沿线日用杂货"以日本制者为多，大有被其独占之势"。③如山城镇，1931 年仅洋货店就有 20 家，年销售额达 14.6 万元④，"商家所陈列之物品，殆皆购自外埠。其中尤以外国货为多，每年所输入之重要大宗物品……除煤油绸缎纸烟外，其余殆皆为日本货"，"砂糖销售于市面者，为日本与南洋二种，面粉从先虽有美国制者销售该地，而最近已不见踪影矣"。⑤齐克、洮昂、四洮路所在的洮南，由于铁路的交会，英美洋行均在此经营，营业额"年约五十万元"，仅美孚亚细亚煤油年销量就达到了 1 万箱之多。⑥即便远在北满腹地的克山县泰安镇，输入的日用杂货同样"以日本货为最多"。

这种贸易态势，一方面表明东北已经成为世界市场不可分割的一部分，另一方面也揭示了东北乃至整个中国自然经济的进一步解体以及民族工商业发展的相对滞后。

随着铁路的延伸，一些较大的车站设立市政机构，电灯、电话、电报、邮局、旅馆等设施也出现在铁路沿线的城镇，工业革命的物质文明传播到东北各地。泰安镇在齐克路开通后，有两家汽车公司从事附近城镇的运输，镇上还有邮便代办所，电话和电报虽仅为铁路局使用，但也刺激了民间创办电话、电报的热情。⑦海伦县"县城街道宽敞整齐，为各县所无……县城……有商号千余家，粮栈三十八家，皆甚殷实，各种金融机关殆无不备"。⑧

①汪谓公：《东三省经济统计概略》，《中东经济月刊》7 卷 8 号（1931 年），第 148—149 页。

②孙祖源：《各国竞争满洲市场之一斑》，《中东经济月刊》8 卷 5 号（1932 年版），第 26 页。

③介卿：《沈海铁路与其沿线之经济状况》，《中东经济月刊》6 卷 12 号（1930 年），第 54 页。

④曲爱平、冯元年：《"小奉天"山城镇》，《东边道经济开发史略》，第 427 页。

⑤介卿：《沈海铁路与其沿线之经济状况》（续），《中东经济月刊》6 卷 9 号（1930 年），第 56 页。

⑥伍荣先：《洮南纪略》，《旅行杂志》第 4 卷 11 期（1930 年），第 30 页。

⑦钊廉英：《齐克铁路与其沿线之概况》，《中东经济月刊》7 卷 7 号（1931 年），第 80—81 页。

⑧吴士元：《呼海铁路在经济上之价值》，《中东经济月刊》6 卷第 2 号（1930 年），第 5—6 页。

绥棱县的邮运在呼海路通车前，须用人力背行递送，但铁路通车后，可由县城用二马爬犁将邮件运至火车站，便利不少。

铁路的延伸也进一步提高了人们对近代交通的认识。而且，由于铁路建设、电讯等通信事业的需要，交通委员会还着手推进东北交通教育的发展。如1927年9月，常荫槐在锦州创办了交通大学，开设铁路管理科，1929年，该校改称为东北交通大学，学生达到了200多人。1930年交通委员会创办了东北交通职业学院，高纪毅兼任校长，教职工和学生超过300人。另外，各铁路局还创办了主要针对铁路员工子弟的扶轮公学，1918—1931年，北宁路和东北地区的扶轮小学达到了35所，占当时全国扶轮小学总数（142所）的26.4%。[1]

对于人们的日常出行，铁路更便利良多。"在昔交通闭塞，长征万里，视为畏途，今则轮轨私通，初无险阻，千山万水，指日往还。"[2]东北民众的出行，以往主要依靠牛车、马车和水运，但自1910年代以后，火车出行在东北是比较常见的现象。人口大量集中在铁路沿线几十公里以内的地方，稍远的旅途主要利用汽车和火车。[3]到奉系东西干线开通后，铁路成为更多人出行的选择，1930年，北宁、沈海、吉海、呼海、洮昂、齐克、吉敦7路运送的旅客达到了1021.68万人次，北宁路由于是东西干线的总汇，其输送旅客人次高达690多万次，显示出关内外人口流动之频繁。[4]

不过，东北的铁路体系中，奉系铁路网的运营、管理以及出行体验明显落后于中东铁路和南满铁路。南满铁路的火车仿照美式，车内装饰完备，座位旁边各置烟具，"车中清洁，无稍紊乱""殊无旅途之苦"，中东铁路"车身壮丽，其规模远过南满，惟清洁则似稍逊"。[5]东北自建铁路则完全是另外一番景象，1930年，民族实业家卢作孚曾如此描述，"车上的情况与南满迥然不同了。拥挤得人没有座次，亦没有人管理，人乱吐痰，

---

①许守等主编：《中国铁路教育史（1939—2000）》，西南交通大学出版社2007年版，第757页。

②赵君豪：《东北履痕记》，《旅行杂志》3卷7号（1929年），第46页。

③宪文：《东北农民的生活》，《国风半月刊》3卷1期（1933年），第49页。

④《东北国有铁路十九年份营业概况》，《东北新建设》3卷2期（1931年），第32—33页。

⑤赵君豪：《东北履痕记》，《旅行杂志》3卷9号（1929年），第63页。

抛渣滓，厕所尤无下足之地。每到一站，卖食物的大声叫喊，和国内其他的路站上一样，好像就在这几点表示中外之分别似的"。① 此外，自建自营铁路"亦苦不甚安全"②，沈海、吉海两线曾频出事故，张作相的专车曾一度意外落入河中，列车还时不时发生脱钩行驶的事故。

交通便利、经济发展和消费提升的同时，社会风俗和心理也随着发生变迁，即如呼海路局所言，"交通便利，不独省府命令可朝发夕至，而人民贸易往来各界新智识之灌输自易际此训政开始着手进行，既可保持原有朴厚之美德，复可振起奋发猛进之精神，此后政治之发展必有日新月异事半功倍者"。③

以社会习俗为例，婚丧嫁娶向自由开放方向发展，以至于1930年代初期的《海龙县志》感叹，"近世风气大开，打倒廉耻，凡男女婚姻，不注重父母之命，媒妁之言，专侧重两性方面自由恋爱，结婚绝端开放，所谓结婚自由，离婚亦自由"，西式婚礼等风俗也流入东北城市，"豪贵人家改用文明结婚……都市内多有仿行之者"。在吉林磐石，人们在婚娶方面出现了"旧礼繁而费用巨，新礼简而费用省"的认知，尽管乡村基本仍遵循旧式，但城镇有了"婚礼间采新式"的景象。④ 北宁路沿线的昌黎县，"近来自由之说兴，结婚离婚之案，数见不鲜"。⑤

当然，城市化过程中的风俗变迁也有负面影响，特别是赌博和吸食鸦片等恶习迅速蔓延。如因呼海路崛起的松浦镇，由于哈尔滨城内禁烟，不少烟馆转至松浦镇营业，结果，松浦镇大大小小烟馆有170多家，"平均每日每家收入可四十余元。吾人一入其室，见夫黑籍中人，错杂枕卧，一灯荧然，无异阴府"。⑥

---

① 卢作孚：《东北游记》，凌耀伦、熊甫编：《卢作孚文集》，北京大学出版社2012年版，第110页。

② 冷观：《东北视察记》，《国闻周报》6卷31期，第7页。

③《呼海铁路纪略》，第6页。

④ 丁世良、赵放主编：《中国地方志民俗资料汇编·东北卷》，北京图书馆出版社1997年版，第284、305页。

⑤ 丁世良、赵放主编：《中国地方志民俗资料汇编》第1册，国家图书馆出版社2014年版，第236页。

⑥ 辽左散人：《滨江尘嚣录》，《东游日记（外十六种）》上册，第1055—1056页。

三、小结

铁路及其带来的运输革命是现代化的重要推动力。在东北，铁路对现代化进程的第一轮大冲击是19世纪末和20世纪初期，即中东路、南满路和京奉路开通时期。1920年代，奉系的铁路建设对东北现代化造成了第二波冲击。这些铁路进一步巩固了东北以铁路为主要动脉、以其他陆路和水路为支撑、以港口为输出依托的交通运输格局，促进了东北经济的开发，带动了沿线工商业的活跃和区域经济发展，也对东北的城市化进程产生了积极影响。

1925—1930年，东北的城市化发展中，城镇数量从70个增加到75个，变化较大的均集中在1—5万人的中小城镇，其中，3—5万人的中等城镇增加了5个，1—3万人的小城镇增加了2个，城市人口从1925年的262.9万人增加到303.1万人。[①]这恰是奉系大力推动民族铁路建设和工矿业的时期，可以说，奉系的铁路和经济建设是东北城市化进程的重要因素。它促进了东北城镇数量增长，引起了部分原有城镇的转型，并且改变了城镇分布过于集中中东路、南满路、京奉路的局面，特别是黑龙江腹地、吉林东部、奉天中部和北部、奉天西部等地的城镇化有所提升。

城市化与人们的日常生活息息相关，奉系建设的铁路影响东北城镇数量和分布的同时，也促进了城镇中经济消费的变化，将它们与世界经济更紧密地联系起来，同时，也带来了其他基础设施、行旅往来等方面的新便利。

如果说20世纪初期中东铁路和南满铁路对东北的交通运输、经济发展和社会变迁造成的冲击在很大程度上是日、俄等外力侵夺东北路权和强制推动的结果的话，1920年代东北铁路发展对东北现代化的推动则可以说一定程度上是奉系主动选择和追求东北自主化发展的结果。

作者单位：湖南大学马克思主义学院

[①]［日］满史会著,东北沦陷十四年史辽宁编写组译:《满洲开发四十年史》上册,1987年版,第55页。

关内移民与近代东北城市化
（1860—1931）

范立君

　　城市化是由 18 世纪 60 年代首发于英国的工业革命引起，并逐渐弥漫全球的社会经济现象。城市化实质是由传统农业社会向现代工业社会转变的动态过程。城市数量的增加，城市规模的扩大，城市生产生活方式向周围的扩散，城市地域景观的拓展等，都是城市化的具体表现。东北地区在多种因素的作用下成为中国近代城市化发展水平最高的区域之一[①]，关内移民在近代东北城市化的开启与发展过程中发挥了重要作用。目前，学界关于关内移民与近代东北城市化的论著为数不多[②]，有待深入探讨。

　　[①]近代东北城市化经历了三个发展阶段：19 世纪末—1931 年，是东北地区城市化的起步阶段，城市体系粗具雏形；1931—1945 年，东北地区城市化出现畸形的快速发展，城市体系初步形成；1945—1949 年，东北地区城市化发展处于相对停滞状态。何一民、易善连：《近代东北区域城市发展述论》，《史学集刊》2002 年版，第 3 期，第 74 页。

　　[②]曲晓范：《近代东北城市的历史变迁》，东北师范大学出版社 2001 年版、《清末民初东北城市近代化运动与区域城市变迁》，《东北师大学报》(哲学社会科学版)，2001 年版，第 4 期；何一民、易善连：《近代东北区域城市发展述论》，《史学集刊》2002 年版，第 3 期、《近代东北城市殖民地化的进程及特点》，《社会科学辑刊》2003 年版，第 1 期；吴晓松：《东北移民垦殖与近代城市发展》，《城市规划汇刊》1995 年版，第 2 期；王杉：《20 世纪 20 年代东北城市移民管窥》，《绥化师专学报》2001 年版，第 3 期；陈亮、陈晓红、李诚固：《近代东北区城市化与工业化相互作用的过程分析》，《城市发展研究》2004 年版，第 6 期；曲晓范、谢春河：《清末民初第三次关内移民浪潮与东北中、北部地区交通近代化和城市化》，《黑河学院学报》2011 年版，第 4 期；刘永伟：《晚清东北城市化探究（1861—1911）》，大连理工大学 2010 年硕士学位论文，等等。

一、关内移民与近代东北地区人口的急剧增长

农业人口向非农业人口的转化，城市人口的自然增长，特别是机械增长，成为城市化的重要推动力。清末民初，关内移民大批迁入东北地区，在为该区域提供劳动力的同时，使东北城市人口急剧攀升，带动了东北城市化的快速发展。

咸丰末年，清政府在内外交困之下，终于废除封禁政策，开始主动向东北移民。1904 年，东三省全面开禁，此后关内向东北移民出现了近代以来的第一次高潮。山东、河北、河南等地的人民，闻风而动，"纷至沓来"，出关人数"日难数计"[①]。那么，清代 200 多年间，迁入东北的移民数量究竟有多少？历史上没有确切记载。中国著名地理学家、人口学家胡焕庸曾说：东北三省人口增长史，显示着冀鲁豫三省人口外移的过程[②]。因

表 1　1753—1911 年全国和东北人口数量表　　（单位：万人）

年　　代	全国	东北	奉天	吉林	黑龙江
1753 年（乾隆十八年）	10275	22			
1757 年（乾隆二十二年）	19034	42			
1762 年（乾隆二十七年）	20047	67			
1767 年（乾隆三十二年）	20983	71			
1786—1791 年（乾隆五十一至五十六年）平均	29699	97	82	15	
1812 年（嘉庆十七年）	36169	124	94	30	
1830—1839 年（道光十至十九年）平均	40322	248	216	32	
1840—1850 年（道光二十至三十年）	42126	373	241	32	
1851 年（咸丰元年）	43189	290	258	32	
1862 年（同治元年）	25541	316	283	33	
1871 年（同治十年）	27531	330	297	33	
1881 年（光绪七年）	31247	455	421	34	
1891 年（光绪十七年）	34109	551	462	55	
1898 年（光绪二十四年）	36144	542	464	78	
1911 年（宣统三年）	36815	1841	1102	554	186

资料来源：据梁方仲：《中国历代户口、田地、田赋统计》，上海人民出版社 1980 年版，第 10、258、262—265、269 页制成。

① 《论山东难民多往奉锦二府事》，《申报》，光绪二年八月廿四日，第 1 版。
② 路遇：《清代和民国山东移民东北史略》，上海社会科学院出版社 1987 年版，第 19 页。

此，我们可以从东北人口的增长来推断移民的数量。

由上表可见，东北人口，从1753年的22万人，不到60年就增长到124万人，以后不到80年就超过500万，从1891年到1911年不到20年就从500余万陡增到1841万，显然主要是由于移民的结果。据估算，在这1841万人口中，关内移民至少有1千万[①]，这是东北地区人口发展史上的一次飞跃。另据台湾学者赵中孚综合各种数据，从中得出关于东北移民最低的统计数字，即从1661年到1908年约250年间，东三省的汉族移民从5000人增加到1445万[②]。即使这些人口数字偏低，我们也能够看出移民对于清代东三省人口增长的巨大贡献。

中华民国成立后，这种移民的势头有增无减，持续增大，成为"人类有史以来最大的人口移动之一"[③]。20世纪20年代是关内移民东北的高峰期，史料记载称之为"移民的狂潮"[④]。尤其是1923年至1930年的7年间，移民人数逐年增加，持续增大，至九一八事变前达到顶峰。"来东北谋生者，其特征一言以蔽之，就是难民多。"[⑤]《海关十年报告》记载说："多少世代以来，都有向满洲移民的——在19世纪70年代的大饥荒中，移民数量相当大——但是，从来没有像现在这样大的规模。"[⑥]

此间迁来之人口，"络绎于途，势如泉涌，南满铁路以及吉长铁路搭载之旅客数目，剧烈增长，殊为空前未有之现象"[⑦]。据满铁太平洋问题调查准备委员会统计，1923—1930年，关内移赴东北者约500余万人，其中1923年移入的人数为342038人，1924年为376613人，1925年为491949人，1926年为572648人，至1927年移民人数剧增，突破百万，1928、1929

---

①路遇：《清代和民国山东移民东北史略》，上海社会科学院出版社1987年版，第20页。

②赵中孚：《近世东三省研究论文集》，台北：成文出版社有限公司1999年版，第214页。

③《海关十年报告》（1922—1931）第1卷，第254页，章有义：《中国近代农业史资料》第2辑（1912—1927），生活.读书.新知三联书店1957年版，第638页。

④《海关十年报告》（1922—1931）第1卷，第254页，章有义：《中国近代农业史资料》第2辑（1912—1927），生活.读书.新知三联书店1957年版，第638页。

⑤满铁庶务部调查课：《民国十七年の满洲出稼者》，1929年日文版，第129页。

⑥《海关十年报告》（1922—1931）第1卷，第254页，章有义：《中国近代农业史资料》第2辑（1912—1927），生活.读书.新知三联书店1957年版，第638页。

⑦《1927年之移民与东省铁路》，《东省经济月刊》第3卷第3号，1927年版，第27页。

两年仍维持在百万以上[①]。1927年是民国时期东北移民关键的一年，是年"山东、直隶、河南的人民，受了荒歉和兵匪之灾，痛苦已极，不得不逃亡东北，图谋生活，东北入境的移民人数，突然增多，为以前所未有"[②]。据满铁人事课劳务股调查统计，从1927年开始，关内人口流向东北的人数，由1926年的50多万人猛增至100多万人，并且持续3年之久[③]。九一八事变后，中国东方问题研究会编写了《东北事件》一书，书中也有类似记载，"据统计家调查，民国十六年中国内地移往东北的人民约120万；民国十七年约110余万；民国十八年约130万"[④]。

表2 1912—1949年关内移民东北人数统计表 （单位：万人）

年份	迁入数	回返数	定居数	年份	迁入数	回返数	定居数
1912	25.2	8.0	17.2	1931	46.7	40.8	5.9
1913	26.0	8.0	18.0	1932	41.4	44.9	−3.5
1914	27.2	8.4	18.8	1933	63.1	44.8	18.3
1915	28.0	10.0	18.0	1934	69.0	43.9	25.1
1916	25.9	6.0	19.9	1935	51.9	49.5	2.4
1917	30.4	8.5	21.9	1936	43.6	45.2	−1.6
1918	27.2	12.0	15.2	1937	32.0	25.0	7.0
1919	33.0	11.0	22.0	1938	49.2	19.2	30.0
1920	33.6	11.5	22.1	1939	81.0	31.2	49.8
1921	36.2	13.2	23.0	1940	105.0	65.0	40.0
1922	36.8	13.4	23.4	1941	92.0	56.0	36.0
1923	34.1	24.0	10.1	1942	95.0	47.0	48.0
1924	38.4	20.0	18.4	1943	93.0	52.4	40.6
1925	47.2	23.7	23.5	1944	60.0	28.3	31.7
1926	56.6	32.3	24.3	1945	40.0	25.1	14.9
1927	105	34.1	70.9	1946	38.0	36.0	2.0
1928	108	57.8	51.1	1947	35.0	41.0	−6.0
1929	104	62.0	42.0	1948	25.0	35.0	−10.0
1930	74.8	51.2	23.6	1949	24.0	38.0	−14.0
小计	899	305	594	总计	1983.9	1073.3	910.6

资料来源：据杨子惠：《中国历代人口统计资料研究》，改革出版社1996年版，第1407—1409页制成。

---

①满铁太平洋问题调查准备委员会：《满洲に於ける支那移民に关する数的研究》，大连，1931年日文版，第6页。

②朱家骅：《浙江移民问题》，1931年版，第19—20页。

③东北文化社编印处：民国二十年《东北年鉴》，沈阳：东北文化社1931年版，第1270页。

④《东北事件》，第294页，转引自朱玉湘：《论"九·一八"事变后东北地区的关内移民》，《近代史研究》1992年版，第3期，第179页。

以上这些调查统计数字虽不尽一致，但足以说明，九一八事变前关内人口向东北迁移，自 1923 年开始逐渐加大，至 1927 年达到顶峰，出现了近代以来关内向东北移民的第二次高潮。这次移民高潮，不仅数量多、规模大，而且在时间上具有连续性，呈现出逐年递增之势。

上表是《中国历代人口统计资料研究》一书综合各种统计资料制成的民国时期关内移民数量表。表中显示，1912—1949 年历年进入东北地区的关内移民数量多少不一，但最少也在 20 万以上，其中有 4 个年份（1927、1928、1929、1940）的移民数超过了 100 万人。整个民国时期东北地区的移民总数为 1983.9 万人，其中在东北定居的为 910.6 万，定居率为 85%，诚可谓"全部近代史上一件空前的大举"①。

总之，清末民初，关内移民大量涌入东三省，使此区域人口数量快速增长，其中为数不少的移民进入城市谋生，直接带动了城市人口数量的提升。随着越来越多移民的迁入与开发，带动了农业、林业、矿业以及工商业的发展，原本荒无人烟的地方一跃而为城镇。

二、关内移民多元的职业构成促进了东北城市化的发展

人口职业结构是指从事经济活动的人口在各种职业中分布的状况和比例关系②。近代迁往东北的关内移民，其职业构成呈现多样化的态势，总的看来，以农业移民为主，其次为劳务移民，再次为工商业者。如此多元的职业是东北城市化开启与发展的重要因素。

（一）规模庞大的移民从事农业生产

东北地区的关内移民多是在家乡生存环境恶化的情况下，而赴东北谋生的赤贫者和灾民。据 1925 年在大连码头所作的统计，移民大约 70% 来自农家③。因此，他们到达东北后，大部分从事农业生产，多携带眷属和

---

① ［美］Walter Young:《美报之华人满洲移民运动观》，《东方杂志》第 25 卷第 24 号，1928 年版，第 49 页。

② 参见刘长茂:《人口结构学》，中国人口出版社 1991 年版，第 82 页。

③ 吕荣寰:《北满与东省铁路》，东省铁路经济调查局 1927 年版，第 43 页。

农具等零星杂物，以为"久居不归之计"①。特别是离铁路运输线较远的
地区，从事农业的比例更高。正如时人所说："中国移住吉黑奉一带之居
民……多数皆从事农业。二三十年间，遂化北满渔牧之乡，一变而为农产
之地"，"满铁中东铁路及其他公共团体之调查，谓百名难民中，85人
志在农业，为工者10%"②。据沈阳难民救济会1927年四、五两月间的统
计，在25836人中，有20191人从事与农业有关的职业，占全数的78%；
长春难民救济会在同一时间对12253人的调查，其中务农者为9284人，
占总人数的76%。又据满铁调查课的统计，1927年上半年由关内移入东北
的总人数为63万人，其中进入北满的有36万人，从事与农业有关工作的
为28万8千人，占入北满总人数的80%；在入南满的27万人中，从事农
业的为16万2千人，占南满总数的60%；而在全满中，从事农业的为45
万人，占入满总数的71%③。

　　移民虽大多从事农业开垦，但有劳动力雇佣化的趋势，这是由当时
东北的地主、官僚、商人、军阀对土地的高度垄断决定的，再加上移民
"大多是一贫如洗的贫农和灾民，不但绝无购买或承领荒地的能力，也无
抢垦的可能，甚至初到时连独立租地耕种的能力都没有，他们既不能得
到当地政府经济上的帮助，又不能获得地主相当的宽待，因此初到时大多
只能当雇农"④。陈翰笙在20世纪20年代末期对移民的职业状况作了调
查，结果显示：移民多当"雇农、佃农，做小贩、手艺和铁路工人的不到
20%"⑤。如，辽宁省的移民，"6/10被人雇佣垦地，3/10自领官地垦荒；
其余1/10为工人，因无力领荒，故多为人雇用。故自能谋生，不受人指使
者，仅3/10而已"。吉林省，"5/10受公团指导，呈领官荒自垦，4/10为人
佣田，1/10为苦力"⑥。可见，移民中充当雇农的比例还是比较大的。他们

<hr/>

　　①赵琪修、袁荣叟纂：《胶澳志》卷3，民社志，青岛华昌印刷局1928年版，第130页。
　　②朱偰：《满洲移民的历史和现状》，《东方杂志》第25卷第12号，1928年版，第16、18页。
　　③满铁庶务部调查课：《民国十六年的满洲出稼者》，大连，1927年日文版，第145页。
　　④冯和法：《中国农村经济资料》，上海黎明书局1933年版，第997页。
　　⑤陈翰笙：《难民的东北流亡》，冯和法编：《中国农村经济论》，《民国丛书》第2编，
第35册，上海书店1990年影印版，第346页。
　　⑥朱偰：《满洲移民的历史和现状》，《东方杂志》第25卷第12号，1928年版，第18页。

除当雇农或佃农外，也有的在荒山旷野建造窝棚，聚族而居，从事烧荒开垦[1]。

清末民初，来到东北的关内移民加快了此区域的土地开发，东北农业随之兴起，这为城市发展提供了粮食等必要物质资源。同时，城市化的推进亦带动了农产品的商品化，将城市与乡村连为一体，形成良好的互动关系。

（二）劳务移民为城市发展提供了充足的劳动力

关内移民在东北除大多从事农业劳动外，其他则被第三产业吸收，在城市、矿山、内河航运、铁路沿线从事劳务工作。如，20世纪初，仅辽河水运一项至少吸纳了山东和天津白河沿岸的船工及其家属在内约20万人，"在船水手以此谋生者约10万余人"[2]。东北各矿山中，直鲁人也占有相当大的比例。据调查，1914—1921年抚顺煤矿所用矿工中，90%以上来自山东、河北，其中山东人尤多，实达半数以上[3]；奉天本溪湖煤矿，"就中人山东居其大半，直隶人次之。至于庙儿沟制铁所，则土著虽多，仍以山东人居其大半"[4]。另据《东方杂志》载，1925年，在大连、营口、鞍山、抚顺、安东、中东路沿线及辽河沿岸从事港口装卸、土木建筑、采矿等劳动的苦力数目总计约70—80万人，仅营口日需这样的劳力就达3万人[5]。

铁路建设作为近代东北一项大型工程，也吸引了众多移民。民国时期，东北三省的铁路系统相当发达。据金士宣1930年统计，东北计有北宁、四洮、吉长、吉敦等国有铁路1631公里，洮昂、齐克、呼海等省有铁路769公里，沈海等省商铁路352公里，中俄合办的中东铁路1720公里，中日合办的铁路337公里，日本经营的南满铁路1201公里，东北铁路总计6010

① 干志耿、李士良：《清代黑龙江地区的开发及其社会矛盾》，《黑龙江大学学报》1979年版，第4期，第94页。

② 辽宁省档案馆藏：《奉天省公署档案》，卷4068号。

③ 王清彬等：《第一次中国劳动年鉴》（1928年），北平社会调查部1928年版，第365页。

④ 王清彬等：《第一次中国劳动年鉴》（1928年），北平社会调查部1928年版，第366页。

⑤ 徐恒燿：《满蒙的劳动状况与移民》，《东方杂志》第22卷第21号，1925年版，第39—40页。

公里。以上三系路线，"较之全国国有民有及外人自办铁路之长 13000 公里（民国十三年统计），不啻占其半数，可见东北铁路之发达矣"①。如此发达的铁路系统，在一定程度上可以说归功于直鲁等省招募的苦力。如，在修筑中东铁路期间，就有烟台、龙口等地 17 万名工人从事此项劳动②；1927 年奉天修筑奉海铁路，从河北的大名、邯郸、磁县、广平等地招募工人 3000 名③；翌年，黑龙江为修筑呼绥铁路，在京津一带即募得工人 8000 人④。

可见，关内移民满足了东北城市发展对劳动力的需求，他们在城市、矿山、内河航运、铁路建设等领域从事劳动，促进了城市相关领域的繁荣兴盛。

（三）工商业移民是城市经济的加速器

关内移民不仅为东北工矿业的兴起、铁路建设提供了充足的劳力，而且有一部分还带来了资金，成为工商业经营者。

东北"各城的商人和手工业者，很少是土著的，大多来自关内山西、山东、直隶、河南等省，逐渐成为山西帮、山东帮、河北帮等行帮势力"⑤。关内商人很早就在东北经商，早在清朝初年，山东、河北、山西等省的商人，就已深入到东北各地，开办商店，经营烈酒、棉花、靴帽、药品等。有的从事长途贩运，把东北的粮食及其加工品、土特产与关内的纤维制品、农业机具等进行交换。据史料记载，盛京地区的山东登、莱商人较多，然"在东省地方设烧锅者以山西为最多，设杂货店者山东人亦不居少数"⑥。而在偏远落后的黑龙江地区，"商贩多晋人，铺户多杂货铺，客居应用无不备"⑦；"汉民至江省贸易，以山西为最早，市肆有逾百年者，本巨而

---

① 金士宣：《东北铁路现势及我国铁路政策》，《东方杂志》第 27 卷第 19 号，1930 年版，第 13—15 页。

② 田方、陈一筠：《中国移民史略》，知识出版社 1986 年版，第 130 页。

③《工人过津赴奉》，天津《大公报》，1927 年 4 月 25 日，第 7 版。

④《呼绥铁路在京津一带招工》，天津《大公报》，1928 年 3 月 21 日，第 2 版。

⑤ 杨余练等：《清代东北史》，辽宁教育出版社 1991 年版，第 387 页。

⑥ 金毓黻：《静晤室日记》第 3 册，辽沈书社 1993 年版，第 1897 页。

⑦（清）西清：《黑龙江外记》卷 5，黑龙江人民出版社 1984 年版，第 55 页。

利亦厚"①。

民国年间，关内商人皆以聚积粮食、转销杂货为大宗，其经营类别有粮栈、货栈、杂货铺、当铺、钱庄、药铺、饭铺、皮货铺等 10 多类行业。他们不仅成为东北地区内部以及关内外之间商品交换的中介人，而且还经营实业，如油坊、烧锅（酿酒）、制粉等②，在东北商品流通与贸易中起着举足轻重的作用。如，在东北北部的工商业中，虽然投资于工商业的地主、商人、资本家只占关内移民的极少数，但是，他们在当地经济生活中有着相当大的影响。据 20 世纪 20 年代初的统计，哈尔滨的滨江商会和总商会共有 58 名会董，山东、河北人即占了 86%，东北当地人只占 14%③。黑龙江省的黑河地区，山东帮商人最有势力，中俄边境商务活动"为山东帮所独占"④，"满洲人及俄国商人固无论矣，即德国人之精于商者，亦退避三舍，不能与山东人抗衡，是以山东人在满洲西伯利亚一带经济上之势力，足以凌驾一切，握商业上之霸权"⑤。据《奉天通志》记载，在沈阳的 4040 户商号中，开设于咸、同以前的仅 102 户，光绪、宣统年间的 594 户，其余 3344 户都是民国初年时设立的，"其资本主直、鲁、晋、豫人占十之六七，本省只占少数"⑥。《吉林新志》也载，"直、鲁、晋、豫、苏、浙、闽、广等地之商人投其余资于满洲，而直、鲁、晋三省，在本省经济之势力为独厚"⑦。这些移民经营的繁盛兴旺的工商业激活了城市经济，促进其加速发展，有利于东北城市化进程更快地向前推进。

综上，进入东北的关内移民有两个流向：一是流入农村，从事农业、林业等体力劳动，生产城市必需的各类产品；二是进入城市从事工商业，

---

① （清）徐宗亮：光绪《黑龙江述略》卷 6，丛录，黑龙江人民出版社 1985 年版，第 83 页。

② 周春英：《近代关内移民与东北区域经济变迁》，东北师范大学 1999 年硕士学位论文，第 18 页。

③ 殷仙峰：《哈尔滨指南》，东陲商报馆 1922 年版，第 19—20 页。

④ 中国银行总管理处：《东三省经济调查录》，沈云龙：《近代中国史料丛刊三编》第 28 辑，台北：文海出版社有限公司 1978 年影印版，第 310 页。

⑤ 吴希庸：《近代东北移民史略》，《东北集刊》第 2 期，1941 年版，第 53 页。

⑥ 参见王树楠、吴廷燮、金毓黻：民国《奉天通志》卷 115，商业，沈阳古旧书店 1983 年影印版，第 2588—2593 页。

⑦ 刘爽：民国《吉林新志》，长白丛书本，吉林文史出版社 1991 年版，第 386 页。

繁荣城市经济。关内移民不同的职业选择是城市发展必不可少的元素，它们的交叉互动成为近代东北城市化发展的不竭动力。

三、近代东北城市化的特征

人口是城镇形成与发展的先决条件，城镇的形成与发展无不以外来人口的大规模迁入为前提，仅仅依赖本地原有人口的自然增殖不可能形成一定规模的城镇。就东北地区而言，随着清末民初关内移民向这里的不断迁居，人口聚集，土地大量开发，农业、手工业、商业出现了前所未有的发展，城镇随之兴起，城市化步伐大大加快，即：城市数量陡然增多，单体城市规模不断拓展；铁路沿线城市带形成等。

清末民初，关内移民向东北聚集，城市中各种非农产业的出现，引起城市数量的增多与单体城市规模的拓展。

（一）城市数量陡然增多

清末民初，随着大片土地的放垦，关内移民东北者络绎不绝，在原来人烟稀少的地区出现了许多村屯，这些移民聚集点逐渐发展为城镇。这种在招民垦荒中出现的城镇，主要集中在吉林、黑龙江两省。吉林的珲春、延吉、三岔口（今黑龙江东宁市）、绥芬河、穆棱、汪清、蜂蜜山（今黑龙江密山市）等城镇就是由于垦民大量聚居，而逐渐形成的。如延吉，清初为封禁围场，人烟稀少。至光绪末年，已是"市街长2里，宽1里"，"商务颇盛，木店、布店、酒店居多，居民共约300余户，人口约1300人"[①]。三岔口在移民前，"民户零星散处，仅有17家"，至1887年，本无集镇的三岔口已是"铺户约有50余家，后街房屋亦次第兴造，不数年间，居然城市、农工商贾各有欣欣向荣之意"[②]。开垦民荒给城镇带来的繁荣，由此可见一斑。1889年，三岔口"街市居民、铺商215户，丈量街里房基

---

① 宋教仁：《间岛问题》，吉林文史出版社1986年版，第328—329页。
②（清）吴大澂：《皇华纪程》，长白丛书本，吉林文史出版社1986年版，第328、329页。

162处，盖房964间"①。黑龙江的呼兰、巴彦、北团林子（合称"呼兰三城"）也是在土地开禁中兴起的。北团林子（今绥化市）在开禁之前，居民很少，兴垦后发展较快，至光绪初年已形成了集镇，1878年绥化镇划分街基，开凿城池②。据《黑龙江将军衙门档案》记载，1879年时，该地已有移民共1271户，男妇、大小共6144口，"北团林街商民117户，共贸易人1046口"③，其中较大的商号福泉涌雇佣伙计达40人之多。在较短的时间里，呼兰地区城镇建设十分迅速，到1889年时，呼兰地区已是"三城相望，粮产富饶，商贾因之麇集，汉民居户不下十有余万"④。

由于放垦速度的加快，移民的大量增加，清末，东北地区的新兴城镇已初具规模。1907年后，清政府相继增设了大批州县，到1911年，东北已有府厅州县114处，这些州县的治所，都是大小不同的城市或集镇。还有一批不是府厅州县治所的城镇，也具有一定规模。据1909年的调查统计，东北三省设有油坊的城镇，共158座，其中居民在万人以上的有40座。另有调查资料显示，清末东北万人以上的城市共计50座。其中20万人以上的城市1座，5至10万人的城市4座，3至5万人的城市9座，1至2万人的城市36座。这50城中，属1840年已有的老城22座，占44%；其余28城，都是在1840至1911年间兴起的，占56%。在50城之外，还有人口在4千至1万之间的城镇计30余座⑤。到清朝末年，在东北大地上，新兴城镇已是星罗棋布，东北城镇发展速度之快，分布之广是空前的。

从上可知，近代东北城镇的兴起是伴随着内地移民东北的浪潮完成的，短时间内崛起了一批新兴城镇，城市数量陡然增多。

①黑龙江省档案馆：《黑龙江设治》（下），1985年内部版，第719页。

②常荫廷修，胡镜海、张海清纂：民国《绥化县志》卷2，建置志，黑龙江省图书馆藏，民国九年铅印本，第44页。

③中国第一历史档案馆满文部、黑龙江省社会科学院历史研究所：《清代黑龙江历史档案选编》（光绪元年至七年），黑龙江人民出版社1988年版，第277页。

④（清）徐宗亮：光绪《黑龙江述略》卷2，建置，黑龙江人民出版社1985年版，第31页。

⑤杨余练等：《清代东北史》，辽宁教育出版社1991年版，第458页。

　　（二）单体城市规模不断拓展

　　据统计，至 1840 年，奉天省有 17 城，包括盛京（今沈阳）、辽阳、开原、兴京（今新宾县）、铁岭、抚顺、牛庄（今营口）、凤凰（今凤城市）、熊岳、岫岩、金州（今大连市金州区）、复州（今瓦房店市）、盖州、广宁（今北镇市）、宁远（今兴城市）、锦州、义州（今义县）。吉林省有 8 城：吉林、宁古塔（今黑龙江宁安市）、三姓（今黑龙江依兰县）、伯都讷（今扶余市）、阿勒楚喀（今哈尔滨市阿城区）、拉林（今黑龙江五常市拉林镇）、双城堡、珲春。黑龙江省有 6 城：齐齐哈尔、瑷珲（今属黑河市）、墨尔根（今嫩江县）、呼兰、海拉尔、布特哈（今龙江市东北），总计 31 城[①]。到 1850 年，东北已有大约 50 个城镇[②]。这些城镇最初主要是为军事防务及政治需要而设置的，带有很强的军事色彩。后来商贾渐集，但 1860 年之前，它们的规模都还不大。1860 年东北局部开禁，特别是 1904 年全面开禁后，东北原有的城镇，规模迅速扩大，同时大批新的城镇纷纷兴起。这些城镇不是建立在军事驻防的基础上，而是在招民垦荒、移民实边与铁路、港口兴建的过程中，陆续发展起来的[③]。此时，东北的城镇才真正具备了近代意义上的性质与规模。

　　这一时期，关内移民除大部分进入农村，成为农业劳动者外，还有一部分则被原有城镇及城郊的工矿业及其他事业所雇用。如满铁调查报告所说，东北"城市工人的前身大多为农民，它的构成，一是割断了和农业生产的关系而转化成为纯粹的无产阶级，另是利用农闲期离乡出来打零工挣钱的实际农民"[④]。这些进入城镇的农民为城镇提供了充足、廉价的劳动力，不但使城镇人口数量快速增长，而且促进了城市各项事业的发展，尤其对工矿业的发展起了很大作用。

---

①杨余练等：《清代东北史》，辽宁教育出版社 1991 年版，第 457 页。

②曲晓范：《近代东北城市的历史变迁》，东北师范大学出版社 2001 年版，第 5 页。

③杨余练等：《清代东北史》，辽宁教育出版社 1991 年版，第 457 页。

④满铁调查部：《资料汇报》，1941 年版，第 60 页。

表3 1907—1930年东北城镇发展概况表

城镇人口规模	1907	1915	1925	1930
20万人以上	—	—	3	3
10—20万人	2	3	1	2
5—10万人	4	3	9	6
3—5万人	7	10	6	11
1—3万人	24	34	51	53
城镇数量总计	37	50	70	75
城镇人口数	1062（千人）	1544（千人）	2629（千人）	3031（千人）
农村人口数	16717	18566	23873	26544

资料来源：［日］满史会：《满洲开发四十年史》（上卷），东北沦陷十四年史辽宁编写组译，辽宁省内部图书准印1988年版，第55页。

上表是1907—1930年东北城镇发展情况统计表。由表可知，在1907—1930年的23年间，东北万人以上的城镇数由37个增长到75个，其中1万至3万人的小城镇增长速度最快，由24个增加到53个，增长约1.2倍。随着城镇数量的增加，城镇人口数也相应上升，由1907年的1062000人增加到1930年的3031000人，20余年间，城镇人口约增加3倍。这单靠原来城镇人口的自然增殖是不可能的，显然是人口机械增长的结果。为了安置涌入的大量移民，城市空间与规模不断拓展，这无疑加速了东北城市化的进程。

（三）铁路沿线形成城市带

近代铁路的修筑也促进了城镇的兴起。清末民初，东北四通八达的铁路网络系统基本形成，畅通的交通线联络着东北地区和内地，为关内人口向东北地区迁移提供了极大的便利，因此铁路沿线大小村镇聚集人口日多，一批新兴城镇在铁路沿线及附近地区迅速崛起，大中城市的数量明显增加，小城镇的增长更为迅速，逐渐发展成为中小城市，甚至大城市[1]。当时东北地区因铁路修筑而兴起的城镇主要有哈尔滨、齐齐哈尔、牡丹江、佳木斯、绥化、满洲里、公主岭、四平等。

哈尔滨原是松花江右岸的几个自然村（"哈尔滨"是满语，原义为"晒鱼网场子"或"渔村"之意）。1897年俄国人开始修筑中东铁路，关内农

---

[1] 王杉：《简析近代东北城市的兴起》，《辽宁大学学报》2001年版，第4期，第32页。

民蜂拥而至，达数十万之多，"当时不过筑路而已，鉴于中东沿线土地之肥沃，人烟之稀少，乃有久居之计"①。因此，处于中东路中心地位的哈尔滨，人口迅速增加，1904年时人口达3万，1929年增加到16万②。到20世纪20年代初，哈尔滨已跻身于大城市行列，与南部的沈阳、中部的长春成为东北三大政治经济中心。

齐齐哈尔，原是北满地区的军需基地和驿道中心，中东、齐昂等铁路通车之后，发展迅速，成为黑龙江省第二大城市。其他如公主岭、四平、绥化、满洲里等也都是由于铁路经过而形成的市镇③。由下表可见一斑。

表4　九一八事变前东北铁路沿线城镇一览表

铁路交通线	人口数	城　　镇
满铁线	1091389	旅顺、大连、金州、瓦房店、鞍山、辽阳、奉天、开原、四平街、公主岭、长春、安东、盖平城、海城、凤凰城、昌图城、抚顺
中东线	649726	哈尔滨、双城堡、三岔河、一面坡、昂昂溪、阿什河、安达站、海拉尔、满洲里
奉山线	120340	锦州、新民府、绥中
吉海线	47000	海龙、朝阳镇、磐石
四洮线	129600	洮南、郑家屯、白音太来
沈海线	69000	大疙瘩、北山城子
开丰线	41990	开原城、陶鹿
天图线	28508	局子街、龙井村
呼海线	69000	绥化、呼兰、海伦
吉长线	191108	吉林
吉敦线	15988	敦化
洮昂线	58404	齐齐哈尔
总　计	2512053	

资料来源：［日］天野元之助：《满洲经济の发达》，大连，1932年日文版，第84页。

总之，清末封禁政策的废除，使东北地区的人口逐渐增加，在移民聚居的地方，村落随之出现，其中一些逐渐发展为城镇；同时，移民的增加也

① 俞方：《忆哈尔滨》，《殖边月刊》第2卷第8期，1934年5月，第10页。

② 安瑞：《哈尔滨中外人口之今昔观》，《中东经济月刊》第6卷第11号，1930年11月，第29页。

③ 姜益、徐精鹏：《铁路对近代中国城市化的作用探析》，《上海铁道大学学报》2000年版，第7期，第58页。

促进了城市人口的增长，为城市的发展提供了充足的劳动力；而铁路交通运输的发达，便于移民的快速流动与商品的互通有无，促进了城镇经济的繁荣，形成了颇具规模的城市带。从而吸引更多的人口迁入城镇，城镇规模不断扩大，数量明显增多。

综上所述，关内移民的涌入，改变了城市的人口数量与人口构成，为城市化开启与发展准备了人口因素。加之水陆交通线的形成，为人口与物质有序流动提供重要保证，带动了沿岸沿线城市的兴起与发展。移民的到来，加速了东北土地开发与农业发展，耕地面积剧增，粮食产量迅速提高，东北商品粮基地初步形成。农业生产的发展，带动了手工业、商业的繁荣，近代城镇普遍兴起，内地与边疆地区的经济联系进一步加强，于是初、中、高三级市场体系得以构建，促成了商业近代化，从而拉动城市经济增长。在众多因素的作用下，近代东北城市化获得开启与初步发展，其中，关内移民是 19 世纪末至 1931 年东北城市化启动与初步发展的关键原因，使此阶段城市数量、规模与分布等都刻有移民的烙印。这为近代东北城市化成为全国发展水平最高区域之一，打下了坚实的基础。

作者单位：吉林师范大学历史文化学院

张氏政权时期关东州满铁附属地城镇建设及殖民化特征

王希亮

日本攫取关东州租借权及南满铁路经营权后，利用各种龌龊手段不断扩张附属地，同时颁布《城市规划法》及《市街地建筑物法》等，对所辖城镇进行了规划、建设与改造。尽管这些规划、建设与改造带有部分现代化的因素，但是，日本的殖民利益及殖民需求决定了这些规划、建设与改造带有浓厚的殖民化特征，根本惠及不到当地的中国民众。

一、关东州市街建设及大连港中心主义

1906 年 9 月，日本政府颁布《关东都督府官制》，宣布成立关东都督府，由陆军大将大岛义昌出任首届都督，行使包括大连、旅顺、金州、普兰店、貔子窝等地域在内的关东州统治权，总面积 3462 平方公里[①]，俨然成为建立在中国土地之上，却超脱中国主权范围及管辖之外的独立王国。

关东州辖区内计有 5 座城镇，分别是大连、旅顺、金州、普兰店以及貔子窝。1907 年，关东都督府颁布《大连旅顺卫生组合规则》，作为管理这两座城市的公共机关，具体负责市政的各项事业。1915 年 9 月，又颁布

---

① 拓务大臣官房长官文书课：《拓务省统计概要》第三回（昭和 7 年 1 月），日本国立公文书馆・アジア历史资料センター：レファレンスコード：A06033502200。

《大连旅顺市规则》，以市制取代卫生组合职能，市设市长、助役、收入役、主事、书记等官职，市长由关东厅长官任命，其他人选由市长推荐。另设市会，作为市政的议决机关，市会会长由关东厅长官任命，市议员由日本人选举产生。[1] 从 1908 年开始，关东州当局颁布大连市街计划，决定扩张市街面积 205 万坪，总面积达 475 万坪。[2] 市中心以沙俄占据时的尼古拉广场为圆心（现中山广场），放射状修筑十条道路，以日俄战争时日本将领的名字或日本国内的地名命名为"大山通""山县通"等[3]，被道路分割的区域分别命名为"儿玉町""乃木町""东乡町""美浓町""飞蝉町"等。[4]另在广场周边建设关东州都督府官衙、高级宾馆及其他公共设施建筑。最后，大连市街形成四个区域，分别是住宅区、混合区、工厂区及商业区，在这些区域内除进行道路、房舍、卫生设施、教育机构、社会事业、上下水道、电气、瓦斯等设施的建设外，还兴建了公园、图书馆、音乐堂、星浦浴场、别墅区等设施，自诩"在避暑避寒以及清游方面堪称南满第一"。[5]

1907 年关东州民政部移至旅顺，开始进行为期 10 年的市街建设计划，着手道路、桥梁、房舍、公共设施以及上下水道的施工，当然主要目的是服务于日本官宦以及各色人等。到 1923 年，市街建设基本完工。此外，开始营建以纪念大正天皇为名的大正公园，以及作为"州民信仰灵地"的神苑[6]，两项工程直至伪满后期才告竣工。

---

① 关东长官官房文书课：《关东厅要览》，昭和 3 年版，アジア历史资料センター：レファレンスコード：A06033513700。

② 一坪约等于 3.3 平方米。

③ 这里的"通"，在日语中为"路""道"的意思。

④ 财团法人满铁会编：《满铁四十年史》，吉川弘文馆，2008 年 4 月版，第 35 页。

⑤ 大藏省管理局：《日本人の海外活动に关する历史的调查》满洲篇，第四分册，1946 年 9 月，第 126 页。该资料是战后初期日本大藏省编辑印刷并标有"极密"字样的内部资料，目的是"评估"日本在海外的资产，涉及明治维新以来直到战败日本人在朝鲜、满洲、台湾、中支、北支、中南支、欧美、南方、南洋群岛等地域的经济活动资料，全 33 卷。上世纪 70 年代，日本部分学者主张翻拍印刷出版，竟引发一场牵扯"著作权"的诉讼，直到 2000 年，这批资料才由小林英夫监修、纪伊国屋书店出版，全 23 卷，24 册。本稿采用的是原版资料，包括引用资料的页数。

⑥ 大藏省管理局：《日本人の海外活动に关する历史的调查》满洲篇，第四分册，第 128 页。

金州为辽东半岛的古城，日本将金州并入关东州辖区后，号称继大连、旅顺之后的第三都市。从 1922 年起，以金州车站为中心，开始拆迁旧官衙、商铺、住宅等，进行所谓的新市街建设，相继营建了道路、官厅、宿舍、水电设施以及日本棉花株式会社厂区，到 1926 年 4 月，所谓的新市街建设基本告一段落。

除以上三个城市外，关东州还辖管普兰店、貔子窝等城镇，在这些地域也不同程度地进行了城镇建设或"改造"。

日本占据关东州后，推行"大连港中心主义"，延续沙俄时期的大连港建设计划，对大连港进行大规模的扩建。到 1912 年，首先完成全长 370 米的东部防洪堤坝，1917 年，完成全长 3800 米的西部堤坝，并修筑了可容纳 3 艘万吨级船只或 22 艘总停泊量 9.5 万吨的避风浪码头。在营建大连港的同时，又改造旅顺军港一部为运输煤炭的港口，同时开辟安东港，形成对营口港的挤压之势。这样，到 1912 年，大连港终于取代营口港在东北的地位，成为东北第一大港。到 1919 年，大连港的吞吐量又超过汉口、天津和广州港，成为国内仅次于上海的第二大港。1930 年，满铁经营各港口的吞吐量分别为，大连港 632.5 万吨，营口港 116.2 万吨，安东港 12.2 万吨（1929 年数字），旅顺港 59.8 万吨。[①] 这些货物为日本经营的南满地区进出口全部及北满地区货源的 1/2 左右。[②]1915 年，满铁成立大连汽船株式会社，开发海运业。到 1920 年，拥有 40 艘航船，另租用 19 艘，总吨位达 12.74 万吨，开辟有大连—天津；大连—安东；大连—青岛—上海；天津—青岛—上海；大连—龙口；营口—大连—阪神线；大连—香港—广东；大连—名古屋等多条航线，成为东亚海运业中的王者。满铁通过港

---

①大藏省管理局：《日本人の海外活動に関する歴史的調査》满洲篇，第三分册，第560页。

②1921 年，满铁在哈尔滨成立运输营业所，开展大豆的收购、保管（仓库）、运输等业务，到 1922 年，该营业所的支店或出张所几乎遍及中东路沿线。同时，满铁主动向中国人货栈、贸易商及银行业提供大豆等特产物预购资金。由于满铁不计成本地抢夺北满货源，对中俄合办的中东铁路以及俄人的乌苏里铁路构成强劲的威逼。从 1924 年开始，俄国人不得不坐下来与满铁谈判，到 1929 年 2 月，双方议定，北满特产（大豆、小麦等）的东行及南下比例各占一半。这样，满铁从中东路抢来一半货源。金子文夫：《近代日本における对满洲投资の研究》，第 407 页。

口建设及垄断经营，以及海运业的发达，使日本对东北的输出入贸易额始终占绝对领先地位。1930年，日本对东北输出396714海关两，输入306999海关两，分别为1907年的1624%和864%，出超89714海关两。[1]日本从东北输入的产品以大豆三品等农副产品为主，占东北输出总额的73%—78%（1926—1930年数字）。[2]日本输入东北的商品则以棉纺织品为重头。有学者评论，"在政府资金、军政、满铁等国家性、军事性的支持背景下，成功地驱逐了美国的棉布，获取了日本棉布的市场支配地位"。[3]

二、满铁附属地城镇的殖民经营

1906年8月，继日本政府颁布《关于南满洲铁道株式会社之件》（敕令第142号）后，外务、大藏、递信三大臣下达《命令书》，内中规定，"在政府认可下，该社可在铁路及附属事业用地内建设有关土木、教育、卫生等必要设施"（第五条），"为支付前条之经费，经政府认可，对铁路及附属事业用地内居民可征收手续费，分课其他必要之费用"（第六条）。[4]这便是"附属"一词的由来，也是日本政府公然践踏中国主权，擅自将行政权授予满铁的第一份官方文件。为此，满铁总社设立有地方部，下设庶务、地方、土木、建筑、学务、卫生等课，配署日籍官员，俨然以附属地最高统治当局的面目出现，开始进行所谓的城镇建设与改造，并在这些城镇公然行使包括警察权、司法权、课税权、教育权等在内的行政管理权。

满铁附属地辖下计有瓦房店、大石桥、营口、鞍山、辽阳、奉天（部分）、铁岭、开原、四平街、公主岭、抚顺、长春（部分）、本溪湖、安东（今丹东）等14座城镇。1907年，满铁首先在大石桥、辽阳、公主岭、奉天、铁岭、长春等城镇设立起地方部出张员事务所（后更为地方事务所），

---

① 大藏省管理局：《日本人の海外活動に関する歴史的調査》满洲篇，第三分册，第176页。
② 大藏省管理局：《日本人の海外活動に関する歴史的調査》满洲篇，第三分册，第177、178页。
③ ［日］金子文夫：《近代日本における対満洲投資の研究》，近藤出版社1991年2月，第141页。
④ ［日］有马胜良：《满铁研究资料シリーズ》第1卷，《满铁の設立命令書と定款》，东京，龙溪书舍1984年12月，第23、34页。

作为满铁地方部的派出机构,具体负责"所辖地区的土地与房屋出租事宜,并监督居留民会"。[①]截至1925年4月,其他城镇也先后成立起地方事务所,具体行使各城镇的行政统治权。另外,抚顺附属地的行政事务由抚顺煤矿庶务课代行。哈尔滨、吉林、郑家屯等三地由设在当地的满铁公所管理。

从1907年开始,满铁对上述城镇进行了勘测调查,将这些城镇划分成几种类型,然后根据各城镇的类型进行规划设计和建设。一是奉天、长春、辽阳等旧有城市,附属地多建在这些城市的近郊,与中国人居住区间隔有商埠地。二是公主岭、四平、开原等农产品集散地类型城镇,附属地多建在荒地或无人区。三是抚顺、本溪、鞍山等矿区,由于煤炭、铁矿的开采形成城镇,不属于原中东路的附属地,是满铁通过各种手段套购而形成的附属地。四是营口、安东等港口城市,日俄战争时由日本军政署管理,后移交满铁。五是熊岳、汤岗子、五龙背等具有旅游资源(温泉等)的城镇。

1919年和1924年,满铁先后颁布了《城市规划法》及《市街地建筑物法》,将日本国内的建筑规划法案原封不动地搬进东北,为的是保持与日本国内的"同质性"。按照日本的城市规划法案,满铁对附属地城镇进行了规划和建设,其共同特点是,一是以车站为中心,面向车站设置官公所、商业、住宅,背向车站设置工厂或仓库。二是对平坦地域设置方格型街路网,朝车站方向的道路斜向延伸。三是站前与市街结合部设置广场,广场周围建设大型公共建筑群。四是附属地设置公园和水源地。[②]

以奉天附属地的"改造"为例。奉天是东北最大的城市,是东北政治、经济、文化的中心,又地处京奉、安奉、奉海铁路的交通要冲。因此,日本殖民统治当局策划将奉天建设成殖民统治的重要据点。满铁经营南满铁路当时,奉天附属地仅600万平方米左右。满铁采取各种非法手段,先后将奉天铁路西侧、奉天至浑河铁路东侧以及靠近浑河的铁路西侧等土地"收购"到手,截至1936年,奉天附属地面积达1200万平方米。[③]满铁鲸吞

①解学思主编:《满铁档案资料汇编》第十三卷。《满铁附属地与九一八事变》,社会科学出版社,2011年11月,第70页。

②越泽明:《台湾·满洲·中国の都市計画》,载浅田乔二等编:《近代日本と殖民地》(3·殖民地化と産業化),岩波书店1993年2月,第196、197页。

③解学思主编:《满铁档案资料汇编》第十三卷。《满铁附属地与九一八事变》,第141页。

附属地的结果，给当地民众的生活和生存带来相当大的灾难。如1922年，沈阳县苏家屯村为满铁强行霸占土地一事向奉天省议会呈递《请愿书》，内称，"民国8年（1919年），满铁会社扩充该站（苏家屯站）附近用地计占1900余亩，每亩只给价奉小洋50元……民等迫于无奈只得遵办。至该署与日人所定条约内容如何，民等不知其详"。[①]1927年4月，沈阳县居民高永泰等50人联名致函奉天省长，文中称，"窃民世居沈阳南一乡养猪圈子，与日本南满路线附近，全村190余户，计人口3000余名，仅有田400余顷，衣食于斯，庐墓于斯，苟逢乐岁，室家可免冻馁……乃竟由沈阳县署派员携同日人将沿该路线附近一带所有民田强行勘丈，迫令卖让，所有庐墓，多半拆毁，及坟茔亦令一律迁出，大有刻不容缓之势……日人此举不惟侵我土地，实属蔑我主权"。[②]

满铁攫取与接收当时扩大两倍面积的附属地后，以南满铁路奉天车站为中心，修筑一条主干道，命名为"千代田通"。其他街路采取格子状方式，道路宽幅原设计为29米，后经满铁首任总裁后藤新平决断扩展到36米。格子状街路的重要交汇点设置广场，再从广场向外延伸道路。在方便宽敞的市街地，满铁先后修建了官舍、营业所、社员住宅，以及为日本人服务的水电、瓦斯、医院、学校、图书馆、公会堂、神社等设施。

抚顺盛产煤炭，是日本觊觎已久的重要资源。满铁接收抚顺煤矿后，立即着手收购矿区用地与市街用地，截至1931年，抚顺附属地面积已达到6016公顷（约为18048000平方米，18平方公里）[③]，成为满铁附属地中面积最大的一块附属地。与其他地方事务所不同，抚顺的城区改造及行政管理由抚顺煤矿庶务课（后地方课）代行。

对抚顺城区的所谓"改造"，实际上一切以攫取煤炭为第一目的。1907年至1908年，满铁矿方相继开发以日本将领命名的"大山""东乡"两煤矿，并于1911年先后投产，日产量达3000至4000吨。1920年，在龙凤、

①《奉天省公署档案》，载解学思主编：《满铁档案资料汇编》第十三卷《满铁附属地与九一八事变》。社会科学文献出版社2011年11月，第188页。

②《奉天省公署档案》，载解学思主编：《满铁档案资料汇编》第十三卷《满铁附属地与九一八事变》。社会科学文献出版社2011年11月，第189页。

③苏崇民：《满铁史》，中华书局1990年12月，第366页。

"大山"等矿试行"新"开采方法（累段倾斜长壁开采法），结果事故频出。
1916 年，"大山"矿井发生火灾，150 名中国劳工死于非命，日本人死亡
1 人。1917 年，煤矿粉尘爆炸，中国人死亡 900 余人，日本人死亡 17 人。
1923 年，老虎台煤矿发生火灾，中国人死亡 68 人。[①]除了开掘"大山""东
乡"以及露天煤矿外，在城区建设方面，矿方只注重日本职员、社员、居
民的生活起居，兴建了官厅、宿舍，平整了部分道路，建设了水电、瓦斯
等生活设施。而矿区周边居住的中国劳工及其家属，根本享用不到现代生
活的便利，仍然居住在低矮潮湿的简易房舍里，至于吃水煮饭等生活起居，
不过是勉强度日而已，根本得不到所谓城区建设与改造的任何实惠。

　　1909 年 8 月，满铁地质课长木户忠太郎在鞍山铁石山一带发现储藏
量达 3 亿吨的铁矿石，趁第一次世界大战之机，日本向中国提出包括鞍山
铁矿开采权在内的"二十一条"。1916 年，以中日合办为名成立振兴无限
公司，开始采掘矿石，开办制铁所。并利用早期汉奸于冲汉，收购鞍山站
至立山站约 678 万平方米的土地，另有水道用地 140 万平方米，市街用地
1147 万平方米[②]，到 1926 年，鞍山附属地达 1970 公顷。[③]在城镇建设中，
满铁方面设定 10 万人居住规模，设计主干道路宽幅 36 米，车站与中央大
道设方形广场，另在可以避免烟尘袭扰的地域设置日本人官舍、宿舍、医
院、学校、神社等设施，配备水电等便利生活的设施。自然，中国工人及
其家属没有享用这些设施的权利。

三、日本商业会议所及居留民团

　　在关东州满铁附属地以及日本人居住的各城镇里，不可忽略的是日本
人社团组织，他们在城镇建设改造，扩大殖民经营规模，确保殖民垄断地
位等方面发挥了官方不可替代的作用。1906 年，日本政府决定设立日本商
业会议所（后改称商工会议所），作为官方与经营者的沟通桥梁，由当地

---

① 财团法人满铁会编：《满铁四十年史》，吉川弘文馆，2008 年 4 月版，第 54、55 页。
② 财团法人满铁会编：《满铁四十年史》，第 66 页。
③ 苏崇民：《满铁史》，中华书局 1990 年 12 月，第 366 页。

最具实力的日本财阀或实业家充当头目，统一管辖日本资本在东北的经营事宜。从这一年开始，经奉天总领事馆报请，日本外务大臣批准，大连、安东、营口、奉天等商业会议所相继成立，初由各会议所自行制定《规则》及《定款》（选举办法之类），报请外务大臣批准。会议所设会头 1 人，副会头 2 人，另有议员若干人。

以奉天商业会议的《规则》为例，该《规则》的第一条规定，"奉天商业会议所由奉天及周边在留帝国臣民公推选出议员组成"。第二条规定了会议所的权限，其中包括："1. 为谋求商工业的发展，调查必须的方案；2. 对商工业法规的制定、改废、实施等向行政机关提出建议，表达商工业的利害关系；3. 回复行政机关有关商工业事项的咨询；4. 调查和公布商工业状况及其统计；5. 根据官厅的命令及商工业者的请求调查有关商工业事项，出具商品产地的价格；6. 根据官厅的命令进行商工业鉴定，并推荐考核人；7. 根据关系人的申请，裁决商工业纠纷；8. 在总领事认可下，设立和管理商工业的营造物，设置有利于商工业发展的必须设施"（其他略）。①

上述《规则》可以看出，第一，日本在东北各地设立的商业会议所绝非行会性质的"行业自治"组织，从它的成立到《规则》的制定，乃至人员的构成，领导层的任命等，均必须听命日本在东北的各领事馆或外事机构②，因此，它属于半官半商性质的地方组织。第二，明确规定各商业会议所必须接受日本在东北各地的领事馆及外事机构的指挥和操纵，必须毫不折扣地贯彻落实日本的殖民地经营方针、政策及其措施，也就规定了各商业会议所必须承担贯彻殖民地经营策略，垄断东北经济命脉的根本职责。第三，协调日本资本的商（工）业布局，调整产品结构，操纵东北市场，调节可能发生的纠纷，排斥和打击西方及中国的经济利益，进而组成日本资本统制东北经济领域的联合阵营。

---

①《奉天商業会議所規則》（明治 40 年 1 月 1 日），日本国立公文書館・アジア歴史资料センター：レフアレンスコード：B10074314500。

② 日本外务大臣币原喜重郎：《在支商業会議所規則制定に関する件》（1924 年 7 月）内具体规定了商业会议所的规则条款。日本国立公文書館・アジア歴史资料センター：レフアレンスコード：B10074315500。

　　商业会议所会员由各地日本工商界人士组成，但内部却分三六九等，依据财力或权势划分多个"级别"，其话语权及裁决权自然依据"级别"决定。以哈尔滨商业会议所为例，内部共划分 8 个级别，一级会员有满铁公所、东拓会社支店、横滨正金银行支店、朝鲜银行支店、三井物产出张所、铃木商店出张所、哈尔滨取引（交易）所、北满电气会社，每月缴纳"课金"150元。二级有小寺洋行出张所、白露（俄）事业公司、朝鲜银行傅家甸出张所、日本棉花会社出张所、满铁运输营业所、龙口银行支店、日清制油会社出张所、满洲制粉出张所等，每月"课金"90 元。三级有中东海林事业公司、北满兴业会社、东省实业出张所、东亚烟草会社哈尔滨贩卖所、怡信银行支店、哈尔滨皮革会社、极（远）东运输会社、山口运输公司、山本商店出张所、土地建物会社、松浦商会、哈尔滨银行等，每月"课金"40 元。最低一等是八级，大部分由个体经营者组成，如成田十郎、井子藤吉、富田音吉、安达友治、佐藤森三郎、矢部久米太郎、山口馨一郎、大桥照记等人，以及清木组合出张所、东田商店出张所等，每月"课金"2 元。[1]

　　可见，在商业会议所内，唯有财大气粗、后台坚挺者才有发言权，因此一级会员大多被"国策会社"或垄断财阀所控制，会头、副会头以及议员位置也被他们独揽，更有利于贯彻和推行日本的殖民地经营策略。

　　日本人在东北的基层组织除商业会议所外，还设立有居留民团。1905年，营口最早设立日本人居留民团，拥有会员 300 余人。[2]1906 年 7 月，奉天总领事馆以《馆令》形式颁布《居留民会规则》。同年 9 月，安东领事馆也以《馆令》形式颁布了《居留民临时规则》，这样，奉天和安东相继成立起居留民团。安东领事馆颁布的《居留民临时规则》中，明确规定各居留民团的行政委员由"领事馆指定"，"行政委员会决议事项需经领事官认可后方能实行"，费用支出"超过100美元需经领事官认可"等。[3]可见，居留民团也非日本人的"自治组织"。

---

　　①《哈爾浜日本商業会議所選挙権者名簿》（大正 11 年 4 月），日本国立公文書館・アジア历史资料センター：レファレンスコード：B10074315600。

　　② 日本国立公文書館・アジア历史资料センター：レファレンスコード：B02130102800。

　　③［日］木村健二：《在外居留民の社会活動》，大江志乃夫等编：《近代日本と殖民地》5，《膨張する帝国の人流》，岩波書店 1993 年 6 月，第 37 页。

1905 年，日本政府正式颁布《居留民团法》，内中第一条规定，"在专管居留地、各国居留地、杂居地以及帝国臣民居住的其他之地，外务大臣认为有必要时，划定地域，由居住该地域的帝国臣民组成居留民团。居留民团的废置、分合或地域变更等事项依据命令决定之"。

第二条居留民团作为法人接受官方的监督，依据法令在条约范围内，或依据公共事务之法令、条约及惯例等处理业务。

第三条居留民团设置官员及居留民会。

第四条居留民会组织、居留民团官员及居留民会议员的任免、选举、任期、工资及职务权限等事项，以及居留民团的财产、负债、营造物、经费、课税缴收、会计等事项，依据命令决定之。

第五条居留民团接受领事、公使及外务大臣的监督。

第六条居留民团成立之际，居住该地域的帝国臣民对共同财产、负债处理以及有关本法实施上的事项，依据命令决定之。[①]

《居留民团法》明确规定居留民团必须接受官方的监督，包括官员的任免、待遇、权限以及财务关系等都必须接受官方的"命令"。

1907 年 1 月，关东都督府颁布了《南满洲铁道附属地居留民会规则》（关东都督令第六号），内中规定居留民团的会长、副会长以及委员人选由警务署长指定。[②]而作为居留民团领导成员（会长、副会长及行政委员会委员）的基本条件，是必须具备财力和权力之人。以营口为例，规定行政委员会议员的资格，必须具备年纳税 60 元以上的起码条件。安东首届行政委员会的委员，则由安东领事馆警察署长，以及横滨正金银行、大仓组、日清公司等大会社的成员充任[③]，小本经营的个体经营者很难谋得行政委员（议员）的职位。

日本居留民团是依据不平等条约，在中国攫取了特殊权益，并获得治

---

①《居留民团法》（明治 38 年 3 月，法律第 41 号），日本国立公文書館・アジア歴史資料センター：レファレンスコード：B0213009560。

②［日］木村健二：《在外居留民の社会活動》，第 40 页。

③［日］木村健二：《在外居留民の社会活動》，大江志乃夫等编：《近代日本と殖民地》5，《膨張する帝国の人流》，岩波書店 1993 年 6 月，第 42 页。

外法权的大前提下成立起来的。日本当局将居留民团视为最基层的殖民统治机构及经营单位，赋予其行政权，执掌居留民居住区的行政管理权，包括居住在该地域的中国人也必须服从居留民团的一切行政立法，除征收课税外，还包括道路建设费、事务所费、警备费、卫生费、教育费、上下水费等，不一而足。更重要的是，居留民团是身体力行大陆扩张政策的前哨阵地，通过这一组织形式将东北各地的日本人集结起来，在统一命令、统一指挥、统一调度下，最大限度地争取日本权益，维护殖民地经营秩序，破坏及干扰东北内政。同时，他们又是引发中日纠纷的麻烦制造者。从居留民团成立到九一八事变，居留民团在协助军政当局维持殖民统治秩序，集结日本侨民，欺压东北民众，攫取更大经济利益，以及构建日本人强势社会，支持侵略战争的过程中发挥了军政当局不可替代的作用。因此，有日本学者认为，居留民团是日本当局设在各地的"殖民地化的前哨阵地"及"侵略基地"。①如后来发生的日本提出二十一条、中国民众抵制日货、回收国权运动、万宝山事件以及中村大尉等事件中，各居留民团都在殖民当局的授意下冲在"第一线"，或集会鼓噪，或上街游行，竭尽推波助澜、趁火打劫、唯恐天下不乱之能事，甚至频频鼓动当局行使武力保护"日本的生命线"。1915年，奉天民众为收回国权，自发掀起抵制日货运动。日本奉天居留民团先是在奉天召开居留民大会，强烈要求中方赔偿其经济损失。接着，各地的日本居留民团也纷纷效尤，并与国内的"东京国民外交盟会"遥相呼应，掀起声势浩大的示威游行运动，人为制造"满蒙危机"的假象，以混淆视听，挑衅滋事。日本决策层中的"大陆扩张积极派"正是利用居留民团的"民意"，鼓动军政当局动用军事手段解决满蒙问题。可以说，从日俄战后到九一八事变，东北一直处在日本侵略者虎视眈眈、风雨飘摇的风口浪尖上，这其中，日本居留民团的推波助澜作用不言自明。

---

① ［日］木村健二：《在外居留民の社会活動》，第28页。

四、结束语

对于日本在中国东北的城市规划建设，除日本右翼社会外，国内也存有某些糊涂观念，认为"日本在东北的城市规划建设，如街道和楼宇、工厂，今天已经成为国家级、省级历史遗产"。[①]虽然，关东州满铁附属地城镇规划与建设带有现代化的因素，但是，其明显的殖民地特征是不容忽略的。第一，城镇建设与改造是以强征当地土地为前提展开的。大批中国民众失去土地和家园，被迫流离失所，生活破产。第二，破坏了东北城市的传统结构，尤其是对历史悠久的奉天、辽阳等城市的破坏性规划建设，破坏或淹没了部分历史遗址遗物。第三，带有明显的民族歧视和差别。满铁曾自诩道："会社竭力与支那街协调，划分住宅、商业、粮栈、工业等四种地域，以图日支两街的结合发展……排除蔑视性地域制，以及侵略性的压抑他民族的地域制定，从全民族的交通、卫生、保安、经济等角度考虑，以健全的发展城市为理想。"[②]但事实上，满铁对附属地内中国人居住区与日本人居住区采取分置的办法，中国人不能入住日本人居住区，而且，满铁城镇规划的改善范畴并不包括中国人居住区，诸如水电设施、公共环境改善，道路升级以及卫生、安全设施等，并未惠及中国人身上，因此，中国人的居住生态环境并未得到改善。第四，关东州及满铁附属地城镇规划建设的本质是建设"日本人城市"，包括街道、建筑、神社、住宅区以及公共设施的命名一律采用日本方式，如千代田町、三笠町、明治町等，另有一些道路、地（矿）名以日本将领的名字命名，为的是彰显战争狂人们的"功绩"，彰显殖民统治的"正当化"，甚至肆意更改原住民的传统称谓，"否定被支配民族的独自性"。[③]第五，城镇规划的定位，完全服从日本经济掠夺和战略意图的需要。如奉天铁西区的扩建，抚顺"煤都"的建设，以及鞍山、辽阳等资源城市的规划，均离不开日本的资源需求。为了攫取资

---

① 国内某学者的评语，具体出处及姓名不具。

② 越泽明：《台湾·满洲·中国の都市計画》，载浅田乔二等编：《近代日本と殖民地》（3·殖民地化と産業化），岩波书店1993年2月，第200页。

③ ［日］桥谷弘：《帝国日本と殖民地都市》，吉川弘文馆2004年3月，第104、105页。

源、追求产量，如何治理环境污染问题根本不在他们的规划范围之内。结果如奉天铁西工业区、"煤都"抚顺、"钢都"鞍山等地，废气、烟尘、粉尘、一氧化碳、二氧化硫、氮氧化合物等有毒物质肆虐，严重污染了城区环境，当地民众深受其害，也为后来的环境治理带来极大的隐患。

作者单位：黑龙江社会科学院

空间对抗——近代沈阳城市
板块形态研究

罗　健

近代沈阳城市板块形态较为特殊，表现为统治政权重叠并立且变更频繁，造成了各自为政又逐步融合的空间格局。在外国殖民入侵、中央政府妥协、地方势力革新的政体演变过程中，形成了沈阳城市发展的多元化管理主体，其中又以日本殖民势力、地方奉系军阀作用最为明显。对此，我们可以从以下几个方面解读近代沈阳城市板块的构成。

一、奉系政权崛起之前古城盛京的发展概况

（一）盛京城市空间形态

1625 年，清太祖努尔哈赤力排众议迁都沈阳。此后沈阳城的建设由单一强调军事目的开始向完善首都功能转变。1634 年清太宗皇太极改沈阳名称为天眷盛京（满语"谋克敦"），盛京城城市空间受满族传统习俗、汉文化影响及宗教理念等诸多因素共同影响而形成。皇太极在原方城基础上改四门为八门，在城内形成九宫格状规整地块，其"左祖右社、面朝后市"的功能分区符合《周礼·考工记》对王城规划布局的记载。盛京皇宫设置在城的中心，东、中、西三路宫殿沿南侧道路横向展开，形成东西向的景观序列。钟鼓楼设置在"后市"四平街（今沈阳中街）的两端，轴线

景观形象与前者相同。

随着藏传佛教在后金汗国受到尊崇与重视，皇太极敕建的"莲花净土实胜寺"于 1638 年在盛京西郊建成，又称皇寺。1640 年，皇太极又开始在城的四方修建象征统一国家、护国安民的四塔四寺。盛京城的方形平面、井字街道和四面的四塔四寺所构成方圆平面正符合藏传佛教中曼陀罗（意译为"坛城"）的图形，这种布局方式使皇太极的都城被寓意为集会诸方神圣的众神之殿，表明其希望借助宗教的力量庇佑城市的信念。

清朝入关统一中国，都城也由盛京迁至北京，前者成为陪都。1680 年，盛京接近圆形的外郭完成建设，与方形内城的八门对应设置八个边门。内城井字道路延伸至外城城门，外城由此被分为八个关厢地区。此城市格局一直延续到 20 世纪初期。

（二）近代殖民主义的入侵

1898 年，沙俄根据《旅大租地条约》获得了从沈阳古城"盛京城"（奉天城）西侧经过的中东铁路南满支线的筑路权。同时又根据不平等条约《东省铁路公司续修南满支路合同》，于次年在盛京城西部修建了沈阳最早的火车站，称"茅古甸"（谋克敦的音译）。车站周围 6 平方公里的土地划为"铁路用地"，归沙俄管理。

1904 年 2 月 8 日，日俄战争爆发，俄国战败，在双方签订的《朴茨茅斯条约》中规定俄国将辽东半岛租借权和长春至旅顺铁路及与此相关的一切权益转让给日本[1]。日本据此取得长春到旅顺口之间的铁路权和铁路附属地，为经营铁路及其附带特权的南满洲铁道株式会社（简称"满铁"）应运而生，满铁奉天附属地开始建设。日本为进一步加强对东北地区的掠夺开发，开始大规模向沈阳地区移民，并设置驻军、设警和税捐、司法等机构，开办工厂、经营商社，由此彻底打开了沈阳这座封建陪都的大门。

1906 年，奉天开埠总局成立，盛京将军赵尔巽根据清政府在 1903 年分别与美、日签订的通商行船续约有关条款的规定开埠奉天省城商埠地，划定小西门、大西门外为外国人居留地，西关边门外辟地一万余亩作为商埠地，外国人可在这里租地、建房、经商，通过减税、让利等优惠手段使

---

[1] 胥琳：《近代沈阳满铁附属地城市与建筑的现代化进程》，《建筑与文化》2013 年第 10 期。

之繁荣和发展。从此"商埠地"便成为中国管辖的中外杂居之地，成为奉天城与"满铁附属地"之间的过渡区。满铁附属地是帝国主义以强行手段入侵，"自开商埠"则体现了近代沈阳主动适应并融合世界经济发展大潮的趋势。

二、近代奉系政权建设的首府奉天

（一）老城区及周边新建工业区的规划与建设

1911年10月10日，辛亥革命爆发。11月9日，蓝天蔚及部分革命党人在北大营开会，决定驱逐赵尔巽，宣布奉天独立，当晚被告密。张作霖星夜驰援东三省总督赵尔巽，奉天城随即成为奉系军阀的大本营。1916年，张作霖以"奉天人治奉天"的口号，驱除了代表袁世凯政权的势力，督理奉天军务，对古城及周边的约44平方公里的地区进行实际控制。

作为200余年的清朝陪都，奉天城无论对于盛京将军赵尔巽或是新统帅张作霖，都被视为正统权力的所在。高大的城墙和昔日的皇宫都表明了这里是真正的权力空间，对老城的更新是奉系首府自主建设的重要环节[①]。

从东北地区成为默认的"自治地区"到1931年全境沦陷的十几年里，为满足势力扩张的需求，奉系军阀注重发展军事、经济和文化教育事业，加快了对沈阳城市的规划建设。以盛京古城为根基的工业区、商业区、文教区在奉系政权的主政下发展高度活跃，使老城区经济发展与城市建设也达到了中国近代城市建设的最高水平。在当时奉系军阀政府的扶持下，沈阳规划了"沈海工业区"和"惠工工业区"，使一批军事工业和民用工业得到了发展。同时，沈阳的金融业、轻工业、制造业等民族企业也快速成长。

奉系军阀以"奉天人治奉天"为口号主政东北后，到20世纪20年代实际上已控制了除满铁附属地和铁西工业区以外的全部城区。这一时期，奉系军阀对奉天城进行了大规模的老城内部更新与新城区的建设，城内出现了大量与封建城市截然不同的办公、教育、商业和居住场所。

① 王鹤、吕海平：《近代沈阳城市形态研究》，中国建筑工业出版社2015年版，第124页。

第一，完善了古城功能：在清代故宫南侧规划并建设了新的政治中心——大帅府；1923 年成立奉天市政公所并以其为主导开始系列市政改造活动；以四平街（今中街）为中心开辟多处专业市场繁荣商业；拓宽道路并开通十余条有轨电车和汽车公交线路发展城市公共交通；为振兴教育建设了包括同泽中学在内的多所学校，各类新式公共教育机构大量出现。

第二，1924 年开始在盛京古城北侧建设东北大学及附属工厂，其规划布局采用以图书馆为中心的对称、均衡手法，成为近代少有的经过严整规划并完好实施的高等院校。

第三，由于谋求军事经济的长足发展，在古城周边规划并建设若干重要的工业区：在老城东南，东塔机场附近建设东塔兵工工业区，用地面积约 4 平方公里，性质为以军工为主的工业区，并设置了为工业配套的生活区；1923 年在今惠工广场附近建设惠工工业区，规划用地面积约 1.3 平方公里，格局为方格网加环形放射广场；1925 年于老城东北、奉海铁路以北地区建设奉海市场（沈海市场），面积约 3.2 平方公里，功能设置以居住和商业为主，设有大型跑马场、公园、剧院等。

第四，完善了奉天总站（辽宁总站）、奉海铁路、沈阳东站等交通枢纽的建设。

第五，加强了东大营、北大营、东塔机场、北陵机场等重要军事场所的建设。

（二）奉天商埠地的发展

奉天商埠地的发展主要分为三个阶段：第一阶段为 1906—1912 年。此阶段商埠地以收购土地为主要任务；第二阶段为 1912—1919 年。此阶段由于清朝灭亡，奉系政府无暇顾及建设，其发展处于停滞；第三阶段为 1920—1931 年。在奉系主政下，这一时期商埠地迎来了发展的黄金时期。与奉天城的管理机构奉天市政公所不同，奉天商埠地的管理机构是商埠局，两者是并列且相互独立的城市管理机构，但又都隶属于"奉天省长公署"。

奉天商埠地选址位于盛京古城外城以西、满铁附属地以东，南北纵深约 3.2 公里、东西跨度 0.8—1.6 公里，按规划分为正界、副界和预备界，正界又分为北正界和正界两部分，在空间上从北、东、南三个方向围拢满铁附属地以达遏制其扩张的目的，回收的官地及收购的民地成为其土地来源。这种选址模式几乎使奉天城与满铁附属地之间的直接联系完全隔绝，在某种程度上对奉系地方政府核心区域古城的安全格局提供了保障。

正界位于商埠地中心，南北向道路以经命名、东西向道路以纬命名，共有经路九条、纬路十一条。正界是整个商埠地的核心地区，道路较为笔直，贯通正界，便于汽车等现代交通工具运行。英、法、美、俄、德、日等国领馆集中设立于此。1920—1931 年间，此处建造了大量的西洋古典风格的军阀官僚官邸。

北正界位于商埠地北端，南邻正界，共有经路六条、纬路七条。1921 年开发的北市场位于北正界的核心地段，以众多的中小民间投资为主，大量的饭馆、茶社、剧场和商铺混杂着妓馆、烟馆，形成了极具近代本土文化和地方特色的消费空间[①]。

副界位于正界之南，道路规划呈现出规整的方格网状，核心为南市场。南市场的功能与北市场一样，在于繁荣埠地，招纳商民。其规划按照易经中的八卦阵势设计，由此得名"八卦街"。分布在各街巷里的小店铺达二百多户，有美、德、日、俄等国洋行 30 户，经营领域遍及饮食、娱乐、服务业的各个门类，是名副其实的商贾云集之地。

预备界位于副界西侧，面积大约 2.45 平方公里。界内道路规划呈正交的方格网状，经、纬路垂直相交成 22 个完整的方形地块。预备界中仅有约 1/5—1/6 的东部土地为中国商民所租用，其余埠地为日本人囤积的发展用地[②]。

三、满铁主导的日本殖民城市形态

（一）满铁奉天附属地的概况

在中东铁路时代，沙俄更重视铁路端点城市的建设，对哈尔滨和大连进行的规划和建设投资远超铁路沿线其他城镇。日本根据《朴茨茅斯条约》

---

① 吕海平：《近代奉天商埠地的自主规划与土地经营》，《建筑与文化》2012 年第 6 期。
② 吕海平：《沈阳近代商埠地及其城市遗产价值研究》，《第八届沈阳科学学术年会论文集》。

正式接管其铁路附属地之后，将奉天作为建设中心。日本人认为奉天处于中国东北交通的十字交点，具有极高的战略意义；并且奉天城为东三省军政中枢所在和经济中心。1907年，日本人将奉天地区的铁路及附属地划归"满铁奉天事务所"管理，以新建火车站"奉天驿"（今沈阳站）为中心，向东方三个角度放射出三条斜向干道贯穿整个附属地，再配合以整齐的棋盘状路网，交汇成的中心圆形城市广场是附属地显著的空间标志。日本人着手在这个区域内兴建住宅、事务所、商店、邮局、警察署、公园、学校、兵营、神社等建筑，直通火车站的道路汇聚使满铁奉天驿成为整个附属地的交通中心。

日本在附属地内实施军事占领，建立了独立于中国的行政、司法、警察体制与机构，中国政府无法在此行使主权，是日本军国主义侵占我神圣领土、实行殖民统治的罪恶象征。这一近代沈阳城市中极为特殊的地区，对近代沈阳城市空间及其社会产生了深刻的影响，在九一八事变之前，它与奉系军阀继承盛京城的基础而建设的奉天一直处于两强竞争的发展格局。

（二）满铁奉天附属地的城市规划建设

满铁奉天附属地是开工建设最早且最大的铁路附属地，也是沈阳第一个经过完整规划设计，具有完整城市功能的地区。满铁对奉天附属地进行了详细的城市规划，采用先进的城市规划理念和设计方式，以巴洛克形式主义与功能主义为规划的基本范型，重视城市美学设计，强调"巴洛克"般的城市景观效果。圆形中心广场为城市赋予了活泼开朗的形象，广场周围各类风格各异的折中主义建筑构成了精致的城市界面，使之呈现出与中国传统城区不同的风貌。

在道路网的构成上，考虑了将来道路的交通量、交通工具的种类、建筑物的采光、通风、安全及街区景观等要素，形成小方格网加放射性干道的巴洛克式的城市设计手法和日本传统街坊"町"的思想融为一体的城市空间形态[①]。规划突出满铁火车站奉天驿的中心地位以确保城市与车站间的便捷交通联系，以其为中心向东方放射出的三条贯穿整个附属地的斜向干道全部通向奉天城城门，完全将附属地与奉天城联系起来。附属地内沿

---

① 胥琳:《近代沈阳满铁附属地城市与建筑的现代化进程》,《建筑与文化》2013年第10期。

街建筑形态统一协调，凸显整齐优美的城市风貌，这些建筑均以奉天驿的主穹顶为"统帅"，通向奉天城的沿街建筑也都以绿色圆形穹顶为协调的元素。在主要街道相交之处的建筑也高举着穹顶或塔楼，并以弯曲进退的立面围合或朝向路口，形成显著的空间标志。

至 1917 年，今中华路以北地区的支路全部建成。1922 年末，满铁附属地的道路率已达 26.6%，居东北主要满铁附属地之首，并且超过了当时巴黎的城市道路率 25%，说明这一时期，沈阳满铁附属地内的城市基础设施建设水平已接近欧美大城市水平[1]。至 1931 年，附属地共建成东西向道路 25 条，南北向道路 35 条。

四、双重权力下的近代沈阳板块的空间对抗

（一）多元政体驱动下的近代沈阳城市结构

沈阳在近代城市发展过程中，受双重权力影响形成了一城两区的局面，即受地方奉系军阀管理控制的华界及独立于中国主权之外受日本殖民势力控制的日界。华界由奉天老城、奉天商埠地和工业区（西北工业区和奉海市场）共同构成，日界由满铁附属地和铁西工业区构成。各方政体在其拥有的与之相对应的空间载体各自为政，以经济为主体，大力发展实业、促进城市建设，构成竞相发展扩充势力的局面。由此促使沈阳进入一个超常规的城市化、工业化发展时期。

这种以空间为载体的政治、军事及经济竞争使得沈阳城仅用了几十年的时间就完成了由一个中国传统的陪都向现代化工商业大都市及综合交通枢纽的转变，同时城市内部具有了路灯、电话、上下水、煤气、公共汽车、有轨电车以及专业的清扫队等完善的市政设施及服务管理体系，工业、文化、教育、科技等各方面发展都达到国内领先水平。清政府封锁关内的政策随着封建帝国的土崩瓦解而不复存在，在关内移民东北的浪潮中，河北、山东、山西以及东北其他地区的大批移民纷纷来沈营生。据统计，奉

---

①胥琳：《近代沈阳满铁附属地城市与建筑的现代化进程》，《建筑与文化》2013 年第 10 期。

天城区人口（不包括满铁附属地）从清末近 10 万人到 1920 年代中期已骤然增加至 30 万有余，增幅近四倍之多。奉系政府的经济收入连年增加，1910—1920 年的近十年时间政府收入增加了 23 倍①。沈阳由一座以政治、军事为主要职能的封建陪都已经嬗变为以商业贸易、交通枢纽、军事工业为主要职能的近代资本主义工商业城市，其城市形态也由"城方郭圆、四塔四寺"的封闭形态转变为"双城并立、多元拼贴"的开放形态。

（二）双重权力影响下的多中心空间对抗

沈阳近代城市发展是在外国势力、中央政府、地方势力三者之间的相互较量过程中完成的。华界与日界并存是近代沈阳城市形态的主要特征，形成了两套独立发展的城市系统②。

在进入近代以前，沈阳地区已形成了具有完整城市功能、空间结构及管理主体的盛京城，这是中央政府对东北地区统治的中枢。而后奉系军阀崛起，沈阳乃至东北地区的民族工商业发展正是以此为核心逐步展开的。然而，封建时代围绕盛京古城缓慢发展的单中心模式在近代化的历史进程中发生了重大改变。近代日本侵略者对沈阳的殖民入侵是以与盛京城有一定空间距离的满铁奉天附属地为核心，以铁路沿线经济开发为手段，对附属地实行了独立的建设与管理。1905 年之后，日本向这里迁入大量人口，使其发展成为以日本人为主的独立城区。最后围绕满铁奉天附属地的建设形成了城市新的商业中心和规模庞大的铁西工业区。而奉系政权对盛京古城及周边地区的建设则为民族工商业的发展提供了广阔的舞台，极大推进了老城区的现代化进程。这一切使得满铁奉天附属地与奉天城共同构成近代沈阳城市发展的双城结构，在空间上形成对抗态势。作为奉天城与满铁附属地之间的连接地带，奉天商埠地的建设则形成了中外文化交汇、富有生活气息的城市新生活中心。由于受到双重权力的竞争驱动，在多元政体与板块城市空间发展的过程中，城市内部形成了中街、太原街、北市场、南市场等多处公共活动中心，满铁奉天驿火车站、京奉铁路奉天总站、奉

---

① 王德朋、华伟正：《论奉系军阀经济力量的构成》，《辽宁大学学报》（哲学社会科学版）2000 年第 2 期，第 47—48 页。

② 王鹤、吕海平：《近代沈阳城市形态研究》，中国建筑工业出版社 2015 年 5 月版，第 254 页。

海铁路奉天车站、皇姑屯火车站等多处交通中心。相对独立但功能重复的两套城市系统形成迅速，多中心结构在十年内形成。

五、结语

近代沈阳的执政主体在相当长一段时间内势力范围重叠并立，造成了各方势力激烈的竞争与争夺，各中心区域的规划与建设活动都是为扩张自身势力而进行的。近代日本的殖民目标是统治东亚，将沈阳作为其"东亚共荣圈"的中心城市，使其成为殖民战略部署中的节点。东北地方政府的目标是摆脱殖民控制，以自主发展形成独立的政治、军事和经济中心城市，为获得国家权力奠定基础。两者不同的战略目标形成了全面激烈的竞争，促使近代沈阳城市形态发生着变迁。

沈阳近代城市板块形态发展与其他城市明显不同，中日权力双方采取了不同的城市空间发展策略。中日两种空间互为制约，互相竞争导致沈阳城市格局在近代发生了激烈的空间对抗，单一城市中心转变为多中心，奠定了沈阳今日多中心组团式的空间格局及铁西和大东两大工业区的根基，为新中国成立后沈阳成为东北地区政治、文化、经济、交通领域的中心打下了牢固的基础。

作者单位：辽宁省土木建筑学会历史建筑专业委员会

浅析日俄战争后东北三省开埠设关
对东北的城市化影响

温长松

一、概念阐述

日俄战争是指 20 世纪初期，日本和俄国在中国东北等地区进行的战争。关于日俄战争开始的具体时间，国内学者对其有不同的认识①。一般以 1905 年 9 月 5 日，日本和俄国两国在美国的新罕布什尔州朴次茅斯海军基地缔结《朴次茅斯和约》，日本夺得中国辽东半岛和俄国库页岛南部以及对朝鲜的实际控制权作为战争的结束。本文所指日俄战争后的时间范畴主要是 1905 年到 1907 年。

东北三省是指当时清政府在中国东北地区设立的奉天省、吉林省和黑龙江省。

开埠设关本文主要是指清政府对外开设的商埠和设立的税关、海关。

①参见许怡《关于日俄战争爆发时间点的一点商榷》，《日本研究》1988 年 1 期。

二、战后开埠

（一）战后东北三省概况

日俄战争后第二年，即"清光绪三十二年（1906 年）末，清政府委派工商部尚书载振、巡警部尚书徐世昌出关考察。载振等详加考察吉林、奉天、黑龙江，并将考查详情上奏清廷，内容涉及当时东三省的对外交涉、民情、教育、实业、军事、警政等诸方面"①。笔者选择其中与开埠、设关等有关史料，简述当时东北三省的状况。"奉省屡经兵燹，受祸最深……省城日人商旅寓居者八月间仅九百余名，现则聚增至二千余名。日货无一有税，华货无一不税，且再税三税。是以日货畅销，而华货愈滞。辽阳、安东为彼著意经营之地，人数尤多，……旅顺、大连湾街市皆易日本新名……各商埠旅馆、车站皆高悬日本国旗，俨有反客为主之势。……盖自一抵新民，而境界气象迥然，有中外之殊。"②奉天省"省城已在西关勘有地段，除俄总领事贝勒成阔到数日即去，其余到者为英总领事福禄礼德、总领事明思格、美总领事司戴德。此外，各国领事均尚未至。英领事前商将军指定一租界，美俄均未经营。商务以美为大……日本则各项商铺、客寓、饭馆、妓寮、浴堂无一不具。大连无关省城，日货机贱，颇能畅销，而华商逐愈形困敝。此奉天交涉之大略也"③。日本军事上取得胜利，因此加剧了在奉天省的扩张。"1905 年 12 月 18 日，日本财阀大仓喜八郎成立了本溪胡炭矿，1906 年开坑，当年就开采原煤 300 吨。"④

吉林省"中日条约指开商埠在吉省者，有吉林、长春、宁古塔、三姓、

———————

　①中国第一历史档案馆《日俄战争后东三省考察史料》（上），《历史档案》2008 年 3 期，第 12 页。

　②中国第一历史档案馆《日俄战争后东三省考察史料》（上），《历史档案》2008 年 3 期，第 12—13 页。

　③中国第一历史档案馆《日俄战争后东三省考察史料》（下），《历史档案》2008 年 4 期，第 13 页。

　④《亚洲现存最早的冶铁高炉——本钢一铁厂一号高炉》，《中国文物报》2017 年 1 月 3 日第 4 版。

珲春、哈尔滨六处，现长春已预备地段在城外西北隅头道沟地方，宽八百余丈，长一千二百余丈。吉林省城制定地段在城外东北隅钱家屯一带地方。哈尔滨则拟在松花江南阿什河西之王永昌屯地方。以上三处均屡勘绘图，拟有章程。此外，宁古塔、三姓、珲春三处地段则尚未筹议。此吉省预备开埠之大略也"①。

黑龙江省"俄人于黑龙江左不惜重资，报意经画，星罗棋布，气象日新"②。"按中日条约，江省应开商埠者，有齐齐哈尔、海拉尔、爱珲、满洲里四处，近外务部已与俄使商定将以上各处即行开放。现在惟齐齐哈尔商埠地段已经择定，在南门外船套子地方约四五里，南北约八九里，其余他处尚未指有地段。此又江省预备开埠之大略也。"③

（二）东北三省开设的商埠

清政府与日本在 1905 年"共会谈 22 次，缔结了《会议东三省事宜正约》（亦称《满洲善后协议》，日本称《关于满洲的日清条约》）三款，《附约》十二款。《附约》第一款：中国政府应允，俟日俄两国军队撤退后，从速将下开各地方中国自行开埠通商。奉天省内之凤凰城、辽阳、新民屯、铁岭、通江子、法库门；吉林省内之长春（即宽城子）、吉林省城、哈尔滨、宁古塔、珲春、三姓；黑龙江省内之齐齐哈尔、海拉尔、瑷珲、满洲里"④。当时奉天省的商埠还有营口、安东、凤凰城、大东沟。另外，"绥芬河是光绪三十三年（1907 年）开埠的"⑤。而"1909 年 9 月 4 日，日本借所谓间岛问题，强迫清政府签订《图们江中韩界务条约》。其中第二款规定速开龙井村、局子街、头道沟、百草沟为商埠。11 月 2 日，这四处正式开埠"⑥。

---

①中国第一历史档案馆《日俄战争后东三省考察史料》（上），《历史档案》2008 年 3 期，第 16—17 页。

②《程德全（雪楼）守江奏稿》（二）第 682 页，转引自《社会科学战线》1988 年版第 1 期第 204 页《程德全署理黑龙江省政绩撮要》。

③中国第一历史档案馆《日俄战争后东三省考察史料》（下），《历史档案》2008 年 4 期，第 22 页。

④关捷、关伟：《日俄战争灾难纪实》，社会科学文献出版社 2014 年 2 月，第 387—388 页。

⑤王革生：《清代东北商埠》，社会科学辑刊 1994 年 1 期第 115 页。

⑥Statistical Department of the Inspectorate General of the Customs:Inspector General's,NO1675,转引自戴一峰《清末东北地区开埠设关及其关税制度》，《社会科学战线》1988 年 2 期，第 210 页。

三、清政府开埠设关分析

（一）清政府 1905 年至 1907 年在东北三省开埠设关采取不同的方式

第一，参照已有模式设立税关。对于大连，清政府主张参照开设胶州湾青岛税关的办法。因 1906 年 12 月日本政府提出照会，认为大连设关的事情不能拖延，并且反对按照胶州湾青岛税关的办法开设。"税务处答行总税务司 为答行事光绪三十二年十二月二十二日准外务部咨准。日本林大使照称大连设关事，兹准政府阅训内称，此事日本政府亦不欲迁延。惟大连税关办法当参照胶州湾青岛税关之例等语。请将所有大连设关详细办法饬令直接管理税务之总税务司与本大臣商议等。……处字第壹百肆号 照录日本林使照会外务部文底第七号 为照会事前本大臣与贵部大臣会晤之时曾由贵部大臣声称中国政府已与俄国商议已定在北满洲设立税关。现正筹备以便开河时开办。日本政府亦应速议在大连设立税关等语……日本政府亦不欲将大连设关一事迁延。惟北满洲开关，贵国疑以总税务司管下各海关办法一律办理。大连税关亦欲以此办法相例。然大连税关开办法当参照胶州湾青岛税关之例，希照会贵国政府等语相应照会。……总税务司申呈税务处……钧答饬由总税务司查照胶州办法与日本林大臣妥议，随时答知等。因当将胶州现行办法与林大臣会商……日本政府不愿照行胶州从前办法办理。惟其中有须略增改俾舆地方不同之情势……"[①]

第二，清政府自行开埠设关。对于东北三省除大连以外其他地区开埠设关，依据留存的档案记载，1907 年 5 月税务处答行总税务司"为答行事光绪三十三年五月二十二日准外务部咨称，所有奉天省之凤凰城、辽阳，吉林省之宁古塔、珲春、三姓，黑龙江省之海拉尔、爱珲，俄日两国军队各已撤退。自应由中国开埠通商。即照案先行宣布开放。业于本月十八日咨行贵处在案。兹准东三省总督、奉天巡抚电称北满洲五埠自可与辽、凤两处同时宣布开放。遵即饬商埠局妥筹办法。仍肯转税务处饬总税务司速

---

①《税务处、总税务司关于查大连税关应照胶州湾、青岛税关之例办理的答、呈》1906 年 12 月 24 日，重庆市档案馆馆藏档案，档号 03510001011280000163。

派员前往查看等。……光绪叁拾叁年五月贰拾肆日 处字第壹佰捌拾叁号"①。总税务司对此回复税务处"查所指开发各处未悉。系按约定开之通商口岸办法。抑按自开之商埠办理，亦未悉洋商于各处或可任便来往或须按自开制定之路线。且洋商应住何地亦未悉曾否与各国曾订职是之故。若此时另派关员前往，既不知应按何章征税，亦难定何处可建新关；更未谙各地方情形，何处宜作分卡。且此时另调多员前往亦颇难。……查东三省四大区已各派有税务司在彼。现定开发黑龙江之齐齐哈尔等处即可与哈尔滨税务司葛诺发就近商办。吉林之长春等处即可与吉林税务司克勒纳商办。奉天之新民屯等处即可与奉天税务司欧礼斐商办。……凤凰城等处即可与安东税务司巴伦商办。矣各处一切事宜商有眉目，定期开关再行陆续调派人员……光绪叁拾叁年五月贰拾伍日 关字第叁百叁号"②。

第三，只开埠不设关。部分商埠虽然开埠，但是没有在开埠时设关。例如"1906年8月5日，税务处扎行总税务处司宣布依中美中日商约，奉天府、安东县、大东沟三处设立商埠并于安东县设立海关名曰安东关，以东边道改为关道监督，安东关仍监管中江税务，并于大东沟附设分卡，归该道管辖。其奉天府设关另行核办……"③安东、大东沟等地，从开设商埠后一直到1907年未曾设关。"至安东即已开埠，亟应早设海关。"④1907年"3月14日，安东关自先正式开工，首任税务司巴伦，其分卡大东沟亦同时设立"⑤。

---

①《税务处关于开放奉天、吉林等地商埠、令派员前往凤凰城等地查看商埠开办情形给总税务司的答》1908年5月24日，重庆市档案馆馆藏档案，档号03510001011280000165。

②《税务处、总税务司关于奉天、吉林、黑龙江等地方应由中国自行开埠通商的答、呈》1907年5月24日，重庆市档案馆馆藏档案，档号03510001011270000176。

③Statistical Department of the Inspectorate General of the Customs第543、587—588页，转引自戴一峰《清末东北地区开埠设关及其关税制度》，《社会科学战线》1988年2期，第212页。

④中国第一历史档案馆《日俄战争后东三省考察史料》（下），《历史档案》2008年4期，第19页。

⑤赫德致金登干Z字第674函John king Fairbank: The I·G·in Peking 1975年版第1525页，转引自戴一峰《清末东北地区开埠设关及其关税制度》，《社会科学战线》1988年2期，第212页。

（二）清政府针对东北三省不同地方的开埠设关，处理方式的不同，一定程度上反映出当时该地区政治、外交形式较为复杂

清政府同日本签订《会议东三省事宜正约》中约定的开埠地点，主要是因为甲午战争和日俄战争日本均取得胜利，其势力急剧膨胀；清政府只好利用开埠设关方式降低因日本侵略造成的经济损失。正如载振等考察东北后在考察奉天情形清单中指出的"缘日商以未设海关，任意贩运，不允上税，虽经东边税务总局饬令先行记账，俟设关后补税，而驻京日本公使与外务部约定，设关以前不得征税。循此不变，不但失款甚巨，且日人货本既轻，利权独揽，华商将愈形困敝"①。并且，开埠后欧美国家资本等也可以进入开埠地区，清政府也存在利用西方列强与日本在经济利益上彼此争夺以达到以夷制夷，牵制或削弱日本的目的。"日俄战争后，列强在争夺中国东北的过程中矛盾重重。清政府推行引进美国资本开发东北的政策，试图利用美国势力来抵制日俄在东北的扩张，进而达到维护东北主权的目的。"②

对于大连，清政府拟按照胶州湾青岛税关的办法开设。究其原因是大连、旅顺当时的情况特殊，不同于东北三省其他地方。实际上，是清政府处理大连、旅顺遗留问题的一个措施。

而开埠未设关地区，或者同意开埠但是对开埠日期另外议定的，反映出清政府则是使用谈判、签订合约等方法，力争避免列强势力侵入这些地区。是维护其在东北三省统治权益的策略之一。例如，1909 年 7 月清政府与日本签订《认明图们江为中韩两国交界条约》，其中第二款规定"中国政府以本协议签订后，从速开放左开各处准各国人居中贸易。日本国政府可于各该埠设立领事馆或领事分馆，其开埠日期应行另定。龙井村、局子街、头道沟、百草沟。大清国钦命外务部尚书会办大臣 梁敦彦 大日本国特命全权公使 伊集院彦吉"③。

① 中国第一历史档案馆《日俄战争后东三省考察史料》（下），《历史档案》2008 年 4 期，第 19 页。
② 宋莉莉：《日俄战争后清政府引进美国资本开发东北原因分析》，《吉林建筑工程学院学报》2013 年 5 期。
③ 大清国、大日本国签订之《认明图们江为中韩两国交界条约》，1909 年 7 月 20 日重庆市档案馆馆藏档案，档号 03510001009720000012。

　　开埠后设关问题一定程度上也反映出当时东北亚地区国际局势复杂、列强在中国东北地区为争夺利益出现纷争的情况。"1907 年初将东北地区划分为哈尔滨、吉林、奉天和安东四个海关区，并任命葛诺发（俄籍）、克勒纳（英籍）、欧礼斐（英籍）和巴伦（美籍）四个税务司分管上述四个海关区。"①英、俄、美三国人员共同负责中国东北地区开埠后海关区，正表明上述三国力求通过开埠设关在东北获得更多的利益。

　　而前文所述，总税务司与税务处对开埠通商、设关的不同观点，反映出清政府为维护主权同列强之间的矛盾。清政府总税务司设立后长期由英国人赫德管理，并聘用大量外籍人员。税务处则是公元 1896 年 7 月 22 日（光绪二十二年六月初二），铁良和唐绍仪以督办税务大臣、军机大臣、户部尚书、会办大臣外务部右侍郎的名义向总税务司发出一个札文，宣布税务处的成立。札文称"已遵旨设立税务处，专伺其事，即以六月初二开办之日为始。嗣后各关事务，除牵及交涉仍由外务部接办，支用税项应候户部指拨外，凡有关系税务各项事宜，统应经申本处核办"②。清政府设立税务处的目的之一就是为了制衡总税务司。1905 年日俄战争爆发，赫德向清政府呈递《筹饷节略》，建议按里计亩、按亩计赋；遭到当时清政府很多督抚的反对。赫德对于税务处的设立、税收利益分配等问题在致西塞尔的函中指出"最好还是放弃此事（干涉），而专心致志于将来。在任何对口岸办法或对总税务司管理权的干涉危及商人的纳税利益或关税征收工作时，才提出特别的理由和特别的要求来进行干涉"③。在日俄战后东北三省开埠设关问题处理上，总税务司正是采取了不与税务处发生直接冲突，避免扩大彼此分歧，力图维持原有局势的处理方式。

　　①Statistical Department of the Inspectorate General of the Customs 第 543、587—588 页，转引自戴一峰《清末东北地区开埠设关及其关税制度》，《社会科学战线》1988 年 2 期，第 212 页。
　　②陈诗启：《清末税务处的设立和海关隶属关系的改变》，《历史研究》1987 年 3 期，第 158 页。
　　③陈诗启：《清末税务处的设立和海关隶属关系的改变》，《历史研究》1987 年 3 期，第 160 页。

四、开埠设关对东北三省的影响

（一）清政府转变封禁政策

东北三省为清朝兴起之地，该地区长期封禁。在近代受到外国侵略加剧情况下，清政府逐步放弃了原有的治理政策。日俄战争后清政府拟定开埠设关的地方至少为十八处，反映了清政府在东北实行的封禁政策发生了根本性转变。其中诸如三姓，清政府曾在此设立副都统衙门专职管理职能。该地区是汉族同满族、赫哲族等少数民族共同生活的区域，对于清政府在东北的政治、军事统治具有重要意义[①]，日俄战争后也列入了开埠设关的范围。

（二）外国资本纷纷进入东北

开埠设关后，外国资本不断渗入中国东北地区。不仅日本、俄国的资本大量进入，美国等也开始加大对中国东北地区经济权益的争夺。曾有学者指出在日俄战争以后，美国开始了对中国东北铁路权的争夺[②]。而到1922年，如北欧国家丹麦在奉天省的沈阳已开始承办工厂。"民国十一年春，由奉天军械厂，改为东三省兵工厂，后将原制造枪弹设备，改为老枪弹厂，……又将大南关之厂址改为第一分厂，并于大东边门外，建设第二分厂制造无烟火药，现在厂址首先建筑枪、炮弹、炮三厂，火车直通厂内，由丹商文德公司承办，并派技师克力敦孙驻厂指导安装。"[③]上述史料从一个侧面表明，开埠设关后外国资本投资东北的发展速度较快。

（三）开埠设关促使部分地区城市化、工业化进程加快

开埠设关后对于加快东北地区城市化、工业化进程起到了一定的促进作用。例如铁岭，"光绪三十二年(1906年)十一月设满洲制粉株式会社，光绪三十四年(1908年)开业，资本一百万元，实收额四十五万元。总公司

---

① 参见辽宁省档案馆、辽宁社科院历史所、沈阳故宫博物院编：《三姓副都统衙门满文档案译编》，辽沈书社1984年12月出版。

② 刘战、赵朗：《日俄战争后美国对东北铁路权的争夺》，《兰台世界》2011年5期。

③ 东北军区军工部：《东北军区军工所所属单位概况》,中国近代兵器工业档案史料编委会：《中国近代兵器工业档案史料》（四），北京：兵器工业出版社，1993年版，第431页。

设于日本东京，设工厂于铁岭"①。沈阳市、大连市、哈尔滨市、齐齐哈尔市在近代的初具规模和工业化的起步与发展，同日俄战后开埠设关有着较为密切的联系。据《满洲工场名簿》记载，1905 年至 1911 年日本人在中国东北设立的工厂，除官营外，有五名工人以上者涉及纺织业、金属工业、机械器具工业、窑业、化学业、食品工业、电气工业、瓦斯工业、制材及木制品工业、印刷工业、皮革制造业、火柴制造业、烟草制造业等十五个工业门类。上述各门类工业设立的工厂大多是在开埠地区，只有食品工业在开原、机械器具工业在四平街、鸡冠山、本溪湖及铁路附属地，其他杂工业在抚顺等商埠以外地区设立了工厂②。但是，开埠设关的地区并没有都成为城市化、工业化发展较快的城市。未开埠设关地区，有的在日俄战后城市化也比较早。例如，"20 世纪初，我国一些大都市陆续兴建城市有轨电车。上海于 1906 年 11 月建成开通，天津于 1908 年开通，南京于 1920 年开通，北京于 1924 年开通，而抚顺于 1904 年基本建成，于 1906 年 4 月全线开通"③。

五、结论

日俄战争结束之后清政府开埠设关一方面是受到日本、俄国等国的压力，另一方面也是利用外交、经济等手段最大限度地维护其在东北地区的权益。对东北封禁政策的改变，笔者认为应属于清史专家张杰教授在其专著《清朝三百年史》一书提出的"百年变革"④中的一个具体表现。开埠设关的过程和结果正是变革中博弈的一个体现。而开埠设关后外国资本的进入使东北地区政治、经济等发生了较大的变化。"开埠之前东北的对外贸易一直维持在一个较低的发展水平上。以出口贸易而言，1904 年以前，

---

① 中国银行总管理处：《东三省经济调查表》民国八年版，第 108 页，转引自孔经纬《东北经济史》，四川人民出版社 1986 年版，第 122 页。
② 孔经纬：《东北经济史》，四川人民出版社 1986 年版，第 123 页。
③ 抚顺市政协文化和文史资料委员会编：《抚顺民国往事》，辽宁人民出版社 2014 年版，第 33 页。
④ 参见张杰著：《清朝三百年史》，社会科学文献出版社 2011 年版。

其贸易额一直在两千万海关两以内。1905年，清政府宣布在东北地区自辟商埠，以后数年，出口贸易呈直线上升趋势。1908年比1907年增长了2.25倍，1909年又在头一年的基础上增长了1.65倍，1913年的统计数据较之1900年增长了9.08倍。"① 开埠设关不仅使东北地区对外贸易发展迅速，对于该地区经济的整体发展也有一定的影响。"商埠市场因素是对东北近代经济发展起了先导作用；同时也推动了东北商埠城市经济的全方位发展。在东北近代化进程中具有突出的地位。"②

由于日俄战后东北开埠设关相关史料和日文、俄文等外文档案在本文中未使用，因此对1905年至1907年清政府在东北三省开埠设关的研究仍存在诸多不足之处，未解问题有待以后进一步探析。

作者单位：重庆市沙坪坝区天星桥街晒光坪56号

---

① 杨天宏：《东北自开商埠述论》，长白学刊，1998年版，第95页。
② 王革生：《清代东北商埠》，《社会科学辑刊》1994年1期，第112页。

浅析民国初期交通对东北城市
近代化发展的影响

李晨希

《管子·度地》中写道："山川涸落，天气下，地气上，万物交通"；晋陶渊明也在其《桃花源记》中说道："阡陌交通，鸡犬相闻"；再到康有为在其《大同书》辛部第三章中议道："大同之世，全地皆为自治，全地一切大政皆人民公议，电话四达，处处交通"……从古至今，交通就与城市发展有着非常重要的联系，德国地理学家 F. 拉采尔也曾说过"交通是城市形成的力"，可见，无论在世界的任何地方，交通始终都在为城市的发展提供着无限的动力。

若把城市想象成一个生命体，那么交通就如同血液与脉搏，给这座城市带来了勃勃生机。城市，是一个坐落在有限空间地区内的各种经济市场——住房、劳动力、土地、运输等等——相互交织在一起的网状系统。[1]城市的出现，是人类走向成熟和文明的标志，也是人类群居生活的高级表现形式。尽管一座城市的发展，与其经济水平有着密切的联系，但在其发展的初始阶段，却始终是随着交通的发达程度而变化的。历史向我们证明，交通不仅为人提供了运输服务，也是近代城市经济赖以生存和发展的基础。[2]

---

① K.J.Button：《城市经济学——理论和政策》，商务印书馆 1984 年版，第 14 页。
② 刘波、钱璞、袁利平：《城市公共交通管理》，中国发展出版社 2007 年版，第 1 页。

美国著名社会哲学家刘易斯·芒福德在其著作《城市发展史》一书中曾指出："除掉战争外，交通就是城市中最主要的动态因素……，那么，缺少交通，便构成了城市发展的一种威胁。"[①]在中国，传统的交通方式是步行，只有少部分的人会依靠人力车或畜力车出行；而且自清朝以来，由于统治者的短视和无知，"闭关锁国"的政策开始推行，这更是让有"龙兴之地"的盛京甚至是整个东北地区的发展均呈现出停滞不前、阻滞闭塞的状态：经济水平低，人口数量少，城市的规模也都有很少的发展，公共事业更是天方夜谭。于是，仅仅依靠传统的交通工具和方式已完全不能够满足当时人们对高质量生活的需求了。

一、交通的发展与近代东北城市格局的变动

在中国，传统城市的格局往往是受到战争及政治的影响，而在近代城市的发展进程中，经济和交通的因素却渐渐成为主流影响。19世纪末以前，东北地区发展缓慢，能被称为近代化的城市，几乎不存在。直到1860年，也就是第二次鸦片战争结束以后，英国强迫清政府签订了《中英天津条约》，其中有一项条款：英国公使得住北京，并在通商各口设领事官；增开牛庄、登州、台南、淡水、潮州、琼州、汉口、九江、南京、镇江为通商口岸（后来开埠时，牛庄口岸设在营口，登州口岸设在烟台，潮州口岸设在汕头）。于是，营口成为东北地区最早开放的通商口岸，也是东北地区近代化最早的城市。通商口岸的开辟虽然加深且加速了中国沦为半殖民地半封建社会的程度与速度，外国列强肆意掠夺中国资源等弊端，但同样也使大量国外先进的文化技术在中国开始传播，开阔国民的视野，大量外国的商品流入东北，在一定程度上打击了传统的小农经济，人们不得不适应新的生产生活方式。营口，从开放为通商口岸开始的几十年间，一跃成为东北最近代化的城市。而统治者也看到了新的契机，决定借鉴经验，于是在1906年，奉天也被正式开辟为商埠。

---

①Lewis Mumford:《城市发展史——起源、演变和前景》，中国建筑工业出版社1989年版，第55页。

　　而真正使东北发生迅速变化，并使它成为在当时中国城市化最发达的地区，那全是 20 世纪各方面的发展造成的[①]，这里面的各方面中，施坚雅指出，交通变革格外重要。在交通方面，影响近代东北城市的发展主要有水路及陆路。水路方面，营口开埠带动了东北沿海城市的发展；陆路方面，从 1898 年中东铁路开始修筑，到 1903 年全线通车，到后来安奉铁路、吉长铁路等铁路的建成，紧密了东北各地区之间的联系，也使东北成了"铁路密度最高、线路最完整"[②]的区域。在中东铁路的影响下，沿线城镇的经济都在逐渐变好，工商业变得发达起来；交通便捷，人口也随之增加，于是，铁路沿线的各城市也开始步入现代化城市的行列。交通，推动着城市环境及结构的变化，也加强了各城市之间的联系。

　　尽管，有记载，在传统社会，很多城市的兴起也是建立在交通要道附近的，然而，简单落后的交通方式却并不能带动城市的发展。营口开埠以来，海运的便捷让统治者们尝到了甜头，再到奉天开埠，铁路的建设也随之兴起，"铁道广为建筑以后，形势起了个极大的变化"。[③]铁路的修建，加之水路运输的发达，使东北地区的对外贸易迅速发展起来，刺激了城市的发展。因此，至伪满时代，东北之都市，凡属于新开辟者，其位置多与交通干线有极密切之联系，即大多数都市，均集中于黑龙江、松花江流域或铁路沿线，由此可知，交通路线之发达，实为都市发达之重要关键。[④]

　　同时，交通的便捷也为东北地区提供了大量的人口。传统的城镇是以集市为中心，形成聚落点，而铁路的修筑，使城市大多以火车站为圆心，形成聚落。随着住户数量的增多，狭窄陈旧的街道已经不能满足居民日益增长的生活需求了，新式的交通工具也需要更高质量的马路，于是，近代交通的基础建设便也成了急需解决的问题，解决交通建设就需要大量的劳动力，这便使铁路附近的人口数量大幅度增加，人口密集度也随之上升。随着交通设施的完善，便捷的交通带来了更多的贸易往来，继而衍生出

---

①G.William Skinner（施坚雅）：《中华帝国晚期的城市》，中华书局 2000 年版，第 244 页。
② 刘克祥、吴太昌主编：《中国近代经济史》，人民出版社 2010 年版，第 1150 页。
③ 许逸超：《东北地理》，第 117 页。
④东北物资委员会研究组《东北经济小丛书·人文地理》，京华印书局 1948 年版，第 30 页。

更多的行业，大批外来的人口通过先进的交通方式来到这里，人口的增加又会开发出新的经济事业，而后又会吸引更多的人口，如此良性循环。到九一八事变以前，"东北人口最密集之处，首推南满沿线，其次则为中东路南部……"①

二、交通的发展与近代东北市政建设

随着交通的发展和奉天的开埠，为了更好地对商埠进行经营和管理，在盛京将军赵尔巽等人的商议与筹办下，先后成立了商埠局、海关局、警察署等管理机构，且每个机构都会因各自职能分工不同而下设有许多分支部门。从其内部结构来看，与现今的市政机构很相似，因此，也可以说，当时的各个管理机构就是当代市政机构的雏形，它们也为当代市政机构的出现打下了基础。

随着商埠局的成立，赵尔巽将军便将修建道路和城市的基础设施作为第一项任务。20世纪前，由于战争的介入，东北的公路交通建设不仅仅是停滞不前，同时，在战争的破坏下，破烂不堪，且东北的传统道路本来就是凹道，待到夏日雨水季节，更是泥泞不堪，行旅困难。②于是，兴修公路也就成为重中之重的任务，时至今日，公路交通建设依然是城市的首要任务之一。20世纪初，马路的建设大多采用碎石子和石灰沙，道路的两边还有石槽或水沟用来排水。可见，当时的建设者就已经想得很周到了。到了张氏父子执政期间，甚至还根据中央政府颁发的《道路修治条例》制定了《奉天省修治道路考成规则》。在道路等级、修建标准、完成期限、验收标准等都出现在此规则中，且都做了规范详细的界定。公路建设的发展，让东北各城市焕然一新，于是，相应的人行道、明水沟、路灯等道路基础设施也陆续修建完成。到了20世纪20年代左右，奉天等地还发布了《街道、沟渠、桥梁及一切土木工程统一管理章程》等相关的规章制度。

随着商埠局、海关局、警察署等管理机构的成立运行，统治者逐渐意

---

① 傅恩玲：《八十四年前的东北地理教本》，南开大学出版社2015年版，第52页。
② 张宗文：《东北地理大纲》，中华人地舆图学社1933年版，第151页。

识到这些分管各自领域的机构并不能协调一致地解决某些问题，互相推诿，极大地影响了当时社会的发展。此时，便需要一个更加统一规范的机构来协调管理它们之间的工作。于是，在 1923 年 5 月 3 日，奉天省设立奉天市政公所筹备处，8 月 4 日奉天市政公所正式成立，隶属于奉天省长公署。到 1928 年，东北大部分城市也都成立了各自的市政公所。市政公所的成立标志着奉天省在城市近代化的进程中又迈出了一大步。

与当今政府的四个职能相似，奉天市政公所在当时也十分重视对市民的宣传教育，创办《市政公报》和《盛京时报》，呼吁大家广泛阅读以改变市民落后陈旧的思想。积极发展城市的公共事业，创立汽车公司，开展客运事业；设立公园，为市民提供休闲娱乐的场所。同时，仍旧大力发展交通事业，修建公路，加强各地间的联系，以缩小商埠区和郊区的差距，使城市化覆盖到更大的范围。"马路均以长方小石砖铺成……并植以襟花丰树，点缀风景，繁华美丽……街旁两行树阴之下，均置长椅……"①此描述可见当时城市的美好风貌。

除此之外，便捷的交通带来的大量的人口，也让社会公共服务事业得到了大力的发展，医疗、教育等基础设施也都在城市中逐渐发展起来。同时，随着人口的增长，原有城市已经容纳不下如此多的数量的居民，于是，城市的规模也随之逐渐扩大，人口的涌入和城市的扩张，也带动了经济的发展。这一良性循环，可以说都是交通的发展所带来的。

三、交通的发展与近代东北经济的发达

无论是中国还是外国，区域交通建设的状况都直接影响着其经济的发展状态，原因在于，交通是联系生产、消费、交换等社会生活形式中最重要的纽带，是一座沟通社会生产与生活的桥梁，它改善了人民的社会生产生活的基本条件，可以说，交通是国民经济中一项十分重要的因素，它是其他行业都无法比拟的。

---

① 徐赞育：《北征纪程（续）》，《盛京时报》1924 年 10 月 31 日，第 7 版。

20世纪初，随着东北开埠带来的交通业的飞速发展，为东北带来了一场移民浪潮，人口数量剧增，无论对住房还是生活用品的需求都日益增大，手工业和商业开始发展起来，尽管规模都很小，但也已处于近代商业的雏形阶段了。人口数量的剧增，为城市带来了足够的劳动力，参与了修筑铁路、公路与市政建设等各项事业的发展。同时，大量涌入的人口，也扩大了城市的规模，农产品的需求量也越大，加速了耕地的开发与利用，农产品也随之商品化，更多新兴产业，如加工制造业、银行金融业等也随之涌现，整个社会都呈现出一派万象更新的气象。

中国是个幅员辽阔的国家，便捷的交通使东北移民的数量明显增大，火车把人们带到了人烟罕至的地方，同时也给这些荒无人烟的地带带来了前所未有的勃勃生机。中国也是一个人才济济的国家，发达的交通为人们的往来提供了便利，而人员往来就是实现社会劳动力再分配的主要途径[①]，通过人口的不断流动，平衡了各地区劳动力的水平。同时，技术型的人才也随着交通的发达来到东北，投身于东北的经济建设中来，缩小了各地区在技术水平上的差异，为东北经济的发展做出了很大的贡献。

交通对于经济发展的促进作用，还表现在物资运输方面。在没有机械交通工具的时代，人们基本都是自给自足的生产方式，最多是聚落间的物物交换，但由于我国地大物博，没有先进的交通方式，很难做到生产资料、原料等的交换，而没有这种交换，便很难协调整个社会的生产水平，也很难发挥每个地区的生产优势。没有近代交通，自己生产的商品既运送不出去，同样，所需的商品也运送不进来，而想要提高经济水平，又必须加强与外界的经贸联系，因此，交通在促进经济发展上便显得尤为重要。清末民初，随着西方列强使用武力打开了中国的大门，日本和俄国率先在东北修筑铁路；在张作霖与张学良主政东北期间，也十分重视交通建设，尤其是铁路的修建，为经济的发展提供了强有力的保障，从而推动了东北经济的飞速发展。据统计，在九一八事变以前，东北的铁路总里程由3377公里增加到6507公里，前后增长了92%；"满铁"控制的铁路里数也增长

---

① 马尚斌：奉系军阀全书5《奉系经济》，辽海出版社2000年版，第314页。

了一倍以上，而运送的大豆、豆饼、高粱、谷子等在1910—1931年间大约分别增长了3倍、89%、4倍和9倍，增长速度比铁路还快；与此同时，中东铁路的谷物运输也出现了明显的快速增长。①

在当时的历史背景与发展下，煤炭为铁路汽车等提供动力，同时煤炭又是一项重要的贸易交流物，因此交通的发展也会促进煤炭事业的发展，这也使北票、鹤岗、抚顺等地的小煤窑逐渐发展成了有近代化风貌的大煤矿。其中，鹤岗煤质、煤炭储量都位居前列。② 丰富的煤炭储量为对外贸易提供了发展的基础，仅仅9年的时间，东北的对外贸易增长了近78%。

自乾隆以来，长期的封锁政策让人民长期生活在一个封闭的空间内，落后的交通也大大地制约了城市乃至一个国家的发展。清末民初，东北城市历经了一个由落后的传统交通方式向先进的现世交通方式转变的过程，这一转变，使东北城市一跃成为当时极具有近代化气息的城市，也使东北人民的物质与精神生活都得到了极大的提高与满足。著名的美国经济学教授格伦·雅格曾有结论是说交通可以改变一座城市中的人类活动、建筑环境、城市发展及城市间相互的关系，的确，在交通发展的影响下，有蛮荒之地之称的东北也逐渐变得人口众多，城市数量大，开放且经济贸易增长速度快的近代化城市。在交通与城市发展的关系中，犹如人口地理学中的解释：交通方式的进步会影响城市的发展，每一次交通方式的变革都会给城市带来一个崭新的变化。

作者单位：张氏帅府博物馆

---

① 胡赤军：《近代中国东北经济开发的国际背景》，商务印书馆2011年版，第281页。
② 胡赤军：《近代中国东北经济开发的国际背景》，商务印书馆2011年版，第108页。

东北自建铁路与近代东北城市现代化

刘　鑫　孔园园

　　交通的进步尤其是铁路的发展是一个城市现代化的重要标志。在 19 世纪 20 至 30 年代，由于经济的不发达、帝国主义的干涉及战乱的影响，全国铁路发展极为缓慢，数量也很有限。相比之下，东北地区的铁路建设在张氏父子的倡导和支持下却有了很大的发展，其投资之多、规模之大、时间之短、速度之快，在全国都是罕见的。东北一直以来是中华民国政府、俄、日的争夺对象，所以，铁路运输处处受制于国内外的控制。为改变铁路受制于人的局面，东北地方政府于 1922 年宣布实行东三省（奉天、吉林、齐齐哈尔）联省自治，决心修筑东北铁路网将三省连接。张氏父子和东北地方政府利用本国资金和技术自建自营了 10 条铁路干线和 3 条支线，之后又相继实现西四路及东四路联运，形成了东北地区独立的铁路运输网，打破了日本南满铁路的垄断地位，促进了东北民族工商业的发展，加快了东北城市的现代化进程。

一、东北自建铁路的修筑和营运

　　东北铁路起源于清政府洋务派修筑的关内外铁路。关内外铁路由唐胥铁路向东西两端延展而成，是东北地区官办铁路的开端。该铁路始于北京正阳门车站至奉天城（今沈阳）站，全线长约 862 公里。但是由于是向英国贷款筑路，且任用英国人金达任总管兼总工程师，所以该铁路从开始修筑就受到外国资本主义的控制。1907 年改称京奉铁路，1929 年改称北宁铁路。当时，东北地区的铁路干线主要有京奉、中东、南满三条铁路干线，分别由中华民国政府、俄、日控制。1924 年，东北地方政府认为"借款筑路之有损国权"①，于是设立东三省交通委员会，奉天省长王永江任委员长，开始制订自建铁路修建计划。自建铁路意味着不借助外国资本主义的力量筹建铁路，其核心是自主控制资金来源，这极大地鼓舞了东北政府以及商民的民族自信心，调动了民众自建铁路的积极性，各地民众积极投资，支持自建铁路。

1926 年到 1931 年，东北地区掀起了自建铁路的高潮。1925 年，奉海铁路股份有限公司成立并开始筹备建筑奉海铁路。奉海铁路是东北交通委员会成立以来，运用本国资产和技术所建筑的铁路。该铁路"初始资本奉大洋 2000 万元（约合现洋 1250 万元），官商各半，每股奉大洋 100 元，每年付股息 6 厘。1925 年 7 月开工，1928 年末竣工。到 1930 年底，总共获利 967 万现洋。也就是说，竣工后仅仅 3 年，已收回 77% 的初始资本"②。吉敦铁路是在奉海铁路的带动下筹建的，于 1926 年筹备，1929 年 7 月建成。1929 年，东北当局政府同意将由满铁筹建的吉敦铁路加入到联运，从此，东干线四路联运计划宣告成功。之后，洮索、齐克等自建铁路纷纷建成。1928 年 12 月，昂齐铁路建成，12 月中旬沈阳至齐齐哈尔直通客运列车，北京至昂昂溪的客车也随联运列车通向齐齐哈尔，东北自建西干线计划基本完成，并实现西干线联运。1930 年，东北当地政府制订新铁路网计划，延长东西干线并增修热河到北平的南干线。"自 1921 年到 1931 年的 11 年间，东北地区自建铁路里程 1521.7 公里，占东北铁路总里程的 1/4，而东北铁路占全国的 2/5 以上，东北自建铁路占全国的 1/10 以上。"③当时，修筑的铁路主要是政府自办、商民自办、商民独资的形式，其资金主要来

①袁文彰：《东北铁路问题》，上海：中华书局 1932 年版，第 5 页。

②毕万闻：《张作霖张学良主政期间东北近代化进程新探》，《东北史地》2012 年版，第 6 期，第 61 页。

③张魁堂：《张学良传》，北京：东方出版社 1991 年版，第 49 页。

源于京奉铁路的营业利润、东北各省政府的投资、省政府与商民合资修筑以及各地商民集资。

张学良主政期间，实现了东北东四路（京奉、奉海、吉海和吉敦铁路）和西四路（京奉、四洮、洮昂、齐克铁路）联运，组成了纵贯东北三省的铁路运输大动脉，铁路沿线的运输能力不断增强，不论在货运还是客运方面都取得了突破性进展，直接影响了南满与中东铁路的客货运营运状况。一方面，自建铁路网的货运能力不断增强。1929 年，东北自建铁路货运量达到 753 万吨，虽然不到南满铁路货运量的一半，但对于打破中东、南满铁路的垄断局面起到至关重要的作用。"1930 年，自建铁路货运量增加到 910 万吨。1931 年货运量达到千万吨，比上年增加 250 多万吨。而南满铁路货运量则连年降低。1929 年，南满铁路货运总量为 1856 万吨，1930 年减少到 1519 万吨，减少了 337 万吨货物。"[1] 另一方面，自建铁路网的客运对中东、南满铁路构成威胁。"1929 年南满铁路客运量为 1041 万人次，1930 年减至 811 万人次，1931 年减至 633 万人次，三年之间，客运量减少了 400 多万人次，减幅为 40%。中东路也是如此，1929 年中东路客运量为 499 万人次，1931 年减至 196 万人次，减幅也接近 40%。"[2]

二、自建铁路影响下近代东北城市的特点

东北自建铁路网的建成以及营运对中东、南满铁路构成严重威胁，使得中国东北地区摆脱了帝国殖民主义长期控制铁路干线的局面。在自建铁路的影响下，东北近代城市呈现出一系列现代化特点。

（一）城市兴起速度快

1861 年，营口开埠，东北地区被迫对外开放，但是相比于其他城市，东北的城市发展十分缓慢，仍处于落后之势。城市是社会生产力发展到一

---

① 王海晨：《论民国时期东北地方政府自办铁路的意义》，《辽宁大学学报》(哲学社会科学版) 第 32 卷第 3 期，2004 年 5 月，第 26 页。

② 王海晨：《民国时期东北自建铁路实践及意义》，《中国社会科学院研究生院学报》2008 年版，第 3 期，第 137 页。

定阶段的产物。20世纪二三十年代，东北自建铁路进入高潮阶段，各地纷纷筹备修建铁路，铁路线衔接交会的地方形成了铁路枢纽，在铁路枢纽的影响下，铁路枢纽城市随即出现，并向周边地区辐射，呈圈层式趋势不断扩大。至此，东北地区大面积出现城市化现象并踏上城市化的发展道路。自建铁路网的建成，是东北当局政府为抵抗侵略，收回铁路主权的结果，对东北地区社会经济发展起了至关重要的作用。铁路沿线城市商品经济迅速发展，从而促进沿线区域近代城市的产生和发展。"近代以前，东北地区的城市数量极少，到1875年时，东北只有十几个城市。伴随着铁路的发展，东北城市迅速兴起。1907年，人口数在1万人以上的城市数量为37个，1907年为50个，1925年为70个，1930年达75个。"①虽然影响近代东北城市兴起并发展的因素有很多，但是交通工具尤其是自建铁路应该占据突出地位。

（二）工业化程度提高

东北自建铁路修筑的同时各地也在开发煤矿、建立重工业工厂，从而推动了东北工业的发展。一方面，煤矿业起步发展。煤矿业的发展与自建铁路的发展是相辅相成、互相促进的。自建铁路的建成和迅速发展，使得煤炭的需求量大大增加，反过来，煤矿的开采又促进铁路的发展。如京奉铁路是为开滦煤炭的开采修筑的；奉海铁路是为了开发西安煤矿而修建的；打通铁路是为八道壕煤矿的修建而建立的。而随着各大煤炭开采量的增加，才使得各铁路线得以延伸。另一方面，重工业工厂建立并在全国占据领先地位。20世纪20年代，以沈阳市为中心的东北重工业已经初具规模。当时，沈阳的三大重工业工厂——东北大学工厂、皇姑屯机车车辆厂和奉天兵工厂都属于全国一流工厂。东北大学工厂下设机械厂、铸造厂、发电厂等六个分厂，成为东北自建铁路修理和制造车辆的基地。皇姑屯机车车辆厂下设机械所、建立所、制炉所等八个分厂，是东北地方政府扩建的重工业大型工厂，为东三省国有和省有铁路修理机车车辆，组装机车和制造客货车。奉天兵工厂在清末民初时建立，张氏父子主政东北时将其扩建成当时国内

---

① 宓汝成：《帝国主义与中国铁路（1847—1949）》，北京：经济管理出版社2007年版，第471页。

规模最大技术最先进的兵工厂。

（三）人口流动激增

自建铁路的修建在近代是一项大工程。一方面，自建铁路的修建吸引众多移民从事相关工作，客观上造成了大量人口流动，使东北地区城市人口规模不断扩大；另一方面，东北铁路网的建成极大地方便了关内难民向东北地区迁徙，使大量人口涌入城市，加速了人口流动。大量人口涌入城市必将带动城市经济发展，加之铁路所承载的运输功能，为东北地区的货物流通提供了便利途径，从而促进城市对外贸易的迅速发展，使原有城市规模不断扩大并向近代性城市转化。例如奉海、吉海铁路主要干支线的建成，以及随后两条线路的联运通车，宣告了东北自建铁路网东干线的成功，这极大地促进了沿线人口的流动和商品的流通。以奉海铁路为例。奉海路修筑之前，沈阳大北和大东地区人口都很少，但是，铁路的修建与开通使沈阳市人口布局发生改变。"奉天当局在设计沈阳总站时，一次性批准占地 320 公顷，这些土地除了一部分为车站道线和站房占用外，其余大部分土地被规划为商业市场。铁路通车后，这里'客货云集'，很快就成为沈阳的一个新繁华地带。"①

三、自建铁路对近代东北城市现代化进程的推动作用

（一）加快城市整体规划建设的现代化进程

近代之前，东北城市的选址与建设更加突出军事和政治功能。近代以来，尤其是营口开埠后，东北城市建设往往与河流密切相关，当时辽河流域和松花江流域上的新民、吉林、佳木斯等城市兴起，但是，当时东北大部分地区还处于自然经济状态，城市的现代化建设还是起步阶段。东北铁路尤其是自建铁路修建之后，铁路沿线的新兴城市开始迅速崛起。这些新兴城市作为铁路附属地迅速在东北各地出现，其规划布局受到铁路走向的影响，从而影响了近代东北城市的整体规划布局。这些附属地因其特有的优势成为近代东北城市现代化的先驱。由于当时东北地区受日俄控制，所

① 曲晓范：《近代东北城市变迁》，东北师范大学出版社 2001 年版，第 207 页。

以城市的基础市政建设和城市建筑必定会受多元文化的影响，现代化气息浓厚。更重要的是，铁路建设影响到了城市空间形态。随着近代城市的发展，人口和工商业逐步密集，给土地造成巨大压力，从而引发房地价格上涨、交通拥堵、环境污染等一系列问题，为解决这些问题，先进的城市规划建设被提出，从而加速了城市的现代化。

（二）推动东北边疆城市文化与社会风俗的现代化进程

自满清入关之后，清政府建立柳条边，明令禁止汉人移民，对东北实行封禁政策。鸦片战争后，东北地区的大门被外国资本主义打开，所以，近代东北城市的发展受到了外国资本主义殖民统治的影响。中东、南满铁路修建以后，铁路沿线城市开始了曲折的近代化过程。但是，东北边疆地处偏僻，尚未有铁路线经过，经济成分仍以自然经济为主，城市化无从谈起。随着东北自建铁路的修建与联运，客观上造成了大量人口流动，人口流动意味着文化与社会风俗的流动。自东北自建铁路网建成以来，众多关内移民不断涌向东北边疆腹地城市，"以东北移民最高年份的1927年为例，民国十六年（1927年）移入东北人数为1050828人，移出人数为341599人，定居人数为709229人"。①而这些移民大多数来自关内的山东、河北和河南等地区。关内移民使得东北地区人口结构发生了很大变化，使得不同地区的不同文化辐射并融入到东北边疆地区，促进了关内关外的文化以及习俗风尚的融合，带动了不同的文化元素的整合发展，从而推动东北边疆城市文化与社会风俗的现代化进程。此外，东北地方政府颁布的客运减价政策，为关内难民迁徙提供了极大方便，从而促进了东北边疆城市的开发，使其社会风俗的来源呈现多样性，在文化上表现为多元文化的宽容性和文化联系的广泛性。

（三）促进东北区域经济一体化进程

在农业时代自给自足的自然经济状态下，东北腹地城市与铁路枢纽城市以及腹地城市与乡村之间的联系较为薄弱，尤其是乡村地区，基本上处于封闭状态。各地所需农副产品及生活必需品大多能够由周边地区供给，区域间的贸易往来极少。现代交通特别是铁路建设的发展，使各城市间的

①段妍:《东北区域社会风俗变迁(1912—1931)》,东北师范大学出版社2009年版,第38页。

联系加强。东北铁路网的建设与通车带动铁路沿线城市的兴起与发展，而这些城市作为区域发展的核心，具有较强聚集力和辐射力，这些城市的发展必然需要与周边地区形成资源上的互动，从而辐射并带动周边地区甚至偏远地区的经济社会发展，以至于影响到整个东北地区的发展。铁路运输的辐射作用使得周边地区发生一系列连锁反应。已经存在的城市在铁路的影响下，其城市化进程大大加快；而原来没有城市的地方在铁路的带动下，其自然经济逐步瓦解，手工业受到近代化工业的冲击并逐步被取代，商品经济开始繁荣发展，新兴城市应运而生。东北自建铁路网的建成，使封闭的东北腹地城市与外界有了连接的通道，打破了东北内陆城市与外界的阻隔，东北腹地城市与铁路枢纽城市以及腹地城市与乡村之间的互动逐渐增加，从而将整个区域社会经济发展带动起来。

铁路作为近代中国一种新式交通方式，在近代东北城市现代化过程中具有不可忽视的重要作用。营口开埠之前，由于交通不便，东北的社会经济还基本处于封闭状态，城市化无从谈起。之后，铁路的修建与开通为东北地区城市化发展带来了巨大的发展机遇。尤其在 20 世纪二三十年代，张氏父子和东北当地政府倡导与筹建的东北自建铁路，并顺利建成 10 条铁路干线和 3 条支线以及之后实现铁路干线联运，形成了东北独立的铁路网，从而打破了帝国主义列强长期控制东北铁路干线的局面。自建铁路的修建带动铁路枢纽城市的兴起和发展，新兴城市沿铁路线建成在一定程度上推动了东北地区城市的发展与进步，加快了东北城市的现代化进程。

作者单位：辽宁大学马克思主义学院

民国初期奉天省破解财政困境考察

裴 艳 胡玉海 张晓航

　　20世纪20年代前后，奉天省的早期现代化和经济发展在全国首屈一指，这是今人谈论振兴东北、振兴辽宁的话题中津津乐道的一个辉煌时期。然而，在此之前几十年，奉天地区也曾遭遇严重的经济危机，政府财政长期收不抵支。清末民初数位总督和地方官员通过税收、金融、行政等多种改革，试图摆脱财政困局，但都未能成功。直到王永江成为奉天省高级官员，"发挥他对东北地区政府和经济带有魔法色彩的作用时"[①]，奉天省才最终实现政府财政扭亏为盈。近年来，受经济和非经济因素影响，辽宁财政收入波动剧烈，考察民国初期奉天省破解财政困境的历史，具有重要的现实意义。目前学界对清末民初的奉天财政已有初步研究[②]，但由于研究者的视角多偏微观，且尚未有文章以财政解困为问题导向，这为本文的写作预留了空间。

---

　　①［美］薛龙著，徐有威、杨军译：《张作霖和王永江：北洋军阀时代的奉天政府》，中央编译出版社2012年版，中文版序言。

　　②余阳：《赵尔巽对清末奉天省财政的整顿》，《满族研究》1992年版，第4期；高月：《清末东北新政改革论——以赵尔巽主政东北时期的奉天财政改革为中心》，《中国边疆史地研究》2006年版，第4期；康艳华、胡玉海：《张作霖时期奉天省金融财政整顿探析》，《东北史地》2012年版，第6期；张佩佩：《论奉天谘议局在清理财政中与行政官员的矛盾》，《兰台世界》2013年版，第21期；杨宗鸣：《从〈盛京时报〉看王永江执掌奉天财政》，《兰台世界》2014年版，第21期。

一、清末民初奉天省财政纾困的尝试

危害国家财政最深的莫过于兵祸和外患，这是古今中外的历史久已证明的。清末，奉天连续经受甲午战争、庚子之变、日俄战争三次战乱，地方政府遭遇前所未有的财政困境，自然是可以预料的事。自清设立盛京将军管辖奉天地区开始，奉天财政长期依靠中央拨款和盛京将军的税收稽征。义和团运动后，中央财政无力对各省拨款，权宜之下令各省筹措款项接济奉省，当时，"各省筹济款项 77 万两"，但"仍不敷用"①；另一方面，战乱之后的奉天省城工商业萧条，治下各县土地荒芜、民生凋敝，经济衰败令奉天当地的税收稽征几乎停滞。中央拨款断绝和地方税收稽征困难，两相交加，使得全省财政风雨飘摇，几近崩溃的边缘。危机之下，奉省及东北地方主政者不得不进行一系列财政改革，试图摆脱困局。

1905 年，盛京将军赵尔巽，在财政上采取了三项改革措施：第一，整合财政机构，统一财权。清入关后奉天的身份是陪都，原设有礼、户、兵、刑、工五部，赵尔巽奏准裁撤五部，为整合财政机构创造了政治条件。随后将原有的粮饷处、税捐总局、盛京户部金库合为一处，成立了奉天财政总局，作为全省财政机关。在此基础上，归并征税机构，形成了包括财政总局、税捐局、统税局在内的财税体系。第二，改革旧税制，实行田赋分等。将耕地分为上、中、下三等，上则每年纳税 1 角 5 分，中则纳 1 角 1 分，下则纳 6 分 6 厘②。第三，增设新税种，扩大税源。1905—1906 年一年内，先后增设了烟酒、房屋、牛马等多项交易税种。从财税管理的角度看，赵尔巽的改革颇具现代性：整合机构，统一财权是实现政府管理近代化的必由之路；田赋不依地亩数量而依实际地产纯利稽征，符合税收合理负担的原则；增加新税种，既可扩大税源又体现公平税负的原则。事实上，赵尔巽进行的财税改革，对缓解奉天财政困难起到了积极作用。据统计，1905—1906 年这一财政年度奉天税收白银达"382.5 万两，较往年多收 200

---

① 参考中国第一历史档案馆藏：《赵尔巽档案全宗》，第 157 号。

② 马尚斌：奉系军阀全书 5《奉系经济》，辽海出版社 2001 年版，第 214 页。

万两"①，"诚属成效昭著，为各省近年来所罕有"②。但是，改革并不足以从根本上扭转奉天财政困局，这一任务有待之后的继任者继续完成。

1907 年 4 月，徐世昌就任东三省总督，他上任之初就把整顿财政的重点放在发展银行上。徐认为"欲治三省，必先于整顿财政入手；欲整顿财政，必先以开拓银行入手，银行者，济困之府，生利之源，整齐圜法之枢纽③"。他把赵尔巽 1905 年创办的奉天官银号推向吉、黑两省，1909 年改组为东三省官银号，增资 60 万元④。同时发还商股，改为官营，"使其成为三省之中央金库"。从赵尔巽的奉天官银号到徐世昌的东三省官银号，反映了晚清之际新兴的资产阶级壮大自身经济力量的要求，同时有利于地区经济的整体发展。徐世昌还立足于东北经济全局，在奉天省城设立支应处作为支配公用款项的机构，统筹规划三省财力；统一铸造东三省大小银元，加快商品流通。徐世昌的改革有助于政府增加财政收入，但推行新政的过程本身也是增加政府开支的过程，1908 年"奉省入款 530 余万两，出款共 780 余万两"⑤，奉天省财政状况仍然极为窘迫。此种局面后来经锡良任内继续改革，但始终没有根本改观。

民国初年，情况变得更加复杂。因为省库空虚，地方银行开始不计后果地滥发纸币，导致金融混乱，挤兑风起，"奉天小银元票将近千万元，……虽可兑现，而准备不及十成之一，外人辗转盘剥，岌岌可危。银钱比价一日三易，有朝为富户，夕成穷民者，外国银行乘机操纵"⑥。其间，日人挤兑、扰乱尤为频繁。"店前兑换硬币，而后门纸币买收，循环捣换，更番而至。"奉票不断贬值，官银号"每日有八九万元亏损"⑦。为维持奉票在市场上的正常运行，新任奉天省财政厅长王树翰采取借款的办法，来充实银行的储备金。1916 年 6 月，奉天省以年利 6.5 厘，向日本朝鲜银行奉天支行借

----

①《大公报》1906 年 11 月 25 日。

② 中国第一历史档案馆藏：《赵尔巽档案全宗》，第 188 号。

③ 徐世昌：《密陈拟借洋款办实业析》，《退耕堂政书》卷 9，第 472 页。

④ 荆有岩：《东三省官银号》，《辽宁文史资料精萃——经济文化教育》，第 2 页。

⑤ 徐世昌：《上监国摄政王条议》，《退耕堂政书》卷 34，第 1788 页。

⑥《申报》1914 年 1 月 10 日。

⑦ 荆有岩：《东三省官银号》，《辽宁文史资料精萃——经济文化教育》，第 5 页。

款 100 万日元，不久，又借款 200 万日元。然而，在挤兑不止的形势下，两次借款 300 万元，是无济于事的，既不能救市，更不能扭转财政的困局。借债救市反而让中国陷入了一个恶性循环的圈套，特别是在日本不断扩大对奉天经济侵略的形势下，日本人先利用挤兑的小循环获小利；然后，面对自己一手造成的金融乱象，又以帮助整顿金融财政的名义出借资金，赚取高息，形成一个大循环。小循环获小利，大循环获大利，奉天省因此无法摆脱日本所设计的窠臼。

二、税务整顿，以监管税收体系为切入点

1917 年 5 月，王永江就任奉天省财政厅长时，面对的正是这样已经沉疴多年的财政困局，为增加政府财税收入，王在张作霖的支持下首先针对奉天省的税务体系"确定计划，极力整顿"[①]。作为政府财政收入的最重要来源，税收征管在历朝历代都很受国家和地方各级政府的重视，依据相关规定，税捐征纳是一个完整的操作流程，账簿、凭证、税款的收缴、留存等环节相互制约、监督，共同构成一个完整的保险体系。但奉天省当时的税收情况是"取于国民者多，而纳于政府者少"。王永江多年供职财税系统，曾在几地任县级税捐局长，又曾担任省城税捐局长，作为体制中人对税捐之弊有切肤之感，他知道税务人员营私舞弊、中饱私囊是税捐流失的根源，杜绝此种现象只能依靠加强监管，王永江的税务整顿遂以此为切入点。

（一）谋划顶层设计，明确税捐局长之责

王永江上任后，制定了一系列有关税收改革的文件，有意加重局长监督考察权，规定局长有义务向上级检举营私舞弊者；如隐匿不报，一经发现，罪责归于该局长。在 1924 年制定的《奉天省各税局改订分局所章程》中，明文规定分局主任与局长的各自权责，特别声明分局主任的任命权虽在财政厅，但"监督指挥之完全责任仍然由该管局长担负"，如分局主任

---

① 辽宁省档案馆：《奉系军阀档案史料汇编》第 2 册，江苏古籍出版社、香港地平线出版社 1990 年版，第 647 页。

"有推诿萎缩误事者,仍责在局长"①。明确局长有监管营私舞弊之首责,是抓住了税改步骤的中心环节。

在明确税捐局长监督之责的同时,王永江还按税收额度将分局分为四等,收大洋5万元以上为一等分局;收3至5万元为二等分局;收2至3万元为三等分局;收1至2万元为四等分局②。每局完成预定的税收额度,是局长的首要责任。确定税收额度,明确税捐局长之责,在税务监管体系中属于顶层设计,各局长完成两项职责,税收就有了基本保证。

(二)规范税款征收流程,从制度上防止营私舞弊

王永江要求各税局在日常工作中,将纳税方法、本局应收定额、大小银元折扣比等,都写在一木牌上悬挂门首,这既是向社会和纳税人主动公开税务政务,也便于检查和监督,有利于税务工作的开展。

税票是税款征收的专用凭证,税票的开具与管理至关重要。王永江规定税票填写时,必须用壹、贰、叁、肆、伍、陆、柒、捌、玖、拾等字大写金额数字,不得简写或模糊涂改。税票如有丢失,必须及时查明号数、张数呈报财政厅核办③。这种流程的规定还包括解缴税款、账册的时间期限,如《奉天省各县解款报册考成规则》就规定,各县征收的应到省款项,于次月10日由县付解,报册于次月15日印发,并根据距省城远近及交通条件的不同,规定了具体的限定时间,如辽阳、锦县、新民等较近者,限定两天送达,洮南虽通火车但路程较远,限定18天送达,安图路程远且不通火车,限定26天送达④。

这些规定具体到税收流程中的各个细节,有效地预防了营私舞弊等情况的发生,同时也极大地促进了中国税务管理近代化的进程。

(三)运用奖惩手段,调动税务人员的积极性

在实际的税收工作中,王永江把严格奖惩视为提高税收效能的管理手段。根据《奉天省各税捐局经征税款奖惩规则》,征收税款超过指标时,

---

① 奉天财政厅:《奉天省税责汇编》,1925年8月印发。
② 奉天财政厅:《奉天省税责汇编》,1925年8月印发。
③ 王凤杰:《王永江与奉天省早期现代化研究》,吉林大学出版社2010年版,第27页。
④ 辽宁省档案馆藏:《奉天公报》,第1475号。

将溢收部分提出一成作为奖励，各局将所得奖金五成奖给全局员巡人等，余五成归局长。在此奖励政策下，"局长所得年皆巨万，省库亦固之大盈。财政厅人员按例亦分提成，当时财政厅科员每年所得提奖可及薪水之半"①。税款征收实践中的超收奖励制度，极大地调动了税收人员的积极性，税款收入也随之不断增加。

与之相应，王永江也实行严厉手段惩治妨碍、破坏税收体系运行的人员，对有些不能完成预定税款额度的税捐局长，立即撤换，对营私舞弊者，"有犯必惩，不避权势"。王永江上任不久，就惩办了 14 个税捐局长②。在时人看来，王永江惩办税捐局长的做法，似乎过于严厉，因为官场中人普遍认为税捐局长是一个肥缺，有些人当上局长后，以营私舞弊为正常的谋生手段，发财的机会。王永江惩治不法局长后，"一时榷税之吏，皆股栗听命"③。在社会道德理念和法治观念严重缺失的状态下，王永江的惩治手段，在保证税款收入的同时，也还社会价值理念的公平正义。

王永江的税务改革从监管税收体系入手，与之前的税务改革相比，有一突出的特点，即以"税收人"为核心。明确税捐局长的税额指标和征管责任，说明监管的重点是局长，局长受其监督，必须尽职尽责；规定税款征收细节，是保证征税人能够按章办事，达到"涓滴归公"的目的；实行严格的奖惩制度，是惩恶扬善普遍社会法则的体现，更凸显了管理的人性化。

三、金融改革，以稳定货币价值为着眼点

王永江在推行税务改革的同时，还进行有步骤的金融改革。当时，奉天省及全东北金融市场异常混乱，表现为：第一，流通的货币混杂纷乱，且五花八门。既有本省银行发行的各种官币、奉票，也有省外乃至国外流

---

① 黄曾元：《王永江奉省从政琐议》，《王永江纪念文集》，大连出版社 1993 年版，第 103 页。

② 李宗颖：《记王永江对东北大学学生的一次讲话》，辽宁省参事室编《文史资料》1985 年版，第 95 页。

③ 金毓黻：《王永江别传》，《吉林文史资料》第 4 辑，第 251 页。

入的银币、纸钞，还有私人钱庄、银号发行的各种私帖。第二，奉省通行的小洋票开始贬值。第三，挤兑小洋票的风潮时有发生。这三者之间互为因果。王永江经过仔细分析，先后采取了取缔私帖、整顿奉票、整治多元货币流通等金融措施，背后的着眼点实质是稳定货币价值。

（一）稳定货币价值，从取缔私帖入手

私帖即私钞，有清一代，全国 20 多个省及 200 多个县发行私帖有 800 余种[1]。1828 年盖平商人开发一种"虚票"在当地流通，是目前所见奉天最早的私帖。私帖在商品交换中避免银钱携带之累，在局部地区流通便利，时局动荡时常比官币更能抵御金融风险，自然受到商民欢迎。营口开埠后，奉天商品贸易日益繁荣，私帖的发行和流通从一县扩展到多县，成为奉天境内重要的金融媒介。私帖的出现与盛行，是奉天地区经济发展的客观需要，也在地区经济发展中起到积极作用。

但到 20 世纪初，私帖的负面作用越来越明显，其主要原因是私帖流通已呈泛滥之势。据统计，1917 年前后，奉天私帖流通总数约合洋 310 万余元，钱 548 万余吊[2]，约占奉天境内整个货币流通量的半数。私帖的泛滥侵占了官币的流通范围，直接引起物价飞涨、货币贬值的后果，并进而影响金融市场的稳定。1917 年 5 月，针对此种乱象，王永江制定《收销各县私帖章程》，计划到 1918 年 8 月底止，将所有私帖分作五期一律收销干净。1917 年 9 月 6 日，张作霖进一步下令财政厅取消各种私帖，"惟以各该行号纸币为限"，"其余各铺所发之币，勒限收销，藉杜蒙混"。"仰即转知，妥速办理，以维金融。"[3]同时"多发官币，以资周转"[4]。1918 年 9 月，奉天省长公署下通知"凡持吉、黑字样中交钞票在 10 月末以前，到各地兑换奉票使用，过期作废"[5]。尽管有政府公文颁发在前，又有军政长官三令五申，但私帖实际收销并未取得预期效果，直到 1920 年仍在

---

① 参考石长有：《清代地方私帖图录》，中华书局 2006 年版。

② 中国银行总管理处：《东三省经济调查录》，1919 年版，第 36—38 页。

③《张作霖为推行省币取消私帖给财政厅指令》（1917 年 9 月 6 日），辽宁省档案馆：《奉系军阀档案史料汇编》第 3 册，第 3 页。

④ 辽宁省档案馆藏：《奉天省长公署档案全宗》，第 2187 号卷。

⑤ 荆有岩：《东北近代金融概述》，《辽宁文史资料》，第 6 辑，第 148 页。

流通。无奈之下，奉省采取了把查禁私帖与县知事考成相挂钩的办法，勒令各县知事于 6 个月内将流通私帖如数收清，省财政厅将以此作为县知事考成指标，并详细规定了各种收销方式和查核办法。这种把查禁私帖纳入官员政绩考核体系的做法，取得了比较积极的成效。当然，这只意味着私帖大体已经退出流通领域，不排除"然入一县内，则仍然因于因习，私自通行"①，不过，由于奉省"将大量的汇兑票投入流通"，个别县内私自通行的私帖，对金融流通影响微弱。

取缔私帖，是奉天省货币多元化走向统一的必然要求，是建立统一的商品市场的前提条件。私帖的逐渐取消，加快了奉票成为主导货币的进程。

（二）稳定货币价值，以整顿奉票为重点

奉票"小洋票"自 1905 年发行后一直是奉省及东北主要流通货币。一战以后，"小洋票"遭遇信誉危机，价格下跌，加之在东北的日本殖民势力操纵，奉天"小洋票"连年贬值，与日资朝鲜银行金元票的比率自 1912 年起持续走低。这种情形又进一步引起挤兑风潮和流通受限等连锁反应。1916 年 2 月中，每日被挤兑的奉票平均高达 70 万元②，"京奉铁路仅收中国银行、交通银行发行的大银元票，拒收小洋票"③。

针对这一现状，王永江抓住稳定奉天省纸币价值的核心，决定改变 1905 年以来确立的奉小洋本位为奉大洋本位。1918 年 8 月，正式发行奉大洋票，大洋票每 1 元兑换小洋票 12 角。同时以白银为大洋票的货币储备金，使奉天"省币的价值可以得到国际公认之贵金属的坚实支撑"④。这与原小洋票作为旧铜钱的纸币替代品相比较，更容易让人们接受。为了维持金融稳定，奉天省实行大洋票与小洋票偕行的货币政策，在推进大洋票流通的同时，仍然允许小洋票在日常交易中继续使用，实现了新旧币的平稳过渡。大洋票的发行改变了民初以来奉票在流通领域的弱势地位，实现了与日元平价，"交易中的市场波动使奉天银元对日元的比率在 1.11 至

① 《满蒙私帖之调查》，《晨报》，1925 年 4 月 10 日。
② 姚会元：《奉系军阀统治时期的辽宁纸币发行》，《中国钱币》2002 年版，第 4 期。
③ 王凤杰：《王永江与奉天省早期现代化研究》，吉林大学出版社 2010 年版，第 54 页。
④ ［美］薛龙著，徐有威、杨军译：《张作霖和王永江：北洋军阀时代的奉天政府》，中央编译出版社 2012 年版，第 44 页。

0.7 之间变化，但就整体而言，两种货币在 1917—1920 年里保持平价，一个大洋票价值一个金元票"①。

为了保持大洋票的稳定，更是为了减轻新奉票的兑换压力，增强大洋票的流通竞争力，王永江决定再发行不兑现的纸币，即"兑换券"。兑换券与大洋票等价，每 1 元折合小洋票 12 角。兑换券在最初发行的四年里，运行良好，到 20 世纪 20 年代末，已成为整个东北的主导货币。兑换券最大的特点是在奉天省内不能随意兑换为现洋，汇兑券的大量流通，使奉天多年挤兑风潮得以逐渐平息。

（三）稳定货币价值，以整治多元货币流通为途径

奉天省货币流通领域动荡不安，挤兑风潮盛行除了受国际金融市场影响外，本地流通的货币五花八门，省内纸币发行权不统一实为内在根源，大大小小以买卖纸币、挤兑现银为主要业务的钱店和银号则起推波助澜的作用。1918 年 7 月，奉天省城展开对私营银庄钱铺的调查清理，90 余家资本不足的小银钱店被勒令停业②。取缔这些小钱铺，虽不能从根本上解决金融混乱的问题，但对奉天省的金融稳定却有着明显的作用。

为了从源头上遏制金融流通混乱，王永江又把改革的重点放在整合货币发行权上。纸币发行紊乱是民国初年特有的币制状况，当时在奉天省，除中国银行支行、交通银行支行外，还有东三省官银号、兴业银行等多家银行拥有特许发行权。王永江认为："东北金融机关，既有江省之广信公司，吉省之永衡官银号，奉省又复立三行号，殊属政出多门。为三省财政统一计，奉省之三行号亦有统一的必要。"③1922 年底，王永江开始派员调查各家银行出入账目，审计各行的资本量、储备金数量、货币发行量以及债券发行量等。经过一年准备工作后，1924 年 3 月，促成三家实力较强的官营银行——东三省官银号、兴业银行、东三省银行合并，组成新的"东

---

① [美] 薛龙著，徐有威、杨军译：《张作霖和王永江：北洋军阀时代的奉天政府》，中央编译出版社 2012 年版，第 46 页。

② 魏福祥、王玉：《张作霖统治初期对奉票的改革与整顿》，《东北地方史研究》，1989 年版，第 1 期。

③ 荆有岩：《东三省官银号》，《辽宁省文史资料》第 12 辑，辽宁人民出版社 1958 年版，第 59 页。

三省官银号"。

重组东三省官银号是金融整顿的重要举措，其具有重要的现实意义。其一，从货币流通的角度看，以新东三省官银号为地方政府发行通货的唯一代理机构，是奉天省政府实现以奉票为东北唯一官方货币，废除多种货币流通体系的有效途径。其二，从行政管理的角度看，王永江亲自担任督办一职，拥有任命银行董事会成员和监督官银号运作的权力，强化了政府监督的力度。其三，重组东三省官银号，增强了官银号的资本实力，使官银号跨区域扩张成为可能，其分支机构广布东三省主要城镇和关内大商埠，拥有分号 80 余处，网点 100 余个，各分行拥有巨大的现金存款①。1924 年盈利 3145499 元，1925 年提高到 4467751 元②。其四，为本地经济发展提供资金支持。自 1924 年开始，奉天省财政厅加大政府投资力度，兴办各类工矿企业，极大地促进了地方经济的发展。

四、增加税收，以发展经济为根本点

王永江的税务金融改革，使奉天省财政状况有了明显好转。到"民国九年末，除将所有外债完全还清外，奉天省库存一千一百万元之结余金"③。这对一个财政年收入不足 3000 万元的省份来说，是了不起的成绩。1923 年，财政年收入达到了 3340 万元，而支出只有 2520 万元，有结余 800 余万元④。

奉天省财政的巨大盈余，让执政者们倍感振奋，张作霖在一次军事会议上说："这真是梦想不到的事情！"财政有了结余，钱往何处用？与张作霖热衷于军备扩张不同，王永江主张民治，"振兴实业，发展教育，澄清吏治，扩大交通，鼓励屯垦"兼"经营东蒙"，用以"固根本而图发展"，

① 王凤杰：《王永江与奉天省早期现代化研究》，吉林大学出版社 2010 年版，第 62 页。
② 王凤杰：《王永江与奉天省早期现代化研究》，吉林大学出版社 2010 年版，第 63 页。
③ 陈裕光：《王永江整顿奉省财政之前前后后》，《吉林文史资料选辑》第 4 辑，吉林人民出版社 1962 年版，第 115 页。
④ 陈裕光：《王永江整顿奉省财政之前前后后》，《吉林文史资料选辑》第 4 辑，吉林人民出版社 1962 年版，第 116 页。

其核心是发展经济。就增加财政收入的角度而言，发展经济是一条根本途径。因为财政收入是以经济增长为基础和前提的，没有经济持续稳定的增长，就不会有财政持续稳定的增收。同时，充足的财政收入也能为进一步的经济开发提供必要条件。王永江充分认识到财政收入与经济增长的密切关联，在他主导和参与下，20年代前后奉天省大力发展农业经济、修建自主铁路、投资工矿企业，取得巨大的发展成就，创造出令人瞩目的经济奇迹，奉天省从一个相对落后的关外省份变身成为经济强省。

（一）发展经济，以农业为本

奉天与关内各省相比属后开发地区，有大量官荒有待开垦。民国初年，奉天省设立了官地清丈局，对身份制、世袭制的土地进行整顿，同时丈量和清理所有官庄、王庄和旗地，进行土地丈放。从1919年到1924年，奉天省共丈放王公庄地1242692亩①。通过土地清丈，奉天省土地的地权关系发生变化，"前清诸官庄，便在法律上失掉一切封建性，现出近代的面貌"②。在丈放余荒和官地旗地的过程中，官僚、地主、富商及庄头等乘机兼并土地，使地主经济得到进一步发展。

在地主经济快速发展的同时，清末官办农牧垦殖公司日趋衰退，而私营农垦经济呈快速发展态势。省政府因势利导，大力扶持股份制公司的建立，训令"凡垦殖公司或私人农场，原有资本在五万元以上且开垦确著成效，欲谋推广而力不济者，……以不动产抵借长期抵利之款项济用，以资协助"③。农垦公司的发展推动了农业生产规模化，在此过程中，资本的集聚优势、先进的经营理念、现代化农业机械的应用和优良农作物品种的引进，成为改变传统农业自然状态的重要因素。

奉天省还围绕土地开发制定了一系列鼓励移民垦殖的政策，设置移民局、接待站等组织机构，完善移民安置服务，免费为移民提供临时住处和当年农作物种子，这些政策的实施，使奉天省人口数量快速增加，据

①《奉天全省官地清丈局兼屯垦局报告书》，引自王凤杰：《王永江与奉天省早期现代化研究》，吉林大学出版社2010年版，第72页。

②《满洲经济年报》1933年版，第24—28页。

③辽宁省档案馆：《奉系军阀档案史料汇编》第4册，江苏古籍出版社、香港地平线出版社1990年版，第638页。

统计，从 1919 年到 1928 年间，全省人口由 12488000 人增长到 14999000 人，十年间增长 251 余万[1]。而耕地，仅营口一县自 1917—1927 年间就新增升科地 835239.065 亩[2]。人口增多，耕地面积的扩大直接带来农作物产量的猛增，如玉米产量 1924 年为 161.8 万吨，1925 年增至 180.8 万吨[3]。大豆产量 1907 年为"三千九百九十万蒲式耳"，1927 年增加到"一亿五千八百万蒲式耳"，二十年间增加了三倍。这个时期世界的大豆供应，几乎有一半来自中国的东北三省[4]。农业成为奉天外贸增长和商品经济发展的重要支撑，更是财政收入的主要源泉。

（二）发展经济，以自筑铁路为突破口

铁路作为近代化的表征和载体，是带动经济社会发展的最大动能。到清朝末期，东北虽有中东、南满、京奉三条铁路，但分别由俄、日、英三国控制。从赵尔巽到徐世昌、锡良几届东北大员都清楚地认识到修筑自主铁路的重要性、急迫性。锡良曾发出"东省生路只此锦瑷一条"[5]的感叹！他们也都做出了极大的努力，但最终未能打破这三大铁路系统对东北的控制。

张作霖统治时期，在东北修筑自主的铁路，仍然面临三大难题：日本干涉，资金困难，技术和人才缺乏等。其中，日本干涉和阻挠成为一种常态，不管中国方面在什么地方修筑铁路，日方都说是南满铁路的"平行线"，进行阻挠干涉。锡良时期的锦瑷铁路，就是为了回避"平行线"而将起点移到锦州的，但最终还是在日俄的干涉下而搁浅。到了张作霖时期，日本在东北的势力形成了一家独大的状态，对奉天省的干涉不加任何掩饰。1923 年初，奉天省筹建沈海铁路就遭到日本的蛮横阻挠，理由是这条铁路应适用日本"满蒙五路"借款权的约定。经一年交涉，最后奉天省以洮昂

---

① 《东北年鉴》，东北文化社 1931 年版，第 149 页。

② 《营口县志》，1935 年版，第 141 页。

③ 东北物资调节委员会研究组：《东北经济小丛书农产》，中国文化服务社 1948 年版，第 8 页。

④ ［英］加文·麦柯马克著，毕万闻译：《张作霖在东北》，吉林文史出版社 1988 年版，第 8 页。

⑤ 《锡良遗稿》第 2 册，第 964 页。

路借用日资为交换条件，才使沈海路得以修建。同年，当日方获悉奉省筹建打通铁路时，蛮横地说："不论民国是利用本国资本修建，还是用外国资本的既得权利"[①]。奉天当局对日本的强盗逻辑，也只能采取针锋相对的方针，1926年，日本以口头和照会两种方式干涉奉方修筑打通铁路，张作霖以照会的方式驳斥日驻奉总领事吉田茂："现在并无计划铺设之事，如将来为开发奉省起见，经官府或人民提议兴修，事关内政"，日本政府亦"无干预之必要"[②]。后来，日方一再抗议，但张作霖始终不肯明确答复，"照旧漠视抗议，开展工程"[③]。修成这条铁路后，常荫槐曾对人说："坚定地实行自己的铁路计划，日本的无理抗议是不足畏惧的"[④]。

奉天省当局在推进自筑铁路计划的过程中，采取各种措施，调动各方面力量，克服了资金不足和人才技术的难题。到1931年九一八事变前，修成了十条具有自主权的铁路，总长2243公里，占当时中国国有、省有铁路总里程10434公里的22%。以1911年到1931年20年间计算，东北自主铁路每年增长123.7公里，占全国铁路增长数量的一半以上[⑤]。十条自主铁路的建成，让东北的铁路网和铁路运输出现了"三足鼎立"的局面，这对经济发展的贡献，不言而喻。

（三）发展经济，以投资工矿企业为重点

奉天省在19世纪末，建立了中国历史上第一个机械造币厂——"奉天机器局"，这是奉天民族工业的先河。但帝国主义的经济势力发展到东北，奉天的民族工商业深受其害。进入20世纪20年代，辽宁省各界人士，"因感外力侵入之刺激，受外人经济之压迫，乃图谋振兴实业"[⑥]。1919年9月，

①解学诗主编：《满铁档案资料汇编》（第四卷）《日本独占中国东北铁路交通》，社会科学文献出版社2011年版，第258页。

②吉林省社会科学院《满铁史资料》编辑组编：《满铁史资料 第二卷 路权篇》，中华书局1979年版，第874页。

③吉林省社会科学院《满铁史资料》编辑组编：《满铁史资料 第二卷 路权篇》，中华书局1979年版，第876页。

④辽宁省档案馆日文档，交通邮电卷，663卷，转引自胡玉海：《近代东北铁路修筑权与铁路借款的交涉》，《辽宁大学学报》2004年5月第32卷第3期。

⑤王贵忠：《张学良与东北铁路建设》，香港同泽出版社1996年版，第194页。

⑥《东北年鉴》，东北文化社1931年版，第1031页。

奉天省将财政厅里一个负责投资的小部门，独立出来成立奉天省实业厅，到 1920 年，仅颁发的矿业许可证就有金矿 189 家、煤矿 158 家、铅矿 57 家、铜矿 25 家、铁矿 21 家、银矿 16 家[1]。

奉天省发展实业之初，因多方面因素影响，造成多数新办企业是与日本合营，到了 1922 年，东北地方当局发现所谓与日合办企业均无多少收益，就决定停止合办企业。王永江一次在与日人谈话时，公开表明抵制中日合办企业的态度。他说："历来的所谓日中合办事业，仅仅是在日本人的事业上加了一个名称而已，从该事业上获得实惠的也都是日本人。……将来这类'合办事业'，无论是工业、矿业，还是农业，都不是中国官民的希望所在。"[2] 依此为由，1923 年初，多家申请合办企业，遭到拒绝[3]。奉天省抵制日本殖民主义者的经济侵略，为民族工业的发展开辟了空间。奉天纺纱厂是这个时期工业发展的标志，该厂 1920 年开始筹办，1923 年 10 月正式投产，当年就获利奉大洋三十万元。此后每年递增，1926 年获"纯利奉大洋一百六十六万元"[4]。1927 年获纯利 713 万元[5]，上缴财政 270 余万元[6]。

为形成工业集聚效应，1923 年奉天市政公所成立，规划建设城市工业区，在该区中心建成一个广场，取名"惠工广场"，申明发展工业的理念。第二年，张作霖、王永江及东三省主要军政官员汇聚一处，制定未来三省经济发展规划，预计一年之内，集资 2000 万元开办 10 个官办工厂和 20 个采矿企业。积极的工业布局大大提高了奉天的工业产能，据 1929 年统计，奉天一省的煤产量占全国总量的 33%，铁占 32.7%，铁路里程占 21.7%，

① [美]薛龙著，徐有威、杨军译：《张作霖和王永江：北洋军阀时代的奉天政府》，中央编译出版社 2012 年版，第 106 页。
②《现代史资料》，第 31 卷，《满铁》，第 411 页。
③《现代史资料》，第 31 卷，《满铁》，第 411 页。
④《东北年鉴》，东北文化社 1931 年版，第 1038 页。
⑤ 东北《商工日报》，1930 年 7 月 19 日。
⑥ [美]薛龙著，徐有威、杨军译：《张作霖和王永江：北洋军阀时代的奉天政府》，中央编译出版社 2012 年版，第 123 页。

发电量占21.5%，豆类产量占85.5%，而人口只占全国总人口的3.2%[①]。巨大的经济实力，让奉天省的财政收入持续剧增。据统计1928年税收解金库541352212元，解省库107160648元，解厅库21337458元[②]。

综上所述，清末民初，因着战争动乱和国家财政体系的崩坏，奉天省曾遭遇了长达几十年的财政危机。这是一个社会经济基础薄弱的落后省份在大动荡大变革的时代所爆发的系统性财政危机。奉天省财政的纾困与破局经历了几十年的持续努力，王永江的成功在于把财政危机的解决与地区经济社会的全面发展结合起来，一方面从税收金融改革入手，通过严格的监管制度革除税收弊政，同时运用政府强制手段整合货币体系，达到稳定金融秩序、保证政府税收的目的；另一方面，以经济增长为中心，加大政府投资力度，促进农业、工矿业、铁路建设的快速发展，为政府的财政增收建立活水源头。尽管王永江等人共同创造的财富之源和大好的经济形势，最终由于张作霖的黩武政策而遭到破坏，但他们却留下了走出财政困境的经验，总结这些经验对当下老工业基地振兴，具有直接的借鉴意义。

作者单位：辽宁大学马克思主义学院

①富兰克林·L.霍:《中国东北边疆人口发展》，引自［英］加文. 麦克马克著，毕万闻译：《张作霖在东北》，吉林文史出版社1988年版，第8页。

②《东北年鉴》，东北文化社，1931年版，第828—829页。

张学良与杜重远
——兼论肇新窑业在东北城市现代化建设中的意义

初国卿

1998 年，杜重远诞辰 100 周年，习仲勋在《人民日报》发表长篇署名文章《缅怀革命烈士杜重远》，文中谈到杜重远与张学良的关系时说："杜重远是张学良十分敬重的幕僚和挚友。早在九一八事变前，杜重远就曾做过张学良的秘书，他帮助张学良组织'东北国民外交协会'，是张学良外交工作上的得力助手。杜重远在创办肇新窑业公司期间，则得到了张学良的大量资助。"③ 正是从创办肇新窑业开始，杜重远与张学良建立起了深厚的友谊。肇新窑业不仅成为东北乃至中国民族工业的典范，"东北工业界之福音""东北之模范工厂"④，同时也在东北城市现代化建设中发挥了重要作用。

一

1923 年 8 月，奉天市政公所成立，沈阳正式实行市制管理，这是继

---

③ 习仲勋：《缅怀革命烈士杜重远》，见《人民日报》1998 年 4 月 1 日第 12 版。
④ 张承宪：《学习杜重远先生为革命献身的精神——在上海纪念杜重远先生诞辰八十五周年座谈会上的发言》，见张宝裕等编《杜重远》，新疆大学出版社 1987 年 12 月版。

广州之后，我国第二个建立市制的城市，是东北地区城市现代化过程中具有里程碑意义的大事件。恰在同一年的 5 月 1 日，肇新窑业在沈阳创办。这是一种巧合，也是一种必然。因为城市现代化建设过程中需要肇新窑业的建筑砖瓦和日用陶瓷，由此有了杜重远，有了杜重远与张学良的因缘际会。

杜重远（1898—1943），原名杜乾学，农历三月十五（1898 年有闰三月，具体在哪个三月，没有确切记载。如果是生在第一个"三月十五"，则是公历 4 月 5 日；如果是第二个"三月十五"，则是公历 5 月 5 日）生于奉天省怀德县（今吉林省公主岭市杨大城子镇凤凰岭村）一个普通的农民家中。小学毕业后以优异成绩考入奉天省立两级师范附属中学。当时，正值 1915 年，日本向袁世凯提出灭亡中国的"二十一条"，以此作为支持他做皇帝的条件。杜重远在全国人民愤怒声讨"二十一条"的热潮中，深感民族存亡，匹夫有责，于是苦苦思索什么才是救国之路。一天，他偶然"在一本窑业杂志中看到一篇载有日本人在大连办一座大华窑业会社的文章，深有感触，想到日本人掠夺我国的丰富原料生产瓷器，占据我国市场，令人痛心"[①]。瓷器是中国发明的，从唐宋时开始，日本多次派人来学习。如今，曾被世界称为"瓷器之国"的中国，竟在世界市场上一蹶不振，而日本国内生产的瓷器以"价廉物美"冲击着中国市场，进而又在中国设厂制造，更将严重地危害中国的陶瓷生产。杜重远深感"唯有振兴实业，才能拯救中国"，于是下决心重振祖国的陶瓷业。当时，奉天省长王永江目睹日本侵略者在中国的横行霸道和经济控制，于是向督军张作霖提出"振兴实业，挽救中华"的方针，并制定了首先培养人才的途径和方法。这个方案得到张作霖的认可，于是在奉天全省范围内以考试的形式，每县选取 2 人，由县里负担每人每月给金票 35 元。考入特约学校，由省里负担，月给每人 43 元，送往日本学习技艺。学成归国后，付诸实施，振兴实业。1918 年，杜重远满怀"实业救国"的愿望，终于考取了官费留学日本。以奉天省洮昌道尹公署官费留日学生的身份，入日本仙台高等学校窑业科，专攻陶瓷专业，成为中国最早的窑业专业留学生。

[①] 杜重远：《狱中杂感》，杜毅、杜预编：《杜重远文集》，文汇出版社 1990 年版。

　　1921年，张学良到日本参观秋操演习，见到了正在日本读书的杜重远，这大概是杜重远与张学良的最早结识。在《张学良口述历史》中，张学良曾有这样的回忆："我跟他是好朋友。我到日本的时候，他是日本留学生的副会长，从那认识的……他后来到我父亲那做事，都是我的关系。""杜重远他是这样一个人，他是学做瓷器的，那时在日本，奉天的留学生，两个会长，他是副的。我到日本认识他的，很有才干，很有思想见地的一个人。"① 当时，杜重远24岁，留学日本两年多；张学良20岁，东三省陆军讲武堂毕业，任东三省巡阅使署卫队旅旅长、陆军少将。两人在日本的相识，成为后来友谊的开始。

　　1922年冬，25岁的杜重远学成归国。当时，正值东北人民反日运动高涨，社会有识之士积极提倡国货，抵制日货，兴办实业之风蔚然而起。八王寺汽水啤酒股份有限公司、惠临火柴股份有限公司、同昌行"老火车"牌牙粉厂等民族企业已经诞生，以民族实业救国已然成为一种时尚潮流。在这种情形下，杜重远谢绝了许多人劝他做官的建议，立志以所学专业贡献于祖国，坚持要经营瓷业，在沈阳建设一座现代化的陶瓷厂，抵制日本陶瓷对中国市场的占领，重振陶瓷大国的雄风，以实现实业救国的夙愿。

　　然而，杜重远毕竟只是一个留学归来的穷学生，除此之外只有他的理想、壮志和激情。但就是凭着他的这种精神，锲而不舍地按着自己设计的思路往前走。他投亲访友，到处寻求支持。当时奉天能有资财投资帮他建厂的人很少，杜重远只好找他的老师，时任奉天清丈局局长的林成秀（字浥尘）和任奉天省洮昌道尹的李友兰（字香斋），请求帮助。当年杜重远在奉天省立两级师范学堂附属中学读书时，二人正在该校任职，林成秀是主任，李友兰是学监，因此有师生之谊。两位老师此前还先后担任过奉天省议会的正副议长，在当时政界颇有号召力。二人见杜重远意志坚定，报国心切，于是慨然应允助他实现理想。于是林成秀将杜重远介绍给当时的奉天储蓄总会会长张志良（字惠霖），而这位张会长恰巧又是杜重远在日本留学时的同学张汝贤的父亲，于是张志良答应杜重远出资相助。不久张志良、林成秀为杜重远筹集了大洋10万元，其中张志良本人出资8万元，

---

　　①《张学良口述历史》，当代中国出版社2014年8月版，第2册，第357、378页。

同时又得到同学阚宇清、阎靳尘、张星垣等人资助的 6000 元。于 1923 年 3 月用第一期资本在奉天城北小二台子购地 100 亩,5 月 1 日正式建厂,名"肇新窑业公司"。

杜重远以"肇新"命名所创办的窑业公司,不难看出他的深刻用意。"肇新",意即"始新",谓新的开始。"肇新"一词最早见于宋代苏轼《皇帝达太皇太后贺大辽皇帝正旦书》:"岁律肇新,邻欢载讲。恭被慈闱之诲,远通庆币之诚。"以"肇新"为窑业之名,即想以此开创中国民族工业新局面,达成以实业救国之目的。

肇新窑业的创办,曾得到张作霖等奉系高官的支持和鼓励。据《奉天肇新窑业股份有限公司十二年上半年营业报告》所载,自民国十二年(1923)五月一日起,至民国十二年十月底止,半年时间里,肇新窑业集优先股 216 股,普通股 1932 股,总资本金达到 252000 元。其中就有张作霖 5 股、郭松龄 10 股、杨宇霆 1 股。这大概就是张学良口述史中所说的"他后来到我父亲那做事,都是我的关系"。

二

随着肇新窑业的发展壮大和其在东北城市现代化建设中所发挥的重要作用,原本就相识的张学良与杜重远自然就走到了一起,并很快建立起个人友谊。

肇新窑业建厂之初,为了尽快收益,先以技术含量低的砖瓦做起。机制砖瓦,很快见效,到了 1924 年,肇新砖瓦生产就已达到了相当的规模。据《奉天肇新窑业股份有限公司十二年上半年营业报告》所载:"奉天肇新窑业公司来年应有计划略陈意见如左:德国式新窑每月可烧砖六十余万,合中国式旧窑每月烧三十万计之,每月共出货百余万。年以八个月计算,可得砖七百万块左右。又洋瓦二十四万,日本瓦十四万四千,洋灰瓦二十五万。砖瓦之产额既多,关于原料之购置,货物之运输,以及售卖之方法等自不能不早日计划妥切,以谋事业之发展。"由此可见,肇新先以砖瓦进入市场,然后再转入机器制瓷的立厂策略是十分有效的。当时恰逢沈阳建沈海站、辽宁总站、东北大学、兵工厂等，于是肇新窑业公司的红砖大量用于这些建筑，尤其是东北大学，大量使用红砖建设。红砖筑砌了东北大学的理工学院、图书馆、汉卿南楼、汉卿北楼、学生宿舍、体育馆等。这无疑对社会上采用红砖起到了带头示范作用。这种战略经营很好地配合了当时张作霖、张学良父子主政东北，进行城市现代化建设大布局的策略，对推动东北地区城市现代化进程真正地起到了增砖添瓦的作用。

经过近三年的试运行，到了 1926 年，公司基础稳固，局面打开，于是在这一年的 8 月 12 日召开"创立会"，据《奉天肇新窑业公司创立会决议录》记载，会议由筹备人杜重远作报告，选举张惠霖为专务董事（即董事长），杜重远为总经理。

1927 年 3 月，因肇新窑业的影响，杜重远被选为沈阳商会的副会长。这一年，肇新窑业开始扩建瓷厂，于是，杜重远拟出招股现大洋 48 万元计划，并获得社会广泛认同。在今天能见到的《奉天肇新窑业股份有限公司股东史簿》上，计有股东共 281 位，其中有"张汉卿 20 股"。此时作为陆军上将军团长的张学良已开始关注肇新窑业。

肇新窑业的成功，让杜重远更加坚定了发展民族工业，坚定民族自立的信心。这一年，他做了一件颇为引人注目的事，就是领导了反对日本帝国主义无视中国主权，在辽宁临江县增设领事馆的斗争。当时他以商会领袖的地位，获同行推选为全省商工拒日临江设领外交后援会临时委员长。为了斗争的胜利，杜重远联合各省和县商会对日实行经济绝交；遍请各国领事，举行中外记者招待会；发表长篇演说，揭露日本帝国主义的侵略政策。其间，日本领事对杜重远进行拉拢和收买，见不为所动，就进行威胁。杜重远不为利诱所动，不惧任何威胁，毅然发动和领导了有 10 万群众参加的示威游行和抵制、排斥日货运动。尤其是他当时发表的情真意切、动人心魄的《泣告东北父老姐弟书》，令时人群情激奋。他在文中呼吁：要唤起同胞，完整我国土，恢复我主权，保持我人格，生死存亡，在此一举，坚决与日本帝国主义斗争到底。杜重远领导的这场斗争最终迫使日本人撤销了在临江县增设领事馆的决定。通过这件事，让张学良进一步认为杜重远思维敏捷，胆识过人，忠诚爱国，年轻有为，是一位不可多得的人才。于是两人频繁交往，友情日深，不久张学良任命杜重远为"东北边防军司令长官公署"秘书，协助东北当局和张学良处理对日外交议题。之后，在张学良的支持下，杜重远还邀辽宁工商等各界知名人士成立了"辽宁国民外交协会"，面对日本军国主义的侵略野心，发动和组织民间力量，开展对日斗争，誓作正义外交后盾，取得了很大的成绩。

1928年春，肇新窑业到了持续发展的一个关键节点上，开始机器制瓷。当时厂房大致建设完成，全套机器设备安装完毕，工人也先后到齐，准备正式开工。但由于各股东交款迟缓，资金为建厂所占用，又因当时战事屡起，时局多变，募股不易进行，工厂面临停工危险。各界人士纷纷帮助大力宣传，鼓动政府积极支援。在这种情形下，杜重远面见张学良叙述其建设瓷厂缺少资金状况，请求其支持。之后，奉天省政府为肇新窑业的发展给予全面支持。1928年8月15日，省长翟文选在《肇新窑业公司总经理杜重远为扩展营业息借官款给省长呈》的批示上说："呈悉。该公司创办瓷器，既系为挽回权利起见，颇堪嘉尚。所请纳息借款以充流用资本一节，仰东三省官银号查酌办理，以利国货而维实业。仍将办理情形报查。此批，呈抄发。"8月22日，翟文选在杜重远给省政府的《肇新窑业公司呈为扩充营业请息借款以倡国货》的请示上再次批复："拟分令财政厅并山海关东沈阳各关遵守。"可见因为杜重远与张学良的关系，当时的奉天省政府在借款政策和瓷器销售上对肇新窑业的大力扶持。这年秋天，张学良到北大营校阅，顺便同省长翟文选到肇新厂参观。他了解到肇新的先进管理方式和机器制瓷的优势，当即表示要大力支持肇新窑业的发展，做大做强这个民族品牌。不久，张学良由边业银行拨给现洋12万元作为他个人股本，遂解决了肇新窑业资金不足的困难，开始了机器制瓷的全盛时代。

为了支持肇新窑业这个民族品牌，当时的辽宁省政府不仅在销售上，同时在税收上也给予多方的优惠政策。1929年肇新窑业开始机制瓷器，为了扩大肇新的影响，与日本瓷争夺市场，杜重远曾决定"将其各项公告都登载本地通行之报纸"[1]，每年都印刷大批宣传广告，并在城乡广为散发，

---

① 辽宁省档案馆藏《奉天省公署档》，第3194号。

还在市内等地区将肇新产品"三六福寿花碗按户馈赠给市民"① 使用，使得广大市民逐渐了解肇新窑业，开始用国产的肇新瓷器，从而最终取代了市场上的日本货。日本瓷器滞销，东洋人自然不甘心，为与肇新争夺市场，他们不得不降价倾销。杜重远为保持肇新在市场的地位，也以降价相抗衡。到了 1929 年 10 月，肇新瓷因降价太低已出现亏本现象，继续下去难以支撑。于是杜重远积极寻求地方政府的支持，提出免征常关税五年的要求，省政府税捐局马上批准。1930 年 2 月 28 日，张学良签署《为肇新窑业公司免征五年统捐的训令》。当时的《盛京时报》曾以"肇新窑业公司请免常关捐税"为题报道："东北政务委员会据肇新窑业公司经理杜乾学呈请，免除常关税款，提倡国货。当经政府委员会于十五日令行山海关监督查明，呈候核夺云。"②

当年，杜重远再给辽宁省政府打报告，在陈述了肇新窑业的发展状况后建议说："所有创制瓷品，请予分令各县局，设法劝导用资提倡国货。各缘由理合备文呈请鉴核，再附呈商标式样暨包销章程各七百二十份，用备分发各处实地宣传，合并声明等情。"③ 辽宁省政府随即给各县和省政府相关厅局发出训令，劝导购用肇新窑业所创制瓷器，并附有"肇新窑业公司商标式样"及《招商包销瓷器章程》。辽宁农矿厅厅长刘鹤龄、财政厅厅长张振鹭也签署呈文，并安排政府相关各部门予以支持。由此可见，当时在张学良主政下的东北各地，对肇新窑业的发展给予了全方位的支持，其力度之大，安排之实，超乎企业界和世人的想象。《盛京时报》当时报道："辽宁肇新窑业公司瓷器出品，分销辽吉黑三省，已于辽宁吉林请准免税，现黑龙江省亦准该公司出品运往，免税五年，以示提倡工业云。"④ 1930 年 7 月，《盛京时报》又以"肇新窑业出品行销热河免税"为题报道："大北边门外肇新窑业公司出品，已经东北政务委员会核准，在辽吉黑哈行销免税，现该公司经理杜乾学，又向东北政委会呈请援业，准运销热河

① 辽宁省档案馆藏《奉天省公署档》，第 3194 号。

②《盛京时报》，1930 年 5 月 17 日。

③ 见辽宁省档案馆藏《辽省亨字第一五三八号令档》，《关于劝导购用肇新窑业创制瓷器的训令》，1930 年 12 月 20 日。

④《盛京时报》，1930 年 3 月 26 日。

省免税，该会即于十五日核准，并令热河省政府饬局遵照云。"[①]

这些政府给予的免税政策，保证了肇新窑业的可持续发展，对这一民族品牌的形成起到了保驾护航的作用，增强了与日商竞争的实力。到 1929 年，肇新窑业总资本已达 120 余万元，工人有 600 余名，瓷器产量达 500 余万件，砖产量 3600 余万块。[②]1930 年瓷器生产达到 800 余万件，1931 年达到 1000 多万件。肇新瓷器不仅质量不次于日本瓷，且价格低廉，因此深受国人的喜欢，在肇新成立五年之后，终于将日本瓷逐出了东北市场，致使日本陶瓷企业不得不放弃日用陶瓷生产，而改制耐火砖，试制瓷炮弹和生产军用骨灰盒。

肇新窑业的成功，是东北有识之士在民族实业和东北城市现代化建设中的一次胜利，是张学良与杜重远个人友谊与民族共识的胜利，也是东北人民使用国货愿望的真正实现，更是对日本进行经济侵略野心的沉重打击。从而为国家挽回了许多利权，为民国时期的民族工业发展打下了一个良好的基础并起到了示范作用。

三

"九一八"之后，肇新窑业同东北家园一起沦陷敌手。杜重远因此前坚持抗日，驱逐日货，成为日军追捕的要犯。于是他怀着满腔怒火离开沈阳到天津，再到北平，成为"东北民众抗日救国会"和张学良在北平的智囊核心组成员。

"东北民众抗日救国会"是 1931 年 9 月 27 日，"九一八"之后第 9 天，由流亡北平的东北爱国人士在西单牌楼旧刑部大街 12 号的奉天会馆成立的。救国会的宗旨是组成东北抗日义勇军等武装力量，抵抗日本军国主义侵略，捍卫国家领土完整。大会上推举阎宝航、高崇民、卢广绩、杜重远、王化一、王卓然、黄显声等 27 人为救国会委员，其中杜重远还是 9 个常务委员之一，兼任宣传部长。后来，杜重远又与高崇民、阎宝航、卢广绩、

---

① 《盛京时报》，1930 年 7 月 17 日。

② 《东三省官银号经济月刊》，1931 年版，第 3 卷第 3 期。

王卓然等幕僚亲信 10 人，成为张学良指定的身边核心组成员。从此他与流亡的东北学生一起深入宣传抗日运动，唤起民众，做了大量工作。

1931 年底，杜重远到了上海，他接触沈钧儒、邹韬奋、胡愈之、金仲华、李公朴等进步人士，与后来的"七君子"都有着亲密的关系。同时他通过夏衍的关系，在上海第一次会见了周恩来。周恩来向他介绍了中共坚决抗日的主张，对东北民众的抗日运动和杜重远的爱国热情表示了坚定的支持，这给杜重远留下了深刻的印象，从此他的世界观发生了根本的变化。他在此后的抗日救亡运动中，更是积极奔走，为马占山的江桥抗战募捐，到热河前线做战地宣传，组织慰问在上海抗战的第十九路军，担任中华国货全国产销合作协会总干事，创办《新生周刊》，倡导发动"一场自己的反帝抗日的民族革命战争"，在全国产生很大影响。

1934 年，在宋子文的推荐下，他接受江西省省长熊式辉的邀请，到景德镇重整式微的陶瓷产业。他到江西后，亲临景德镇深入调查瓷业生产状况，写出了《景德镇瓷业调查记》的报告和一系列文章，提出了许多有益于振兴瓷业的见解。1934 年冬，江西省政府在景德镇设立江西陶业管理局，杜重远任局长，开始对江西瓷业进行变革。他提出了振兴景德镇瓷业的主张，成功阻止了将瓷业中心从景德镇迁往九江等外地的主张，从而避免了景德镇制瓷中心的转移。制定了多项改革陶瓷工业的措施，首创"陶业人才养成所"，开办工人训练班，进行国内外形势与瓷业改革的教育，从而使景德镇陶瓷一度形成中兴局面。

1935 年，因他主编的《新生周刊》刊登的《闲话皇帝》一文，掀起了轩然大波，《新生周刊》社被查封，他本人也被判入狱一年零两个月。张学良十分关心在狱中的杜重远，派人慰问并设法营救。他让东北军军长王以哲利用与南京的陈诚、何应钦是保定军校同学的关系，给陈、何拍电报，让其从中疏通，早日释放杜重远。又于 1936 年 1 月和 7 月，两次到上海看望杜重远。第一次见面时，杜重远向张学良讲了中共八一宣言的内容，并精辟地分析了当时的抗日形势，明确指出停止内战、联合抗日才是中国的唯一出路。同时还帮张学良分析西北的形势，让张学良联共、联杨、联盛，搞西北大联合。第二次会面时，张学良告诉杜重远，通过杜以及其他友人的努力，他已经同陕北红军达成合作抗日的秘密协议。表示在西北要有所行动，光靠军队不行，还要物色一些知名人士到西北协作，希望杜重远能请一些民主人士去西北。经杜重远介绍，这一次张学良还与邹韬奋、李公朴、章乃器等会面。后来张学良谈到与上海"七君子"的关系时曾说："我当年暗中和他们有关系。现在我可以公开说，那时中央并不知道……我很佩服他们，杜重远是这里，第一个。我认识他们，主要是杜重远的关系。"①杜重远在上海两次会见张学良，对于张学良的思想转变和最终的西安事变，无疑起到了巨大的作用。

杜重远于1936年9月出狱，10月即赴西安，冒着被国民党特务严密监视的危险，在东北军中做了多场鼓动抗日的讲演，并与张学良多次长谈，坚定其联共抗日的决心，终于促成了西安事变。西安事变中蒋介石被扣，正在江西景德镇的杜重远则被国民党软禁，直到张学良送蒋介石回南京后，对杜重远的软禁才解除。对于杜重远在西安事变中的作用，习仲勋曾有这样的评价："世人对张学良、杨虎城的这次具有历史意义的爱国行动都给予高度评价。在这里应当记住，杜重远是促使张学良与东北军转变的最初推动者。正是他根据周恩来的指示，对张学良反复做了大量的工作，才会有以后发生的事情。杜重远功不可没。"②由于杜重远的声望和影响，在有宋子文、宋美龄、周恩来、张学良、杨虎城参加的和平解决西安事变、改组南京政府的谈判中，周、张、杨曾联合推荐杜重远同宋庆龄、沈钧儒、章乃器等人入行政院，以宋为领导人，杜、沈、章为次长，但这一方案后来未能实行。

西安事变之后，张学良被软禁，杜重远曾千方百计到禁地探望。1937年开始，幽禁岁月中的张学良一路西迁，杜重远也于1939年应盛世才之召，赴新疆任乌鲁木齐新疆学院院长。1940年，盛世才捏造"汉奸""托派"等罪名将其逮捕，后施种种酷刑，逼其承认是"苏联间谍""秘密共产党员"。终因坚贞不屈于1943年被毒死，并遭毁尸灭迹。对于挚友杜重远，张学良始终没有忘记，他曾回忆说："那是年轻的时候，我们是在抗日方

①《张学良口述历史》第2册，第369页，当代中国出版社2014年8月版。
②习仲勋：《缅怀革命烈士杜重远》，见《人民日报》1998年4月1日第12版。

面有共识。我们是好朋友……他是人才，那个人很可惜。我到现在还不明白这个盛世才为什么枪毙他。盛世才是我的副官，我恨透他了。"①他在台湾重获自由后还十分关心杜重远的夫人和孩子，1989年11月26日曾给杜重远夫人侯御之复信说："十一月十日来信和相片八张均已收到，我十分欣慰，您辛苦抚养子女成人，重远有知，当亦含笑地下也。我也为你骄傲。"1990年10月，又致信杜重远的两个女儿说："颖、毅贤侄女：我很高兴收到戴吾明先生转来的书信一封，欣喜《杜重远文集》已出版，我的确希望能先读为快，并请代我问候令堂。祝万事如意，身体健康。"表达了对杜重远及其后人的殷殷之情。

对于杜重远和中国共产党和民族解放事业的关系，习仲勋说："杜重远不是共产党员，但是他一身正气，刚直不阿，为国家的独立、民族的解放追求真理，在中国共产党最困难的时候认识共产党，并毅然接受共产党的领导，为实现第二次国共合作作出了重要贡献。"他和张学良一样，都获得了党和国家领导人和人民大众的高度评价。对于杜重远，从邓小平开始，党和国家领导人江泽民、胡耀邦、习仲勋、习近平、朱镕基、温家宝、邓颖超、王震、刘延东、韩正等或有题词，或致信其女儿杜毅、杜颖，表达对他的深切缅怀与纪念。

2018年4月27日，是杜重远诞辰120周年。我们在这里回忆他和张学良的密切关系，缅怀他为民族解放事业和民族工业以及东北城市现代化建设所做出的贡献，对于我们今天社会主义新时代的建设和发展，都有着重要的意义。习近平主席在2015年元旦贺词中说："对一切为国家、为民族、为和平付出宝贵生命的人们，不管时代怎样变化，我们都要永远铭记他们的牺牲和奉献。"张学良和杜重远以及他们所开创的事业，是值得我们永远怀念和铭记的。

作者单位：辽宁省散文学会

---

① 《张学良口述历史》第6册，第1744页，当代中国出版社2014年8月版。

肇新窑业公司的创立
在沈阳近现代化进程中的作用与地位

吴占刚

始建于20世纪20年代的肇新窑业公司，全称为"奉天肇新窑业股份有限公司"（以下简称"肇新窑业"或"肇新"），是沈阳民族工业史上一个颇具代表性的大型民办工业企业，更是中国第一家使用机器制造陶瓷制品的具有现代意义的工厂。它的创办人杜重远（原名杜乾学）先生，不仅是现代伟大的爱国主义者、杰出的民族工业家，也应当是推动沈阳近现代化进程的重要先驱。本文试图以现代化的视角与现代企业制度的范式，来审视肇新窑业公司，解读它在沈阳近现代进程中发挥的作用与所处的地位。

一、肇新窑业是上个世纪 20 年代东北现代工业中的翘楚

分析判断肇新窑业公司在沈阳近现代化进程中的历史作用和地位，首先就应该考察它所处的时代环境。离开这种特定的时代环境，就很难理解它在推进沈阳近现代化进程上都有哪些作用，以及它的创建对当时社会产生着怎样的影响。

近现代化，即近代化与现代化，这样划分应是由我国历史学的分期而来。二者实际是同一过程，即现代化的历史进程。中国现代化发轫于清末

民初，但 1840 年鸦片战争使我国沦为半封建半殖民地国家，原本起步略晚的现代化进程，再加上帝国主义列强的控制与侵略，更为缓慢甚至停滞。爆发于 20 世纪初叶的第一次世界大战，使欧美列强忙于重新瓜分殖民地，为争夺世界霸权一时无暇东顾，因而不得不暂时放松对我国的资本输出和各种形式侵略。这无疑在客观上为我国民族工商业提供了一个前所未有的发展时机。正由于有了这个难逢的有利时机，也带来了沈阳民族工业的迅猛发展，大批使用机器生产的新型工业企业陆续出现在当时的奉天省城。据《奉天通志》存录的民国十八年度《沈阳市工厂统计表》记载，沈阳当时有工厂 574 家，并分为缫丝、染色、铁工、车辆、窑业等 17 个类别，在"动力机关"栏目中，相当部分工厂被标明为"电力"①。显然，沈阳此时的民族企业使用机器生产的比重与工业化程度已达相当水平，这必然要极大地带动和推进沈阳城市化的进程。在沈阳民族工业中有许多的著名企业，如奉天纺纱厂、纯益缫织公司、东兴色染纺织公司、东北大学铁工厂、大亨铁工厂、惠临火柴股份有限公司、八王寺汽水啤酒酱油股份有限公司等等，而肇新窑业公司就是这众多著名工业企业中的代表工厂之一。

肇新"成立于民国十二年四月"，即 1923 年 4 月，距今已过去将近一个世纪。今天，我们只能用现代的眼光去回望、了解肇新，把它放到从传统农业社会向现代工业社会发生重大转变的历史过程中，来做细致、深刻的考察和研究。

生产工具是判断企业生产力发展水平和工业化程度的重要标志。从 1923 年 5 月至 1928 年 8 月，肇新基本上是生产机制砖瓦产品的工厂，虽在挖土和装、出窑等工序仍有手工生产残留，但生产主要环节已使用机器，已脱离手工生产方式。自 1928 年秋至九一八事变前，就不再单一生产砖瓦，而是建立成品窑七座、素烧窑四座、烤花窑一座，生产机制陶瓷制品。并装备了一整套机器设备，动力机器设备有一台发动机、三台七十五马力电机、一台柴油机；生产工艺设备有粉碎机十二架、搅拌机一架、抽泥机二架、搅泥机二架、石碾粉碎机二架和手辘轳机六十五架；辅助生产设备有

---

① 辽宁省地方志办公室：《奉天通志》第五函，卷一百十四。

抽水机一架、升降机一架等①。肇新创办后以电力和煤炭为能源，开创了东北陶瓷业机器生产的先河。它装备的生产工具形态，非常鲜明地告诉人们它绝不属于手工作坊，而是一家颇具现代化色彩的陶瓷工业企业。

在构成现代企业的要素中，产权处于基础性位置。从产权问题上看，肇新表现出的特点突出，是在自愿结合基础上的集股经营。显然既不属于独资企业，也不是合伙工厂。这种通过发行股票来集中分散资本而经营的企业，与当代社会的股份制企业非常类似。文献表明，1923 年春杜重远为创办窑厂共筹集到奉大洋十万元股金，加上 1924 年春收进的新股，股金总共为二十万元奉大洋。1928 年拟出招股现大洋四十八万元计划，以便扩建瓷厂，规定认股时先交一半，其余待建厂时交齐。保存至今的肇新股票实物可作为历史实证，其背面的"股东须知"则清楚表明，肇新发行股本总额为奉大洋五十万元，每股为壹百元；股票面额有十股、五股和一股三种，用两联记名方式，分编号注册；红利的分配，以十分之六为股东之红利，十分之一为公积金，十分之三为红股花红及职员办事人酬劳金②。要言之，这种经营方式较复杂，相关理论当代还在探讨，有许多企业仍处于股份制的践行之中。

企业的组织形式取决于所有制的核心和主要内容，即产权。肇新由此决定实行的是股份有限公司制度。按照《奉天肇新窑业股份有限公司章程》要求③，设立了股东会、董事会、监察人和总经理组成的公司治理结构，相互之间既需要依赖又存在制衡，并且达到有效运转。于 1923 年 8 月 12 日召开肇新股东会，成立了由十五人组成的董事会，并设监察四人④。通过董事互选，张志良（惠霖）被选为专务董事（董事长）；林成秀（浥尘）为常务董事（副董事长）；杜乾学（重远）被股东会推选为总经理。《章程》明确规定了出任总经理的条件，具体是"才望卓著、经验宏富，能发展本公司业务者"，其职责为"综理公司用人、营业一切事务，对内负完

---

① 辽宁省地方志办公室：《奉天通志》第五函，卷一百十四。
② 肇新窑业公司：《股票·股东须知》。
③ 辽宁省档案馆：《奉天省公署档》第 3194 卷，《奉天肇新窑业股份有限公司章程》。
④ 辽宁省档案馆：《奉天省公署档》第 3194 卷，《奉天肇新窑业公司创立会决议录》。

全责任"。

经营管理方式同样是以产权制度作为基础的。从经营管理的意义上讲，包括从追求效益和盈利出发，在企业外部获取资源和建立影响；从追求效率和控制成本出发，强调在企业内部整合资源和建立秩序。肇新正确分析经营环境，制定了先从生产机制砖瓦入手、进而发展机制瓷器产品的经营战略。制砖部分，每年生产出八千万件以上各类砖瓦。制瓷部分，1929年生产出三百余万件瓷器；1930年为六百余万件；1931年可达一千余万件①。瓷器产品不仅逐年增产，到九一八事变前品种也扩大到二十余种。肇新制定《招商包销瓷器章程》，与包销商签订包销合同，实行瓷器包销制度。合同规定，包销者先交货款的2/10作为押金，并按月利1分5厘付息；提货时预交价款4/10，其余3个月内全数交清②。到1929年在辽、吉、黑与热河各省设包销处50余家，销售网遍布东北各地。肇新每年印制大量宣传品，向沈阳市民广为散发，积极宣传提倡国货，并按户馈赠口径三寸六分福寿花碗一个，深受群众欢迎。为扩大影响，不仅在沈阳发行的报纸上刊登肇新各项公告，杜重远还在上海出版的《生活》杂志上介绍肇新窑业公司。

从现代管理学角度来看，我们主要从管理组织、管理方式、管理手段和管理人员几个方面来审视肇新管理的"现代化"。

首先，肇新在管理组织上表现合理化，强化组织结构合理性，使其具有较高的工作效率。如机制瓷器生产按照具体工序关联分成六个厂：（1）机器厂，配备发动机等装备，负责提供瓷器生产动力；（2）制料厂，配备粉碎机、搅拌机、抽泥机等机器设备，负责制瓷原料粉碎、制浆和取泥等；（3）成坯厂，配备手辘轳机等，负责拉坯、作胎和制出成型品等；（4）绘釉厂，负责在素烧成品上绘花、挂釉等；（5）窑厂，负责将绘釉的成品烧焙成瓷器；（6）检收厂，负责成品瓷器分等定级和产品包装等。

---

① 杜重远：《八年努力中的愿望》（下），《还我河山——杜重远文集》，文汇出版社1990年版，第8页。

② 辽宁省档案馆：《奉天省公署档》第3194卷，《辽宁肇新窑业公司招商包销瓷器章程》。

此外设有两处原料仓库和六处成品仓库①。

其次，肇新在管理方式上表现科学化，从生产实际出发，非常注重基本工人的基础性培训。规定职工每天文化学习一小时。招收徒工大部为高小毕业生，进厂后不仅教他们制瓷技术，还由职员授以普通科学，所学内容几乎与中学相等。徒工为半日学习半日工作，除供给食宿外，每人月给零花二元，一年半毕业后正式进入技术岗位工作。肇新同时还大力提倡职工体育活动，杜重远每天都亲自带领工人在厂内晨练。肇新还经常举办各类运动会。对各种球类运动队都安排固定时间活动，定期组织厂内比赛，并组建厂队与外单位比赛。在文化生活方面，建立职工业余剧团，请专人指导排练。厂内每周六举办娱乐晚会，除职工出演外，还常外请专业文艺团体来厂演出②。

再次，肇新在管理手段上表现出人性化，办厂之初就规定施行九小时工作制，并兴办一系列福利设施，如职工独身宿舍、家属宿舍、职工食堂和职工浴池等，还设立了医务所，免费为职工治疗。还开办了职工子弟小学，凡职工子女入学均免收学杂费。此外厂内还设有消费合作社销售日用品，扣除必要经营开销外，将余利按购买量分配给职工。对职工骨干，退职时还发给一笔慰劳金。月生产计划超额完成时，则集体改善生活，以资犒劳③。

第四，肇新在管理人员上表现出知识化，任用生产技术和经营管理人员的原则是选贤任能。在筹备瓷器部时，不惜重金聘用日人安田乙吉（杜重远前期同学）担任技术指导，用高薪从江西和大连大华瓷厂（日资）请来技术人才。经营管理人员除聘用有办厂经验的人充任外，一般职员多为青年知识分子，并全部经考试后录用。肇新创建后任用的科长，也都是经工作实践培养逐步提拔起来的，除知识化外还体现出专业化④。

---

① 辽宁省地方志办公室：《奉天通志》第五函，卷一百十四。

② 杨振禹：《肇新窑业公司经营始末》，《辽宁省文史资料选辑》第五辑，辽宁人民出版社 1965 年 1 月第一版，第 17—18 页。

③ 杨振禹：《肇新窑业公司经营始末》，《辽宁省文史资料选辑》第五辑，辽宁人民出版社 1965 年 1 月第一版，第 17—18 页。

④ 杨振禹：《肇新窑业公司经营始末》，《辽宁省文史资料选辑》第五辑，辽宁人民出版社 1965 年 1 月第一版，第 17—18 页。

现代企业的概念是相对的，它的内容会随着时代发展而改变。经过上述的审视与考察，会发现现代企业观念在肇新已有较全面表现，反映出杜重远管理思想的进步性。即使把肇新放在当下，以现代企业要素和标准来衡量，人们仍会感到它也是非常出色的。至于与它同时代的诸多民族工业企业相比，被誉为"模范工厂"①应当之无愧，完全可以说肇新是 20 世纪 20 年代东北现代工业中的翘楚与代表性企业。

二、肇新窑业顺应并推动了张氏父子的东北现代化追求

现代化作为一种社会潮流，必然会对中国社会各个层面造成全方位的剧烈冲激与激荡。近现代中国的任何阶级、阶层，一切政治集团和利益共同体，面对这样的历史大潮，都必然要做出各自的抉择与回应。20 世纪 20 年代前后，肇新的创办者杜重远与执掌东北地区军政实权的张氏父子概莫能外。

张作霖自 1916 年至 1918 年先后任奉天督军兼省长和东三省巡阅使开始，就以实现东北长治久安与富强安乐作为根本目标，实行"保境安民""兴办实业"和整理内部等政策，同时大规模发展实业（奉天纺织厂等），修筑铁路（奉天—海龙、吉林—海龙、打虎山—通辽等铁路干线），筹建学校（东北大学等）等等。史实表明，东北的现代化建设，从张作霖主政即开始兴起。1921 年他接见美国博士孟禄时说："凡国家若想富强，哪有不注重教育与实业能成功的呢？"奉天代省长王永江和教育厅长谢荫昌在建议创办东北大学时说："欲使东北富强，不受外人侵略，必须兴办教育，培养各方面人才。"都从不同侧面反映了张作霖追求东北现代化的目的与初衷。1928 年 6 月张学良主政后，带领东北政治集团为适应世界现代化潮流和中国多元经济形态并存的特殊国情，即向东北三省发出建设新东北的号召。继续兴教育，办工厂，修铁路，筑海港（葫芦岛新港），自强不息。张学良在东北建设的现代化项目中，据统计有许多都居于当时的中国之冠。

---

① 辽宁省地方志办公室：《奉天通志》第五函，卷一百十四。

1917年，正值民国初期兴办实业潮，奉天当局也以兴办实业为名，规定每县考选两名官费生，送日本学习实业。正是这样的历史机遇，才使杜重远满怀着实业救国愿望，考取了奉天省洮昌道尹公署的官费留学生，进入东京藏前高等学校专攻陶瓷专业，成为中国最早的窑业专科留学生。杜重远因偶然从一本杂志看到登载（日资）大连大华窑业的文字，就把办瓷厂看作是"切实的救国工作"。他曾回忆说，"凑巧民国五年辽宁省要选送学生到日本去学习实业，我觉得这种千载难逢的好机会，可以遂我生平的志愿，怎肯轻易放过？于是经过多次考试之后，居然侥幸获选，我便同几十个志同道合的学友到日本去。"① 显然，没有这样的"凑巧"，恐怕就不会有肇新的创办；杜重远之所以能够遂生平志愿，就在于他的志愿与东北政权对现代化追求存在同一性。

肇新作为以集股经营方式自愿组合的一家企业，从股东的构成就可把握东北政权对它的态度。在肇新1926年呈报省实业厅备案的《股东名簿》中②，除商界知名人士外，更有一些军界、政界和金融界赫赫有名的人物。按《名簿》顺序，抄录部分如下：

林浥尘，优先股十股；普通股二十股。（林成秀，字浥尘，时任奉天清丈局坐办、省政府参议。）

郭松龄，十股。（郭松龄，字茂辰，时任奉军的主力第三军副军长。）

张汉卿，二十股。（张学良，字汉卿，时任奉军的主力第三军军长、京榆地区卫戍总司令。1928年东北易帜后被国民政府任命为陆海空军副司令、东北边防司令长官。）

彭相亭，三十股。（彭贤，字相亭，东三省官银号总办，1928年任边业银行总裁。）

张惠霖，二百股。（张志良，字惠霖，时任张作霖的军署监印官，奉天储蓄会长。）

李香斋，一百股。（李友兰，字香斋，时任洮昌道尹。）

---

① 杜重远：《八年努力中的愿望》（上），《还我河山——杜重远文集》，文汇出版社1990年版，第4页。

② 辽宁省档案馆：《奉天省公署档》第3194卷，《奉天肇新窑业股份有限公司股东名簿》。

张雨亭，五股。（张作霖，字雨亭，时任奉天督军兼省长、东三省巡阅使。）

周濂，三股。（周濂，字酿泉，时任东北讲武学堂教育长、副监。）

从以上股东分析，特别是张作霖、张学良、郭松龄、彭贤和周濂等人的入股注资，与其说是在经济上对肇新扶持，倒不如说是在"道义"上对肇新的声援和支持更确切。

1924 年，肇新为扩大生产兴建一座十八筒烧红砖的新式轮窑，并生产出红砖 120 余万块。但因当时社会习惯建筑一般不使用红砖，所以产品几乎全部积压，并占用资金过大，已影响到整个公司资本周转。恰值东北大学兴建校舍购买红砖，肇新倾销积压后危局才得以解救。这次解局看似偶然与巧合，背后恐怕应有东北当局的支持。

1926 年，肇新经三年努力砖瓦生产已取得预期成效，按计划瓷器生产应当上马，但如杜重远所说"惟兹事体大，需款颇多，原有股本未敷应用"。在这种情况下呈请代省长莫德惠，向奉天省政府提出借款，省府"饬由公债局接济奉洋三十万元，照银行存款办法，交由公司存放纳息"①。正是有了省府这样的援手，肇新陶瓷部工程才能在 1927 年 3 月动工，所有机器能够在当年冬天全部安装完毕。年内肇新就将这笔贷款全部还清。

1928 年，要正式开工生产时，需要大额度运营资本。而金融机构却因币制关系停止贷款，普通商家也不愿给予短期借贷，肇新因此资金"周转不灵，颇感拮据"。杜重远说"际此一篑为山，不进则退，瞻念前途，至堪虞虑。"为避免新建陶瓷部功亏一篑，他就在 8 月份向奉天省政府呈文，"恳请令饬省库拨借现大洋十万元"，"或饬官银号息借以济危困"。省长翟文选据呈文批复，"从省库拨借现大洋十万元"资助肇新，批文中赞扬"该公司创办瓷器，既系为挽回利权起见，颇堪嘉尚"②。

同时，杜重远还面见东北主政者张学良，陈述了肇新资金拮据几至无法生产的情况。不久张学良偕省长翟文选来肇新视察，弄清陶瓷部面临的困难后，当场即应允予以资助。并安排省长次日来厂详细了解资金缺口情

---

① 辽宁省档案馆：《奉天省公署档》第 3196 卷。

② 辽宁省档案馆：《奉天省公署档》第 3196 卷。

况，携去用款明细计划。不长时间，张学良就从边业银行拨出款项，"慨投现大洋十二万余元"给肇新①，作为他个人股本。奉天省政府和张学良不仅帮助解决了资金不足的暂时困难，更有力地支持了肇新长远发展。

1929年九十月间，肇新降低瓷器价格与日商竞争已出现亏本迹象，继续下去就难以支撑。杜重远就呈请奉天省政府免纳营业税，奉天省政府批准了呈文，免纳管业税五年。1930年1月，肇新又向东北政务委员会提出申请，请求免缴统捐和常关税。张学良在1930年2月18日签发东北政务委员会训令，明确要求按辽宁省免税五年的既定办法颁发免税令，分别指示热河省政府以及东北各海关，免征肇新运销各处瓷器的统捐及常关税。辽宁免捐税的年限仍按原定办理，吉林免税另行审核批准记录在案，其余各省从1930年3月1日起，一律准予免征统捐及常关税二年②。充分表明以张学良为首的东北当局，宁可东北地方财政收入减收，也要提倡国货、支持肇新这样民族工业发展的决心。

肇新作为一家颇具现代色彩的企业，仅在很短的八年时间（1923年春至九一八事变前）里，就取得了相当大的成就。这虽然与杜重远的胆识和才学分不开，但在很大程度上更取决于当时的政权态度和社会需要。肇新与其他民族工业的共同出现，意味着东北地区正在经历重大历史转变，沈阳的近现代化与城市化进程已全面开启。

三、结语

在我国现代化历史进程中，"实业救国论"曾风行一时。而历史已经表明：在半殖民地半封建的旧中国，走发展资本主义生产的道路是行不通的。尽管如此，作为我国著名的爱国主义者和坚强民主战士的杜重远，他创立的肇新窑业公司对民族工业现代化与沈阳城市化进程的推进作用仍须肯定。肇新在经营管理上开了现代企业的先河，它的产品不仅填补了我国机制陶瓷生产的空白，而且扭转了东北陶瓷市场由日本垄断的局面，使国

① 辽宁省档案馆：《奉天省公署档》第3196卷。
② 辽宁省档案馆：《奉天省公署档》第3196卷。

家利权得以挽回。杜重远早期在"实业救国"方面所做出的业绩，实在令人瞩目，非常值得我们的敬仰与赞佩。

兴办实业，其逐利性是毋庸置疑的。可杜重远创办的肇新，在利润与利权的权衡上总是侧重于利权。杜重远经常慨叹的就是"利权外溢，漏卮堪虞""利权坐弃，漏卮莫塞"等等。从属于国家的利权实际同现代化是紧密相连的。一个国家掌管财政的权力部分或完全丧失，那么现代化还从何谈起？肇新立足"振兴东省窑业"、杜重远疾呼"挽回利权"，其实质就是在呼吁全社会在民族存亡的危急关头，奋起抵抗帝国主义侵略。

从唯物史观视角我们看到，在沈阳的近现代化历史进程中不仅有张作霖、张学良父子的贡献，更有众多民族工业企业的贡献，肇新窑业公司就是这些民族工业企业的杰出代表。

作者单位：沈阳市大东区文史资料馆

张学良与东北经济建设

蒋文祥

张学良虽然出身军旅，但他深知"经济是一国的命脉，经济不能复兴，政治永远没有独立自主的一天！"① 1928 年 12 月，张学良主政东北并实行东北易帜后，立即发出了"东北新建设，推行现代化""统一告成，建设开始"的号召，并采取了一系列措施和办法，着力发展农业，夯实经济基础；大力发展工业，提高经济实力；努力发展交通，增强经济活力，张学良为东北经济建设作出了不可磨灭的贡献。本文拟对此作些研究与探讨，以求教于各位学界同仁。

一、着力发展农业，夯实经济基础

农业是国民经济的基础。中国是个传统农业大国，在中国国民经济的发展中，农业经济始终占有很大的比重。张学良根据当时中国社会经济现状指出，中国的经济发展仍然停留于农村经济时代，只有农业经济发展了，整个国民经济才能繁荣。如果农业经济上不去，整个国民经济的基础就不牢。

张学良充分认识到发展农业在国民经济中的地位和作用，强调中国"不像欧美各国，工商业发达，国民经济基础建立于都市"，而中国社会经济

---

① 张学良：《关于抗日理论与实践》（1936 年秋前后），发表于西安《解放日报》，1937年 1 月 8 日、9 日。参见毕万闻主编《张学良文集》，新华出版社 1992 年版，第 1001 页。

"还停留在农村经济时代，工商业不十分发达"，"我国的国民经济基础，目前还是建立于农村"①。因此，在他主政东北后，针对"东三省地域广大，物产丰富，未垦之荒地，未采之矿源亟待开发"的现实状况，多措并举多管齐下，使东北的农业经济有了较快的发展。

张学良深谙寓兵于农之道，力推军队戍边屯垦。1928年7月，张学良上任伊始，便成立了兴安屯垦区公署。9月，张学良任命炮兵司令邹作华为兴安屯垦区督办。10月，邹作华率部去洮南、索伦一带安营扎寨。11月，划定兴安屯垦区四面界址及大致范围：南以热河省为界，西与内蒙古接壤，北到中东铁路，东与吉林省毗连。其中包括辽宁省所辖之洮南、洮安、镇东、突泉、安广五县；黑龙江省所辖之景星、大赉、泰来、索伦四县；还有内蒙古之扎萨克图旗、镇国公旗、国什业图旗等。邹作华设洮南、索伦两个屯垦中心。

张学良下令，军垦单位以邹作华的炮兵第一团、第二团、第三团和东北司令长官公署编余军官队为主体，制定了具体的《兴安区屯垦军章程》《兴安区编余军官合作开垦章程》和《兴安区编余军官队授地办法》②。军垦部队放下枪炮，拿锄挥镐，开荒垦地，建边设寨。这样做既解决了编余军官的安置，又改善了屯垦官兵的伙食，还减轻了东北民众的军粮负担，实在是一举多得的高明之举。兴安屯垦区地处东北边陲，一向无军把守无民垦殖，造成土地荒芜边备松弛。张学良把军队屯垦与开发边陲、发展生产、巩固国防结合起来，不仅荒地得到开发，经济得到发展，而且边防得以巩固。1931年6月，日本间谍中村震太郎潜入兴安山地进行非法侦察测绘，被军垦部队及时发现捕获并迅即斩决，便是最具说服力的例证。③

在重视军队屯垦的同时，张学良也十分重视移民垦荒。由于东北地广

①张学良：《关于防空问题的讲话》（1936年），发表于西安《解放日报》，1937年1月6日。参见毕万闻主编《张学良文集》（1），新华出版社1992年版，第985页。
②《兴安区屯垦军章程》《兴安区编余军官合作开垦章程》和《兴安区编余军官队授地办法》（1930年），参见董慧云、张秀春主编《张学良与东北新建设资料选》，香港同泽出版社1998年版，第388—389页、第380页、第381页。
③《中村事件是东北军爱国官兵的反日义举》，参见张德良、周毅主编《东北军史》，辽宁大学出版社1987年版，第187—192页。

人稀,张学良积极采取措施鼓励关内移民东北。他在《兴安区屯垦移民办法》中规定:"被移民户住室,由公家预为建筑,或贷与材料,使之自筑。"①据相关文献记载,从 1927 年到 1930 年的"三四年之间,由免费车船而来者,固络绎不绝,即挈老携幼跋涉数千里而不惮者,亦育摩而至"。"获此百万余人为之实边,…… 此安土重迁问题解决矣。"②关内大量移民的涌入,不仅给东北增加了精壮劳力,而且为开发东北发展农业生产增添了不竭动力。

农业的根本出路在于机械化。为实现机械播种,机械收割,张学良派人特地从美国买回拖拉机用于垦区农业生产。不仅如此,张学良还率先垂范,以身作则,与沈鸿烈、鲍英麟合股在其家乡海城县创办了营田公司,示范经营现代农业。

由于张学良实行军垦民垦双管齐下,加上农业机械化的推广和身体力行示范经营,多措并举发展农业,夯实了东北经济的基础,东三省粮食产量逐年上升。据东三省官方银号调查统计,1929 年东北主要农作物产量为 18363650 吨,创历史最高纪录。1930 年 12 月,张学良在国民党中央政治会议上作《东北最近状况》的报告,东北每年生产的农产品,除供"民食民用"以外,还有大量出口。仅大豆和粮食两项,每年输出量价值达到国币 4000 余万元。另外还有牛羊家畜山货皮张等农业多种经营,每年输出量价值亦达国币 3000 余万元。③

二、大力发展工业,提高经济实力

工业是国民经济的支柱。实业救国,振兴民族工业是张学良的一贯主张。张学良清醒地认识到,东北地处日、俄两大外来势力的夹缝之中,在

①《兴安区屯垦移民办法》,参见董慧云、张秀春主编:《张学良与东北新建设资料选》,香港同泽出版社 1998 年版,第 390—391 页。

②《容纳直鲁豫难民垦荒办法案》,参见董慧云、张秀春主编:《张学良与东北新建设资料选》,香港同泽出版社 1998 年版,第 327—329 页。

③张学良:《东北最近状况——在国民党中央政治会议上的报告》(1930 年 12 月 3 日),参见毕万闻主编《张学良文集》(1),新华出版社 1992 年版,第 381 页。

这双重夹击之下，只有大力发展民族工业，才能摆脱外国资本的控制，将东北的经济命脉牢牢掌握在中国人自己手中。

"开发矿业关系国计民生，至为切要。"[①] 为了与日、俄在东北的企业相抗衡，张学良主政东北后，首先对工矿企业进行整顿。他把八道壕、辽源、孙家湾煤矿、海城长岭滑石矿、辑安宝马川金矿等企业合并成立东北矿务局，形成规模，统一管理。为了提高工矿企业的产量和质量，积极进口先进的矿山设备，加速矿山开采的机械化程度，以增强民族工业与日、俄企业竞争和抗衡的能力。此外，张学良还千方百计鼓励民营资本参与投资建矿。1929年12月，仅九台、伊通、珲春、桦甸、额穆等地就新建煤矿18处。

"东北所产大豆，占全国产额百分之五十二，豆油占百分之四十。"[②] 煤矿业的发展，悄然带动了榨油业和面粉加工业。1928年底，大连、安东榨油厂增加到114家。从1928年到1930年的短短三年时间里，仅哈尔滨一地，榨油业就发展了近百家，投入民营资本1500万，添置榨油设备4200台，成为东北乃至全国榨油业的中心。这个时期的东北豆油及大豆制品占领了全国及国际市场，并成为世界大豆制品的输出地。

面粉加工业，此前一直被俄人企业所垄断。第一次世界大战后，卢布贬值，俄人在东北经营的面粉加工厂纷纷破产倒闭。这种情况下，东北地方当局趁机鼓励民营资本先后购买了十几家俄国大型面粉加工厂。同时兼并了日本人经营的满洲制粉株式会社。到1929年，东北地区的面粉业加工厂已发展到293家。

与此同时，纺织业和缫丝业也得到了长足的发展。沈阳纺纱厂在张学良的大力扶持下，各县商户踊跃认股，织机从建厂初期的几十台，发展到1930年的250台，纱锭20000锭，纺纱工2000多人，年产棉纱15000件，棉布192995匹，棉袜9570打，年收入达5261万余元。[③] 由于产品不但质

---

①《辽宁农矿厅长刘鹤龄为拟具全省矿业整理计划给省政府呈》（1931年5月11日），参见董慧云、张秀春主编：《张学良与东北新建设资料选》，香港同泽出版社1998年版，第212页。

② 张学良：《东北最近状况——在国民党中央政治会议上的报告》（1930年12月3日），参见毕万闻主编《张学良文集》（1），新华出版社1992年版，第382页。

③《辽宁纺织厂概略》（1930年6月1日），参见董慧云、张秀春主编：《张学良与东北新建设资料选》，香港同泽出版社1998年版，第180—189页。

量优良，而且品种繁多，深受用户好评，并畅销海内外。沈阳纺织厂的发展，带动了整个东北纺织业的兴起。沈阳织布厂由最初的 4 家发展到 32 家，营口由最初的 5 家发展到 15 家。长春的纺织业更是从零起步，从无到有，一下子发展到 253 家。

安东的缫丝业到 1928 年也发展到 50 多家，西丰有 44 家，盖平和海城 12 家。此前由于技术落后，产品缺乏竞争力。日资企业利用安东蚕丝织出的丝绸，价格高出本地丝绸十几倍。为了提高产品质量，安东义泰祥丝绸厂引进日本先进的织机设备和漂白染色工艺，产品远销欧洲和东南亚，从而使东北丝绸跻身于国际丝绸市场，并享有盛誉。

沈阳，一向是东北的工业中心。到 1930 年底，沈阳的铁工厂也发展到近 20 家，其中最著名的是东北大学附属铁工厂。东大铁工厂设备精良，做工精细，加上有中外著名技师指导，一时声誉鹊起。东大铁工厂的经营项目主要有以下两种：一是制造各种客货车辆、各种机车及其附属用品、铁路用的各种工具，还有各种铜铁工具、各种工作机械、普通日用器具以及一切土木建筑工程用具等；二是修理各种机车、各种铁工机械、各种电气机械等。1930 年底以前，东大铁工厂安装客车 28 辆、货车 713 辆、行李车 4 辆；修理客车 79 辆、货车 192 辆。[1] 除铁工厂外，沈阳还有纺织、染印、铁工、印刷、碾米、榨油、食品、木材、窑业等工厂 574 家。

汽车制造。张学良根据辽宁迫击炮厂厂长李宜的建议，决定利用军工先进设备研制国产汽车。1929 年 5 月，张学良拨款 75 万元开始研制，同年 8 月，中国第一台国产载重汽车即告研制成功。张学良亲自将它送到上海国货展览会展示，受到国内外人士青睐和好评。1931 年 6 月，又成功制造出载重 4000 磅越野汽车，张学良将其命名为"民生牌"汽车。[2] 从此，中国人终于有了自己的汽车制造工业。

新式陶瓷。肇新窑业公司，是著名爱国人士杜重远在沈阳创办的民营

---

① 王维远：《论张学良时期东北经济的发展》。参见漠笛编《张学良生涯论集》，光明日报出版社 1991 年版，第 77 页。

② 参见张友坤、钱进、李学群主编：《张学良年谱》（修订版），社会科学文献出版社 2009 年版，第 392 页。

企业。起初公司只有旧式马蹄窑两座，只能烧制青砖。后来投资加筑轮窑18座烧制红砖。1928年夏，公司扩大规模另建一座瓷厂，完全使用最新设备，成为中国第一家机器陶瓷工厂。当年生产瓷器50余万件。1929年生产300余万件，1930年仅到8月就生产500余万件。肇新的兴旺，吸引了大批原在日本人大连大华瓷厂的中国技工纷纷改换门庭，投到肇新门下。导致日营大华瓷厂门庭冷落，几近停产。随着肇新规模日益扩大，资金运营发生困难，杜重远急切面见张学良请求帮助。张亲自到厂参观考察了解情况，即从奉天边业银行拨款12万元，解了肇新的燃眉之急，同时又令省政府批准对肇新窑业免征营业税五年。[①] 肇新生意更加火爆，产品数量不断增加，质量不断提高，又因国货，物美价廉，畅销东北及全国各地。与此相反，日本人苦心经营的大华瓷厂由于质量下降，销路受阻，最后不得不改做耐火砖以撑门面。正因为如此，肇新窑业被当时人们普遍誉为"东北工界之福音"和"东北模范工厂"。

三、努力发展交通，增强经济活力

交通是国民经济的命脉。"国家者，犹人之有头脑；道路者，即人之四肢脉络也。未有四肢脉络不通畅，而头脑得以强健者也。故欲头脑之强健，必先求四肢脉络之通畅。欲国家之强盛，必先求交通之便利。"[②]

铁路是东北出行的主要交通工具。在20世纪20年代，日本人和俄国人掌握了东北的大部分铁路，唯北宁路归中国人管。张学良深知，铁路在发展东北经济中具有举足轻重的作用。因此，只有努力发展铁路交通，才能助推东北经济发展，增强东北经济活力。

张学良亲自倡议建造的开丰铁路，自开原至西丰县城，营运里程为63.7公里。这是一条由开原、西丰和沈阳等地商人、企业家和军政官员

---

①《张学良为肇新窑业公司免征五年统捐的训令》（1930年2月18日），参见董慧云、张秀春主编：《张学良与东北新建设资料选》，香港同泽出版社1998年版，第169页。

②《高维岳关于训政时期地方应兴应革事宜的条陈》（1929年2月20日），参见董慧云、张秀春主编：《张学良与东北新建设资料选》，香港同泽出版社1998年版，第54页。

共同投资兴建的民营铁路，也是东北自建铁路中的唯一独立经营的商办民有铁路。开丰铁路实行股份合作制，投资总额为105万元，分作21000股，每股50元。张学良带头认股，对集资筑路产生了较好的示范效应。公司成立董事会，董事会设主任1人，副主任1人，常务董事4人，监事4人，总经理1人，副经理2人，任期3年。董事会由股东大会用无记名投票方法选举产生。股东认股100股以上者有被选举董事权，认股50股以上者有被选举监察权。张学良为防止外国资本渗透，以免引起外交纠纷，通过公司章程严格规定股东以中国人为限，不得转让或抵押于外国人。

打通铁路，南起打虎山，北至通辽，营运里程251.7公里。这是东北用本地资金建成的第一条铁路干线，也是东北自建铁路西大干线的南部起点。打通铁路在东北铁路交通运输中占有极为重要的地位。它的建成改写了以往东北铁路干线全部借用外资修建的历史，打破了南满铁路垄断东三省南部运输的现状，阻止了日本向东三省西部的扩张。打通铁路开通后，沿线每年运出粮食20万吨，棉花4000吨，八道壕煤炭10万吨，从营口运入工业品杂货10万余吨，客运移民每年运送30万人次。对沿线经济开发和加强关内外联系发挥了重要作用。

昂齐铁路，由昂昂溪至齐齐哈尔，营运里程30.4公里，投资总额120万元。昂齐铁路里程虽短，却是南接洮昂、四洮的郑通支线，打通铁路和京奉铁路的干线，北接齐克铁路，由此组成东三省西部的联运大干线，无论是经济上还是军事上的作用都不可低估。

齐克铁路，原计划由齐齐哈尔修至克山，后因资金不足修至依安县的泰安镇，干线长度为128.9公里，支线由宁年至拉哈48公里，全长176.9公里，投资总额620万元。1928年7月开工，1930年11月建成。沿线龙江、依安、克山、讷河四县货源充足，每年运出大豆40万吨，运入工业品杂货21万吨，客运移民每年运送30万人次以上。齐克铁路是东三省西部纵贯南北的运输干线，对于促进西部土地开发和东北经济发展具有极为重要的意义。

洮索铁路，南起洮安，北至索伦，全长180公里。洮索铁路由东三省保安总司令部直属的兴安屯垦区公署与东北交通委员会联合投资500万元现大洋修建。1929年8月开工，1931年9月，已从洮安修至怀远镇以东

82.9公里，以西84.9公里，终因九一八事变突发，工程被迫中断。洮索铁路是洮安至满洲里干线的东段铁路，是兴安屯垦区的建设项目，也是东北边防的交通要道。洮索铁路开通后，每年客运量达28万人次，货运量达31万吨。兴安屯垦区可垦土地57万垧，年产粮食32万吨。

1930年4月，张学良指示东北交通委员会召开路政会议，专门研究制定了东北铁路网的三大铁路干线发展计划。一是东线：从葫芦岛港起，由北宁、沈海、吉海三条铁路为东大干线基础。从吉林向北经五常、方正、依兰、同江，终点至绥远。全长1623公里，需要再建863公里。二是西线：从葫芦岛港起，由北宁至打通支线、四洮路干支线、洮昂、昂齐、齐克铁路为基础，从齐齐哈尔向北经讷河、嫩江，终点至黑河。全长1549公里，需要再建415公里。三是南线：从葫芦岛港起，以北宁铁路锦朝支线为基础，由金岭寺向西经朝阳、赤峰、围场，终点到多伦；另一条干线从朝阳经承德延长到北京，全长1135公里，需要再建976公里。三大干线长4307公里，主要支线长4070公里，总长度为8377公里。[①]按照这个计划，将形成从沈阳向北包围日本南满铁路的东北自建铁路网。东北自建自营铁路的兴起，带动了煤矿、重工业、农业、对外贸易的发展和关内移民开发东北的热潮。同时，东北自营铁路网的修建，使得日本帝国主义全面控制东北的"满蒙铁路网计划"彻底破产。遗憾的是，九一八事变的突然爆发，也使张学良的东北铁路网计划没能完全实现，令人未免扼腕叹息。

此外，为了打破日本垄断大连、安东两港的局面，张学良决定将葫芦岛军港扩建为商港，作为东北对外出口贸易的海上通道。1930年7月，张学良亲自出席葫芦岛港的开工典礼并发表演说，还为筑港纪念碑撰写碑文。此碑至今依然留存，睹物思人，更让我们怀念这位为东北经济建设作出卓越贡献的张学良将军。

作者单位：中共江苏省如皋市委党校

---

① 东北铁路网三大干线长4307公里，主要支线长4070公里，共有20条。干线和主要支线总长度为8377公里。去掉打虎山以西至葫芦岛港重复计算的线路244公里，当时实际东北铁路网总长度为8133公里。

张学良"东北新建设"思想
与当前振兴东北策略

洪少敏

众所周知，张学良东北易帜，维护国家统一；西安事变，国共组成统一战线，为抗战胜利立下不朽功勋。称少帅为"民族大英雄"当之无愧。对少帅主政东北采取的策略，众说纷纭。我们认为，只有从当时具体情况出发，才能引出正确的结论；只有从他采取具体策略去分析其普遍性，才能演绎出适合当今振兴东北的策略，为振兴东北指明方向。这是本文尝试的方法。

一、爱国爱东北是主政东北决策的灵魂

1928年张作霖为日寇炸死，张学良被奉系荐为东三省保安总司令，年底他冲破日伪阻力，果断宣告东北"易帜"，担任东北边防军司令。他主政东北时，致力实业，身体力行推动东北新建设，从而使东北在政、军、林、农业与机械铁路建设等方面名冠全国。

东北的自然条件优越，且跟日俄邻近，为兵家必争之地。少帅敏锐地看到日本通过不公平手段公开抢劫，几乎掌控东北经济。日商品占东北贸易进口70%，投资14亿日元。强烈的民族意识，让少帅懂得：经济已撼动政治的独立性，推行"东北新建设"刻不容缓！于是他给《东北新建设》

杂志题名，成立东北新建设委员会；他解释"建设新东北"，认为"新"为"现代化"，目标是"助成现代化国家，消弭邻邦野心"。他知道，德日选择大工业为突破口，促进国家富强，值得仿效。他于是筹资办工业。当今振兴东北，也应接过爱国爱东北这熊熊火炬，为东北繁荣而奋斗。东北现在不像少帅时那样落后，条件优越得多：不必时刻防备外敌入侵；国家给足发展政策，发达城市给予支援。少帅只是一名旧时代爱国军人、地方行政长官，他那么全心全意振兴东北，我们东北这些抗联战士后代，有什么理由不奋发图强呢？

二、坚持政商合作，协调解决金融问题

少帅提倡政府与商人、企业家应该合作，共同发展东北。这是经济发展初期一条成功之道。

整顿金融业，稳定物价，是少帅主政后第一决策。

主政东北伊始，物价飞涨，本币奉票断崖式贬值，日本趁乱大举外借。少帅为稳定市场，采取一系列措施：

1.开源节流。缩减军费，裁军十万，富余者垦荒；政府助农产品外销，行新税制；粮食主销关内各省，大豆等销向国外换外汇。

2.改革币制，提升奉票声誉。实行一元现洋兑换50元奉票政策，把东北官银号准备金改为金银等；发行并兑大洋票。

3.注重培养人才，学习西方金融管理经验。少帅屡派人员到英美等国学银行业务；成立东三省金融整委会，推行先进金融管理。

4.控制日资企业，发展民族企业，经济日渐繁荣。1929年，东北财政节余1415.48万元。1930年，东北45家面粉厂，民族企业就有40家。肇新窑业公司，就是在少帅关照下发展起来的。

当今东北，也存在金融问题。主要是企业债务沉重。工业企业以前向银行借款改造，一些企业因向银行借款，刚建立债务就与生俱来。这时，有些国有商业银行为防风险"慎贷"和"惜贷"，造成工业企业难以用贷款偿还债务，发展举步维艰。所以，建立东北政府协调机制势在必行，这

是东北振兴的第一步。

设立东北地区主要领导协调机制，让政府与企业合作起来。

1. 成立东北老工业基地振兴领导小组。老工业基地，由东北与内蒙古东部组成。它们属同一经济区，面临许多挑战与机遇。河流、铁路相通，电网同属。实施振兴"大东北"区域战略，大连港口、内蒙古矿产、吉林优势产业、黑龙江工业都可资源与技术共享。这很符合国务院 33 号文件精神。

2. 应尽快完成"东北老工业基地振兴一体化协议"论坛及决策，尽快步入合作发展轨道。由学者与经济领导组成智囊团，民主决策。通过该小组组织高层论坛，进行决策研讨。每一次论坛，只讨论一至两件经济战略专题。

3. 把推进外向型经济作为振兴主导要事。外向型经济引进，必然引起本地经济的震动，造成管理模式革命，就倒逼东北各级领导去思考，应该如何使上层建筑适应生产关系，又使生产关系适应生产力的发展问题。引进来。这是落后地区经济发展的起步，也是需要领导胸怀的问题；走出去。这是引进来企业成功发展后，在资金、领导团队与职工素质兼优后，向外寻求发展之必然。因有些项目，本地条件不具备，走出去就很必要。等到企业壮大再回来。当然，要引进，首先应把基础设施搞好，否则就会让人家打退堂鼓。

三、敢为天下之先

少帅主政东北全面提倡"敢为天下先"的精神。"先"就是人无我有，敢第一吃螃蟹者。正是这种精神，使东北在某些领域名列全国前茅，创造11 个全国"第一"。如制造我国第一辆载重汽车、我国第一辆载重四千磅越野车，都是在少帅主政东北之后诞生的。

"敢为天下先"精神，是当年东北人成功法宝之一。如今振兴东北，更需要这个法宝。东北可一边在某些落后之处先"赶上"，一边大胆打破常规，在自身基础上寻求超越，逐渐创造全国第一与世界第一。令人惊喜的是，当今东北一些先进企业，正在接过少帅敢创第一的法宝，创造令国人为之瞩目的辉煌业绩。沈阳机床，在订单锐减时，依靠新核心技术，成功推出 I5 智能机床，在鄂、浙、闽等地建厂；在去产能巨压下，"吉林一号"——我国首颗自主研发商用高分辨率遥感卫星胜利上天；东软集团，推介分享理念为核心新信息化战略；黑土地上冉冉升起机器人新星——沈阳新松机器人公司研发投产移动机器人，占据了国内汽车市场、电力市场90％以上的份额；沈阳格微软件公司，创建"中国工业淘堡网"，为更新换代探索出路；沈阳鼓风机集团大数据技术构建"沈鼓云"服务平台，入选国家发改委评选之中国"互联网＋"行动百佳实践案例。这说明，信息技术为导向新产品，正在承袭上世纪东北创造全国"第一"的动力机车飞速前进，在东北振兴轨道发出隆隆汽笛！我们为这些成就欢呼，预祝这星星之火，在不太远的将来出现不可阻挡的燎原之势！

共享经济，是新型经济模式，已快速进入市场。2015年夏季达沃斯论坛，李克强总理指出共享经济是"拉动经济增长的新路子"。作为"敢为天下之先"的黑土地，理应借它加速发展。因为共享经济，可节省成本，提高效率，节省投入，特别适合正在振兴起步的大东北。如何利用共享经济助推发展呢？1.政府制定政策。政府要有足够包容态度，只要它能够促进经济一时发展，政策就应给与扶持。因为这新事物，可能促进经济发展，也可能稍纵即逝。共享经济可能带来利益的再分配，带来企业的矛盾，政府监管部门，应让它自发发展，不可一棍子打死；2.在法律条件下让共享经济自发发展。共享经济来源于互联网金融，而这种金融的不确定性，也会给共享经济带来不确定性。从长远利益来说，要实现企业和消费者共赢，必须给双方以保障。这就需要政府监管部门，逐渐使监管制度完善起来。如共享单车，平台要义务监管。开车和用车，都要有权利与义务。经过数据监控不守规则的车主，用降低信用等级来处罚，甚至逐出市场。政府应出台监管政策法规，使之有法可依。如任其泛滥，不仅妨碍行业发展，而且损害广大消费者利益；3.加强对信用体系的构建。共享经济必须设立信任机制。我国个人信用数据还是碎片形态，在一定程度限制共享经济的发展。如果没信用体系，企业运作就会寸步难行。信用体系建设应围绕"互联网＋"进行。东北，历来是"言必行，行必果"之地，信用建设有深厚群众基础。但是也要防止不守信用的人出现。在政府加强监控的前提下，一些人一旦不守信，就会像老鼠一样，"人人喊打"。

东北存在问题，不仅有经济体制问题，也有传统观念的问题。据一些外地人和本地有见识者说，东北部分大学生，存在"奋斗不奋斗也是一辈子"的思想，这是振兴东北的大碍。与当年少帅的行为何止是天上人间！老一辈说这些话可原谅，但作为21世纪的大学生这样说，真是不可思议！

四、坚持发展优势产业

少帅深知，"经济是一国命脉，经济不能复兴，政治永远没有独立自主的一天。"[1]日本涌进大量商品和资本，严重阻碍东北民族工商业的发展。为抵制日本经济侵略，发展民族经济，少帅发出"东北新建设"号召，取得突出的成就。少帅办实业，整顿金融，对促进东北从封建主义向资本主义过渡做出很大贡献。

坚持发展优势产业，实施裁军和军屯。他筹建兴安屯垦区。[2]1928年9月屯垦大会，宣告寓兵于农的计划；同年10月，军政会议做出裁军决策，安置被裁战士到吉林、黑龙江开垦。这样做，不但安置裁军剩余人员，而且解决军粮、解决劳动力不足与难民生活问题。与此同时，也进行工业建设，取得很大成效。至今，发展优势产业依然还是振兴东北一条很好的路径。

1.发展农业优势产业。东北发展农业有优势：土壤辽阔富饶，有利大规模机械运作；无污染，有利于生产有机粮食，所以商品粮主产基地优势不可丢。东北人赵紫峰，留学日本五年，回到东北种水稻。他每天在田野现场直播，把鸡、鸭、狗等描述得非常形象，吸引好多粉丝。他年盈利一百多万。他的水稻不施化肥、农药，网上直销。人家大米每公斤卖2—4元，他却卖18元。[3]这给我们很好的启迪。他利用什么提高自己商品附加值呢？

---

[1] 王振宏、孙仁斌、石庆伟、段续、辛林霞：《东北新经济发展折射供给侧结构性改革新动向》，www.c.e.com，2016年10月18日。

[2] 张魁堂：《张学良传》，北京：东方出版社1991年版，第47页。

[3] 《为什么赚钱的主播大多是东北人？》sohu.com2017年7月10日（2）。

除了粉丝这特殊人群外，就是"东北大米"在国人心目中质量高标的效应。为什么可卖出高价？就是名牌效应。还有就是市场"假货太多"。但是假货反而推高"真货"的价格。其他如玉米、大豆、春小麦、高粱等也可仿照赵氏做法，从而提高农作物的附加值。

2. 发挥独特旅游资源优势。对一些确实落伍设备，也可从历史角度，为人们提供回忆、悠闲健康旅游。如发展老工业基地旅游，让人们见证当年的辉煌；发展东北军遗址旅游，让人们见证当年热血儿女的业绩。电影或电视剧，也是东北一大优势产业。如《夜幕下的哈尔滨》与《林海雪原》，感动了多少观众。拍摄影视的主要场地，如果景色优美独特，也可学江苏常熟市沙家浜做法，开辟为红色旅游景点。东北的红色旅游很有卖点，可与美丽乡村旅游相结合。

东北开发旅游，有"后起之秀"的优势。老的景区，对"喜新厌旧"的游客缺乏吸引力。而东北，因刚开发"新鲜"而独特，后来居上，所以有更强竞争力。这就是东北开发旅游的优势。第一，对经济落后东北来说，旅游业应是先锋产业，可成为新经济增长点；第二，旅游业为劳动力密度最大产业，可带动相关行业就业。据国外统计，旅游业增一个岗位，可带来相关行业5—7人就业；第三，解决振兴东北早期资金缺口问题。振兴东北外汇需求缺口巨大。旅游入门容易，投入少，应是振兴起步资金来源首选。东北老工业基地旅游业取得一定成绩，但也存在一些问题：（1）交通设施滞后。在惜时如金时代，交通不畅是妨碍旅游最大问题。有钱旅客来自发达地区或不发达地区先富者，交通不便占用时间，而东北这"国尾"之地，途中时间花费多，在东北旅途再花费时间，让人家"乘兴而来，败兴而归"。试想，他下次还会来吗？他的亲戚朋友听说这情况,还想来吗？据调查，东北交通不便，依然是旅客抱怨最多的问题。（2）没有进入深层区域旅游合作，旅游品牌还不响亮。东北历来有合作传统。如抗日联军，就是震惊中外合作很好的军队。东北旅游区合作已起步。2004年辽宁省内就建立"大连—沈阳—丹东"金三角旅游；但吉林、黑龙江等五省市建立旅游联合体，深层合作有待努力；（3）还没有实现"绿色""红色""古色"等合理配合。

那么，如何振兴东北老工业基地旅游呢？

（1）加大力度促进交通、通信等基础设施建设。通信，在少帅主政时是很先进的，但近几年整体来说有点落伍；其次是交通设施，要优化结构。主干铁路与国、省道公路为重中之重，要构成公路网络。还要加速乡村公路建设，提升美丽乡村旅游魅力。积极发展农家生态旅游，让乡村在旅游中致富。积极开通新的海外旅游，尤其是发展俄罗斯、日本、韩国等周边旅游。

（2）积极推进红色与白色、绿色、"敌"色、"文"色等"多色"旅游的融合。

A."白""红"结合。东北第一个特色就是白色。冬雪如梨花。当年抗联战士正是在严寒环境下和日寇、土匪展开殊死斗争的，白雪皑皑衬托"红色"鲜艳，这是南方红色旅游所没有的。所以东北红色旅游要利用这个优势。

B."绿""红"结合。东北夏天，高树撑天，原始森林广阔，这是东北又一大特色。红色与避暑旅游结合，让人领略优美自然风光时，通过光影手段引起反思：夏日乘凉在当今简单，但在抗战时就是很难得的"享受"，从而自然进行革命传统教育。

C."红""敌"对比结合。这属红色旅游特殊形式。东北沦陷14年，留下很多日寇、汉奸的罪证，如伪满皇宫、龙井日本间岛领事馆遗址、日本开拓团泥草房等，这是很好的反面教材。与之相对的是像杨靖宇、柴世荣等顶天立地的英雄，英雄的遗迹是很好的正面教育材料。可一面展示实物，一面通过光影展示补足历史资料的缺陷。这样对比鲜明，效果自明。

D."红""文"结合。"文"色，即文化人因素之观光旅游。如黑龙江打造"萧红故居文化之旅"景区就是范例。至今已有二十多个国家两百多万游客到萧红故居游学。可借萧红诞辰，举办作品鉴赏会，哈尔滨文化游等。辽宁可利用萧军进行相似旅游活动，并且利用萧军革命事迹开辟"萧军革命活动展览"，这样，"红""文"就有机结合起来。

E."绿""第一"结合。如东北是"共和国工业摇篮"，共和国第一发生地。东北生产新中国第一辆卡车、第一台轿车、全国唯一一辆东风轿车,珍藏着毛主席乘坐的第一辆东风牌小轿车。这些属全国"第一系列",是东北首创荣耀,是一个独一无二旅游项目,对游客,尤其是中老年游客有巨大的吸引力。

3.发挥名人效应。很多东北名人,看到他地经济风生水起,家乡还落后,心里很不是滋味,都想尽点力,所以政府可理直气壮发挥名人效应。主要路径有:(1)请名人出谋献策。名人见多识广,所以当地政府可通过联谊会和节日联欢会等听取其高见;(2)为名人产业提供优惠条件。如赵本山产业就很成功;(3)利用影视拍摄现场进行互动式观光旅游。赵本山系列电视剧《乡村爱情》《刘老根》等,知名度很高。可开放拍摄现场,让演员与粉丝互动对话。东北名人众多,古代有努尔哈赤,现代享誉海内外就更多,著名小品演员黄宏、潘长江等,歌唱家李双江、那英等,著名演员李幼斌、孙红雷等;还有中国第一位太空人杨利伟,乒乓球运动员孔令辉等。这些,都是可借势而上的因素。只要东北的父老乡亲动员起来,开动脑筋,将名人与当地自然风光结合开辟观光旅游,无疑会给中国旅游的地平线上增加一道美丽的风景线,为实现中国梦的东北注入一个不熄灭的澎湃动力,成为振兴东北的一大亮点。

作者单位:广东省汕头民革孙中山研究会

张氏父子时期发展军工对沈阳的影响

张侃侃

近代中国东北军事工业薄弱，上世纪20年代张氏父子主政东北期间，为了满足战争发展需要，先后创办了奉天军械厂、东三省兵工厂、奉天粮秣厂、奉天被服厂、东北航空工厂、奉天迫击炮厂等一系列军工企业，东北军事工业迅速发展起来。伴随军工企业的发展壮大，人口逐渐增多，在沈阳东部、北部形成了大东新区、惠工工业区等新的市区，扩大了沈阳市区版图；推动了沈阳及周边地区人口城镇化和城市近代化进程；促进了沈阳人口素质的提高，推进人员素质的近代化；为沈阳老工业基地的形成发展奠定基础。

一、张作霖、张学良与东北军事工业的建立

（一）奉天军械厂

奉天军械厂为张作霖于1916年创办，是保管、修理军械和制造枪弹的工厂。厂址在大东门里（现沈阳造币厂院内），占地面积4.7万平方米。军械厂下设三课、三场、二库。三课为作业课、修械课、营管课；三场为枪弹场、修械场、造币场；二库为大南门外大十字街东首的第一仓库、小东关草仓胡同的第二仓库。军械厂初期有工人200人，职员100人；后期有工人400人，职员100人。各类设备100余台，均由德国、丹麦、日本等国购买。

（二）东三省兵工厂

东三省兵工厂始建于 1919 年，是在原奉天军械厂基础上扩建而成，位于东塔以西约 1800 余亩原农业试验场旧址（今黎明公司一带）。兵工厂的建设经历了 1919 年 8 月到 1924 年的初建时期；1924 年至 1928 年的扩建时期；1928 年至 1931 年的转型时期三个时期。1919 年建厂初期主要厂房、所需机械、工具均由丹麦文德公司承办。建厂初期有生产厂房 7 栋，辅助厂房 6 栋，库房 3 栋。并在库房西侧铺设铁轨，设置站台，以方便原材料及产品的运输。同时将奉天军械厂并入，改称第一分厂，新厂称为第二分厂。初期工厂设有无烟药厂、枪弹厂、枪厂 3 个工厂及办公场所。1922 年生产管理初具规模，建成有无烟药厂、枪弹厂、枪厂、兵器厂 4 个工厂；总务、公务、材料、审检、炼钢筹备处 5 个处以及文牍、统计、会计、庶务、采办 5 个科。经过不断发展扩充，1926—1928 年间，东三省兵工厂达到鼎盛时期，成为拥有枪厂、枪弹厂、炮厂、炮弹厂、药厂、铸造厂、火具厂、兵器厂 8 大工厂；公务、材料、审检、庶务 4 处以及统计委员会、兵工医院、兵工学校等 17 家单位的大型综合兵工企业。到九一八事变前，全厂占地 3200 余亩（约合 216 万平方米），建设资金达 3 亿多元（银元），每年经费 2400 万元左右，拥有机器设备近万台、职员 1000 多人、工人 2.5 万余人，成为当时国内占地面积广、投资规模巨、产品种类繁、工作人员多的超一流兵工企业。

（三）奉天迫击炮厂

奉天迫击炮厂始建于 1922 年 10 月，张作霖聘用英国人沙敦利用奉天占地 50 多亩的北大营陆军第 27 师修械司及医院旧址，设置厂房，从事迫击炮制造，当时称作修械司。后来因厂房不敷使用，"随后在惠工工业区开辟新厂"[①]（原五三工厂今望远社区附近），工厂占地 70 余亩，地处沈阳古城外西北，毗邻皇寺路、商埠地、西下洼子、山东堡[②]。1926 年 6 月，张作霖任命李宜春为厂长，掌管全厂的行政和技术工作，该厂正式成立。沙敦专任新厂建设事宜。1927 年 2 月，两厂合并，沙敦离职。工厂下设工

[①] 沈阳市文史研究馆：《沈阳历史大事年表》，沈阳出版社 2008 年版，第 388 页。

[②] 沈阳市文史研究馆：《沈阳历史大事本末》，沈阳出版社 2001 年版，第 547 页。

务科、总务科、材料科、会计科、兵器科 5 个科；炮厂、炮弹厂、装药厂、翻砂厂 4 个工厂和卫兵 1 队。除以上机构，厂内还设有木工、油漆和医务所。全厂职工达到 1400 多人。

在沙敦时期，每年经费预算约为 78 万元。1926 年，李宜春接任厂长后，常年经费达到 130 万元。新旧两厂合并后，每年经费增至 260 万元。1928 年，张学良对军队进行缩编，迫击炮厂的经费削至每年 100 万元。从 1922—1928 年该厂所用经费近千万元。

奉天迫击炮厂为制造迫击炮、迫击炮弹及其附属品的军工企业。

1929 年 5 月，张学良将奉天迫击炮厂更名为辽宁迫击炮厂。工厂的规模逐渐扩大，厂房增多，设备也不断增进和完善。拥有车床、刨床等各种金属切削机械 298 台，锻压设备 14 台，翻砂用机械 70 多台，制暖气炉片机械 4 部，风扇机 9 部，水泵 5 台，空气压缩机 3 台，各种检验设备 300 余种，地磅、天平等度量衡器 50 余种。

（四）奉天被服厂

奉天被服厂是奉系军阀创办的生产服装、装具的军事工厂，创办于 1917 年 10 月，厂址在沈阳小东关（后来第 3505 工厂今香檀 1917 楼盘附近），是一个以承制军服、储备军实为主旨，兼承揽警察、机关、学校、工厂的服装、装具的带有商业性质的军办工厂。该厂最初由奉天督军署军需课长钱作舟委托葆廉创办。1918—1919 年因军事需要而扩大规模，张作霖委任日本陆军经理学校毕业担任北京军需学校被服经理教官的王大中为厂长。厂长下设总经理，管理监工、收发、文牍、会计、司事、杂役、护兵等人员。设置 4 个科：第一科分文牍、庶务、置备 3 个股。第二科分工务、检验股。第三科分成品、材料股。第四科分会计、统计股。另设置备委员会、检验委员会、医务室和消防队。

奉天被服厂下设 4 个分厂：缝纫厂、皮革厂、织染厂、钢铁木厂。缝纫厂承制军服、军帽、肩章、领章、雨衣、帐篷等，兼承制非军用服装。皮革厂承制皮靴、皮鞋、靿靴、镫土马、背包、图囊、鞍鞯、干粮袋、行军马槽、水桶、劈刺器具等。织染厂承制织染各种布匹，改染各种旧军衣。钢铁木厂承制行军锅灶、铁桶、各厂用木胎和钢铁零件。

建厂初期全厂职工 180 人，其中女工近 100 人。以后人员逐渐增多，至 1930 年，全厂职工发展到 1753 名，其中职员 63 人，男工 1200 人，女工 400 人，卫兵 60 人，夫役 30 人，为当时国内规模较大的被服企业。

（五）奉天粮秣厂

奉天粮秣厂（第五粮库）建于 1923 年第一次直奉战争后，初建时原址在大东关江浙会馆胡同，后迁址小东边门北草仓胡同。由厂长制改为总办、会办制，王大中任总办、葆廉为会办。会办办公室下设总务、粮秣、补给、检验 4 科。实行厂长制时，设厂长、副厂长各 1 人，下设总务、补给、置备、检造 4 个科。

粮秣厂下设碾米场、蒸米场、饼干厂和罐头厂四家工厂。负责生产成品粮、罐头、蒸米、饼干等食品。奉天粮秣厂厂外的机构有仓库、军草场、驻外办事处和外县碾米场，厂外机构设在京奉铁路沿线，负责粮秣存储、生产，军草征收，粮秣供给。粮秣厂既是粮食、食品加工厂，又是存储机关，也是给养发放机关。

（六）东北航空工厂

位于沈阳东塔机场，创建于 1921 年，是修理飞机、制作飞机零件、配置航空无线电零件的空军后勤机关。东北航空处成立后，已有几架飞机，雇佣若干工人以维修护理，1923 年张学良任航空处总办后，扩大建设，从大沽造船厂调来技工 20 余名，建立新厂房，添置机械设备工具，初具规模。1925 年委任邢契莘为厂长，下设第一、第二两科，科内有技师、科员、工人若干。

该厂除修理飞机外，还有较强的制作能力，能制作机身、机翼、机尾、螺旋桨、发动机各种零件、发动机实验架、冷气机、始动机、单力始动机、冷气救火机、飞机铁平车、通信钩、信号枪、机关枪转盘、炸药架、炸弹悬吊机、炸弹上子、炸弹投掷器、机关枪连动机、航空仪器、航空照相机器材、航空无线电设备等三四十种航空产品，附设印刷厂可以进行印刷品的印刷、装订。

（七）大冶工厂

位于小西边门外，由张学良和冯庸合资修建。工徒全部为高小以上毕业的学生，有 1000 余人。工厂下设铁工、机器、子弹数部，代东三省兵工厂制造各种枪炮子弹炸弹。产品质量很好，炸弹是主打产品。该厂 1926

年研制生产出的发射管阻击炮，不仅射程远，而且无响声，可以与兵工厂研发的无响弹相媲美。截至该年底，已生产1000多只发射管，万余枚阻击炮。冯庸大学建成后，该厂迁到冯庸大学院内，合并为冯庸大学铁工厂，作为学生实习使用，不再生产炸弹。

二、军工企业发展对沈阳地区发展的影响

（一）促使大东新市区建立

"东三省兵工厂在大东边门外东塔之西，距城区遥远、地势空旷，1922年成立之时附近防虞不周，员工住址道路之往来亦极为不便。"① 为解决兵工厂职工的生活，1924年3月14日，由奉天市政公所呈请奉天省长公署增设大东新市区，"大小东边门外地面既渐趋繁盛，自应扩张为市区，以期整饬，所拟西由土城起东至八里堡以东，南由杨树林一带起，北至八家子以北辟作大东新市区"②，3月26日，省长公署批复："西由土城起东至八里堡以东由杨树林一带起北至八家子以北，东西约一千二百五十丈，南北约一千零六十五丈，面积二万二仟余亩辟为大东新市区，拟辟马路纵横各四条，东西马路宽十二丈，南北马路宽七丈，凡在马路线内拟禁止一切建筑，以免筑路时有拆房之劳。"③ 兵工厂据此在奉天城大东边门外，长安街西南、原察哈尔街以北，滂江街以东，安南路以西，以及兵工厂北侧的开原街以北、三家子以南渐次圈购土地，建筑工厂职工住宅、学校、医院、俱乐部、公园，形成了一片隶属于兵工厂管理、具有城市生活特点的长方形新城区，即为"奉天大东新市区"。随着工厂发展需要大量电力，兵工厂自建发电系统，自主发电不仅用于生产，还将多余的电力应用到民用，大东新区居民是沈阳市较早使用电的地区之一。

在大东新市区，除公安、司法外，市区其他一切行政事务均由兵工厂

---

① 王树楠、吴廷燮、金毓黼：《奉天通志》，卷一百一十五，《民治三·市政》，沈阳：东北文史丛书编辑委员会，1983年影印版，第3303页。

② 沈阳市档案馆藏：《沈阳市政公所函为增设大东新市区之计划》，沈阳市政档案173卷。

③ 王树楠、吴廷燮、金毓黼：《奉天通志》，卷一百一十五，《民治三·市政》，沈阳：东北文史丛书编辑委员会，1983年影印版，第3303页。

直接经营管理。兵工厂自设市政管理处,管理市政建设、区域规划、土地房产事由。工厂区占地2/3、生活住宅区占1/3。住宅区公用以外土地,划分地号,准由居民竞价购买,自建房屋后,出卖之地号为购买者私有产权。工业区从1923年开始建设,至1931年,大东新区已建成工厂、住宅以及生活福利设施等配备齐全的新市区。

大东新市区的选址一方面借助了铁路联络线,与奉海、京奉铁路连接;另一方面远离日本控制的南满铁路及其附属地范围,有利于保密和安全。除东三省兵工厂外,包括大亨铁工厂和东北航空工厂、奉天被服厂、奉天粮秣厂等一系列重要的军事工厂均设于此,是奉系政权的核心区域。

大东新市区从建制、规模上看已初具近代城市雏形,沈阳市大东区从这里起步发源。

（二）推动沈阳及东北地区人口城镇化和城市近代化进程

伴随兵工企业的发展,大批农民、无业游民、适龄青年及专业技术人员应招进入企业,成为新兴产业工人、技术骨干,在这些人员的带动下,他们的配偶、子女、亲属、同乡等也有相当一部分人进入沈阳,以东三省兵工厂及其附属企业为例,每年用工3万人,每人带家属4人计,则有15万人进入沈阳,据统计,1929年沈阳市区人口由清末17万,增加到70万左右。[①]

2012年辽宁城镇化率为65.65%,位列全国各省区（除直辖市外）第二[②]。早在民国初年,东北地区人口城市化程度高于全国许多地区,1907年东北地区农村人口所占比例为94%,城镇人口占6%,到1925年前者占89.8%,后者占10.2%[③],远远高于国内其他地区城镇化比例,全国城镇人口的比重直至1949年方上升到10.6%[④]。

---

① 张志强:《张氏执政时期的沈阳城市化进程》,张力、曲香昆主编:《张学良研究》第一辑,吉林文史出版社2002年版,第13页。

② 包玉秋:《辽宁新型城镇化的法律思考》,《辽宁日报》2013年8月7日A09版。

③ 章有义:《中国近代农业史资料》第2辑,第640页。马尚斌:《奉系经济》,辽海出版社2000年版,第314页。

④ 胡焕庸:《中国人口地理》（上）,华东师大出版社1984年版,第261页。马尚斌:《奉系经济》,辽海出版社2000年版,第314页。

（三）推进人员素质的近代化

兵工企业的员工入厂之前，需要经过严格系统的培训，对于专业技术人员的要求更高，培训不仅限于专业技术方面，还有对相关政策法规、纪律方面的教育，员工的组织性、纪律性大大增强。以东三省兵工厂为例，兵工厂建有兵工学校，专门培养兵工企业人才，从1925年建成至1931年九一八事变为止，先后培养出许多技术人才，大大提高兵工厂整体文化水平。此外东三省兵工厂还建有夜校、扫盲班等，让那些渴望求知、好学上进却因为贫困而念不起书的工人有了识字、学习的机会。通过学习，修养素质得到提高。此外，兵工厂还经常举办运动会、球类竞技比赛，放映电影，引进各种剧目演出，在丰富员工业余文化生活的同时，提高员工及其家属文化素质，推进人员素质的近代化。

此外，现代化机器生产，改变人们的生产方式、生活方式，作息时间随之改变，不再是"面朝黄土背朝天"的生活，而是有节奏有规律的都市生活。

（四）为沈阳老工业基地的形成发展奠定基础

张氏父子时期东三省兵工厂等兵工企业的创立和发展，是沈阳工业近代化的开端，为沈阳带来先进的技术、设备，新型的厂房、生产车间。与此同时也带来先进的生产力和生产方式，原来的手工作坊式生产逐渐为机械化、自动化大机器生产所代替。军工发展需要矿石、煤炭等大批原材料，同时需要挖掘机、切割机、锻造机、大型锅炉、火车机车、汽车等大量生产设备和运输设备，军工产业的繁荣发展促进和带动了沈阳及周边地区采矿业、冶炼业、机械加工业、交通运输业的发展。随着大批人才和劳动力进入沈阳，食品加工工业、服装鞋帽生产以及满足人们生活需要的轻工业、商业服务业也应运而生。东三省兵工厂的发展带动了沈阳一系列产业的发展。张氏父子对沈阳兵工企业的大力发展，张学良实行军转民的尝试，加上东北地区丰富的矿产资源，使东北的工业尤其是重工业发展在二三十年代位居全国领先地位，日伪时期日本当局为满足战争及掠夺需要，将东北的工业进一步延续发展，为新中国建立后东北工业基地形成奠定基础。"一五"期间国家156个重点项目之一、新中国第一个喷气式发动机制造厂家、被航空工业部确立为航空发动机科研基地的沈阳黎明航空公司，就依托东三省兵工厂的厂房机器设备人员技术建立起来。张氏父子的军工企业所带来的雄厚资本、强大的生产科研能力、先进的技术设备以及大量的人才储备为新中国建立后沈阳成为重工业基地打下牢固基础，基于此沈阳被誉为"东方鲁尔""共和国长子"。

张氏父子建立的兵工企业，在引进先进技术设备的同时，不仅招募培养大批技术人员、产业工人，同时引进先进的管理理念，一系列管理制度应运而生，并逐步得到改善和发展。企业也在不断地自我完善和发展过程中，逐步积累了丰富的组织管理经验，一些先进的管理理念及管理方式至今仍在使用，为现代企业管理制度的建立发展奠定基础。

随着奉海市场的规划建设，沈阳东南部的工业区也不断发展完备，逐步形成了一个新的市区——大东新市区。

大东新市区的核心是张作霖为加强奉系武装军备而建立的东三省兵工厂（今黎明发动机制造公司的前身）。

总之，张氏父子先后投入巨额资金创办的兵工企业与国内其他地区军工企业相比，虽然起步较晚，但起点高、发展速度快，很快便后来居上，成为同行业的佼佼者。它具有产品种类多、规模大、覆盖广、设备优、技术新、产能高等多种特点。尤其是张学良主政后，将部分军工企业转向民用，开创我国工业近代化建设的多项第一，成为民族工业的领跑者。

东三省兵工企业的发展在防止日俄两国入侵，安定东北边防，稳定东北局势的同时，为奉系对外实行武力扩张、问鼎中原起到推波助澜的作用，同时也为张学良武装调停中原大战，维护国家统一作出贡献。与此同时，20世纪二三十年代东北军工企业的迅速发展为东北地区带来先进的生产力、生产方式和生活方式，加速了东北城市近代化进程，为东北老工业基地的形成奠定基础。

作者单位：张氏帅府博物馆

略论张学良东北新建设对
沈阳城市现代化的贡献

邓普迎

中国东北地区的现代化起步于清朝末年，到奉系执掌东北大权时有了现代化的雏形，一部分城市自主性现代化开始推进。奉系军阀统治时期，张作霖一方面与日本周旋，另一方面，努力拓展沈阳城市空间，建立市政公所，推动了沈阳的城市现代化进程。至张学良时代，在老帅营建沈阳的基础之上，张学良积极进取，东北地区的现代化取得长足发展。张学良主政期间，对东北地区的经济、政治、文教、公共事业等诸多方面进行了现代意义上的改革，极大地推动了东北地区的现代化进程，在较短的时间内改变了东北地区的社会面貌，完成了东北地区社会由封建形态向近代社会形态的历史性转变，对东北地区的城市现代化作出了重要贡献。

一、张学良东北新建设

1928 年 6 月，皇姑屯事件发生，老帅张作霖被炸身亡，张学良化装返回沈阳，此后排除一切阻力，主政东北。张学良东北主政的三年是他政治生涯中最辉煌的一个阶段。彼时，张学良不但是东北的军政首脑，掌管东北的最高权力，更是东北现代化建设的先驱人物。张学良主政东北后，为了"培养实用人才，建设新东北，以促进国家现代化，消弭邻邦的野心"①，提出了进行东北新建设的主张，大力推行东北新建设。

张学良东北新建设思想是其现代化思想的一个重要部分，张学良现代化思想则来源于他的反战意识、新思潮理念。1928年10月10日，张学良为《东北新建设》杂志题名。1929年10月8日，张学良倡议成立东北新建设委员会，通盘筹划东北新建设事宜。他认为，所谓"东北新建设"或"建设新东北"，"新"就是现代化。到1931年九一八事变爆发前，东北新建设大致进行了三年多时间。短短的三年统治时间里，东北新建设取得了一系列重要成就。在张学良时期，东北的现代化建设项目至少有十项列居全国第一，促进了东北地区经济和社会的发展。

东北新建设中，张学良实行多项措施并举的方针，对东北地区的经济形态、政治体制、文化教育、社会民生等多方面进行了一系列现代意义上的改革。东北新建设在较短的时间内改变了东北地区的社会面貌，完成了东北地区社会由封建形态向近代社会形态的历史性转变，极大地推动了东北地区各项事业的现代化进程。东北新建设推动了东北地区的近代城市化进程，大大提升了城市质量，为沈阳的城市化进程开辟了道路。

在经济金融方面，张学良主张"经济是一国的命脉，经济不能复兴，政治永远没有独立自主的一天"②。东北地区由于长期遭受日本的侵略，到张学良主政东北的时候，东北的财政经济已经陷入了极端的困境，财政金融的极不稳定，奉票价值不断跌落，物价飞涨。张学良主政东北后，以维护主权、振兴实业为重点，痛下决心改变通货膨胀的局面，改善财政金融状态。1928年6月20日，张学良在宣誓就任奉天军务督办的通电中明确表示"自今以往，当厉行开源节流主义，实事求是，蠲除一切苛捐杂税，以利民生，一面提倡实业，奖厉生殖"③。张学良通过整理财政、进行币制改革、抑制通货膨胀、发行公债等一系列有效措施，逐步控制了东北地

① 沈阳文史资料委员会编委会：《沈阳文史资料》第1辑，沈阳文史资料委员会编委会，1981。

② 毕万闻：《张学良文集》，北京：新华出版社1992年版，第1001期。

③ 毕万闻：《张学良文集》，北京：新华出版社1992年版，第95期。

区通货膨胀的局面，东北的经济也出现了稳步发展的良好局面。其间，东北创建了我国第一家制陶企业，制造了我国第一辆载重汽车，到1930年，东北民族工厂如纺纱、制陶、造纸、制粉等企业如雨后春笋，蓬勃发展，极大地促进了东北的经济发展，为城市现代化打下了坚实的经济基础。

在政治体制方面，张学良以维护祖国和平统一为出发点，以民意作为衡量政府工作的重要标准，在政治体制上，决心实现东北近代化。张学良始终认为，和平统一才是实现东北近代化的唯一政治基础，"只有国家统一，才有希望转弱为强，否则瓜剖豆分的局面终难幸免"[1]。《大公报》对他的和平思想曾有记录："窃以为我国今日最切要之图，莫过于和平统一。惟和平乃能促成统一，亦惟统一乃能保障和平。"[2]1928年8月22日，张学良为南北议和当竭力保全利权一事致奉天总商会电中说道："学良才疏识浅，而爱国之念未敢后人。此次对南议和，无事不推诚相与，苟可求全，不惜忍辱。且南北一体，亦何辱之可言。"[3]张学良以国家民族利益为重，力排众议，表明统一态度，宣布东北易帜。东北易帜后，张学良革新政务，改革吏治，建章立制，实施法治，极大促进了东北地区政治体制的进步。张学良成立东北政务委员会以全面负责东北的日常行政事务，制定各项法令政策，保证行政上有法可依。

在文化教育方面，张学良提倡以教育兴国、振奋民族精神为特色的文化建设。他认为："世界各国，生存竞争，无不以培养人，阐明学术为根本之计……我国文化落后，国势陆危，愿求急起直追，非倍力倍速不可。"[4]张学良主政东北时期，大力发展教育事业，积极兴办高等学校，1928年，张学良兼任东北大学校长。他先后捐资200万元，用以改善东大的校舍和教学设施。同年，他创办同泽女中，发展女子教育。1929年他将交通部办的锦县交通大学改名为东北交通大学[5]。1930年，他又主持成立了吉林大学和黑龙江法政专门学校；私立的冯庸大学也有所发展。此外，张学良

---

① 陆军、杜连庆:《张学良与东北军》，沈阳：辽宁人民出版社1991年版，第125期。
② 张学良:《和平统一为切要之图》，天津《大公报》1931年版，第3期。
③ 董慧云，张秀春:《张学良与东北新建设资料选》，香港同泽出版社1998年版，第10期。
④ 毕万闻:《张学良文集》，北京：新华出版社1992年版，第672期。
⑤ 胡玉海、里蓉:《奉系军阀大事记》，沈阳:辽宁民族出版社2005年版，第512期。

也重视中小学教育和职业教育。捐资创办了同泽中学、新民小学等一批中小学校。东北境内的中小学校数量和质量都在全国名列前茅。为改革以往东北地区学制混乱的局面,张学良执政后,即在东北推行当时较为先进的六六四学制,即初等教育六年、中等教育六年、高等教育四年。直到现在我们的高等教育学制一般也是四年,与张氏的划分基本相同。张学良在文化教育方面的建设思想与实践,为东北文化教育事业的发展作出了重要的贡献。

在交通通信方面,张学良大力发展铁路交通事业。东北地区大规模修建铁路是从张作霖主政东北时期开始的,在1926年张作霖宣布东北自治后,即着手修建独立的铁路网。1924年4月,东北交通委员会正式成立。张学良主政东北后决定继续完成并扩大其父未完成的铁路计划。1928年10月,东北交通委员会第一次会议决定自营自建铁路。1930年4月以后,张学良直接领导东北交通委员会。据统计,在1928—1931年张学良统治时期,奉方共修建国营、省营、省商合办铁路共计910.8公里[①]。 1930年,东北交通委员会制定了《建设东北铁路网计划》,准备在十年内修筑铁路8千公里,建成三大干线,与日本控制的南满和安奉两大干线相抗衡,可惜由于九一八事变,计划未能实现。通信方面,对电信机构进行改革,广泛建立中小电台,加强与各地的联系。到1931年上半年,东北已经建成吉林等9个电台,安东等5个电台正在安装。此外还有通辽等12个电台正在准备安装,有电报线路陆线2.3万里、水线3.8万里,电报收发业务繁忙。

在公共事业建设方面,早在1923年张作霖时代,就设立了奉天市政公所筹备处,建立宗旨即对市政建设、卫生建设、市容市貌的管理与规划。到1929年张学良时代,奉天改名为沈阳,市公所的职能更加明细,其主要职能包括"市财政及市公债;市公共财产的管理;城市街道沟渠桥梁建筑及其他土木工程事项;城市公共卫生及其他公共事项;城市户口和市选举事项;市内教育风纪及慈善等事项;城市交通电力煤气自来水及其他公

---

① 金士宣、徐文述:《中国铁路发展史(1876—1949)》,北京:中国铁道出版社1986年版,第417页。

共事项；完成省政府交办事项等"①。张学良东北新建设时期，对东北的
公共基础设施进行了全面的建设，建设现代化马路，发展城市交通和公共
交通，到1931年，大连、吉林、齐齐哈尔、铁岭等城市内都出现了现代的
马路，也有了长途汽车；对公共文化事业加大投入，城市中的报刊、出
版等公共文化事业逐渐发展，九一八事变前奉天的报纸有《东三省公报》
《东三省民报》《沈阳市报》《新民晚报》《盛京时报》等。此外，电
灯、电话、自来水、公园排污等现代城市基础设施也逐步发展，东北地区
的城市建设取得了一定的进展，东北开始从没有公共设施的传统城市向现
代化的城市转变。

综上，张学良主政东北时期，东北新建设取得了一系列重要成绩，推
动了东北地区的现代化进程，"将东北的现代化建设推向了高峰，同全国
各地区比较，无论是工业、农业、文教、交通、邮电、广播等各业均名列
首位"②。东北新建设提升了城市质量，对东北地区的城市现代化提供了
一系列有力支撑，对沈阳的城市现代化也起到了积极的推动作用。

二、东北新建设对沈阳城市现代化的贡献

城市是一个国家和社会精神文化、物质文化的缩影，是人类物质文明
与精神文明的主要空间载体。城市现代化是城市由简单的商品经济社会向
复杂的工业经济社会转变的历史演进过程，城市现代化是现代化在一个特
定空间地域上的投影。沈阳，因位于沈水之北岸而得名，是一座能比较全
面地反映中国近代历史形态，具有代表性的典型城市之一。近代沈阳，作
为清王朝陪都、自开商埠城市、地方军阀割据地和满铁附属地，其城市发
展先后经历了军事卫城、都城、陪都、近代工商业城市和全国重要的工业
城市多个历史阶段，复杂的社会背景造就了沈阳城市现代化进程的独特性、
典型性和代表性。

---

① 东北文化社年鉴编印处：《东北年鉴》，沈阳：东北文化社1931年版，第243页。
② 张大庸：《东北现代化建设的先驱张学良将军》，《东北易帜暨东北新建设国际学术研
讨会论文集》，第315页。

1916年奉系军阀首领以"奉天人治奉天"为口号，驱除了代表袁世凯帝制政权的统治势力，开始主政东北。到1920年代实际上已经控制除铁路附属地和铁西工业区以外的所有沈阳城区。这一时期，奉军入关失败，决定谋求军事经济的长足发展，盛京及其周边地区获得了一定程度的发展，城市现代化雏形已现。1923年8月，奉天市政公所成立，沈阳正式实行市制管理，这是继广州之后，我国第二个建立市制的城市，是东北地区城市现代化过程中具有里程碑意义的大事件。"市政为文明都市首要机关，市内一切设施胥于是赖"①，奉天市政公所作为近代沈阳历史上第一个正规的市政领导机关，它的建立，强化了市政管理，彰显出浓厚的现代化色彩，带动奉天城市社会生活开始走向法制化和有序化②。在此后不到十年的时间里，基本完成了由传统封建城市向现代城市的转化，确立了其东北首位城市的地位。

奉系执掌东北期间，注重发展军事、经济、文化和公共事业，开展沈阳城市现代化建设。张学良主政东北期间，大力推行东北新建设，从经济金融、政治体制、文化教育、交通通信、公共事业等几个方面入手，进行了一系列现代意义上的改革，促进了东北地区的发展，完成了东北地区社会由封建形态向近代社会形态的历史性转变，极大地推动了东北地区各项事业的现代化进程。东北新建设立足沈阳，辐射东三省，有效地推动了东北地区的近代城市化进程，大大提升了城市质量，对沈阳的城市现代化起到了积极的推动作用。

东北新建设中，张学良大力发展经济。经济建设是城市发展的决定性因素，也是城市早期现代化的重要表征。东北新建设中，张学良实行了一部分有利于城市现代化的经济政策。中国现代城市是因商而兴起、因商而发展的，商业的发展繁荣是推动城市现代化的重要力量，"因商而兴，因商立市"是城市现代化的重要途径和手段③。在大力发展工商业的政策带

---

① 王树楠、吴廷燮、金毓黻：《奉天通志》，卷一百四十四，《民治三·市政》，沈阳：东北文史丛书编辑委员会，1983年影印版，第3300页。

② 孙鸿金：《奉天市政公所与沈阳城市建设的近代化》，《东北师大学报》（哲学社会科学版），2012年版，第5期，第250页。

③ 孟晋：《民国初年商业的发展与城市近代化》，《河南社会科学》2003年第1期。

动下，沈阳的民族资产阶级奋发图强，开足了马力驰骋于市场经济广阔天地，民族工业前所未有的繁荣发展，沈阳向着现代商业都市的形成又迈进了一步，为沈阳城市现代化在经济方面打下了基础。此外，工业兴盛，也是城市现代化的重要指标。工业方面，东北新建设时期，沈阳的新式工业突飞猛进，纺织厂、面粉厂、制陶厂、铁路修车厂、发电厂、被服厂等全国闻名，基本奠定了沈阳现代工业的基础。

东北新建设中，政治体制的重新构建为沈阳城市现代化带来了活力。张学良初掌政权，即实行东北易帜，既维护了祖国统一，也维护了东北集团的利益，提升了自身的政治地位。东北易帜后，在东北新建设中，张学良致力于建设民主政治，努力在东北地区建立一个信仰三民主义、关注民情、政令统一的现代型地方政府。1928 年 6 月 20 日，张学良就任奉天军务督办，明确表示"国家之大，主体在民，民意所在，即国是所在"。"俾民治早日观成，即政治之改革可期完善。"①"张学良以三民主义政治思想为指导，在东北实行的政治体制改革，使东北从半封建的军政合一的政治形态向民族化的政治形态转化，推动了当时东北地区的现代化建设。"②促进了东北地区走向政治文明。

教育的现代化是加速社会发展的助推器。从城市精神建设上看，文化教育事业的进步，无疑促进着沈阳都会城市的整合。张作霖虽出身草莽，但是把教育看得十分重要。张学良也认为，世界列强科学进步；国富民强，其根本原因就是能积极革新教育，大力培养人才。在张氏父子的积极推动下，奉系军阀统治时期，政府增加教育经费、扩大受教育人群、培养新型专门人才，使得沈阳教育早期现代化的速度与规模都处于全国前列。相继完成了学制改革，以及从小学到大学教育的全程建设。新学制改革为沈阳教育注入了新的生机，到 1920 年代末，东北大学已名震海内；奉天贫儿学校从创办到 1931 年九一八事变前培育了数千名学生③；私立的冯庸大

---

① 张友坤、钱进、李学群：《张学良年谱》，北京：社会科学文献出版社 2009 年版，第 203 页。

② 苏燕：《张学良主政东北时期的政体改革与现代化建设》，《社会科学辑刊》2006 年版，第 6 期，第 130—131 页。

③ 陆可平：《阎宝航创办贫儿学校》，《兰台世界》，1995 年版，第 6 期，第 12 页。

学亦独具特色。此外，张学良还十分注重社会教育，1930 年，张学良亲自主持建立了综合性文艺活动场所——同泽俱乐部。从学制改革到高等教育异军突起，再到社会教育蓬勃发展，奉天开创了以理论和制度的创新为基础，以高等教育发展为重心，辅之以社会教育的教育早期现代化模式。从而使奉天的教育在九一八事变前，一直在全国处于领先地位。

东北新建设中，张学良大力发展城市公共交通基础设施。城市经济活动要求建立安全、快捷、方便、舒适的现代城市交通体系，铁路、有轨电车、公共汽车等公共交通系统的发展无疑十分重要且必要。1930 年辽宁总站落成。同时，市内交通系统也相继建立，汽车、电车等先进的交通工具为市民的日常生活带来了便捷，沈阳城市各市区间的封闭性有所减弱，城市的整体性开始显现。至 1920 年末，沈阳已经成为东北三省规模最大的城市，铁路交通发达，以沈阳为中心的南满、北宁、沈海、安奉、京奉等多条铁路干线汇集于此，辐射全国，奉天驿、辽宁总站、沈海站、皇姑屯站也相继建成使用，大大增强了沈阳的客货运输的吞吐能力；公路交通四通八达，以沈阳为中心，向四方辐射的早期公路网业已形成，此时的沈阳已经发展成为东北地区最大的交通枢纽。

东北新建设加大了对沈阳城市公共基础设施的投资和建设力度。城市公共基础设施体系管理构成城市管理的内容之一，直接关系着居民的健康状况与城市面貌，体现着城市的现代化水平。城市通信系统、给排水系统、公厕系统、休闲娱乐系统等是衡量城市现代化的重要指标。东北新建设期间，政府下大力气在这些方面做了大量工作，在公共建设方面，张学良对市政建设、卫生建设、市容市貌都进行了管理与规划。1929 年，张学良将奉天改名为沈阳，城市各项职能更加明细。1930 年，市政公所开始对全市公私厕所实行分区招标掏运。1931 年，沈阳古城区的排水网络初步形成；以沈阳为中心的长途电话网路也基本形成。1927—1930 年，一直被视为皇家禁地的昭陵、福陵，经奉天省政府批准，陆续辟为公园对游人开放；沈阳市内的万泉河公园、商埠公园、西公园等也都在积极整顿，以适应市民生活的要求。政府对水、电、通信、市容建设、市民休闲等方面的规划与管理，是沈阳城市现代化程度的一种提升。

三、结论

20 世纪 20 年代后期，中日民族矛盾迅速激化，中苏之间在中东路等问题上的矛盾也愈演愈烈。在两大强邻的巨大压力之下，奉系执掌东北期间，清楚地认识到国富民强的重要性，决心加快推进东北的现代化建设。从沈阳市政公所设立开始，再到张学良主持东北新建设，直至九一八事变前，沈阳已经发展成为占地很大、人口密集、工业发达、商业繁荣、交通便利，已完成了从消费性城市向生产城市、工商都会城市的过渡，这一切成为沈阳由东北第一大城市向现代化大都市转化的重要条件。也可以说，东北新建设的一系列改革方针、措施是顺应社会发展需要的，符合东北民众的愿望，东北新建设，加速了沈阳城市的现代化进程，为沈阳的城市现代化作出了一定的贡献。

作者单位：西安事变纪念馆

张学良主政举措对东北早期
现代化进程的影响

杨　雪

　　从 1928 年到九一八事变爆发前，张学良主政东北短短三年的时间里，开展了一系列东北新建设的重大举措。这些主政举措加速了东北地区社会政治、经济、军事、文化等各方面的转型，对推动东北早期现代化进程产生了深远影响。然而，由于当时的中国并不具备现代化建设的基本前提和条件，所以张学良的主政举措被种种消极因素所打断并最终失败，致使东北早期现代化进程遭到顿挫。

一、张学良主政对东北早期现代化进程的积极影响

　　皇姑屯事件后，张学良凭借其强大的军事实力、卓越的政治才干和在奉系内部良好的人际关系，开始主政东北。张学良主政期间，通过实行切实有效的措施，推进了东北由带半封建半殖民地性质的政体向现代化的政治体制迈进；大力发展民族工业，加速了东北经济的现代化进程；整军经武，厉兵秣马，强化了军队的现代化建设；发展基础教育，强化高等教育，提升了东北文化教育的现代化水平。这些举措对东北早期现代化进程产生了积极影响。

　　第一，实行政治体制改革，推进了东北早期政治现代化进程。

张学良主政东北时期，顺应历史发展潮流，积极推行政治体制改革及行政机构改革，扭转了东北的政治走向，使东北由半封建半殖民地性质的军政合一的政治形态向近代民族民主化政治形态迈进，政权性质也发生了较为实质性的改变。

为了继承孙中山的民主建国事业，实现祖国和平统一，共同御侮，张学良下定决心不惜一切与南京国民政府联合，其目的是实现共和制的现代化政治理想，在中国建立一个符合历史前进潮流的新的民主制政权。1928年底，张学良发表通电，宣告东北遵守三民主义、服从国民政府，改易旗帜。这样，南京国民政府在形式上完成了国家统一，粉碎了日本帝国主义妄图肢解中国、瓜分并控制中国的目的，同时也为东北地区赢得了社会发展的宝贵时机。张学良站在国家的高度，实行改易旗帜，使得自北洋军阀执政以来分裂了的国家再次得到统一，这是对当时中国政治现代化的一个最重要贡献。

张学良领导东北军政集团制定了改造旧政府、建设新政权的许多措施，使政治体制出现了从旧质态向新质态的转化。在政权性质方面，东北当局由一个封建军阀性质的地方割据政权转变为一个信仰三民主义、服从国家统一的现代型地方政权；从政府自身来看，以张学良为首的东三省政府变成了一个现代型地方政府，注重廉洁高效、政令统一、关注民生、体察民情、依法行政。这一系列改革措施，代表了东北广大民众的意愿，在社会上引起很大反响。随着这些措施的逐步实施，东北不仅政局稳定，而且出现了政府与民众上下一心、励精图治的大好形势。从现代化意义上说，这是民主政治的基本形式和重要标志，是否定帝国主义在中国推行的侵华政策、殖民地政策和国内军阀政治的重要的政治原则，是中国政治走向文明化的历史转折。东北政体的变革推动了那一时期东北现代化建设的向前发展。

第二，发展民族工商业，加速了东北早期经济现代化进程。

东北易帜带来的东北相对和平的环境，使张学良得以改变张作霖时代的战争政策，把内外政策转到东北新建设上来，东北经济得到迅速发展，东北的民族工业得到了振兴。

张学良采取鼓励和扶植东北民族工业的措施和政策，东北人民发展民族工业热情高涨，投资领域不断扩大，新建民族企业和矿业不断增加。增强了与外国资本和企业竞争的能力。首先在煤矿业方面进行整顿，成立东北矿务局，统一组织发展民族矿业。同时从国外进口机械设备，加速煤矿开采的机械化，鼓励民营资本投资建矿。与此同时，东北其他民营产业也继续得到扶植和发展。东北著名的榨油业得到迅速发展，哈尔滨成为东北乃至全国民营资本榨油业的中心。东北的面粉业、火柴业等在外国资本竞争中也获得不同程度的发展。1928年，张学良在辽宁迫击炮厂中附设民生工厂，准备生产汽车和拖拉机。第一辆"民生牌"汽车、第一辆载重汽车都是在张学良的支持下在东北诞生的。到1929年沈阳已经有了相当规模的产业，据统计，当时沈阳各厂资本总和已超过3000万元，工人总数超过3万人。到九一八事变前，沈阳已经成为世人瞩目的工商业城市。①

铁路问题成为中日两国在东北地区现代化建设上的主要矛盾。自1907年4月至1931年九一八事变前，中国政府同日本帝国主义不断发生的所谓铁路交涉案件达54起之多，涉及21条铁路。②为了抵制日本帝国主义垄断和控制东三省铁路的企图，张学良主政东北后，先抓修建铁路与海港。张学良极力推行自建自管的建港筑路方针。至九一八事变前，张学良利用本国资金和技术共修筑了10条铁路，营业里程1521.7公里，占东北铁路总长的25%，占全国铁路总长的10%以上。东北自营交通运输体系的形成，打破了日本南满铁路的垄断地位，为增强民族经济实力创造了有利条件。

在张学良主政时期，东北民族工业的发展进入了一个黄金时代，出现了前所未有的繁荣局面。东北民族工业的发展对当时及后来的东北经济发展都产生了深刻的影响。它的发展不仅牵制了日、俄帝国主义对东北的经济侵略，从整体上配合了关内民族工业的发展，同时，也为后来东北解放区经济的发展奠定了基础。

第三，重视国防建设，促进东北早期的军事现代化进程。

张学良深刻认识到武装力量对保卫祖国和经济建设的极端重要性。"御

---

① 东北文化社：《东北年鉴》，民国二十年版，第1035页。

② 张德良、周毅：《关于东北新建设的几个问题》，《张学良研究》(第一辑)，长春：吉林文史出版社2002年版，第49、54页。

外辱、强军备"的思想深深地印刻在他的脑海里。主政后的张学良，着手改造旧军队的同时，更加重视军队的现代化建设。为提高奉军作战水平随时应对日本对东北的侵略，对奉军进行了多兵种建设，并培养造就大批军事骨干人才。

张学良很重视新式海军的建设，在吉黑江防舰队基础上建立发展了东北海军。九一八事变前，东北海军已成为当时中国海军3支舰队中实力最强的一支舰队。为加强海军人才的培养，创办了东北航警学校（后改为东北海军学校），培养海军人才。他还提出，发展海军必须建设良好军港。张学良在将葫芦岛建成东北海军重要军港后，又提出应将威海等地建成东北海军的基地。

张学良还十分重视空军的建设发展，将空军的发展置于优先地位。东北空军建立于1920年，是近代中国最早建立的一支空军。1929年"东北航空军"成立，张学良兼任司令，大力加强空军建设，建立航空工厂，选派空军人员出国学习，积极购置飞机。至九一八事变前，东北空军已拥有军用飞机200余架，在国内多支空军中处于领先地位。

在军事装备的建设方面，张学良投入了大量精力，他一方面从德国等西欧国家大量购进新式武器，另一方面也立足于发展自己的兵工厂以武装军队。到九一八事变前，最大的军工企业——东三省兵工厂人数达二万余人，其设备和技术是当时国内最先进的。[①]

张学良为了建设新式军队，十分重视提高军人素质，培养现代化的军事人才。东北讲武堂成为东北军事教育的最高学府，培养了一大批德才兼备的军事人才，为加强东北军现代化建设起了重要作用。

经过张学良的艰苦努力，东北军拥有了一支强大的海陆空军及一支多兵种的部队，仅次于蒋介石的中央军，而海军、空军和兵工生产则居全国首位。张学良在东北军逐步走向现代化的建设中作出了卓越贡献。

第四，注重人才培养，提升了东北早期文化现代化水平。

张学良虽是军人出身，但他十分热爱教育事业。张学良清醒地意识到：

---

① 孙艺年、李学桃：《张学良与东北地区的现代化进程》，《哈尔滨工业大学学报》(社会科学版)，2009年3期。

"国家大事，从事于教育一途。"①他认为，用办好教育培养人才的方法，才能富国强兵，开化国民，抵御外敌入侵。为此，他积极倡导兴办各级各类学校，完善学校教育体系。他着力发展基础教育，积极扶持高等教育，并提出切实可行的措施以提高人民的身体素质水平。

张学良主政期间，不仅重视高等教育，还特别重视基础教育，力求改变东北基础教育薄弱的局面。为此，加大对基础教育的投入，大力普及中小学教育，提高师资待遇，关爱学生，注重女子和民众教育，加强对教育干部及教员的管理。因此，在他执政东北短暂的几年时间内，东北的基础教育有了突飞猛进的发展。②在东北财政十分困难的情况下，张学良不仅从财政上增加教育经费，而且捐赠私产以发展现代教育，由此，形成了初等教育、中等教育、高等教育完整的教育体系。在张学良主政时期，东北地区的教育经历了如下转变：首先，教育机构从无到有，从少到多。其次，受教育的人数由少到多，教育开始普及百姓。再次，张学良还打破了男尊女卑、男女"授受不亲"的封建传统，男女开始同校学习。此外，在教育理念上，张学良还积极倡导德、智、体、美、群（即集体主义）五育并重。这些理念在当时的确是难能可贵的。

张学良强烈地意识到人作为社会活动的主体之于现代化的重要性，意识到教育之于人的现代化的关键作用。现代化的人必须是全面发展的人。正是基于这一认识，张学良大力兴办教育、鼓励体育、对外派遣留学生，在教育理念上强调"五育"并重，同时注重对民族文化的传承和完善，从而大大推动了东北教育文化事业的发展和国民素质的整体提高。

二、张学良主政对东北早期现代化进程的消极影响

从历史唯物主义角度看，张学良主政时期所实施的一系列政治、经济、军事、文化举措，对东北社会的发展进程起了重大的推动作用。但是，这些现代化的实践毕竟是在中国处在内忧外患的动荡时局下进行的，囿于历

①《国闻周报》，台北：文海出版社1985年版，第5卷第24期。

②宋德华：《张学良与东北基础教育》，《江西社会科学》2002年版，第2期。

史条件的限制，许多举措并未取得尽如人意的结果，甚至事与愿违。另外，主政东北时的张学良毕竟刚过而立之年，政治上尚不成熟，同时受到奉系军阀内部保守势力的影响及国民党当局的左右，其一些主政的举措也给东北早期现代化进程带来了不利影响。

第一，挑起中东路事件使东北早期现代化进程遭到挫折。

东北易帜后，年仅29岁的张学良踌躇满志，他想通过各项政策措施"外争国权、内促建设"施展自己的政治抱负，从而完成父亲尚未完成的心愿。在这一思想主导下，东北地方当局决定对苏方采取突然袭击，以武力收回中东路权，维护民族正当权益。然而对于中国东北地方政局收回中东路权的正义之举，苏方却大举出兵予以对抗，企图维护中东路的现状。

中东路事件发生后，在加伦将军的指挥下，苏联远东军分几路向中国进军，10万东北军在张学良的统帅下奋力抵抗，花费千万现洋，结果却以东北军惨败而告终。面对苏联的军事进攻，张学良一方面出兵应对，一方面仍在设法请求南京政府接受苏联的条件，以和平结束争端。最终，在苏军取得战争优势的情况下，东北当局不得不抛开南京国民政府的反对，向其妥协，被迫在12月22日与苏联政府签订了《伯力会议议定书》，按照协议内容恢复到冲突以前的状态。所有双方合办中东路时之争议问题，均应于最近之中苏会议解决之，立即恢复中、苏国境之和平状态，双方随即撤兵等。此后，中苏之间围绕中东路铁路进行了两年多的谈判，中国尝试以《非战公约》来约束苏联，后又采取第三国公断的方法来掣肘苏联，均宣告失败。事后，苏联仍以主人翁的姿态继续从中东路中赚取巨大的经济利润。

由于中东路战争完全是在中国东北境内进行，中东路事件的发生给东北的人力、物力、财力等方方面面造成了巨大损失。据当时的《民国日报》记载，在中苏武装冲突过程中，东北军官兵伤亡人数"大约总在一万数千余人"。此外，由于战争深入东北腹地，故在很大程度上破坏了东北的经济。据当时数据显示，"地方及人民损失在一万万元以上"，后来进一步统计"财产损失约十亿元"①。这使刚刚起步的东北早期现代化进程遭到巨大挫折。

————————————

①《抗战前十年国家建设史研讨会论文集（1928—1937）》上册，台北1984年版，第349页。

第二，维护东北权益却未能处理好外交关系，恶化了东北早期现代化建设的外部环境。

中东路事件是中苏历史上规模最大的一次武装冲突，它的发生致使东北亚地区的战略格局发生巨大变化，不仅对东北地区的人力、物力、财力造成巨大损害，还对中国外交走向产生深远影响，使东北早期现代化建设的外部环境进一步恶化。

中东路事件的发生，使中苏关系迅速恶化，苏日关系却有所和缓。中苏关系的恶化，为虎视眈眈的日本侵略者坐收渔利创造了难得的机会。中东路事件前后，日本借东北当局忙于中俄武装冲突之机，以南满铁路为基地，在东北各地不断挑起事端。不仅如此，日本还从中东路事件中获得了巨大经济利益，同时紧紧控制着东北局势，严重威胁着中国东北的安全，中国在对日关系上产生怯敌之心。

中、苏、日三国间的关系转换对中国造成了深远影响，尤其为日本发动对中国东北的侵略扫清了障碍，客观上推动了日本侵华计划的实施，同时也暴露了东北军外强中干的弱点，日本更加蔑视中国军队的战斗力，增加了侵占东三省的信心，加速了侵华的进程。

可以说，张学良以强硬手段收回中东路权益并非是一时冲动之举，是维护民族利益的体现，是爱国主义思想的升华。无论是从中东路交涉的历史上看，还是从当时国民政府的外交政策看，张学良的选择都是无可厚非的。只是在当时的历史条件下，囿于主客观条件的限制却未能达到他所想要达到的目的，反而引发了战争，给东北早期现代化发展带来了消极影响，这完全是违背他的初衷的。

第三，执行不抵抗政策导致东北沦陷，致使东北早期现代化进程遭到顿挫。

九一八事变发生后，张学良错误地判断了国际形势，认为日本侵略东北势必有损苏、美、英在华利益，三国会通过国联干涉日本，而且他过分相信国联、依赖国联，更重要的是，他一心想最大限度地保存自身的军事实力，因而错误地执行了不抵抗政策，致使东北沦陷长达 14 年之久。

九一八事变后，东北相继沦陷。随后，日本就开始了对东北的殖民掠夺，东北经济被迫纳入日本的殖民地经济体系中。日本在沈阳乃至在东北的殖民主义经济体系就是以九一八事变为"契机"实现的。当时，全国规模空前的东三省兵工厂、著名的辽宁迫击炮厂等军事工业；设备较新、规模很大的北宁铁路皇姑屯工厂、东北大学工厂、大亨铁工厂、华北机器厂等机械工业；闻名的辽宁纺纱厂、辽宁被服厂、辽宁粮秣厂、纯益缫丝公司等官办或官商合办的轻工业大厂；肇新窑业、惠临火柴公司、八王寺汽水公司、东兴色染纺织公司等民族资本的大中型企业；东三省官银号造币厂等特殊企业，都被日本侵略军占领或接管了。①沈阳的所有工厂都在为日本的战争政策开足马力生产，东北的现代化进程由此遭到顿挫以至于最后彻底崩溃。

从现代化的一般含义来说，中国早期现代化是指中国开始逐步从传统农业社会向现代社会过渡，资本主义工业化、商业化、城市化和民主化等现代性陆续成为中国近代社会的特征。但是，由于中国早期现代化是在半殖民地半封建的社会历史条件下进行的，所以中国早期现代化还应包含另外一项必不可少的内涵——民族化，即反对帝国主义侵略、争取民族独立和统一。从这个意义上来看，张学良的主政举措对于推进东北的工业化、商业化、城市化和民主化方面，起到了较大的推动作用，而在民族化方面则未尽如人意。

作者单位：辽宁大学马克思主义学院

---

①张志强：《东北近代史与城市史研究》，北京：社会科学文献出版社2013年版，第278页。

张学良东北新建设的举措及意义

金艳丽

　　张学良是中国近代史上杰出的政治家，1928 年皇姑屯事件后，张学良主政东北，面对东北严峻的局面，息兵罢战，全面开展东北新建设，增强国力，抗衡日本，挽救东北危局，为东北近代化作出了巨大贡献。

一、张学良东北新建设的背景

　　近代东北成为日俄争夺焦点，日本在甲午战争后，通过不平等条约，获得了诸多"特殊权益"，对东北进行经济侵略。20 世纪 20 年代，日本在东北投资高达 14 亿日元，商品占东北贸易进口额的 70%，出口总额的 75%。东北日资工矿企业达数百家。当时中国国内社会动荡不安，军阀混战。军阀混战加之日俄的侵略，使东北财政金融、文化教育等领域出现困难局面，民生艰难，社会乱象丛生。

　　张学良年轻时就具有强烈爱国思想，对日本侵略扩张深恶痛绝，掌管东北军政大权后审时度势，改变张作霖穷兵黩武的战略，把重点转移到东北社会建设上。1928 年，张学良不顾日本威胁实行东北易帜，挫败了日本肢解东北的阴谋，带来了东北相对和平的环境，使东北地方政府有条件将工作重点转移到东北建设上。张学良认为东北新建设"新"就是现代化，其目的在于"建设新的东北，助成现代化国家，消弭邻邦野心"。

二、张学良东北新建设的举措

东北新建设主要内容有：改善民生的政治建设；维护国家统一、养兵息战的军事建设；维护主权、振兴实业的经济建设；教育兴国、振奋民族精神的文化建设。

（一）建立现代型政权的行政改革

张学良主政后迅速铲除内部分裂势力，排除改革阻力，实行东北易帜，形式上完成国民政府统一。东北政权性质发生质的变化，由封建军阀性地方割据政权转变为信仰三民主义、服从国家统一的现代型地方政权。易帜后，张学良进行了一系列行政改革。在行政机构上设置了东北政务委员会，全面负责东北日常行政事务。提倡廉洁高效、造福民众的执政理念，重视民意，加强法制。1929年，成立东北新建设委员会，通盘筹划东北新建设事宜。为保证行政上有法可依，建立完善各项法制。颁布了《东三省交通委员会章程》《赈务奖励章程》等。下发了《禁止僚属馈送年礼命令》等法规，旧时官场贪腐盛行，张学良以法律形式严加禁止，此类廉政文件在当时实属罕见。制定了《褒奖条例》和《关于行政干部普通奖章暂行条例》，为政府官员之示范。一系列政策法规体现了张学良新政权除旧布新之信念。在外交上，为摆脱日本控制，调整对外政策，引入英美国家势力，造成势力均衡以摆脱日本控制，获得更多独立自主权。

（二）整顿军事力量，推动军队现代化，加强边防

张学良采取精兵主义、强化军事装备，加强军队教育，建立一支拥有海、陆、空、步、骑、炮、工、轻、辎、战车、铁甲车、汽车、通信等兵种和装备的现代化武装力量。

1. 整顿军事，厉行精兵主义

东北易帜后，东北环境相对平稳。1928年，张学良通电全国"自今以后，当取精兵主义，力谋收缩，一面厉行兵农政策，即以过剩军队从事农垦，期于开发地利，为国实边"①。张学良对奉系军队进行整编，东北军裁军

_____

① 毕万闻主编.《张学良文集（1）》，新华出版社1992年版（内部发行），第94—95页。

10万人，每月节省军费200万元。张学良就任东北保安总司令后，着手建立一整套边防指挥机关。各战略要地均设立军事指挥机关。任人唯贤，提拔讲武堂一批有能力、有实战经验和威信的如王以哲、何柱国等新式军人，裁汰守旧、违法的旧式军官。经过军事体制改革，东北军成为一支极具作战力的军队。

2. 军队装备现代化

张学良积极提高东北军装备水平。一方面从西欧国家大量购进新式武器，另一方面大力发展东北兵工厂。"九一八"前，东三省兵工厂成为当时中国最先进、规模最大的兵工企业。组建奉天迫击炮厂。轻武器包括迫击炮全部实现自产，火炮和炮弹也基本自产。兵工厂年产大炮150门，炮弹20余万发，枪弹18000余万发，机关枪1000挺。组建中国第一支装甲部队。东北海军当时有3300人，大小舰21艘，拥有当时中国最大的"海圻"号巡洋舰。东北空军拥有200多架飞机，为全国之冠。

3. 加强军队教育，培养军事人才，改善军队素质

张学良为提高军队战斗力、改善军队素质，严格加强军事人才教育。其一，狠抓军事技术教育。积极创办形式多样军事学校。1929年，张学良组织成立东北学兵队，在东北讲武堂成立步兵、炮兵、工兵研究班。海军方面，以葫芦岛海军学校建设为重点，又在"海圻"号等军舰上成立了军事讲习所和教练所。空军方面，成立飞行教育班、东三省航空、航警学校。在沈阳北陵开辟新飞机场作为训练场，重金引进大批先进训练设备，聘请外国军官任教。选拔优秀军官和学员前往国外军事院校深造。对军官考核、升迁严格按照军事技术要求和规定，以部队间对抗演习和实弹射击成绩作为考核评分和奖惩的标准。令各军添授内堂，添授中国武术，设立军官养成所等。其二，狠抓军队政治思想教育。张作霖统率的东北军，主要是灌输封建的"忠君"思想。张学良在东北军改造中，特别注重军队政治思想教育，力求把东北军由军阀军队改造成为国家武力和民众的武力。他教育官兵要以人格为立身之本，他强调：操军权者，不过受国民之委托，代其节制训练，既非任何个人所得而私有，更非任何个人所得而滥用。军人能克制权欲，服从命令，以国利为前提，以民意为依归，军队始得谓民众之

武力。他教育东北军官兵要下最大决心为民族争生存，使东北军政治意识发生了根本性转化。

4. 加强边防

首先，推行军垦，充实边防。把屯垦和开发边陲、巩固国防结合。1928年，成立兴安屯垦区公署，任命炮兵司令邹作华为兴安屯垦区督办。将裁军兵士分配到吉林、黑龙江屯垦区。在邹作华的组织领导下，迅速组织了兴安屯垦公署。军垦解决了裁军安置问题，发展了农业，巩固了边防，抵制了日俄侵略。其次，增设情报机构。苏联、日本在东北建立了庞大的情报网。为确保东北国防情报安全，1928年，张学良成立了东北国防军侦探处。总处设于哈尔滨，分处设于满洲里。1929年，添设侦察机关。建立以沈阳为中心的东北无线电通信网，将沈阳电台定为总台，又在哈尔滨、齐齐哈尔、长春、营口、富锦、满洲里等边防重地设分台，在日本窥觑的兴安屯垦区洮安、洮南、索伦等地设立电台，加强情报侦察和通信联络。再次，保持内蒙古东部稳定。在日俄操纵下，满蒙贵族分裂、叛乱活动及土匪马贼破坏活动严重影响东北安全。张学良派兵镇压呼伦贝尔地区独立运动，肃清蒙匪马贼，确保了该地区稳定。1928年，命令王树常率大军前往呼伦贝尔，协助平叛。又令富占魁部驻防呼伦贝尔。邀请班禅到沈阳商讨东蒙问题，支持东蒙各项建设事宜。张学良的民族政策，粉碎了日本分化满蒙阴谋。九一八事变后，日军曾强迫达尔罕王独立，达王以民族大义为重，不为屈服。后来日军进犯热河，包善一、韩色旺等蒙古族武装，都听从张学良的指挥，积极抗日。

（三）推进经济建设，增强民族经济实力

张学良深知："经济是一国的命脉，经济上不能复兴，政治上就永远没有独立自主的一天。"主政后积极推进东北经济建设。

1. 整顿金融业

日本对东北的金融进行侵略、发动货币战争，极力打击奉票、组织恶意兑换。张作霖多次入关战争，消耗了大量金钱，奉票面值不断跌落，物价飞涨。张学良主政之初面临严重经济危机和通货膨胀。1925年奉票与现洋百元之比为229，1928年为2510，1929年为7200。奉票贬值致物价飞涨。为抑制通货膨胀，张学良果断采取措施：首先对金融机构进行重组，成立由东三省官银号、边业银行、中国银行、交通银行组成的辽宁省城四行号联合发行准备库，办理准备金保管兑换业务，发行现大洋兑换券，抑制了奉票通胀。成立东三省金融整理委员会，推动东北金融行业发展。提高奉票信誉，改革东北币制。奉票 50 元兑现洋 1 元。发行辽宁省烟卷统税库券 3000 万元，实得 2900 万元，全部准备金在 7000 万元以上。派人去英美实习银行业务，并请宋子文推荐财经人才来奉，组成金融研究机构，引进先进金融管理经验。至 1930 年，东北私人银行和钱庄共 207 家。整顿财政，全面整编军队，压缩军费开支。组织农产品外销，增加收入。粮食作物主要销往关内各省，作为汇兑基金。整顿税收，取消不合理的零星税，改征粮捐。废除厘金恶税，实行新税制。由于措施有效，基本上控制了奉票毛荒现象，市场逐步繁荣。1929 年东北财政收入大于支出，盈余 1415.48 万元。多方筹措资金。张学良积极吸引外商、侨商及内地商家到东北投资。鼓励华侨将资金技术转向东北，振兴实业。颁布了奖励华侨投资办法，制定了《华侨投资实业计划书》。引进美英等国资本以抗衡日本。1931 年春，东北交通委员会向美国某公司贷款 1000 万美元，修筑铁路，与美国福克尔航空公司签订了《建造奉天飞机工厂的协定》，与美国福特汽车公司商谈建造汽车制造厂等，大量地从美国进口工程物资。

2. 拓展垦殖，发展农业

张学良积极发展农业生产，"增加地利，厚裕民生"[①]。鼓励关内农民移民东北，制定了系统的移民政策。《兴安屯垦区移民办法》规定"被移民户住室，由公家予为建筑"。对难民免费运送，建设民生工厂，建筑大工程用移民，以工代赈、造林开荒，吸引移民。张学良还在南京亲自宣传东北农垦优势。大量关内移民涌入，增加了东北劳力。张学良还重视农业科学技术。在兴安屯垦区大量引进、试用和推广西方新式农业机械用具。鼓励种桑养蚕，植树造林，开展多种经营。东北垦殖政策使农业从自耕形式走向了企业化、产业化。东北农村每年涌进 100 多万移民，耕地面积每

---

①辽宁省政府秘书处编译室：《辽宁省政府公报》第 7 卷第 230 号，辽宁省政府财政厅（发行）1929。

年增加50—100万公顷，出现许多现代化农场和农业公司，劳动生产率大幅提高，粮食作物产量大幅增长。1931年，农业生产量创东北历史最高纪录，东北大豆出口量连年呈出超状态，为东北农业现代化奠定了深厚基础。张学良的垦殖政策，使得黑龙江和吉林的人口结构发生根本变化，对日本移民战略是致命的打击。

3. 发展民族工业

张学良积极扶持民族工业，提倡民族品牌。扩建一批现代化工厂，如沈阳纺织厂、肇新窑业公司。通过金融、政策扶持，帮助民族资本企业渡过难关。奉天纺纱厂受日本排挤，在张学良扶植下，各县商民热心认股，重新得以发展。东北火柴业因受日本排挤，生产销售困难，张学良支持东北政务委员会公布了《东北火柴专卖条例》，使火柴业迅速发展。有的民族资本企业获得免税或专利权。裕庆德毛织厂的毛毯质量上乘，因经济不景气，生产困难，张学良下令边业银行、东三省官银号给裕庆德贷款，帮助该厂摆脱困境。爱国者杜重远创办了我国第一家机器制陶企业——肇新窑业公司，张学良得知其资金不足，由边业银行拨款12万元作为他个人投资，并免纳营业税5年，肇新公司发展成为年产能力达1200万件的现代陶瓷制造工厂。东北民族工厂如纺纱、制陶、造纸、制粉等企业如雨后春笋，蓬勃发展。张氏父子在东北建立的工业侧重于重工业与采掘工业，能源开发亦呈大发展之势。张学良主政后开发西安煤矿等，1930年采煤业拥有资本300万元，日产煤1000吨、采煤机械化。积极利用东三省兵工厂等重工业优势发展民用工业。令东北兵工厂筹建民生工厂，制造农业机器和机具，附设机车车辆厂。与皇姑屯机车车辆厂、东北大学工厂等联合。张学良将辽宁省迫击炮厂内附设的民生工厂转产，拨款70万元，制造汽车。我国制造的第一辆载重汽车"民生牌"是在张学良过问下生产的。东北逐渐形成现代化重工业体系。

4. 发展交通运输业

张学良极力推行自建自管铁路方针，抵制日本铁路扩张。1928年7月，改组东北交通委员会，决定：东北官办省有铁路由省政府投资，官商合办省有铁路由省政府和民众投资，国有铁路由交通委员会从京奉（后改北宁）铁路投资，不用外资，从而避免外国资本，尤其是日本资本用借款控制管理权。接管了除日本独资如南满、安奉外的所有路线，并参与中苏共管的中东铁路的监督管理。东北交通委员会制定了《建设东北铁路网计划》，计划10年内修筑铁路8000公里，以葫芦岛为出海口建成三大干线，与日本的满铁和大连港竞争。"九一八"前，共修筑10条铁路，营业里程1521.7公里。葫芦岛港先期工程完成。东北自营交通运输体系已形成。

5. 改革通信业

张学良执掌东北后对电信机构进行了改革，建立东北无线电台。1929年，将东北全区无线电改为总台制，以沈阳为总台，由陈先舟任台长。改制后，总台在各大中心城市及边远地区相继设置50多个分台。形成完整的电信网，打破了日、英等国家垄断的电报权。与各省市和许多外国电台互发消息；在沈阳、哈尔滨建立广播电台，以抵制日本反动宣传。

（四）兴办文教事业，实现教育兴国

张学良在各项事业中，尤其重视发展教育、振奋民族精神。教育事业是张学良所做事业中最让人赞叹的。日本在东北推行殖民教育，意在泯灭中国人民族意识、国家观念、革命思想。张学良从世界竞争、振兴民族的高度，把发展教育同国家命运相联系。

1. 大力发展大、中、小学教育。改革学制、兴建各级学校、加强对学校管理。学制改为与现在学制基本相同，改变学制混乱。捐赠500万元成立汉卿教育基金会，用以发展教育。创办新民小学、同泽中学等。东北境内中小学校大增，数量和质量都在全国名列前茅。高等教育方面，张学良兼任东北大学校长，资助150万元，用以改善东大校舍和教学设施，修建文学院、法学院教学楼及宿舍。后又捐资50万元，增设图书馆、化学馆、实验馆。重金聘请专家学者任教。章士钊、梁思成等都曾在东大讲学。东大教师待遇超过当时国内其他高校。学校设有工厂、实践室等实习的场所，以便让学生切实掌握高新科技知识，培养专门人才。1929年，东大发展成为拥有文、法、理、工、教育等五个学院的综合性大学，在全国校园面积最大、学生人数最多、经费最充足、设备最先进。主持成立了吉林大学和黑龙江法政学校，私立的冯庸大学也有所发展。①在学校管理方面，重视教员教学水平考核和学校规章制度建设，制定了《小学校长、教员使用条例》等，积极倡导"德、智、体、美、群"五育并重。

2. 张学良还重视全社会各阶层的教育。重视平民教育，为普及简易平民教育，成立奉天平民教育促进会、国民简易教育学校，唤醒民众，提高国民素质。主张男女平等、注重女子教育，在东北大学各系招收女生，开创东北女子高等教育新风尚，创办同泽女子中学。这些教育理念在当时是难能可贵的，对东北的教育观念和人们的社会观念之改革都起到重要作用。

3. 张学良非常重视培养实用人才。张学良认为国家要富强，必须积极谋建设，而"建设第一需要人才"，尤其是"工业建设人才"。成立本溪湖矿冶专科学校、东北交通大学等各种职业学校，进行职业教育。至1930年，全省各类职业学校达45所，在校学生2740人。这批学生成为东北现代化建设的实用人才。

4. 张学良十分重视发展体育运动。把发展体育运动，增强民众体格作为东北文化建设的基础工程。在我国现代体育史上，他创造了不少的"第一"，如：捐款30万元在东北建立了中国第一座现代化体育场；资助中国运动员首次参加奥运会。

5. 张学良兴办教育注重全社会学习文化时，注重学生爱国思想教育，通过办学校把爱国精神和反侵略思想根植于每一个东北人心中。要求学生立下"矢志救国"的崇高目标。兴办同泽中学，强调"同泽精神"，"同泽"取自《诗经》，讲述同仇敌忾、患难与共的战斗情谊，意在激励学子，共报国仇，体现张学良良苦用心。东北大学开办边疆政治系，专门研究日本、苏联问题，并聘请进步学者授课。

张学良发展教育事业是全面系统的，私人教育捐款居全国首位。1929年东北各地公私学校共计10404所，学校教育、家庭教育、社会教育、职业教育、军事教育、高等教育、基础教育联为一体，从落后状态迅速一跃而为全国之先，培养了大批献身和服务于东北的爱国人才。

---

① 武育文、王维远、杨玉芝：《张学良将军传略》，沈阳：辽宁大学出版社1987年版。

张学良还注重东北文化事业发展。筹办了历史博物馆和图书馆，影印《四库全书》，有效保护史书和文物。办报与日人争舆论。日本人在东北办了很多报纸，进行歪曲事实、欺骗人民的宣传。为了正视听，教育民众，张学良创办《新民晚报》和日本争夺舆论阵地。

（五）努力限制日本势力扩张，有节制支持东北民众反日

为限制日本扩张，张学良颁布了许多公开和秘密的法令。包括商租，土地买卖，对韩国人、朝鲜人、"满铁"、日本军警、日本产业等方面的限制内容。1930年7月，辽宁省政府发出训令《禁止中日合办各项事业》。东北当局还颁布了废止日本抚顺煤输出税协定，增收日本投资的振兴公司铁捐，没收日本非法经营的大岭滑石矿区等一系列限制日本经济侵略的政策。对运输和买卖日货者严加征税；针对日货对中国产品的打击严重，实行征收高额税金；对日本人征收营业税和统税；并在满铁沿线及大连港设立税卡，限制日货，保护民族工商业。支持民间团体的提倡国货运动，命令各所属机关使用国货。

张学良积极支持民众反日活动。东北反日爱国团体"辽宁国民外交协会""国民常识促进会""拒毒会"等组织都得到张学良支持和赞助。由阎宝航等组织的"辽宁国民外交协会"，分会120个，定期讲演、对市民进行爱国教育。辽宁拒毒联合会与军政当局密切合作，沉重打击日本贩毒，粉碎日本毒化东北人民阴谋。颁布暂行禁烟条例，改寓禁于征为全面禁种、禁运、禁售、禁吸。国民常识促进会、国货维持会、辽宁报界联合会等群众团体先后出现。沈阳成为当时反日中心。日本驻奉天总领事馆代理总领事森岛守人总结说："张作霖时代的排日、抗日活动一般来说，还没有越出自发的、偶然的范围，也没有什么思想背景和组织体系。但是张学良时代的排日、抗日，已不是个别事件的反复和继续，而是在一定的思想指导下，基于一贯的方针，采取一定的组织形式而进行的。"张学良时代的对日态度，已从排日事件发展为对日攻势，以铲除日本在满蒙的特殊地位为目标。

三、张学良东北新建设的影响

张学良主持的东北新建设增强了东北实力、安定了东北生活，维护了国家主权和民族利益，沉重打击了日本侵略。东北经济社会发展突飞猛进，成为东北历史上的黄金时期。东三省政府廉洁高效、政令统一、体察民情、依法行政，政治风气改观。货币稳定，市场繁荣，国库益加充实。民族工商业飞速发展，形成了以面粉、榨油、酒精、纺织、火柴、制瓷、皮革、烟草、纺织及粮食加工为主的轻工业，以钢铁、金属冶炼、机械制造等为主的重工业，并初步发展了先进的汽车工业和航空工业。建成发达的铁路网，总里程超过7000公里。建立了现代的通讯和邮政系统（航空邮政）。百姓生活水平提高。原东三省金融整理委员会委员荆有岩说："一九三〇年度，东北三省财经愈趋稳定，物价无波动。民族企业如纱厂、窑业、造纸、火柴等轻工业，如雨后春笋，不断涌现。铁路交通，打通沈海、四洮、洮昂联运；葫芦岛筑港，经济形势极为活跃。……吉黑两省财政皆有盈无亏，东北政治形势相当稳定。"经济发展加快了城市化进程，形成了以哈尔滨、沈阳、大连为中心的国际贸易体系。以沈阳为例，当时沈阳已发展成具国际化特征大都市，日韩、英、美、法、德均在此开设银行和企业。国内江浙、闽粤、直隶等商业团伙也在此竞争。交通通向朝鲜、苏联、北京、阜新和大连。东三省兵工厂占地1000亩；服务全中国的无线电通讯业直通欧美；全中国的第一个造币厂、第一台载重汽车都诞生在沈阳。张学良还兴建了大批市政公用设施。在社会文化上，教育和体育事业发展迅速，教育欣欣向荣，东北人均受教育程度居全国之首，社会风貌为之一新。

东北新建设具有战略长期性、实践短暂性、全面建设与重点建设相结合等特点，推动了东北现代化进程，对于东北由封建形态向近代社会形态转变具有重大作用。然而也有一定局限性，把东北的财力物力和个人精力过分偏重于经济文化建设，军费降低影响了国防建设，东北军战斗力虽然保持原有实力，但不能像东北经济那样发展。奉天教育经费的猛增和奉天兵工厂开支的陡降，未免矫枉过正。特别是万宝山事件和中村事件后，东北危如累卵。张学良仍指示东北当局工作重点仍然是"应开发东北富源，以计根本的满蒙自强，以免外侮"。

东北新建设的成就，加剧了与日本的矛盾。虽然挫败了日本侵华稳健派经济侵略，却没挡住侵华激进派的进攻。九一八事变爆发，张学良宏大的建设新东北的计划在爆炸声中化作一股青烟。但是无论从出发点还是从措施、效果上看，张学良主政东北后挣脱封建旧军阀的桎梏，勇于除旧布新，对日本侵略的抵制都是值得肯定的。东北新建设在取得辉煌成就的同时也带给我们许多思考。在半殖民地半封建的中国推进现代化，必须以民族独立为前提，列强不愿意中华民族强盛。毛泽东曾说过"没有独立、自由、民主和统一，不可能建设真正大规模的工业"。要实现国家繁荣富强，必须求得民族独立和人民解放，建立社会主义新中国。

作者单位：葫芦岛市博物馆

东北新建设研究
——以经济建设研究为主

郭永新

引言

关于张学良的研究，其爱国思想研究一直都是近代史研究的热点。大部分学者更热衷于东北易帜、中东路事件、九一八事变、西安事变等重大问题的研究。这些研究也取得了不小的成就。关于张学良的研究，曾召开了两次比较隆重的会议，分别是 2011 年在沈阳举办的"张学良与九一八事变国际学术研讨会"和 2017 年在沈阳举办的"第二次张学良口述历史暨冯庸教育救国思想学术研讨会"。这两次学术研讨会各有近 140 名国内外专家参会，学者们从新的视角对张学良进行重新审视，给予更多新观点。这两次研讨会产生了积极而深远的影响。关于张学良的研究已有诸多书籍和文章，近几年陆续出版著作有张友坤、钱进撰写的《张学良年谱》（修订版），社会科学文献出版社 2017 年出版的张友坤《张学良身边的共产党人暨西安事变记事》。辽宁档案馆整理发行的《奉系军阀档案史料汇编》中也详尽地记录了张学良的诸多事迹。张学良在东北新建设起到的不可磨灭的作用，表现在经济、政治、文化诸多方面。这方面的研究大多集中在以下论文集《张学良暨东北军新论》《东北易帜暨东北新建设国际学术研讨会论文集》《张氏父子与东北近代化》。本文主要根据文史资料，对东北新建设的经济建设作全面深入的研究，以期得到一些启发。

一、整顿金融——币制改革

民国成立后，外币依然在中国流通，中国的币制极其复杂。此时的东北地区也不例外。《满洲中央银行十年史》汇集了日本方面的观点，其内容如下："总之，满洲建国前，满洲币制的紊乱状态世所罕见。甘末尔委员会不禁感叹'奉票、吉林官帖以及黑龙江官帖和哈尔滨大洋票以及吉林大洋票并列使用，结果将满洲货币弄成了全国最糟糕的货币。'"[①]1988年出版的《满洲中央银行史》中有这样一段记载："旧式银行……外国银行……并存，它们并未有稳定的也没有统一的方针。加之币制紊乱、官银号专横，导致金融阻滞，产业萎靡不振，经济发展无希望。"[②]在20世纪20年代，东北各金融机构发行的纸币存在币种多、券种多的问题，共有"十五币种、一百三十六券种"。由此引发的通货膨胀已严重影响正常的经济运转。对此状况，张学良开始采取一系列行之有效的财政与金融政策。

首先，于1928年11月成立奉天财务整理委员会，其宗旨是通过整理财政，达到收支平衡。当时的财政支出主要是军费和政费，根据这个情况，张学良决定开源节流，进行大规模裁军，从1928年末相继裁军10余万人，每月可减少军费200多万元。对于政费方面，主张"于收支适合原则下，厉裁无益之费，以为有用之需，杜绝侵蚀之私，以足公家之用"。

其次，辽宁本位货币"现大洋"的成立。1930年，在经济比较萧条的情况下，张学良进行了一系列的币制改革。2月上旬，金融整理会议召开，决定由包括热河省在内的东北四省的官银号负责整顿金融，首先"中止发行吉林省官帖及热河兴业纸币和奉票"，然后组织"东北金融整理监察委员会"，发行东北统一新纸币。3月份，东北四省金融统一会议召开，通过如下决议：各省仿效辽宁省的金融整顿计划，四省币制"以现大洋为

---

① [日] 枥仓正一：《满洲中央银行十年史》，1942年版，第7页。
② 郭春修：《张氏父子与东北近代化》，沈阳：辽宁人民出版社2013年版，第230页。

本位", 已经发行的地方纸币则通过货款"一律收回"; 东三省官银号改组为中央银行, 负责"统辖国库"。7月, 辽宁省政府主席臧式毅召开金融整理协议准备会议。会议任命张学良为委员长, 臧式毅为副委员长, 包括吉林省、黑龙江省财政厅长在内的各财政金融机构和银行号的首脑为委员。协议事项包括: 统一货币、杂币回收方法、抵制金票与提高银价方案、东北各银行改组方法、发行银币方法等。

最后, 臧式毅等人提议制定"东北四省金融整理办法", 并制定"货币采用金本位或现大洋本位"[1]。根据这些重要会议制定出台的政策后, 稳定了民心, 提高了奉票声誉, 逐渐使现洋券在东三省流通, 最后还能在关内使用, 币制改革不仅统一了紊乱的货币制度, 还可以说是创造了世界货币史上一个奇迹。李顿调查团说: "我们很难想象, 如何统一并且稳定所有的满洲货币。本银行在短时期统一了这一货币制度, 说它是世界货币史上的一个奇迹也是极当然的。"

二、振兴实业——扶持民族工业

张学良主政时期, 帝国主义尤其是日俄两个国家对东北的民族工业造成了巨大的破坏。张学良认为: "言建设则工业建设为首。"因此, 他大力扶持民族工业, 采取振兴实业的各项政策。在此期间, 诞生很多爱国主义实业家。以杜重远为代表创办了"肇新窑业"。杜重远认为, 列强之强, 在于实业发达。中国之弱, 在于实业不振。因此他远渡日本学习陶瓷专业。1923 年归国, 投身实业, 筹集 6000 元做启动资金, 于 1923 年夏在奉天城北门外创办一座机制陶瓷工厂, 三年后成立"肇新窑业公司"。张学良大力支持这个民族企业, 批准其免除营业税 5 年。在张学良的支持和杜重远的努力下, 肇新公司发展成为拥有陶瓷工人 600 余名, 砖瓦工人 500 余名, 瓷窑 14 座, 机器 26 台, 生产能力达 1200 万件, 产品有 20 多种花色规格的现代陶瓷制造厂[2]。

---

[1] 郭春修: 《张氏父子与东北近代化》, 沈阳: 辽宁人民出版社 2013 年版, 第 236 页。
[2] 《辽宁文史资料》, 《辽宁工商》第二十六辑, 辽宁人民出版社 1989 年版, 第 304、305 页。

此外，陈先舟对东北的交通事业和通信事业也做出了突出贡献。1924年，陈先舟于日本留学归国后，希望实现"实业救国"的理想。积极投身于东北的交通和通信事业之中，1925年奉天第一辆有轨电车通车，1927年哈尔滨的有轨电车工程竣工，结束了东北城市交通落后的历史。因此被人们称为"东北的詹天佑"。陈先舟在张学良的支持下，又投身于通信事业的建设之中。对电信事业进行改革，成立东北电报、电话和无线电分局，设东北电信管理处。从美国、德国引进先进设备，在东北建立起12处无线电台。从欧美拍来的电报均能接收，堪称国内一流。陈先舟因此荣获"关东电讯发展第一人"的美誉。

张学良将节省下来的军费全都投入到民用工业。其间尝试自主研发并生产汽车，1928年，张学良决定在辽宁迫击炮厂内设民生工厂，于1929年5月开始试制载重汽车，经过两年的不懈努力，1931年5月31日，国产第一辆汽车——民生牌75型载货汽车问世，后在1931年九一八事变爆发后被日军破坏。但在当时艰难的条件下取得这样的成就已实属不易。在张学良的积极支持下，到1930年后，东北地区的民族工业如雨后春笋般发展。例如当时的奉天地区，有榨油厂18家、造酒厂11家、印刷厂25家、皮革厂60余家。

三、发展农业——扩展垦殖

东北地区地大物博，农业对于经济发展起着基础性作用。张学良深深体会到发展农业对经济的发展具有深远意义，因此，张学良开始着重发展本地农业经济。首要解决的问题则是东北人口稀少的问题。1928年辽宁各县政府制定一系列章程，如《安东直鲁难民救济收容办法》《台安县收容直鲁难民办法》。1930年，东北地区政府先后制定和颁布了《辽宁移民垦荒大纲》《黑龙江省沿边荒地抢垦章程》等①。鼓励关内人民向东北移民，并给予优厚的政策。这些措施，加速了移民高潮的到来。据统计，仅

---

① 董慧云、张秀春：《张学良与东北新建设资料选》，香港同泽出版社1998年版，第360、326页。

1923—1931 年间，移居东北的关内人数就达 582 万人，定居的则有 265 万人。关内移民的到来，增加了东北的劳动力，加速了东北荒地的开垦，在广大移民的辛勤劳作下，东北可耕面积有了较大幅度的增长。从 1924 年至 1931 年，东北耕地面积净增加 8880 万公顷[1]。耕地面积的大幅度增加，有力地促进和加速了东北地区农业的生产，粮食产量不断增加。东北地区逐渐形成了以松嫩平原、松花江中游、三江平原以及牡丹江流域为中心的几个主要产粮区。

在招民垦荒的同时，东北地方政府还大力推行军垦。1928 年 7 月，兴安屯垦区公署成立，由炮兵司令邹作华任兴安屯垦区督办，着手实行军垦。这样既解决军队安置问题，又可以发展农业，同时又巩固边防，真是"一举三得"。在各方的共同努力下，在 1931 年九一八事变爆发前，东北地区已经成为全国最重要的商品粮食基地。

四、发展交通———自建自管

皇姑屯事件的发生，使张作霖失去了宝贵的生命，其生前一直大力发展的交通事业也因此停滞不前。张学良主政后，一直想将父亲的大业继续下去。因此开始极力推行自建自管的铁路方针，并开启了自主修筑铁路的计划。1928 年 7 月，张学良在建设东北的各项方针和政策中再次确立了自建自营东北铁路方针。10 月，东北交通委员会路政会议确定了重点发展官商合办省有铁路的方针，以自建自营为东北铁路发展方针。自建自营的铁路方针是为了打破日本满铁垄断铁路运输的局面，并且阻止日本扩大侵略特权的期望，打破日本企图独占东北铁路的阴谋。

1928—1931 年期间，东北自主修建了昂齐、齐克、洮索三条铁路干线，延长了沈海路的支线，实现了张作霖的西干线计划。自 1928 年到 1931 年张学良主政期间，东北共修筑铁路 910.8 公里。除了自主修建铁路外，还主张自营，目的也是抵制日本的经济侵略。这主要表现在发展经济、优待

① 张宁：《张学良主政时期的东北新建设研究》，大连：大连理工大学硕士论文，2010 年第 16 期。

商民的货运减价政策，减免铁路运输货物捐税政策，降价竞争的吸货政策以及竞争北运吉、黑官盐等方面，通过以上手段应对日本的南满铁路的竞争。大大提高了东北自主修筑铁路的利用率，同时也加速了经济的发展。

五、结论

东北新建设中的经济建设可谓是重中之重，不仅改变了当时的混乱时局，而且还产生了深刻的影响。张学良主政时期实施的一系列经济政策，可以认为是东北经济现代化的坚实基础。近代以来，东北地区的经济一直不温不火，直到 19 世纪 70 至 80 年代在东北兴起的改革与自强运动、晚清实行的宪政运动以及张氏父子执政后对东北的建设，使东北近代化有了快速和全面的发展。张氏父子主政后，特别是张学良主政后，提出了建设新东北的方针并实施一系列有效措施，这些行之有效的措施使东北实力大增。币制改革使混乱的金融市场回归正常；支持实业的发展不仅促进了东北地区的经济发展，而且唤醒了东北民众的救亡意识，启迪民智；在"九一八"之前，他将东北的农业现代化推向高潮，这在国内是史无前例的；当时的交通建设发展速度遥遥领先同期国内其他地区，为后来的东北交通的网络化、现代化打下坚实基础。他希望能够在东北发展资本主义的工商业，实现东北的资本主义现代化，增强东北的经济实力，能够抵御列强入侵。尽管这一伟大的举措被九一八事变毁灭，但是其中所取得的成就不可磨灭，仍将被载入史册。

作者单位：辽宁大学

浅谈张学良的新东北建设
与促进中国现代化

李　莹　李正鸿

　　美国作家斯诺说，第一次见到张学良时的印象是："他是公开激烈反日的，他很想实现把日本赶出中国和把满洲现代化这两个奇迹。"20世纪20至30年代在日本帝国主义侵略的夹缝中，东北地区的中国人自己确实率先实行过资本主义性质的现代化建设，在推进中国资本主义现代化建设中，张学良不仅是倡导者而且也是开拓者。在主政东北期间，他号召"东北新建设"，其目的在于"培养实用人才，建设新东北，以促进国家现代化，消弭邻邦的野心"。同时实行整军经武、修铁路、筑港口、开矿山、建工厂、创立无线和有线广播电台，他捐资办教育、体育、卫生、科技、民航事业。在西北考察时，他提出"开发西北、建设西北"的设想。在东北现代化建设中，有10个建设项目排在中国第一，处于领先地位。这对推动东北现代化建设及发展，起到了很好的促进作用。

一、建设新东北推进经济现代化

　　张学良的一贯主张兴办实业，发展经济，振兴民族经济。在20年代中期，东北地区大部分经济控制和掌握在东北大小日资和外国工矿企业手中，它们多达数百家，张学良多次提醒张作霖如果不发展我们自己的工业，我们的经济命脉可能被外国人所操纵，到那时我们就无立足之地了。不受帝国主义的侵略和欺侮，必须努力发展自己的民族工业。在工业现代化方面，东三省兵工总厂是张作霖在1919年兴建的，军工产品基本能满足奉军的武器装备需要。由于设备陈旧，生产效率和产品质量不高。自从张学良主政东北后，引进了国外的先进设备，高薪聘请了一批国外科技人员，对企业的技术和生产工艺进行了改造，经过几年的努力，所生产的手枪、步枪到轻、重机枪，从生产迫击炮、平射炮到山炮、野炮、手榴弹、地雷及各种炸药，装备到东北军中的设备之精良，兵器之先进，堪称全国之冠。张学良在重视兴办军工企业的同时，也很重视工业和工商业的发展。肇新窑业公司是中国第一家机器陶瓷制造企业，由爱国实业家杜重远从日本学习陶瓷制造毕业回国后于1923年3月创办，得到了张学良的支持与和赞助。创建之初张学良即入股支持。1929年张学良本人由边业银行拨现洋12万元作为个人股本，令奉天省政府投资现洋10万元，生产砖瓦和碗碟，肇新窑业公司终于成了中国技术最先进、规模最宏大的生产砖瓦和碗碟厂，取代了日货市场，平均每年为中国挽回利权达几百万元以上，迫使日本人经营的大连大华瓷厂退出了市场。

今天我国汽车工业的兴旺发展有张学良的很多心血，1928年，李宜春等人向张学良提出是否利用先进的军工先进设备制造自己的汽车，对这个建议张学良非常重视。外国人有的我们也应该有，于是张学良拨现洋75万元作为制造经费，1929年5月正式开始制作，花重金请外国技师，在东北召集300多名汽车修理技术较高的修车工人，又从国外购买一部分汽车配件，仅用3个月时间就生产出一台65马力、载重1.8吨的载重汽车，这是我国第一台生产的汽车，张学良把它命名"民生牌"，准备开始批量生产民用拖拉机和汽车，又将迫击炮厂改为民生工厂。中国人终于有了自己现代化汽车制造工业的良好开端，中国制造的第一台汽车在上海展出，引起轰动，直至九一八事变才始停展。

为了进一步开发东北的能源，振兴民族煤炭工业，1924年张学良下令投资40万现洋，派王子文等人在阜新张家湾筹备打井建矿。同年12月张学良从北洋政府农商部领取黑山县八道壕煤矿矿照，将八道壕、辽源、金矿等企业合并组成东北矿务局，引进国外先进机器和设备，实行现代化开采。1928 年他又从北京政府实业部领取矿照，取得了开采阜新县孙家湾煤炭的合法权。当地老百姓都称之为"少帅矿"或"少帅窑"。张学良主政东北后，对孙家湾煤矿又投资现洋 120 万元，并派于凤至到煤矿视察煤炭生产情况。

在交通现代化方面，1928 年 7 月 30 日张学良改组东北交通委员会，决定自建自营东北铁路方针。何为自建自营，就是自己筹集资金和技术来修筑铁路，管理铁路，分为国有铁路、省有铁路和民用铁路三种类型，以防止外国利用借款方式直接或间接控制中国铁路，通过中国人自建自营东北铁路，抵制日本帝国主义经济侵略，发展中国自己的现代交通事业。

20 年代中期的东北，主要交通工具是铁路，但铁路绝大部分都掌握在日本人和苏联人手中，只有北宁路归中国管。为了修筑自己的铁路与日本侵略者相抗衡，从 1921 年至 1931 年这 10 年间，东北地方政府经张氏父子利用自己资金和技术修筑了打通、奉海、呼海等 11 条铁路干线和 3 条支线，铁路营业里程总长 1845.67 公里，自建自营铁路主要分布在东北，居全国首位。不仅如此，自从自建自营的打通路于 1927 年 10 月全线通车营运后，即相继与西四路以及东四路实行联运，建成了东北独立的运输体系，日本控制南满铁路的独霸地位被打破了，为大力发展我们东北民族工商业和铁路运输业创造了有利条件。

为了发展航空业，1920 年张作霖在沈阳成立了东三省航空筹备处，并在沈阳东塔修建了飞机场。同年 8 月从北洋政府分配来英国产的 4 架侦察机和 4 架运输机。1921 年正式成立了东三省航空处，从此揭开了东北航空史的第一页。1924 年春张学良令东三省航空处调配 5 架飞机用于民用航空运输。飞机试航是一件极为危险的工作，在没有气象资料和导航设备条件下进行飞行是非常危险的，张学良亲自驾机试航打开奉天省城至营口的航线，东北各界极为震惊。

在农业现代化方面，自张学良主政东北时期到 1931 年九一八事变前，东北的农业出现了全面开发、振兴发展的新局面。1912 年开始诞生于黑龙江省呼玛、绥滨等地的少数东北农业公司、火犁（拖拉机）公司，既具有资本主义农场性质，又都使用农业机械进行生产，产生了经营资本主义现代农业的企业家和使用现代农业机械的技术人员，先进的农业生产技术和机械化的大农业生产在部分农业企业公司中的试行和推广，代表着近代东北农业发展方向，而拖拉机耕地在中国农村首次出现，促进中国农业现代化的进程，有利于推动东北农业生产的全面提高。1928 年 7 月，成立了兴安屯垦区公署，在兴安开垦荒地，当时把垦区分为民垦和军垦两种，军人一边进行军事训练另一方面又开垦荒地，既解决军队的粮食和安置问题，也能给老百姓提供粮食。1930 年秋，兴安屯垦军队首次使用农业机械收割庄稼，这不仅提高了收割的速度，也是东北军使用农业机械之始。同时，也是中国军队首次使用农业机械。由于正确实施了军垦、民垦和农业机械化的推广使用计划，东北三省粮食产量逐年上升。据东北三省官银号调查，1929 年东北主要农作物总产量为 1836.3650 万吨，创历史最高纪录。张学良对农业机械的采用，也促进了东北农业现代化进程。

1924 年，张作霖设东北交通委员会（张学良为委员）统一管理东北交通事宜，在通信工具现代化方面，为对抗日本对通讯主权侵犯，1923 年 9 月在沈阳装上奉天无线电台（大型国际电台），地点设在沈阳故宫院内。1924 年 2 月便可接收欧美各国官商电报和国内新闻，这是中国与欧美使用无线电直接通信的开端。

1930 年 2 月奉天无线电台改称为东北无线电总台，电台装上从国外引进的先进通信设备，不仅能传送官报，还能传送商报。到 1930 年 5 月同国外建立通信网络有 22 处之多。截至 1931 年上半年无线国内通信网以沈阳为中心共 38 处，基本上建成了一个独立完整的通信网络，无线电建设跃居全国第一位。

张学良对东北无线电的网络建设和发展十分重视，特聘请无线电专家陈先舟先生到东北无线电学校讲学，培养了一大批无线电专业技术人才，推动了东北无线电通信事业的发展。在没有建立无线电台前，我国出国电报均由外国公司所垄断。自从有了自己的国际电台，所有京、津、沪、汉各大城市出国电报都用东北无线电总台转递。这对于挽回中国电信主权，发展民族无线电事业作出了积极贡献，更体现出东北在通信事业上的现代化。

二、重视国防建设实现军事现代化

张学良对军队现代化一直非常重视，因为他认识到武装力量在中国反帝爱国事业中的重要性。他明确提出"对外极力打倒帝国主义"的政治主张。他说谁都酷爱统一、和平、建设以及取消不平等条约，但无武力就不能建设，更谈不到取消不平等条约。为此，他通过东北易帜，把军阀奉军改编为东北边防军。在兵种建设方面，建设一支海陆空三军和步、炮、骑、轻、工、铁甲车、通信等多兵种部队，在武器装备的现代化方面，在全国军队中排首位。张学良重视军事技术人才的教育和培养。他认为："国家要建设，第一需要人才"，世界各国生存竞争，无不以培养人才为根本。讲武堂是东北军培养初、中、高级军官的一所综合性学校，从 1918 年创建，至张学良主政的 1928 年，前后办了 8 期，毕业学员共 3557 人。1928 年至 1930 年，仅仅两年时间，毕业生多达 4038 人，超过前 8 期的总和。1928 年张学良将东北各种军官学校合并于讲武堂，把东三省讲武堂改名为东北陆军讲武堂。张学良兼讲武堂监督。讲武堂还设有高等军学研究班，相当于陆大；步兵研究班，相当于步兵学校；炮兵研究班，相当于炮兵学校。讲武堂在招收学员的同时，更注重学员文化水平，除招收有文化的在职军官外，还招收青年学生，如第 10 期招收的 1500 名学员，学习成绩优异者予以重用，教学质量在国内应属于一流的。如人民解放军杰出将领万毅就是东北讲武堂第 9 期毕业的，学术科考试第一，受到张学良赏识，1935 年被破格升任中校团长。为了推动奉军的现代化进程，建立了以张学良、郭松龄领导的新军模范旅，新军模范旅枪炮齐全，装备精良，军官与士兵均经严格选拔，战斗力强，以此作为"示范部队"，使部队作战能力有了很大提高。1922 年在任东三省航空处总办时，他先后派人到国外考察飞机性能，"自国外购到各类新式飞机 50 余架"，其中包括英制爱佛罗式飞机 10 余架，法制高德隆和布莱克式飞机各 10 余架，并编成飞龙、飞虎、飞鹰 3 个飞行大队。1925 年 8 月张学良将东北三省航空处改组为东北航空处，同时将飞机编组扩充为 5 个大队，自兼飞鹏队队长。1926 年东北空军已拥有飞机 103 架，同年夏天进驻北京，在北京成立航空司令部，张学良任司令。在这期间张学良加快了充实东北空军的速度，又先后从意大利、德国、日本、英国、美国购进 40 多架飞机，至 1931 年九一八事变时，东北空军已发展有 200 余架飞机，这在全国也是首屈一指的。所以，他在一篇文章中写道："因为现代化的战争已由平面的进而为立体的，而造成立体战争的原因，是空军威力的发展。所以，国防与空军的关系已进至化合阶段。"为了加强海防，1924 年在奉天成立了东北江海防总指挥部，并组成东北江防舰队。1926 年 1 月，又改组为东北海军司令部。1928 年 7 月张学良兼任东北海军总司令，东北海军发展到 3 个舰队，大小舰只 27 艘，约 32200 吨，占全国舰只总量的 76.7%，东北海军官兵 3300 人，占全国海军总人数的 61%。此时的东北军陆、海、空部队，无论从数量、质量上在全国都处于领先地位，对中国军队现代化建设作出重大贡献。

三、注重人才培养，实现文化教育现代化

张学良认为："世界各国生存竞争，无不以培养人才，阐明学术为根本之计。我国文化落后，国势阽危，愿求急起直追，非倍力倍速不可。今日教育为救国方法之出发点。"因此，在发展政治、经济、军事的同时，张学良对教育更加重视，舍得资金的投入。1928 年，张学良压缩军费开支，教育经费增加投入。辽宁教育经费由 1928 年 549 万元，增加到 1929 年的 1635 多万元。张学良不但从财政上增加教育经费外，个人还进行捐赠，他说："先君曾有遗嘱，以其所有资产，悉数捐作教育经费。"当时合计资产价值 980 余万元。捐款东北大学 200 万元建东大校舍，捐 30 万元建体育场，他又带头捐资 500 万元设立辽宁省公立中小学教育事业永久基金，并号召各界以私产捐入教育奖励基金。随着教育经费的增加，为教育的发展创造了条件，各种学校先后恢复和建立起来，在校学生人数不断增加，形成了初级教育、中等教育、高等教育完整的教育体系。1929 年，辽宁省各类私立学校达 10404 所，在校学生 641343 人。张学良深刻认识到"教育系于国本"，"建设第一需要人才"。在大力发展教育事业当中，他非常重视教育质量提高，从国内外高薪聘请专家教授讲学，鼓励学生努力向上，刻苦学习，

掌握技能，适应社会之需要。同时，还选送资助了一大批学生赴英、德、法、日等国留学，接受发达资本主义的现代教育，培养各类工业、法律、外语和军事人才。张学良对全民体育运动有着深刻的认识，他说："体育之于个人可强身健体，对于国家则可振奋民族精神，增强团体的群力对外竞争。"他希望通过体育运动，使运动员能够克服中国人的坏毛病，注意团结合作，讲究体育道德，处处都能代表一个文明国家的精神，并以自立图强之民族伟大气魄，在国际比赛中，替自己国家争光荣。1921年，张学良就亲自主持举办了第九届华北运动会。张学良慷慨捐资8000元支持刘长春代表中国参加第十届奥运会，这也是中国现代体育第一次冲出亚洲走向世界。

自张学良主政东北后，除新创办的一大批现代化企业外，有相当一部分是继承和发展他父亲张作霖生前没有完成的事业。在九一八事变前，他将东北的现代化建设推向了高潮，无论在工业、农业、军事、体育、交通、通信、广播等都是走在全国的前列。同时，东北地区现代化建设也促进了中国民族经济的发展，他是中国现代化的先驱者、军事家、政治家、实业家、教育家。90年前，东北现代化10个建设项目排在中国第一，各方面都取得了可观的业绩。90年后，在东北三省工农业生产和社会主义现代化建设取得了更加辉煌的成就的同时，我们不会忘记张学良将军热爱祖国，建设家乡，发展民族经济，重视教育和人才的培养，为东北经济发展所奠定的基础和作出的巨大贡献。他的东北建设为解放后东北老工业基地发展以及我国社会主义现代化建设作出了突出的贡献。但是，近来东北老工业基地的企业自我发展潜力不足，产品普遍缺乏竞争力，产业优势正在逐渐丧失。东北老工业基地具有自身的优势，要振兴东北老工业基地，必须加快产业结构的调整，建立社会保障体系、发展人才战略，对资源枯竭地区应有特殊政策和改革管理体制，加大特色产业的投入力度等。面对现在东北的困局，我们更好地研究张学良建设新东北的经验，或能找到新的方案加快东北老工业基地振兴。

作者单位：沈阳航空航天大学马克思主义学院
东北大学中国近现代史研究所

时代缩影：东北近代化之路

郑　凡

　　东北地区因其独特的山川河流的走势，呈现向西开口的马蹄形结构，山环水绕，自然地成为一个相对独立的地理单元。早在《周礼·职方》中就有关于"东北曰幽州"的记载，大致在今天河北北部及辽宁一带，春秋战国时代东北地区就已归入中国版图，历代王朝也都在东北设置有效的管理机构。东北自然资源十分丰富，西北部有高原，腹地有辽阔的三江平原、松嫩平原和辽河平原。肥沃的黑土地盛产大豆、玉米、水稻、小麦等粮食作物，是一块广袤且物产丰富的土地。而其"间与日俄，屏蔽中原，扼欧亚交通之要"的重要军事战略位置，也使其在近代成为帝国主义侵略中国的必争之地，外国资本主义势力为了扩大势力范围，积极向东北地区进行殖民扩张，近代东北出现严重的边疆危机。

一、营口"开埠"，东北被迫对外开放

　　第二次鸦片战争失败后，清政府于1858年签订不平等的《天津条约》，将辽东沿海地区的商业贸易特权出让给英法等帝国主义国家。1861年营口"开埠"，东北被迫对外开放。

　　营口"开埠"后，外国资本扩大了对东北市场的鸦片输入，倾销本国滞销商品，争夺市场占有量，掠夺工农业原料，对东北经济造成了毁灭性

的破坏。1860 年到 1881 年的 20 年中，营口港进口鸦片总量达 32000 多担，殖民者掠走白银 1640 多万两海关银。[1] 随后，大量外国的纺织品涌入东北市场。据统计，1878 年营口港外国棉织品进口量已达到 100 多万担，大量外国商品充斥东北市场，同时，东北大豆、柞蚕丝、杂粮、中药材、貂皮等成为主要的出口品。到 19 世纪末，营口成为全国第六大港口，也是东北的经济中心和最大的口岸城市，纯贸易额达到了 4800 万两海关银。

列强在东北进行的商品倾销和原料掠夺在客观上导致了营口港进出口贸易额的急剧增长。而从营口港输出的大豆、豆饼、豆油也由原本主要销售地的广东、上海、香港等地转向世界各地市场。东北农业经济同世界资本主义经济紧密地联系起来，并逐步被纳入世界资本主义经济体系。以营口为据点，资本主义势力沿辽河航线深入到了东北内陆，东北大量资源输往国外，传统的自然经济体制被逐渐打破，开始了艰难的近代化之路。

二、各方力量大修铁路，东北经济得到发展

列强掠夺东北资源，仅依靠内河航运和传统的陆路交通运输是不够的，铁路运输成为首选方式。英、俄、日等国将修筑和控制东北铁路作为对这一地区进行殖民扩张的首选政策，采取铁路借款、占地筑路权等方式取得对中国筑路权的控制。他们以开发地区经济为标榜，不断拓展其势力范围，以期最后将整个东北变为其殖民地。

而晚清政府中的洋务派也认识到"必筹造铁路，而后能自强"，1881 年，洋务派代表李鸿章就以便利开平煤矿产煤输出为由，奏请清政府批准修建铁路。1890 年，总理衙门采纳李鸿章的意见，为防俄、御日和支援朝鲜，在山海关建立"北洋官铁路局"，在东三省督办修建铁路，最后决定了由关内已成的唐津铁路终端起，东出榆关，先造至吉林，终至奉天的路线。1898 年 10 月，清政府将京榆铁路延伸至奉天（沈阳），这是清朝末年修建的一条接通京津地区和东北地区的铁路，即京奉铁路，历时三十余年修建完成，后与南满铁路接轨通车。

---

[1] 高玉宝：《营口港史》，人民交通出版社 2007 年版。

俄国在1896年提出西伯利亚大铁路应穿过中国东北部地区直达海参崴，以"在任何时间内在任何路上把自己的军事力量运到海参崴及集中于满洲、黄海沿岸及离中国首都的近距离处"，经济上"提供非常有利于俄国商业的条件"①为借口，又打着"防日"的幌子向清政府提出修筑中东铁路的主张，无偿征讨建造、经营、防护铁路所需的土地，并有权免费使用该路运送军队、粮食和军火，在铁路沿线享有独占的行政权和警察权。1904年日俄双方以中国东北为主战场，为争夺在中国东北和朝鲜地区的殖民地和势力范围而展开战争。次年日军将俄军赶到了昌图以北，俄国政府将从长春至旅顺段的中东铁路支线及其所属的一切权利、财产，及俄国从中国攫取的旅大租借地及其附属的一切权益转让给日本。日本在1906年10月创建南满铁路株式会社，名为经营铁路，实为对东北实施殖民侵略的中心机构。同时，出于战争需要，日本修筑了新民屯到奉天的轻便铁路，利用新奉铁路攫取了吉长路权，清政府以166万日元的价格将其赎回，并将吉长路权割让给日本，一时间东北地区铁路几乎被日本独占，而日本也开始大规模地向东北移民，加紧向中国东北的侵略步伐。

1922年东三省自治，"东北王"张作霖欲将东三省变为"化外之地"，不受国内外势力的牵制，遂推行"以路实边"政策，筹划自建铁路。1924年，东北成立东北交通委员会，共修建铁路10条，张学良执政时期，提出了"建设新东北"的口号，1930年，张学良亲自领导东北交通委员会制订了《建设东北铁路网计划》，以葫芦岛为新的出海口，构建自葫芦岛到抚远、黑河及赤峰东西南北三大铁路干线，与日本经营的大连港和南满铁路争利。在张氏父子的经营下，建成铁路里程约1500公里，东北自建铁路与日本独资经营、中苏共管的铁路运输系统形成三足鼎立的局面，外资垄断铁路干线的局面被打破。

铁路的延伸大大提升了商品输入与输出的效率，也刺激了沿线农业的生产和经济发展，"引导（东北）农业形成与世界市场直接联系的以生产

① 张蓉初：《红档杂志有关中国交涉史料选译》，北京：三联书店。

大豆为中心的殖民地农业"①。在农业时代自给自足的自然经济状态下，东北城乡间的联系较为薄弱，乡村基本处于封闭状态。城乡间呈单向经济关系，且各地所需要的农副产品大多能够由周边地区供给，区际间的商贸往来极少。铁路的建成打破了东北内陆城市和乡村与外界及互相间的阻隔，产生集聚和辐射效应，从而将整个区域社会经济发展带动起来。据统计，1911年吉黑两省的粮食总产量为1015560万斤，扣除种子、粮食、榨油原料、牲畜饲料76980万斤，尚余粮食229300多万斤。②而1930年东三省铁路特区路警处调查则显示：中东铁路大小站附近所出物产经铁路运输到国内市场及国外市场的比重甚至达到80%—90%。③沿线农民几乎全为了市场而生产，形成了以哈尔滨、牡丹江为中心的粮食生产区与农副产品加工区。

三、人口增加，城市兴起

城市的出现，是社会生产力发展到一定阶段的产物。人口定居，分工劳动，人口相对密集，物质财富相对集中是城市的基本特点。

清朝建立之初，为了开发东北，就曾向东北地区移民。但到了清朝中期，出于政治原因的考虑，清政府在东北地区实行严厉的封禁政策，禁止移民入内垦荒或从事其他活动。两百多年的封禁，使东北大片土地荒芜，无人耕种，人口数量更加稀少，严重阻碍了东北社会经济的发展。

第二次鸦片战争以后，沙俄趁火打劫，通过逼迫清政府签订不平等条约，鲸吞中国东北领土100多万平方公里，后采取各种手段继续蚕食中国东北地区的广大领土。日本也在明治维新后制定了侵略中国的大陆政策，把矛头直接指向朝鲜半岛和中国东北，东北地区动荡不安，加之自然灾害的影响，全国农民起义不断，流民四起，为缓解边疆危机，维护自身统治，

---

① 满史会：《满洲开发四十年史》(上)，《东北沦陷十四年史》辽宁编写组译，1988年版。

② 《中东铁路商业特派员报告》，1912年，哈尔滨，转引自孔经纬《东北经济史》，四川人民出版社1986年版。

③ 宓汝成：《帝国主义与中国铁路北京》，经济管理出版社2007年版。

清政府再次采取了移民实边的政策。

1860年，清政府开放了呼兰荒地和吉林北部草原地区，于是"内地民之来屯垦于斯（呼兰）者，襁属不绝"①，大量关内北方诸省的流民进入东北，山东流民大多"泛海"，河北、河南等省流民大多"闯关"，由水陆两线向东北迁移。甲午战争后，清政府面临12亿关平两（清朝中后期海关所使用的一种记账货币单位）的巨额战争赔款，为弥补财政亏空，巩固边疆地区统治，清政府决定东北地区全面开禁。政策一出，流民"出关谋生者，日以众多"②。而政府在东北各地实施"允许旗（人）民（人）报领荒地，先交押租，亦日荒价限期升科，按饷征钱，……大租小租之分"的政策，对移民垦荒采取奖励政策，并给予少量的经济资助，使得流民可用少许钱财报领毛荒地耕种，取得土地的永佃权，并将其变为己产，吸引了大批移民在昔日荒无人烟的边境安居。东北地区的人口由道光年间的300多万人，在辛亥革命前增长到了1683万人，速度之快，实属罕见。大量移民迁入东北地区，冲击了东北地区原有的封建土地关系，筑起了一道防御外敌入侵的坚实屏障，也加快了东北地区近代化的速度。

而铁路的建设也需要大量劳工，仅依靠当地人口远远不足。1899年到1900年间，就有总共约17万的内地劳工被招募修筑中东铁路，铁路工人大量涌入，哈尔滨在1900年初期建筑工人就达6.5万人。

伴随着铁路建设高潮的兴起，移民高潮也随之开始，铁路所到之处，移民便蜂拥而至，铁路运输已成为移民迁徙的首选交通工具，以中东铁路为例，1903年中东铁路客运量1755000人，1927年为9458000人。③其中移民占客运量的大多数。如黑龙江安达县虽于1906年开始招民开垦，但移民事业进展仍很迟缓。而当地方当局在"安达、青阿之间铺柴为路，遂使青冈与中东铁路之间距离较近"时，"移民移动方向为之一变，向来移民裹足不前者，争向前往"④。伴随着人口的增加，东北城市迅速兴起。

---

① 李普国：《清代东北的封禁与开发》，《吉林大学社会科学学报》。

② 赵爱伦：《移民实边：东北近代化进程中的催化剂——兼论人口增加对东北近代化的影响》，《学习与探索》2014年第6期。

③ 宫雯雯：《铁路发展与近代东北城市化研究》，2014年。

④ 李德滨、石方、高凌：《近代中国移民史要》，哈尔滨出版社1994年版。

近代以前，东北是中国城市密度较低的地区，城市数量极少，主要是沈阳、长春、吉林等以政治和军事职能为主的封建城市。在移民潮及铁路兴建下，东北近代城市迅速崛起。据统计，1902 年东北 20 万人的大规模城市有 2 个，到了 1930 年，20 万以上的城市已有 3 个，3 万—10 万人的中等城市达到 17 个，1 万—3 万人的小城镇，则从原来的 20 个增加到 37 个；伪满期间，东北地区城市化加快，1937 年到 1945 年大城市发展到 15 个，占城市总数的 4.7%，中等城市 86 个，占城市数量的 27.9%，小城市 172 个，占城市总数的 55.5%，小城镇 39 个，占城市总数 11.9%。[①]一大批新兴城市，沿着铁路线路分布，深入到内地少有人烟的地区，此时，在一定程度上讲，东北城市化速度超过关内地区，城市集群出现，东北成为我国近代城市化水平最高的地区。

与此同时，在帝国主义尤其俄日对东北的高额投资下，东北的工业也得到了发展。据记载，从 1898 年到 1930 年，外国共向东北投资 24 亿美元。九一八事变后，日本为实现对东北的独占，投资数额更是达到 45 亿美元。帝国主义对我国的投资目的在于便利其殖民统治，但其对东北社会经济发展的带动作用也是客观存在的。东北地区地下储量丰富的煤、铁、石油等矿产资源，也为近代东北的工业发展提供了必要的原材料和能源。20 世纪 20 年代至 1945 年，形成了以工业中心沈阳和哈尔滨，港口大连，军事基地牡丹江和旅顺，能源基地鞍山、本溪和抚顺等多个大型的殖民地城市为主，以重工业为主体，兼及轻工业为特点的工业体系。据统计，1927 年哈尔滨日用工业品进出口额达 3377 万卢布，成为东北北部最大的商品市场和物资集散地。[②]

四、东北近代化的特点

综观以上，由于近代东北独特的自然条件和社会背景，东北城市化之路表现出不同于中国其他地区的区域特色：大部分地区没有经历过资本主

① 何一民、李善连：《近代东北区域城市发展述论史学集刊》，2007 年。
② 宫雯雯：《铁路发展与近代东北城市化研究》，2014 年。

义萌芽阶段，而是由于帝国主义尤其是俄日两国的侵略，被迫对外开放，进而开始近代化进程；在工商业尚未全面兴起的情况下，近代工业发展依赖于外国投资，并沦为外国商品销售地和原材料基地；铁路发达的流通和交换推动了地区农业生产的商品化，大多数城市沿铁路分布，城市数量增长快，人口具有激增性和外来性，城市化水平高；由于俄日殖民势力的控制，东北社会经济遭到破坏，导致城市出现畸形发展，体现出殖民地半殖民地的特征。

作者单位：西安事变纪念馆

白山黑水忆学良　东北建设照汉卿

王　倩

皇姑屯事件后，年仅 28 岁的张学良就任东三省保安总司令，在内遭老臣宿将们反对，外受日本帝国主义威胁的情况下，张学良励精图治，提出了"东北新建设"的口号，短短三年内，使得东北的经济、军事、工业、文化等事业取得长足发展。张学良是中国现代化先驱者之一，他大刀阔斧的改革推动了东北地区现代化的进程，直至当代他的先进做法仍值得我们学习借鉴。

一、"东北新建设"提出的历史背景

东北地理优势明显、土地肥沃、地广人稀，历来是兵家必争之地。上世纪 20 年代，日本为了缓解国内经济危机、资源匮乏的困境，将侵略扩张的目光投向中国东北。1927 年 6 月 27 日，日本首相田中义一主持召开东方会议，制定"惟欲征服支那，必先征服满蒙，如欲征服世界，必先征服支那"的对外扩张政策。日俄战争后，战胜的日本在东北的侵略势力进一步扩大，相继设立"南满洲铁路株式会社"（简称"满铁"）、"关东厅"、"关东军司令部"大肆掠夺中国资源、干涉东北政局，以"满铁"为首的日本资本主义势力垄断了东北南部的运输，控制铁路 1129.2 公里。1915 年"满铁"的利润为 808 万日元，到 1928 年已增为 4255.3 万日元，合计这 14 年的利润达 13846 万日元。日本资本主义势力通过一系列不平等条约获得"特权",几乎垄断了中国东北的经济命脉,使东北经济陷入停滞、萧条的状态。

身兼国耻家仇的张学良深知"经济是一国的命脉,经济上不能复兴,政治上就永远没有独立自主的一天"。为了抵制日本对中国东北经济的垄断,1929 年张学良成立东北新建设委员会,重用留学归来的知识分子,从各个方面对东北进行现代化的改革,试图建立一个新东北,实现强国抵御外辱的愿望。

二、轰轰烈烈的"东北新建设"

（一）整顿金融

日本通过金融手段不断攫取东北财富,他们在东北先后设立满洲银行、朝鲜银行、正金银行等机构垄断东北金融。到 1931 年,日本在东北的银行机构,包括总行、支行、办事处等总共 58 处,日本金融机构垄断了东北货币,造成东北本币奉票发生毛荒,东北面临严重的经济危机和通货膨胀。

为了扭转东北通货膨胀的不利局面,1928 年 11 月张学良成立奉天财政整理委员会,制定了"自给自足,量入为出,收支平衡,略有结余"的方针,让边业银行、中国银行、交通银行、东三省官银号共同管理东北金融。1930 年又成立了以留学英、美的专家、学者为主的金融研究机构——东三省金融整理委员会,对东北金融行业进行改革,积极推行西方先进的管理方法。整顿税收取消"零星税";废除厘金恶税,实行新税制;提高奉票信誉,稳定牌价;发行大洋票,充分兑现;与此同时张学良通过裁减军队,压缩军费开支;组织军人实施军垦增加农业收入;将粮食作物主要销往关内各省用于汇兑基金,将大豆等经济作物销往海外换取现金和外汇,通过种种行之有效的做法,奉票毛荒现象得到控制,稳定了东北经济局面。

（二）发展民族工业,抵制日货

在近代,东北的民族资本主义有一定的发展,其中煤炭、铁矿开采、钢铁、冶炼、纺织、榨油等工业闻名全国。随着日本资本主义势力的扩张，东北的民族工业处于萧条和停滞状态，东北新建设，经济发展是关键，张学良制定了一系列扶植政策，使民族工业得以复兴和发展。

留学回国的杜重远创建了我国第一家机器制陶企业——肇新窑业公司，张学良得知肇新窑业公司资金困难后，投资 12 万元，批准免纳营业税 5 年。在张学良的扶持下，肇新窑业公司逐步发展为拥有工人千余名，生产能力达千万件的现代陶瓷制造工厂，肇新公司的瓷器陶器畅销东北各地，还挤垮了日本在大连的陶瓷企业。

为了改变国内汽车纯靠进口的现状，张学良在辽宁迫击炮厂中附设民生工厂，专门负责生产汽车和拖拉机。由国内大学专科毕业生负责技术研发，职工可以加入美国汽车工程协会，通过交流学习及时获取美国汽车制造的最新动态。经过两年的努力，民生工厂生产了我国第一台"民生"牌4000 磅载重汽车，填补了中国汽车制造业的空白。据统计，在全车 666 种零件中，有 464 种是自制的，202 种是进口的，"国产化"率高达 70%。在张学良资金、政策、技术改良的帮扶下，东北的民族工业快速发展，纺纱、制陶、造纸、汽车制造等工业兴盛繁荣。

（三）发展教育，注重知行合一全面发展

张学良认为"教育为民族存亡所系"，中国复兴的希望在青年，青年的根本在于教育。在教育为先的思想指导下，张学良对东北的各级教育慷慨资助，据统计张学良为东北教育发展的私人捐款居全国首位，在他的帮助下东北教育蓬勃发展。

1928 年张学良兼任东北大学校长，他捐出其父张作霖遗产 1000 万元用于扩建东北大学，东北大学先后建成文、法学院教学大楼、教授住宅楼、图书馆、实验室、大礼堂、体育场等设施，成为集文、法、理、工、教育等专业的国内一流综合性大学；以高于关内各校 3—7 倍的工资聘请章士钊、罗文干、梁漱溟、黄侃、梁思成、刘仙洲等一大批著名学者来东北大学授课；奖励成绩优秀的学生免于缴纳或半数缴纳学费，并派遣各系尖子生免费出国深造，阎宝航、杜重远、王卓然等众多优秀学子从海外学成归来，成为张学良日后政治生涯的拥护者和智囊团；接受西式教育的张学良主张男女平等,1929年招收50名女子学生入东北大学,打破了男尊女卑的桎梏。爱国教育伴随东北大学教育的始终,由刘半农作词、赵元任谱曲的东北大学校歌体现出强烈的爱国主义思想,这种观念影响着学生为了国家独立富强而读书,融入学生骨血的爱国情怀在后来流亡生涯中得到生动的体现。

在他主政时期不仅重视大学教育,基础教育、职业教育也得到空前发展。从1928年起,东北学制改为初等教育6年,中等教育6年,高等教育4年,学制与我们当代学制近似,一改之前学制混乱之象;张学良还捐款500万元设立"汉卿教育基金会"用于发展东北的中小学教育,并出资创建同泽男女中学和36所新民小学,同泽中学强调对学生进行爱国反帝教育,同泽女校高中还采用选课制,学生成绩评分方法分"超、良、中、可、劣"五等评分,此举为各中学之首创;在各地创办职业学校,到1930年全省各地拥有职业院校40多所。

（四）发展交通运输

日本在我国东北大力修建铁路,南满铁路如同日本帝国主义的触手侵占东北地区沿途的土地、矿产、资金以及主权。为了制约日本垄断东北交通的计谋,张学良极力推行自建自管的建港筑路方针。一方面拒不承认日本提供的"满蒙新五路协约",以东北易帜铁路谈判权交由中央政府解决、东北民众抗日情绪高涨不能签署为由,拖延日本修筑铁路事宜;另一方面改组东北交通委员会,加快自建铁路的步伐。制定了《建设东北铁路网计划》,计划20年内修成三大干线,延长东西两大干线并增修热河至北平的南大干线,三大干线新修总长度达6324公里,与日本控制的南满和安奉两大干线相抗衡。至九一八事变前,东北当局利用本地资源和技术修筑了10条铁路,营业里程1521.7公里,占东北铁路总长的25%,葫芦岛建港先期工程完成,东北自营的交通运输体系已形成。

（五）寓兵于农,屯田垦荒

1928年兴安屯垦区公署成立,炮兵司令邹作华被任命为兴安屯垦区督办,张学良将裁军的数十万人安插在边陲地带进行军垦。与此同时张学良颁布《兴安屯垦区移民办法》规定"被移民户住室,由公家予为建筑",铁路部门对难民实行免费运送等优惠政策,各种优惠政策吸引了关内老百姓的目光，历史上著名的闯关东热潮由此拉开序幕。据统计，仅 1927 年移民人数达到 101.6 万，东北新建设的三年内关内移民总数高达 322 万，劳动者人数的迅猛增加，使得东北肥沃的黑土地得以开垦，仅 1929 年，整个屯垦区即有 196236 垧荒地被开垦出来，农作物产量高达 1836 万吨。

军垦、农垦的实施，使得东北的荒地得以开发，解决了关内难民的生计问题，东北农作物产量大增，经济作物的出口交易也促进了东北经济的增长。同时百万军民齐聚边疆开荒，也使得一向无重兵把守的兴安山区国防得以巩固，粉碎了日本妄图在 10 年内移民 50 万将东北变成日本侨居地的计划。

三、"东北新建设"的启示

张学良主政东北的三年，是东北经济、文化、军事等方面飞速发展的三年。青年张学良锐意进取、大胆革新给黑土地的人们带了丰厚的收获。在"东北新建设"的过程中，有十大工程居中国现代化第一，辽宁迫击炮厂生产出我国第一台"民生"牌 4000 磅载重汽车；沈阳国际短波无线电台首开中国与欧美各国的国际通信联络；第一家机器制陶企业——肇新窑业公司成立；兴安屯垦区隆隆作响的拖拉机首开中国军队使用农业机械先河，"东北新建设"的突出成就在张学良的政治生涯中留下了光辉的一笔。

然而伴随着"九一八"的枪炮声，张学良和东北人民奋斗多年的成果付之东流。曾带给国人多少期望和愿景的"民生"牌汽车，填补了中国不能制造汽车的空白。但是在"九一八"后，民生工厂落入日军手中，民生工厂改名为同和自动车工业株式会社，以年产 3600 辆轿车和 480 辆货车的能力成为日本获利的工具。张学良主张增强国力抵抗外辱，但是在整个国家落入外国资本主义的半殖民地半封建的枷锁中，东北怎么可能独善其身？摆脱帝国主义的侵略扩张，离不开发展经济作为支撑，但是经济改革需要在国家层面进行，没有全国范围内自上而下的有效改革，就不能凝聚起全民力量发展经济，不彻底的改革必将失败。这再一次证明，要实现国家繁荣富强，必须求得民族独立和人民解放，推翻帝国主义、封建主义、官僚资本主义的统治，才能真正实现国家的现代化。

轰轰烈烈的"东北新建设"虽然戛然而止，但是这场源于爱国情怀要求改变中国贫困落后面貌的革新运动对中国社会产生了巨大的影响，爱国精神贯穿"东北新建设"全过程。张学良积极筹办历史博物馆、图书馆、校印《四库全书》，让东北民众在日本的奴化教育中始终抱有中华民族传统文化精髓，以此唤醒国人民族精神，抵御外国文化的侵略；中国自己研发的第一辆汽车命名为"民生"，承载着张学良对于复兴中华的殷切希望；张学良支持"辽宁国民外交协会""国民常识促进会""辽宁拒毒会"等反日爱国团体运动，通过禁烟销烟、举行讲演会、出版刊物、"提倡国货、抵制日货"游行示威等活动，揭露日本的侵略罪行，唤醒了民众的反抗意识，在此后的十多年里，东北民众与日本侵略者展开激烈的反侵略斗争，东北军民浴血奋战、英勇无畏的牺牲精神是中华民族爱国精神的集中体现。

张学良是中国现代化进程中的先行者，作为东北地区的最高统治者张学良以过人的胆识和谋略为东北发展开辟新纪元，虽然经济实力、军事力量、文化水平大发展的东北没能实现少帅抵御外侮的心愿，但是这场轰轰烈烈的现代化革命见证着爱国将领张学良强国富民的心路历程，它将永远地载入史册，启迪后人，激励来者。

作者单位：西安事变纪念馆办公室

张作霖时期东北经济建设探析

任付张　孔园园

　　20世纪中国有一段军阀混战的时期，这段时期的军阀统治虽说是封建落后，但是从客观来说一定程度上保存了中国领土，特别是经济实力的增强，为后来东北民族工业的发展及抗日战争做了各方面准备。

一、张作霖统治时期的中国社会

　　张作霖是我国近代史上最具传奇色彩的历史人物之一。他出生并成长于战火纷飞的奉天省海城县。其父嗜赌如命，败光家财，与掌权者毫无关联。但是张作霖凭借他非凡的才智和卓越的才能，在中国的政治舞台上，从一个地区巡逻队到最后一个北洋军阀领袖只用了17年。这在民国时期是极其罕见的。张作霖统治的20年代，他主宰中国东北，呼风唤雨，让东北成为"国中国"。他重军重武，也重视经济发展。他对东北的经济发展发挥了不可忽视的作用。

　　当时中国处于半殖民地半封建的社会背景下。"帝国主义列强侵略中国，在一方面促使中国封建社会解体，促使中国发生了资本主义因素，把一个封建社会变成了一个半封建社会；但是在另一方面，它们又残酷地统治了中国，把一个独立的中国变成了一个半殖民地和殖民地的中国。"①

---

① 毛泽东：《中国革命与中国共产党》，《毛泽东选集》第二卷第二版，第621—656页。

民国时期，中国经济逐渐融入世界经济的历史潮流中。自然经济的解体，外国资本主义在中国的迅速扩张，以及中国民族资本主义曲折发展，使中国经济呈现百态。外国资本在华设立工厂，开发矿产，洋货充斥在中国的各个行业，小到日用百货，大到军事工业产品，大部分依靠外国人，而中国的民族工业基本上是轻工业，竞争力薄弱，很难与外资竞争。帝国主义通过特权在东北地区控制通商口岸、剥夺关税自主，实行商品倾销、资本输出，操控中国的经济命脉。

二、张作霖时期东北发展状况

虽然当时的中国处在内忧外患的半殖民地半封建统治下，东北地区主要是在日、俄的包围之下，日俄之间的矛盾冲突，使张作霖得以在夹缝之间求得生存。通过在日俄之间的斡旋，凭借东北地区广袤的土地、丰富的矿产、优越的地理，张作霖政权得以生存、发展，使东北在某种程度上处于一种独立的地位，在当时社会环境下，东北可以称之为"国中之国"。为了维护自己的政权，张作霖采取了一系列措施对东北进行建设，在张作霖统治下的东北新建设取得了异常显著的成绩。

首先，农业经济得到了进一步发展。大量肥沃的荒地得到开垦，各类新型农业生产技术被引入东北，并且得到推广，促使各类农产品的产量不断增加，与之前相比，东北地区农业经济实现区域化、专业化和商业化的发展。特别是大豆的生产和流通促进了东北地区城乡经济的发展，东北农业经济得到了近代化。

张作霖统治时期，东北地区实行移民垦荒政策，对国有荒地，陆续实行了大片开垦处理，以积极的土地丈放的方式进行开垦。在这个过程中，虽然形成了大量以特权占据广阔肥沃土地的阶层，但是所取得的成绩是显著的。例如1916年，张作霖强制开放辽河南北沃土4000余方。"到民国十一年，张作霖占有通辽以西沃土2800余方"[①]，等等。截至1930年，东北地区人口由1850年的不到300万上升到接近3000万。耕地面积由

① 章友义：《中国近代农业史资料》第二辑，三联书店1957年版，第19页。

1909 年的 1 亿亩增至到 2.7 亿亩[①]。东北地区的高粱、大豆无论是从种植面积还是在产量上都占据重要地位。种植技术得到改进，由原来的田埂做法改为以大豆为中心的合理轮作的生物养地技术；种植工具由原来火犁耕地改为机械化农具，如拖拉机、播种机、收割机、打谷机等；同时改进作物良种，采用"四粒黄"的大豆良种，创办各类农业科研场所，利用化肥、农业等先进技术改进农业生产，使东北地区农业生产得到改进，为实现现代化奠定了基础。

其次，交通运输业，特别是铁路的建设。为了巩固统治，张作霖投资于多条铁路的自建，实现铁路的自我掌控，尤其是在大部分铁路权利都是由外国人控制情况下开展的。交通运输的发展为东北地区商品经济的发展奠定了坚实的基础。

在张作霖统治东北地区之前，东北铁路的借款权和修筑权主要掌握在俄罗斯、英国和日本的手中。中国几乎没有修建一条铁路。在张作霖统治期间，随着军事实力的发展壮大，张作霖越来越感觉到自己的一举一动受到日本的制约，特别是军事上调动的约束极为明显。为了摆脱日本的监管，加强对东北的控制和财富的掠夺，也为了吸纳大量关内移民，发展东北地方经济，增加财政收入，扩大财源和解决兵源问题，张作霖开始采用借款和合办的方式修建五条铁路线，紧接着成立了东北交通委员会，并制定开展了包围满铁的东北铁路网工程。计划在 15 年内建设 1 万公里的东西干线，虎壕、打通等 10 条铁路线路。自 1924 年成立交通委员会后至 1930 年，东北地区建设铁路有奉海、吉海、呼海、齐昂、齐泰等 5 条铁路干线，支线若干条。东北地区自建自营铁路 1521.7 公里，投资现大洋 8000 余万元，占全国铁路总长 10% 以上，由此可见，铁路建设在张作霖统治时期取得显著成效，铁路建设具有一定的爱国性和抗争性，服务于军事，同时也促进了东北地方经济的发展。[②]

再次，东北地区的近现代工业得到了显著的发展，建立了一批近现代

---

① 《国闻周报》第 9 卷第 37 期。

② 杨乃坤、曹延泅：《近代东北经济问题研究》，沈阳：辽宁大学出版社 2005 年版，第 60—74 页。

工业。从 1916 年到 1928 年，是张作霖执政东北的时期，也是东北近代工业发展迅速，规模扩张最快的时期。在此期间，日本侵略者出于自身利益的考虑，不断支持张作霖扩张，使其能够称霸中原，同样也可以使日本能够获得更多的利益。这样的时代政治背景因素便制约着东北近代工业的发展方向和格局。在张作霖统治时期，为了实现军事扩张和称霸中原做准备，他重用文人墨客，整顿金融产业，倡导实业，建立了一批军火、采矿、机械、电信和铁路公司。传统的煤窑、磨坊等开始由传统手工业向近代制造业转化，新兴的机械加工等新兴产业发展起来，铁路、航运、港口、电信和运输业发展最为显著。

最后，东北的金融业在张作霖统治时期经历了新的发展。具有官僚资本性质的军阀的财力发展最快，但财务管理非常混乱。张作霖统治时期，东北经济发展的主要特点是投资规模大，发展迅速，成就显著；军事服务性强；有御辱爱国的性质；金融业经营模式向近代化迈进了一大步。

张作霖在位期间，东北金融行业中官营、私营、国外银行都有发行货币权力，因此，东北三省的货币数量众多，种类庞杂，货币关系混乱。从而导致货币贬值非常严重。奉票是东北三省官方发行的银行货币的统称，虽不是唯一货币，但在纸币流通中占据 70% 以上。1917 年，奉票与日本金票在价值上是大致相同的。在 1920 年，奉票是最高的时候，大约 54 元能兑换 100 元日本金票。后来随着白银价格在世界金融市场中不断下跌，奉票的价值不断降低，从 1920 年到 1928 年前奉票的价值由 54 元跌至 234.5 元（兑换 100 元日本金票）。[①]

1916 年张作霖执政后，便开始出现兑换风潮。据同年 1 月《中国银行报》称："奉天、营口两地掀起挤兑风潮，一月之内竟兑出现洋 200 余万元，其中日商'十居八九'。日人为毁我纸币信用，扰乱东北金融，掀起挤兑风潮，而不法奸商也从中渔利，随后风潮愈演愈烈。"当时，张作霖通过采取各种方式来稳定奉票。从 1916 年到 1918 年，张作霖多次向朝鲜银行借了 600 多万元来稳定东北金融，同时，采取了暴力镇压，处决了

---

① 东亚经济调查局：《满蒙政治经济提要》，改造社 1932 年版，第 471—472 页。

兴业银行副经理刘鸣岐等五人，通过血腥方式来管制奸商。[1]

第一次直奉战争失败，张作霖退出山海关，宣布独立，整顿军事，改善经济，试图弥补在直奉战争中造成损失所带来的经济危机。1923 年，东北三省制定了禁止现洋出境和限制金票交易等在内的九项金融整顿措施。同年，明令禁止在哈埠的外国银行兑换大洋，以此来避免现洋外流稳定奉票。[2]

1926 年初，张作霖在平定郭松龄事件后，为挽救奉票大幅度跌落采取了多种措施，主要包括：在官商银号内设置"公共汇兑所"；发行"东三省整理金融公债"；发布行政命令，强行平抑物价；成立"奉天临时金融维持会"公订决议，严惩投机倒把，以此维护奉票的公信力等积极有效措施维持金融。[3]

张作霖虽然通过一系列措施稳定东北地区的金融状况，大多一时奏效，治标不治本，未从根本上解决东北地区的金融危机。张作霖的措施是"严禁倒把而倒把依然，平抑物价而物价更涨，枪毙投机之人，无补于奉票之失落。[4]"究其所以，这些举措都是治标不治本的。虽然张作霖的措施未解决根本原因，但是客观上促进了东北地区经济发展。

三、简要评析

评析一个统治集团或者一个历史事件或历史人物对历史是否具有贡献，我们要看他所做的事情是否促进了社会的发展，为社会是否带来了进步的积极意义。只有一切都要以时间、地点、人物为依据，我们得出的结论才是客观公正的。张作霖人物评价是个极其复杂的问题，他所处的时代，

----

① 杨乃坤、曹延泗：《近代东北经济问题研究》，沈阳：辽宁大学出版社 2005 年版，第 80～95 页。

② 荆有岩：《东三省官银号》，《辽宁文史资料》第 12 辑，辽宁人民出版社 1985 年版，第 62 页。

③ 杨乃坤、曹延泗：《近代东北经济问题研究》，沈阳：辽宁大学出版社 2005 年版，第 84～88 页。

④ 魏福祥：《奉票毛荒及其衰落》，《社会科学战绩》1986 年第 3 期。

所做的事情都影响着我们对他的评价。作为军阀，他有逆流而动的一方面，为了维护其统治地位和既得利益，他参与和发动军阀战争阻碍了社会的发展和进步，给老百姓带来了劫难和痛苦；他有强烈的反共思想，同样他也做过一些好事，他在主政时期，顶住日本的侵略，维护东三省的主权完整。日本驻华公使芳泽谦吉逼迫张作霖签订《修订东北五铁路》的协定，张作霖拒绝签字，正是由于他是一个坚定的民族主义者，也使他丧命在日本人手里，他保持了中华民族的气节。张作霖还镇压了蒙匪陶克陶胡、巴布扎布叛国、分裂祖国的活动，维护了祖国领土的完整。在二次奉直战争期间，他和孙中山进行过合作，在孙中山处境困难时给过慷慨的资助，有益于国民革命。他在主政东北期间，还积极发展教育、修建铁路、开发葫芦岛等事业，为东北建设打下较好的基础。①

对于奉系军阀而言，东北的经济是最令人担忧的事情。张作霖通过调整人员结构，制定经济政策、财政走向规划等，通过人员调配任用，充分发挥人员才能，为东北的经济恢复发展奠定了丰沛的人才基础；在张作霖的支持下，王永江通过对财政系统内腐败分子进行撤换和严惩，通过解决腐败问题，使财政金融改革得以顺利推行下去；税收是一个国家和地区的重要经济来源，通过提高税收人员的专业性，制定了统一的税目和额度，清丈土地面积等方式。制定了相应的奖惩制度，这样使东北地区的土地得到一次彻底的清查，同时也增加了财政收入；张作霖统治时期是东北民族工业大发展时期，关闭亏损的官营企业促进了民营的发展，随着民营企业壮大，荒地的开垦，移民的增加，张作霖收回矿山开采权，直接官方经营，对于经营不善的直接转卖给民营，这样既增加了财政的收入，也调动了民间企业的积极性。正是由于措施正确，截至20世纪20年代末，东北地区不仅还清4000万元外债，还有1000余万元的财政结存。张作霖的措施为东北地区经济发展奠定了坚实的外在基础，同时利用丰富的矿产资源和土地资源，以及大量涌入的移民，促进了东北地方的发展。为东北地区的现代化转

①陈廷一、刘禹：《我本英雄：张作霖 张学良》，北京：东方出版社2008年版，第2—8页。

变奠定了有利的条件，同时利用当时经济优势，不断扩充军备，壮大海、陆、空军实力，使其居于全国首位，巩固了奉系军阀，为东北实现现代化创造了一个良好的内部环境。①

张作霖的经济措施虽为东北地区的现代化创造了条件，但是他的经济活动也存在不可避免的局限性和落后性。张作霖具有量大面广的特点，他涉及的商号、银号、当铺、工矿业等在东北、华北地区都有投资，分布在五省一市；在经营中存在公私不分的情况，比如中兴、鲁平、恒源等具有浓厚的私人色彩。正是由于东北地区经济得到恢复发展，使张作霖扩张的欲望不断膨胀，他穷兵黩武，不断扩充军备。在1921年，张作霖兼任蒙疆经略使，控制热、察、绥地区，负责征蒙。为了扩大兵力，奉天增加了第八、第九和第十混合旅，右翼巡逻队被改编为第十一混合旅。吉林省添加第五和第七混合旅，黑龙江增加了第三和第四混合旅。直到1926年，东北军拥有20个师编制，还拥有海军。东北地区的海、陆、空部队和装备均居全国首位。军事的扩张严重影响经济的稳定，并最终爆发经济危机。

总而言之，张作霖的经济活动具有极其浓厚的封建时代特色，小到土地商号，大到工厂银行，是半封建半殖民社会中多种所有制中的一切剥削阶级的代表。张作霖的经济活动虽然在某种程度上缓和阶级矛盾，但是伴随着时间推移，必然会导致矛盾的再次激烈，我们既要看到其积极作用，也要看到局限性。

作者单位：辽宁大学马克思主义学院

---

① 刘朝钊：《论奉系军阀在东北近代化过程中的作用》，耕耘录：《吉林省博物院学术文集》，2014年版。

永世不能淡忘的历史记忆
——论张学良葫芦岛建港的意义

王　科

1930年7月2日，辽西连山湾一声炮响，几代中国人梦寐渴盼的葫芦岛建港，在张学良将军的主持下隆重开工。一个东方大港的蓝图在辽西走廊绘就，一个民族复兴的梦想在人们心中升腾。张学良发扬中华民族拼搏勇进的伟大精神，秉承全国人民反帝爱国的时代重托，在追逐强国梦想的征程上，开启了他雄心勃勃的经济建设大手笔。然而谁能料到，一年后的"九一八"，侵略者的枪声无情地击碎了他的美好理想，将他精心谋划的建港宏图化为泡影。壮志未酬、功败垂成，大东北留下了太多的苦涩、失落和遗憾。今天，斯人远去，苍狗白云，然而，张学良将军兴建葫芦岛港的功绩和贡献，并没有被岁月湮没，而永远为世人所铭记。站在新时代的巅峰上，回望那段波诡云谲的历史，我们感慨良多。虽然张学良将军没有完成预期的葫芦岛港的建设，但他留给我们的，不只是发黄的图纸和沧桑的石碑，更留下了自立图强、砥砺奋进的精神财富，留下了民族的风骨、家国的情怀。真正的唯物主义者一贯实事求是，注重对历史的还原写真，从来不以成败论英雄。依据这一铁律，作为景仰者和后人，新时代的我们不能不叹服将军的勇气、魄力，不能不为他深谋远虑的反帝壮举击节，不能不为他精雕细刻的爱国蓝图点赞。抑或是说，不能不对他为葫芦岛建港的未竟之功和东北建设、国家富强的历史贡献而肃然起敬。那么，张学良将军葫芦岛建港的未竟之功意义是什么？我们以为，主要彰显在以下几方面。

一是继承民族的优良传统，高举反对帝国主义的旗帜，奋力打破帝国主义的海路交通垄断。

20世纪初叶的中国，强敌临门、虎视眈眈，军阀混战、民生涂炭。内忧外患的中国面临着亡国灭种的危险。祖国东北一隅的白山黑水，更是处于风雨飘摇之中。帝国主义的军事侵略、经济扼杀，使富饶辽阔的大东北变得疮痍满目、哀鸿遍野。东北的地方政权也摇摇欲坠、岌岌可危。幻想在帝国主义矛盾的夹缝中求得自身利益，为东北老百姓争取一点生存权利，游走在各种势力中寻找平衡的张作霖，只因没有满足侵略者的饕餮兽性，就被凶狠的日本帝国主义残忍杀害。当时，帝国主义把持着东北的交通命脉，其抢占的南满铁路、中长铁路、大连和旅顺港口，就像硕大无朋的吸血管道，将东北的财富源源不断地掠走；这些侵略者的非法驻军，更像锋利的尖刀，插入东北大地和三千万人民的心脏，对东北的政治、经济和民生构成了巨大的威胁。面对危局，每一个有良知的中国人无不锥心扼腕、义愤填膺，无不盼望着驱除帝国主义侵略者，收回我们自己的主权。然而，内战不停息，弱国无外交，对付穷凶极恶的外寇，一个孱弱的民族能有什么作为呢？被日寇铁蹄践踏的东北百姓无能为力，只能"以手抚膺坐长叹"。

正是在这种严峻的形势下，临危受命的张学良将军奋起抗争，决心粉碎帝国主义的经济围堵，为东北经济的发展杀出一条血路。经过细致的调研，他毅然拍板：面向大海，春暖花开，修路筑港，排除万难，和帝国主义对着干！冲出围城，绕过帝国主义控制的大连和海参崴，粉碎帝国主义的南北夹击和经济包围，兴建葫芦岛商港，自己铺设一条生命通道，改变东北的交通格局；在葫芦岛扬帆出海，联通全国，走向世界，大力开展外贸，活跃东北经济。按照将军的构想，倘若建港成功，东北的经济贸易就会发生根本性的变化，东北交通仰人鼻息、受人制约的局面就会成为永远的过去；同时，帝国主义的狼子野心也会遭受挫折和打击，其以经济交通桎梏东北发展的罪恶阴谋，就会遭到可耻的破产。无疑，意在通过另辟生路打破帝国主义的侵略封锁，是张学良将军葫芦岛建港最重要的意义所在。

二是怀着浓烈的爱国激情，践行中华民族的团结大义，倾心构建整个国家的统一交通格局。

自古以来，东北就是中华版图的重要组成部分，高耸的山海关从来没有隔断民族的浓浓血脉相连。生活在这块土地上的各个民族，都是中华民族大家庭的一员。然而，由于关内农耕文化和关外渔猎文化的巨大差异，由于生存条件和生产方式的明显区别，在漫长的历史进程中，为了拓展生存领地，各民族难免会发生冲突和矛盾，不过，这些冲突都是我们民族大家庭中的内部龃龉博弈。在矛盾中融合，在融合中发展，这是民族历史运演嬗变的主流。中华民族大家庭中，谁来当家执政，都是非常自然的事情，没有什么侵略反侵略之说。解读烟锁尘封的民族关系史，走出别有用心者设置的史学误区，大家都会产生这样的共识。正因如此，各民族兄弟都认同，无论遇到什么威胁，都要不断增强、固化国家统一、民族团结的观念，都要全面培植、升华民族的凝聚力、向心力，让各民族像石榴籽一样紧密团结在一起。然而，帝国主义亡华之心不死，对中国广袤的版图和富饶的大地垂涎三尺，千方百计地掠夺和分裂我们的神圣领土。为了达到卑鄙的目的，这些帝国主义者挑拨民族关系、制造民族对立、煽阴风点邪火，无所不用其极。即便已经抢夺了我们几百万平方公里的国土，即便将我们广袤的大草原分裂出去之后，仍然贪得无厌，对东北的现存版图，没有一刻停止过鲸吞蚕食，妄图实现他们独占满蒙、称霸亚洲、侵略世界的罪恶目的。

张学良将军主政东北之后，对帝国主义的狼子野心洞若观火，心如明镜。作为东北最高首长，坚定的中华民族立场，强烈的爱国意识和家国情怀，促使他力排众议、迅速易帜，南北议和、推动了中国的统一；浓郁的忧患意识，时代的滚滚风云，让他寝食难安，心急如焚，渴望与关内握紧一个拳头，连成一个整体。他深知，光靠一条老旧的北宁铁路线，很难有效地加强与华北、中原和全国的政治、经济联系，在帝国主义抢占了大连海港，封杀了东北正常海路交通的情况下，只有在辽西渤海岸畔开通新的海路，以直达天津、烟台、青岛、上海，才能建立一条紧密联系全国的海上交通线，为巩固国家统一、抵御外敌入侵提供可靠的保障。基于此，将军认为，为了进一步促进中国的统一和民族的团结，兴建葫芦岛港口是势在必行、不容迟疑的国家大事，是功在当代、利在千秋的民族大业。①无疑，意在通过兴办交通设施促进来之不易的国家统一和民族团结，是张学良将军葫芦岛建港最鲜明的意义表征。

三是矢志不忘前辈初心，落实中山先生的宏伟规划，树立起炎黄子孙奋发有为的英雄形象。

实现中山先生和先辈的夙愿，是张学良将军葫芦岛建港的理想。在地理条件优越、自然风光秀美的葫芦岛建筑海港，是几代中国人的愿望，是国父孙中山先生在《实业计划》中作出的远景规划。葫芦岛地处辽西走廊的中部，是关内外交通的咽喉要道。它背依北宁线，面临连山湾，山峦起伏，地形险要，是一个如同宝葫芦形状的美丽半岛，由西北向东南逶迤延伸到渤海之中。这里水深海阔，风平浪静，虽然地处严寒的北方，但冬日从来都不结冰，是一个不可多得的天然深水良港。早在清朝末年，东三省总督徐世昌就通过普查，认定"此港西与秦皇岛为唇齿，北与京奉路相连，故可控制华北，成辽东之要隘"，其"占天然之形胜，为世界所必争，而东三省不冻口岸除大连湾外，实为独一无二之商埠也"②。1909年，锡良任东三省总督后，经宣统皇帝批准，葫芦岛进行了第一次海港建设。在一年多的时间里，建成了连山到葫芦岛的铁路和港内的防波大堤，后来因为经费的缺乏和辛亥革命的爆发，工程不得不搁置废弃。③1919年，孙中山先生在《远东时报》的6月号上发表了他著名的建国方略中的《实业计划》，计划里确定，未来在全国要修建十几个优良海港，葫芦岛即名列其中，是三等港中的第一个。④国父的《实业计划》引起了世界的轰动，葫芦岛聚焦了不少外商投资者的贪婪目光。为防止外资介入染指建港，重蹈大连的悲剧，当时的交通部与东三省巡阅使张作霖达成协议，共同建设葫芦岛商

①葫芦岛市政协学习文史委员会：《张学良与葫芦岛》，北京：社会科学文献出版社2011年1月版，第41页。

②辽宁省档案馆，全宗JC10，卷号3699，奉天省长公署，第2403页。

③葫芦岛市政协学习文史委员会：《张学良与葫芦岛》，北京：社会科学文献出版社2011年1月版，第16页。

④《孙中山全集》第6卷，北京：中华书局1985年版，第351页。

港。在张作霖的大力支持下，1920 年，中央政府交通部任命周肇祥为葫芦岛商埠督办，全权负责筹办开工事宜。正当一切紧锣密鼓准备就绪，建港开工在即的当口，直奉战争突然爆发，各路军阀卷入了内战厮杀。战火波及辽西走廊，建港工程不得不忍痛下马。技术工程人员撤离，工程图纸移交省里，第二次建港偃旗息鼓，又一次在国人的期盼中不幸夭折，淡出了人们的视野。

葫芦岛的建港工程一波三折，葫芦岛的前世今生令人慨叹。国父勾画的美好图景难以实现，前辈的两度努力付之东流，外国人的冷嘲热讽联翩不断，对东亚病夫的污骂不绝于耳。甚至，连我们自己的同胞都缺乏民族自信，中国人能够搞现代化的海港吗？艰难困苦，玉汝于成。洋人的伤害，国恨的深重，家仇的纠结，民众的期盼，这些都深深地刺痛了刚刚踏上政治舞台的少帅，更加坚定了他报效国家、民族自强的坚定意志。这位年轻的东北最高长官，自来就有不服输不怕硬的个性，因此，他决心继承先辈遗志，实现国父和几代人的理想，为民族争气，为国家扬威，让洋人蒙羞，把葫芦岛建港的大事办好。雷厉风行，说干就干，他运筹帷幄、精心谋划葫芦岛建港的当下和未来，以义无反顾、志在必得的决心和意志，投入了这场没有硝烟的战争之中。无疑，意在通过海港建设实现国父和先辈们振兴国家的意愿，是张学良将军葫芦岛建港的另一深远意义。

四是大力做实基础建设，跳出帝国主义的陷阱围城，为振兴东北乃至全国的经济勾画愿景。

振兴东北和全国的经济，是张学良将军葫芦岛建港的终极诉求。在戎马倥偬之中，张学良对东北的经济建设十分关心。他支持东北大学聘任了几位国内著名的经济专家，并请他们担任政府的经济顾问。平日，他自己也非常关注经济信息，注重经济发展。此次他就以葫芦岛建港为契机，组织智囊团编制了振兴东北促进全国经济联通的路线图和执行方案。经过认真的前期可行性调查，他决定执行避开帝国主义的经济包围和军事锋芒，让开中部大道、占领东北两厢的经济战略。并决定将做好基础设施建设摆在首位，将工作重点确定为搞好基础交通网络上，而当务之急，就是要排除各种阻力，修建一港三路。

所谓一港，即指葫芦岛港。东北各地物产丰饶，林矿殷富，据统计，1930年时，四省年出口的"农产品2100万吨，林产435万吨，矿产836万吨，畜产24万吨"[1]。出入口货物的数量十分巨大。但是这些出入口的货物，不是南走大连海港下海，就是北走海参崴港与西伯利亚铁路外销，真正走北宁线铁路通向关内的，是少之又少、微乎其微。这样，可观的盈利几乎全部外溢，东北人民的财富都被帝国主义拿走了。当时，日本南满铁路株式会社依仗大连海港，一年的收入就高达两亿三千万元，大连港的巨大作用，不言自明。对此，爱国前辈们也心知肚明。当年，他们就忧心如焚、屡次谏言："葫芦岛开埠之策，关系尤大"，"实关东三省命脉。"[2]现在，葫芦岛建港的必要性，更是得到了彰显和认同。这是粉碎帝国主义的经济封锁，改变东北交通格局、建立自己独立网络的最好举措。牵一发而动全身、举足轻重，无论怎么比喻都不为过。少帅深知，如果葫芦岛港建成了，东北经济的形势就会发生天翻地覆的变化，与关内的交流就便利多了。那时，帝国主义控制的铁路、海港，就将被晒干、被冷落。所谓三路，就是指计划兴建支撑葫芦岛港的三条干线铁路。第一条，东大干线：从葫芦岛经锦州、沈阳、海龙、五常、依兰到同江。第二条，西大干线：从葫芦岛经锦州、大虎山、通辽、洮南、昂昂溪、齐齐哈尔到黑河。第三条，南大干线：从葫芦岛起，经朝阳、赤峰到多伦。三大干线织成了密密的东北铁路网，联通了东北的四面八方。三大干线论证的远景十分诱人，通车后，将实现对葫芦岛港的全方位支持。葫芦岛港货物将源源不绝，千帆竞发联通四海，吞吐量节节攀升，很快会成为远东地区的商贸大港。那时，不但日本帝国主义控制的大连港门可罗雀，就连其惨淡经营的南满铁路，也将"门前冷落鞍马稀"，东北经济的前途很可能真的是"柳暗花明又一村"了。无怪乎当时的日本报纸惊呼葫芦岛港竣工，"大连危机了"；也无怪乎中国的报纸都热烈欢呼，葫芦岛建港，"我东北前途大有望矣"。这一

---

① 葫芦岛市政协学习文史委员会：《张学良与葫芦岛》，北京：社会科学文献出版社2011年1月版，第14页。

② 锡良：《密陈筹办葫芦岛不冻口岸情形折》宣统二年四月十二日（1910年5月19日），北京：中国科学院历史研究所《锡良遗稿》奏稿卷7，1959年版，第1203页。

宏伟的蓝图，体现了张学良将军经略东北的高瞻远瞩和雄才大略。可惜，子不遇时！如果没有此后"九一八"的风云突变，历史将如何书写？这一点，我们当然不好预测。但有一点可以坚信，那就是，反帝爱国、心系桑梓的张学良将军，什么时候都不会忘怀他无比挚爱的父老乡亲、兄弟姊妹，什么时候都不会愧对他魂牵梦绕的辽沈大地、白山黑水！

作者单位：渤海大学中文系

论张学良"东北新建设"的主张与实践

于赛晴

一、张学良"东北新建设"的历史背景

（一）"东北新建设"的国际背景

中苏围绕中东铁路问题矛盾逐渐上升。中苏矛盾由来已久，1921 年苏俄在未经北京政府允许的情况下，以消灭白匪为由擅入外蒙。而此后围绕中东铁路问题中苏矛盾逐渐升级，1924 年中苏签署了《暂行管理中东铁路协定》及《中俄解决悬案大纲》，在协议中明确规定中东铁路由两国共管，然而在实际管理中，往往是苏联单方面独揽大权，并以此为基础，增调援军、扩大贸易、搜集情报。在中国东北地区收回中东铁路主权的呼声日渐强烈，张学良与苏联就中东路权问题进行谈判，苏联态度的强硬使中苏矛盾进一步上升。

日本侵略我国东北的既定政策逐步在实践中进行。日本明治维新后走上资本主义发展道路。1927 年"东方会议"后，日本首相田中义一向天皇呈递《田中奏折》，其表示"欲征服世界，必先征服中国，欲征服中国，必先征服满蒙"。实际上是将中国东北划入到其势力范围内。张作霖主政东北时期，拒绝日本向中国索取的一系列权益，日本制造了"皇姑屯事件"，张作霖被炸身亡。日本为达到独占我国东北的目标曾向张学良表示"我日

本捧你,我日本帮你"①,张学良回复道:"你老替我想的很多,但有一件事没替我想到,你老先生忘了我是一个中国人。"②张学良站在国家利益的立场上"改旗易帜",与南京国民政府展开合作。1929年世界金融危机爆发,日本急需原料产地和产品销售市场,进一步加紧了对中国东北的侵略进程。

中俄、中日矛盾日趋上升,也使得张学良的爱国热情日益高涨,由此张学良发起了建设东北的号召。张学良建设东北的重要目的就在于"建设新东北,以促进国家现代化,消弭邻邦的野心"③。

(二)东北新建设的国内背景

1916年袁世凯去世后,中国国内军阀混战、政权更迭频繁,"从1916年北洋军阀分裂到1928年东北易帜,在这动荡的12年里,更换了9次国家首脑,平均在任不到一年零四个月"④。而就东北地区的奉系军阀内部而言,同样存在着不同的派别,主要包括固执、忠诚的旧派;保卫家乡的陆大派;亲日的士官派,其内部矛盾重重严重影响了东北地区的和平稳定。

军事扩张以及帝国主义国家对东北地区的经济侵略,使得东北地区出现财政困难,经济发展陷入困境。据统计"1922年军费支出为2040万元,占岁支出总数的81%。1926年,军费支出增至大洋7032万元,占岁支出总数的95%"⑤。此数据表明如此大规格的军事支出会严重影响东北地区经济的发展。与此同时日本资本的大量涌入,进一步破坏了传统的经济结构,阻碍了东北地区近代民族资本主义的发展。

除此之外,东北地区文化教育水平相对落后。在当时的社会背景下,我国东北地区军阀穷兵黩武,政府资金匮乏无力兴办教育,加之日本侵略者大肆宣扬"大东亚共荣"的奴化教育,因此东北地区急需在文化上进行

---

① 王书君:《张学良世纪传奇——口述实录》,山东友谊出版社2002年版,第290页。

② 王书君:《张学良世纪传奇——口述实录》,山东友谊出版社2002年版,第246页。

③ 沈阳文史资料委员会编委会:《沈阳文史资料》第1辑,沈阳:沈阳文史资料委员会编委会1981年9月,第9页。

④ 胡玉海:《张学良国家统一观的理念和实践》,《东北大学学报》,2007年版,第15期,第153页。

⑤ 辽宁省档案馆:《奉系军阀密信》,北京:中国档案出版社1993年版,第212页。

提升。在此背景下张学良励精图治，对东北地区进行建设。

二、张学良东北新建设的主要内容及影响

（一）政治建设内容及影响

由于受到孙中山"三民主义"及西方政治体制的影响，张学良极力希望改变原有军阀割据及帝国主义殖民的现状，建立现代化民主政体。为实现国家的统一，张学良团结东北新旧势力，决定与南京国民政府合作，不做旧式的封建军阀，改旗易帜，并指出"民国十八年来，战祸频仍，危象环生，人民殷殷望治，机会虽多，惜皆错过，其惟一之光明，即恃总理主张，取消不平等条约，以建设强有力之政府，东北各首领矢志服从国府，目的即在于此"①。

张学良认识到封建军阀往往不顾民生、肆意盘剥百姓、腐败猖獗的种种弊端，因此十分注重民意，不符合民意的事即弃之，符合民意的事就坚持，在此准则下决心改革军阀政治的腐败，建立廉洁高效、造福民众的新政府。因此在行政机构人员选拔上格外用心，特别委任了一批虽然职级低、资历浅，但却富有朝气、民族意识强的阎宝航、卢广绩、高纪毅、刘鸣九等人进入政府高层。而张学良本人更是没有丝毫的懈怠，每天的工作日程紧密相连，做到充分利用时间。他为使政治有法可依，促进政府廉政建设，积极建章立制，颁布《辽宁省民政厅办事细则》《禁止僚属馈送年礼命令》《关于行政干部普通奖章暂行条例》《关于提倡节俭以端风化的训令》等。除此之外，张学良另一重要主张即精兵主义，在具体实施上表现为裁军、建章立制。在裁弱留强的办法下裁减数十万人，这些被裁减的人转移到垦殖的工作中，并加强对军队内部的教育训练和装备建设，除此之外，为节约经费合并了部分机关。在一系列措施的实施下东北军实力显著提升，到九一八事变前，东北军的近代化建设居全国第二，仅次于蒋介石的中央军。

---

① 毕万闻：《张学良文集》，新华出版社1992年版，第171页。

张学良改旗易帜标志着国民政府实现了形式上的统一，北洋军阀分裂割据的局面结束，是对当时中国政治现代化的一个最重要的贡献，也使得东北地区的政治在这一时期发生了质的变化，东北地区也由原来封建军阀性质的地方割据政权变成了遵从祖国统一的现代型地方政权。此政权是一个爱国反帝的政治集团，一个为民族解放而极力维护祖国和平统一的新政权，一个带领东北人民进行现代化建设的政治领导核心。为了改革北洋军阀时期的旧政权，张学良还注重政令统一、关注民生、重视民意、提倡高效廉洁、依法行政，这些建设是向现代化国家迈进的重要步骤。

（二）经济建设内容及影响

1928年张学良指出"自今以往，当励行开源节流主义，实事求是，蠲除一切苛捐杂税，以利民生，一面提倡实业，奖励生殖"①。由此逐步采取一系列有利于经济发展的措施。

在财政金融方面进行了改革。由于东北地区长期处于战争状态，加之外资的入侵，使财政金融陷入危机。其具体措施包括：第一，币制改革，张学良发布相关文件来维持奉票的地位，并由四大银行共同管理东北地区的金融。第二，提高利率，改订《东三省官银号暂行各种存款办法》，规定"定期存款无论现大洋、哈大洋、奉票，存至十二个月应按月八厘，九个月者按月六厘，六个月者按月五厘，三个月者按月四厘，活期者按月三厘，定期存款在未到期之前支取者，只按活期利率计息"②。以此来提高吸收存款的额度。

在农业方面进行了改革。农业是经济发展的重要支撑，为解决东北地区劳动力短缺的现状，颁布了一系列的法律法规，如《辽宁省移民垦荒大纲》《台安县收容直鲁难民办法》等，并成立兴安屯垦区公署，任命炮兵司令邹作华为督办，这些军人拿起锄头开垦荒地，此种方法不仅使和平时期军队的安置问题得到解决，而且扩大了农业垦殖面积又增加了粮食产量，解决了军队的粮食供给问题，也在一定程度上减轻了百姓的负担。除此之外，张学良考虑到农业生产效率的问题，引进了先进的生产技术及农业机械设

---

① 毕万闻：《张学良文集》，新华出版社1992年版，第95页。

② 董慧云、张秀春：《张学良与东北新建设资料选》，香港同泽出版社1998年版，第265页。

备，如拖拉机、火犁等。张学良对农业方面的改革使农业得到了快速的发展。

在工业方面进行了改革。将工业的重点由军事工业部分转向民用工业，加大对煤矿、石油的开采，并大力发展面粉业、纺纱业、造纸业等。我国著名的爱国人士杜重远在奉天创办的肇新窑业公司，就得到了张学良的鼓励与支持。企业越办越好，获得"东北模范工厂"以及"东北工业界之福音"的称号。"除了铁工厂外，奉天的榨油厂已达18家、造酒厂11家、印刷厂25家、皮革厂60余家。"①可见民用工业繁荣发展。

除此之外，张学良还发展东北交通，积极吸引外商来东北投资，并展开对外贸易活动。由于中东铁路和南满铁路一直由外国人掌控，东北的贸易及物资的运送都受到极大的限制，日本更是利用铁路逐渐向东北扩张，因此张学良认为掌握交通命脉至关重要。1928年张学良改组了东三省交通委员会，1930年发布了预计5年内完成的修建东北新铁路计划，主要是延长张作霖时期就已修建的东西两大干线，增修热河至北平线，并由荷兰治港公司承建葫芦岛港，使其与铁路相连接。在对外贸易上，经过几年的发展，东北地区大豆和小麦的出口数额十分可观，根据当时的统计数据，输出总额从1928年起就一直增长，到1931年已高达394673000元。②东北成为当时国内的重大商品粮基地。

张学良经济建设的主张与实践，使东北地区经济快速发展，出现了盈余的情况，有效控制了通货膨胀，市场秩序逐渐好转。对外贸易的发展也使得东北地区传统的自给自足封建半封建经济逐渐向现代型经济转型。

（三）文化建设内容及影响

张学良十分重视东北地区的文化建设，他认为一个地区想要得到长足的发展，其根源就在于教育。在此思想的指引下，张学良个人出资创办了36所小学及几所中学，并在东北大学任校长期间，拨款1000万元作为教育经费。张学良为改变东北地区学制混乱的情况，积极推行六六四学制，此种划分方法与现代的划分方法极为类似。将有真才实学、接受过良好教育、懂教育管理的人才引进教育领域，并颁布各种规章条例提高教师的水

① 东北文化社年鉴编印处：《东北年鉴》，沈阳东北文化社1931年版，第1051页。
② 国立东北大学：《东北要览》，国立东北大学出版社1944年版，第376页。

平, 如《中等学校校长、教员任用条例》《小学校长、教员使用条例》《中
等学校各种组织章程》等。张学良作为校长积极引进学者、专家来校就职
或做讲座, 根据《东北大学概览》的数据显示, 此时东北大学的教授已达
到99人。在学校的具体政策方面, 张学良打破只招男生不招女生的规律,
并注重对学生的爱国主义教育和体育教育。他曾告诫自己的学生们要刻苦
努力, 志向远大, "求得真实学问, 方不负养士初衷, 才可负救国重任"。
他同时还强调体育是提高国民素质以及民族荣誉感的重要保障, 因此积极
组织学生各种强身健体的活动, 参加各种体育赛事。

张学良注重对民族文化的保护。面对帝国主义的文化侵略, 张学良注
重对儒家文化及东北地区传统文化的保护。1928年张学良批准了复兴萃升
书院的提议, 并亲自担任院长, 聘请国学大师任教。1929年在张学良的影
响下, 哈尔滨唯一一所祭祀孔子的圣地, 即"文庙"诞生, 《哈尔滨文庙
碑记》由张学良撰写。为更好地发扬中华传统文化, 他主张影印文溯阁的
《四库全书》, 他指出"此书之完备, 则自中国始有文字以后, 至清代乾
隆四十七年以前, 中间包括五千余年。所有历史、民族、社会、政治、制
度、宗教、天象、地舆、物产、文艺、哲理、美术、医算、农工商矿及百
杂学等一无所遗, 内容丰富, 无可比拟"[1]。虽然此举最终没有成功, 但其
发扬了中华文化, 留下了宝贵的精神财富。

在张学良对教育的重视下东北地区基础教育发展十分迅速。教育机构
与受教育人数都从无到有, 从少到多。辽宁"就小学来讲名列全国之前茅,
仅次于山西省", 中学教育"居然一跃居于全国第二位, 仅次于广东省"[2]。
据1930年的统计, 辽宁省有中学198所, 吉林省有36所, 黑龙江省有10
所, 热河省有4所, 东省特别区有10所, 共计258所, 学生4万余人,
教员3000余人。[3]同时, 打破女子不能进入学校的陋习, 在德、智、体、

[1] 董慧云、张秀春:《张学良与东北新建设资料选》,香港同泽出版社1998年版,第484页。
[2] 王鸿宾、向南、孙孝恩:《东北教育通史》,辽宁教育出版社1992年版,第401页、第418页。
[3] 国立东北大学:《东北要览》,现藏于中国科学院国家科学图书馆1944年版,第676页。转引自孙艺年、李学桃:《张学良与东北地区的现代化进程》,《哈尔滨工业大学学报》,2009年版,第11卷第3期。

美以及爱国主义教育下，众多学生加入到救国救民的行动中，尤其是东北大学的学生，他们是"一二·九"运动的骨干，在此运动中起到了先锋带头作用，其请愿活动更是促使张学良下定决心发动了震惊中外的西安事变。可以说张学良对东北地区的文化建设是东北地区现代化建设的精神支柱，同时对东北的抗日救国思潮起了不可磨灭的积极作用。除此之外，张学良在修建祭孔文庙、保护历史文物、传播儒家思想等方面的许多做法，促进了中华民族传统文化的发扬光大，并在一定程度上抵制了帝国主义的文化侵略。

三、总结

张学良勇于除旧布新，励精图治。东北新建设的建设方针及建设措施符合东北民众的愿望，顺应了社会发展的需要。对东北地区的政治建设、经济建设以及文化建设等促进了东北社会性质在各个方面都发生了由封建社会向近代社会的重大转变，促进了东北地区的现代化进程，同时也打击了日本原有的侵华步骤，具有积极的历史影响。但仍有不足，我们应客观看待其东北建设，首先，张学良在政治建设上加入了国民党，但国民党政权代表着帝国主义、封建主义和买办资产阶级的利益，这使得它不可能从根本上让中国走向独立发展资本主义的道路。其次，经济建设虽然取得了显著的成就，但并没有在根本上改变东北地区的社会环境以及东北民众的生活困境。最后，张学良对东北地区的文化建设可谓倾其所有，但毕竟个人作用有限，在动荡不安的年代不能从根本上改变东北地区文化落后的状况。虽然存在不足，但总体上为东北建设作出巨大贡献，也为后期的建设留下了宝贵的物质财富和精神财富。

作者单位：黑龙江大学历史文化旅游学院

试析：张学良与"东北新建设"及其启示

许　皓

张学良，字汉卿，号毅庵，人称"少帅"，中国奉天省（今辽宁）海城人。他是国民革命军将领，奉系军阀张作霖的长子，也是中国近代史上伟大的爱国者。

1928年"皇姑屯事件"发生后，张学良识破了日本要把东北从中国分割出去的阴谋，于同年12月不顾日方的阻挠，宣布"东北易帜"，为维护祖国的统一和民族的团结作出了贡献。

"东北易帜"实现了中国在形式上的统一，给东北营造了相对稳定和平的环境，客观上促使张学良得以将工作重心转移到东北的城市化建设上来。可以说"东北新建设"运动是"东北易帜"的必然结果。

一、"东北新建设"提出的背景

20世纪20年代，是北洋军阀和国民党内部派系混战的时期，奉系军阀内部也矛盾重重。国内频繁的内战与外来日本的经济侵略，严重摧残了东北的经济发展，并且激化了民族矛盾。1928年张学良主政东北后，面对复杂严峻的形势，他深知："经济是一国命脉，经济上不能复兴，政治上就永远没有独立自主的一天。"① 所以他决定进行一场东北现代化建设。

（一）复杂的派系斗争

1916 年北洋军阀首领袁世凯死后，中国陷入了军阀割据的局面。北洋军阀分裂为直、皖两大派系，奉系军阀顺势在东北迅速崛起，其他诸如晋系、滇系、桂系等军阀也各自割据一方。军阀割据导致内战连绵，民不聊生，严重制约了中国社会经济的发展。

"皇姑屯事件"后，东北陷入了复杂的局面中。一是当时奉系军阀内部老派、士官派、陆大派之间矛盾重重，意见不一；二是日本企图利用张学良制造东北"独立"；三是蒋介石屡派代表规劝张学良易帜，归附南京国民政府。

刚刚登上东北政治舞台的张学良深知只有解决好内部统一，处理好同日本帝国主义、南京国民政府之间的关系，才能顺利开展"东北新建设"运动。

（二）严峻的经济困境

内部困境：由于战争连年，特别是支付张作霖在北京执政时的开支，到 1928 年奉军北撤时，东北经济已陷入了极端困境。1927 年，张作霖在北京执政，而军饷多取自奉天，奉票增发至 4 亿元。1928 年，奉军总撤退，军费无法控制，市场物价愈加高涨，使奉票与现大洋的比值由 5560：1 下降到 28550：1。东北财政金融极度混乱。

外部困境：1906 年日本在我国东北成立了"南满洲铁道株式会社"，表面看它是一所民营企业，实际是日本对我国东北地区进行经济侵略的主要工具。当时以"满铁"为中心的日本资本主义势力几乎垄断了东北的经济命脉。它以掠夺煤铁等战略物资为基础，并渗透到工商、农、林等领域，以此获取高额利润。另外日本大量商品和巨额资本的涌进，严重摧残了东北民族资本主义工商业的发展。②

---

① 金悦、金伶：《张学良应对财政危机的政策探析》，《兰台世界》，2011 年第 29 期。

② 樊丽明：《张学良与东北新建设及其启示》，《东北大学学报》（社会科学版），2006 年第 6 期。

（三）日益激化的中日矛盾

1927 年，日本召开了"东方会议"。会议的中心议题就是讨论、制订日本吞并"满蒙"的政策和实施计划，即所谓"惟欲征服支那（即中国），必先征服满蒙"①。会上还提出了《对华政策纲领》，其中一条内容就是"区别中国本土和满蒙特别是东北地区，东北地区对日本在国防和国民的生存上有着重大利害关系，因此要坚决把满蒙地区从中国分割出来，置于日本势力之下"②。不难看出日本将其侵略矛头直指中国东北，瞬间使中日间的民族矛盾激化起来。

1929 年世界经济危机爆发，经济地位脆弱的日本，经受不起冲击，急于通过对外侵略扩张，来转变本国命运。随即他们加快了对中国东北侵略的步伐，以转嫁经济危机，缓和本国尖锐的阶级矛盾和社会矛盾。至此，中日间的民族矛盾再次激化升级。张学良在这样的背景下提出了建设新东北，反映了他拯救国家于危难，复兴民族的决心。

二、"东北新建设"的主要内容

东北新建设是张学良主持的一场建设东北现代化的运动。其主要内容包括发展教育事业、整顿财政金融业、发展农业、发展民族工业、发展交通运输业等。

（一）发展教育事业

张学良说过："……今日教育为救国方法之出发点。"③他对教育极为重视，投入了大量的精力，使东北教育事业有了长足的发展。

1. 兴办各层级学校

张学良执政之初，大幅增加教育经费，扩大办学规模。他极力发展大、中、小学教育，创办了多所学校，为国家培养了大量人才。除了在财政上

---

①张宪文主编：《中国抗日战争史》（第一卷），北京：化学工业出版社 2017 年版，第 14 页。
②张宪文主编：《中国抗日战争史》（第一卷），北京：化学工业出版社 2017 年版，第 14 页。
③邱秀华、张中波：《张学良教育救国思想及其当代意义》，《东北大学学报》（社会科学版），2007 年第 1 期。

给予教育事业支持外，张学良在兼任东北大学校长期间，还私人捐款150万元现大洋给东北大学，对其进行扩建，将其建成一所综合性大学。为使东北大学的教育更上台阶，张学良还向海内外招纳贤士。许多专家教授纷纷来到东北大学任教，提高了东北大学的国内外影响力。同时张学良还公费送成绩优异的学生出国深造。在创办大学的同时，张学良又相继创办了东北大附中、男女同泽中学及新民小学等一批中小学校，使东北的初级教育、中等教育、高等教育配套均衡发展，形成了科学完善的教育体系。

2.推行教育体制整顿改革

张学良在创办学校的同时，还进行了教育体制的改革与整顿。当时在东北教育系统内私立学校也占有一定比例，而这其中的一些学校由于办学资金匮乏、设备简陋、师资欠缺等因素，教学质量并不高。鉴于此，奉天省当局责令教育主管机关，要认真调研，积极指导，严加整顿，遵章立案，对有困难的学校还要加以财政上的扶持。经过整顿，私立学校在教育教学质量和办学条件上都得到了显著提高。

（二）整顿金融与财政

张学良执政东北后，面临着千钧一发的危难局面。他的首要任务就是整顿金融和财政，这是稳定东北政局的关键。

1.开源节流，整顿财政

1928年11月张学良在奉天成立了财政整理委员会，负责整顿东北财政。他指出金融稳定发展的关键在于推行财政改革，实行开源节流，这样才能使财政收支平衡，经济良性发展。

开源方面，采取了以下措施：一是大量出口粮食，以换取现大洋，增加财政收入。1928年9月，一年内大连、营口、安东三个海关出口粮食39930万吨，换取了大量的现洋。[1]二是为增加财政收入，取消了不合理的零星税，实行了新的税收制度。"此前每多各自为政，而支出之过多，附加税之太重，征收弊端之难尽剔除，或恐不免。今后整理财政，必于废除恶税，举行新税之中，求收支之适合。"[2]

---

[1]《张学良多次延缓易帜探析》，科研论文，张氏帅府博物馆。

[2] 东北政委会档案，1931年1月26日，张学良在东北财经会议上的开幕词。

节流方面，张学良调整了东三省的文武机关，缩减军队以及压缩兵工厂。1928 年张学良在东三省召开了军政会议，决定裁军 10 万余人，并且对被裁掉的官兵实行"兵农政策"，派赴兴安地区进行屯垦，开发边疆。同时还压缩了军队的开支，在军内实行军工制，提倡部队开场、种菜，将兵工厂年支出 2000 万元压缩为 200 万元。还要求军事教育机关也要缩减开支。

经过开源节流，1929 年末，东北财政已初达原定的"自治自立，量入为出，收支平衡，略有节余"①的要求，促进了市场的繁荣。

2. 改革货币，整顿金融

1930 年初，张学良成立了东三省金融整理委员会，并且制定了金融整理方案。一是发行新币，即发行现洋纸币。当时规定奉大洋 50 元合现洋 1 元，奉小洋 60 元合现洋 1 元。出于金融稳定考虑，当时还禁止现大洋出境。通过币制的改革，东三省的金融得到了稳定发展。二是发行公债。公债可以起到调节金融市场，维持经济稳定的效果。当时通过东北财经会议讨论，决定发放东三省整理金融公债现大洋 5000 万元。②三是由"四行"（即东三省官银号、边业银行、中国银行、交通银行）管理东北金融。为使金融稳定，信用提高，张学良还决定由工商联合会与社会团体实行定期检查制度。

（三）发展民族工业

为使东北民族工业迅速发展，张学良着手制定了大规模发展东北民族工业的计划，并出台了《辽宁省实业计划书》和《辽宁省农矿厅整理矿业计划方案》，对民族工业加以扶持指导。张学良提倡实业，全力扶持东北民族工业，使东北成为当时中国工业相当发达的地区。

1. 轻工业方面——以肇新窑业公司为例

杜重远，我国著名的实业家和爱国主义者。1923 年从日本留学回国后，抱着实业救国的思想，在沈阳创办了肇新窑业公司，这是我国首家机

① 于军：《浅析张学良经济改革方面的重大举措及意义》，《党史纵横》2003 年第 6 期。
② 李萍萍：《张学良执政时期对东北经济的改革》，《辽宁经济管理干部学院（辽宁经济职业技术学院学报）》2011 年第 5 期。

器制瓷的新兴民族工业企业。肇新窑业公司的发展与张学良的支持密切相关。当肇新公司发生资金短缺时，张学良曾亲自到工厂调研，给该公司注入12万元资金，解决了其因资金不足而停业的危险。张学良还为其免除营业税5年，为这家新兴的民族工业企业发展创造了条件。后来该公司成为"东北之模范工厂"，其产品质量精良，畅销国内外，被誉为"东北工业界之福音"。①

2. 重工业方面——以民生牌载重汽车为例

1931年5月31日，中国第一辆国产载货汽车问世。它的诞生与张学良也有着密切联系。1928年东北易帜后，中国达到形式上的统一。奉天迫击炮厂厂长李宜春等人进言张学良："应国内需要，宜首先制造载重汽车"，即"化兵为工"，将军工企业转为民用企业。张学良十分赞同，随即便成立了由他直接负责的"民生工厂"，并且拨款，专门从事研制国产载重汽车。工厂聘请了美籍技师麦尔斯为总工程师，并邀请国内外高学历技术人员担任要职。经过大家的齐心协力，75型载货汽车于1931年在沈阳诞生。张学良将这台汽车命名为"民生"，寓意中国民族工业的新生。

由于张学良及当地政府对民族工业的大力支持，到1930年，东北地区的民族工业如雨后春笋般繁荣发展。"除了铁工厂外，奉天的榨油厂已达18家、造酒厂11家、印刷厂25家、皮革厂60余家。"②

（四）发展交通运输业

交通运输业是国民经济的基础产业，在经济发展中起着支柱的作用。鉴于交通运输的重要性，张学良开始兴修铁路与港岛。

1. 修筑铁路

铁路关系到一国的经济、社会、政治、国防建设等，但1920年以前，东北铁路由日、俄、英三国控制，经常导致东北铁路交涉与纠纷不断，这就给东北当局造成巨大的威胁。

1928年张学良执政后，改组了东三省交通委员会，其权力由交通管理扩展到财务、工程建设、运输管理等方面。同年10月，交通委员会第

---

① 王伟：《张学良对东北经济建设的贡献》，《辽宁党校报》，2004年2月29日。
② 东北文化社年鉴编印处编写：《东北年鉴》，东北文化社1931年版，第1051页。

一次会议确立了自营自建、独立发展东北铁路的方针，并且明确规定不用外国资本（主要是日本）。

1930年，张学良直接领导交通委员会，确定了修建三大干线为主的东北铁路网计划。即东大干线、西大干线和南大干线。计划在十年内修筑铁路8000公里。

自1928年7月到1931年9月，共修建了昂齐、齐克、洮索三条铁路，以及沈海干支线的延长线、呼海铁路北段、吉海铁路路轨的铺设等，营业里程总长度为604.3公里。①

2.修筑葫芦岛港

在大力修建铁路的同时，张学良还开始修筑葫芦岛商港。该港位于辽宁西部锦州湾，沿海群山形成葫芦形状的半岛延伸向渤海，具有良好的建港条件。当时自建铁路的修建，在客观上迫切要求东北必须有自己的出海口，否则就不能摆脱"满铁"对东北的货运控制。修筑葫芦岛商港的计划，不但可以带动东北地区的经济发展，更能够抑制住日本的经济侵略。遗憾的是该岛港由于九一八事变的爆发，修筑在中途夭折。

（五）发展农业

由于东三省土地辽阔，物产丰富，十分利于农业的发展。张学良根据寓兵于农的思想，开始推行军垦和民垦。让过剩的军队从事农业生产，并鼓励关内移民参与农业垦殖。

1.推行军垦

1928年9月张学良在东三省召开屯垦大会，宣布实行寓兵于农、发展屯垦的计划，并批示设立兴安屯垦区。当时任东北炮兵司令的邹作华被任命为兴安屯垦区督办，负责屯垦工作。他带领团部开荒种田，建设边疆，开始了屯垦戍边的生活。为了提高农业的生产率，张学良还从美国引进拖拉机等农机器械。实行军垦既解决了裁编军队的安置，又可以发展农业，还可以巩固边防建设，可谓一举二得。

---

① 王贵忠：《张学良与东北铁路建设》，《沈阳师范大学学报》（社会科学版），1989年第4期。

2. 推行民垦

张学良在加强军垦的同时，还重视安顿关内移民。东北易帜后，东北地区大环境趋于和平稳定，这就吸引了大批关内难民前来关外谋生存发展。据文献记载：1925 年有四十九万人逃荒到东北；从 1927 年至 1930 年，每年都有百万以上的人来东北。张学良对数百万的移民，采取了欢迎的政策，下令部下接收好、照顾好。[①] 与此同时，张学良还鼓励民众开垦土地，并且给予奖励。他下令颁布了《兴安屯垦区移民办法》，规定："被移民户住室，由公家予建筑"等。新政的颁布，更加刺激了移民涌入东北。移民的大量涌入，不仅丰富了东北的劳动力资源，还使得东北农业生产率大大提高。当时的兴安屯垦区开垦了大量的荒地，东北的耕地面积每年增加50 ~ 100 万公顷。[②]

三、"东北新建设"的启示

1928 年张学良主政东北后，就号召开展"东北新建设"，大力推行中国民族资本主义现代化。他励精图治，大刀阔斧地推行了一系列改革。短短三年，东北的经济水平就取得了迅速的发展，引领东北进入了现代化的进程。那么，这场"东北新建设"运动取得成功的同时，也给我们今天的现代化建设带来一些启示。

（一）发展教育是培养人才的基础，也是现代化建设的基础

张学良对教育颇为重视，他认为"世界各国生存竞争，无不以培养人才、阐明学术为根本之计"。"我国文化落后，国势阽危，愿求急起直追，非倍力倍速不可。……今日教育为救国方法之出发点。"[③]张学良主政期间，大力增加对教育资金的投入，扩大办学规模，使东北的教育事业取得突飞猛进的发展。在任东北大学校长期间，他先后三次捐款，用以对学校的建设。为了培养人才，他还送品学兼优的学生出国深造。张学良深知教育是

---

① 张永滨：《张学良全传》，北京：团结出版社，2016 年版，第 232 页。

② 孔经纬：《东北经济史》，成都：四川人民出版社，1986 年版，第 218 页。

③《解放日报》（西安），1937 年 1 月 8 日。

强国的根本，培养人才的基础，唯有把教育搞上去了，培养出高质量的人才，他们才能促成国家的现代化建设。

（二）发展先进的生产技术是现代化建设的保证

马克思主义原理告诉我们："科学技术是第一生产力。"张学良在推进东北新建设的过程中，尤为重视引进和发展先进生产技术。如张学良在兴安屯垦区推行军垦和民垦时，就大力推广先进的农业科学技术，从美国引进了拖拉机和收割机等现代化农用工具，大大提高了农业现代化生产的效率。当初张学良为了制造出属于国人自己的载重汽车，还专门派人去西方学习先进的科学技术。张学良知道唯有发展先进的生产制造技术，拥有雄厚的科技实力，才能革新和加速现代化建设。

（三）发展经济，振兴实业，是现代化建设的关键

张学良大力发展东北民族经济，提倡实业救国，推动了东北民族工业的迅速崛起。例如：张学良全力扶持肇新窑业公司的发展，为其提供资金支持和减免营业税。为了振兴东北地区的经济建设，张学良把华侨工作同地方经济建设结合起来，吸引华侨投资国内建设。1929年4月，公布了华侨投资奖励办法。1930年农矿厅还制订出《华侨投资实业计划书》，其中有铁路投资实业、公路投资实业、垦务投资实业、开发森林资源、创办毛织工厂、造纸工厂等。孙中山先生曾在《建国方略》中写道："长治久安之道，当以发展实业为先。"党的十九大报告也指出："建设现代化经济体系，必须把发展经济的着力点放在实体经济上。"[①]不难看出发展经济，振兴实业是现代化建设的关键。

四、结语

从1928年6月到1931年9月，张学良历时三年对中国东北地区进行了一场改革建设。在这场"东北新建设"的实践中，他创下了10个中国第一的神话。改革内容涉及经济、政治、文教、社会建设等各方面，无论

---

①苗圩：《认真学习宣传贯彻党的十九大精神：把发展经济的着力点放在实体经济上》，《人民日报》2017年12月6日，第7版。

从规模还是成就来讲，都走在全国的前列。这场"东北新建设"运动，顺应了历史发展的潮流，反映了东北人民的意愿。它使东北的发展由量变向质变转换，壮大了东北的实力，一定程度上也抵御了日本的经济侵略。同时张学良带领东北进入了城市化与现代化的进程，他的贡献必将万古流芳。

作者单位：南京抗日航空烈士纪念馆

社会记忆中"奉天"改名"沈阳"
——以 1928—1929 年新闻史料为中心

赵士见

1928 年 12 月 29 日，张学良发表震惊中外的"东北易帜"[①]通电。1929 年 1 月 23 日，南京中央政治会议议定"奉天市"改称"沈阳市"，并向各省明令公布[②]。3 月 1 日，东北政务委员会遵照政治会议决议，改"奉

[①]通电见《一周间国内外大事述评(自十七年十二月廿八日起至十八年一月三日止):东北易帜统一完成》，《国闻周报》，1929 年版，第 6 卷，第 2 期，第 1—2 页。东北易帜自其肇始便引起海内外的关注，关于东北易帜的论著层出不穷。关注重点集中在易帜过程、关键人物态度转型、中日英美国的外交交涉、民众反应等方面始终是学人关注的重点。参见日本大泽武司:《东三省易帜实行与中日关系的转变:围绕"默认"的一个考察》，《中央大学大学院研究年报》(综合政策研究科篇)，第 4 号，2011 年 2 月;家近亮子:《有关南京国民政府对北方的权力渗透》，《东方学》，第 87 辑，1994 年 1 月;土田哲夫:《东三省易帜的政治过程》等论著;中国学者曾业英:《论一九二八年的东北易帜》，《历史研究》，2003 年版，第 2 期;胡玉海:《张学良国家统一观的理念与实践》，《东北大学学报》(社科版),2007 年版,第 2 期;佟德元:《政治博弈与制度异化:1928 年奉系政权的重建》，《史林》，2014 年版，第 4 期;朱晓博:《〈申报〉对东北易帜的报道探析》，《上饶师范学院学报》，2018 年版，第 2 期;港台地区:刘维开《训政框架下的国民政府》指出北伐军事行动告一段落，东北地区尚待易帜，国民党虽奉行总理孙中山遗教，但对于统一后的政治制度似未有进一步的思考。见《两岸新编中国近代史》(民国卷)，社会科学文献出版社 2016 年版，第 125 页。

[②]安徽省政府教育厅训令第二五七号令:(七)奉天省改称为辽宁省令六十县教育局、省公私立各学校、省立各教育机关，《安徽教育行政周刊》，1929 年版，第 2 卷，第 5 期，第 8—9 页。

天市"为"沈阳市"①。由此拉开近代沈阳市政建制的重要序幕,而且剥离"奉天"封建尊皇色彩、回归民主共和,还顺势引导民众将"奉天"改称"沈阳"作为东北易帜的一个环节,凸显奉系对南京中央政府的服从。然而,"奉天"改名"沈阳"作为当时民众社会记忆②的重要节点,本身蕴含着不同地域、不同阶层对其深意的不同诠释。中国的关内、关外、港澳台、南洋等地区形成了独居地域特点的社会记忆,日苏美等国根据以往外交经验和自身利益重塑奉天改名记忆。除此之外,以蒋介石、张学良为代表的权力精英、以新闻媒体人为代表的知识精英和普通民众对改名都有着迥异的记忆。因此,"奉天"改名"沈阳"成为20世纪20年代末最具魅力的社会记忆拐点。近年来,社会记忆中传播学导向研究更加兴盛③。尤其是以传播学介质下探讨社会记忆的建构机制和结果,侧重社会记忆研究的动态考察,以关键拐点连接社会记忆中过去、现在、未来。东北易帜中新闻报道则是扮演着传播媒介的角色,一方面实现权力意识下延与社会记忆的契合;另一方面以"再现、遮蔽、凸显、创造"等形式引导社会记忆的重组与生成。

①《时事(自一月十二日至二月三日):国内:奉天改名辽宁省,东北政会已通知实行》,《真光杂志》,1929年版,第28卷,第2期,第90页。

②社会记忆理论源于心理学和精神分析学,直到20世纪70年代末,以集体记忆、社会记忆为研究视角,迅速成为人类学、历史学、社会学探讨的新兴课题。见〔法〕莫里斯·哈布瓦赫著,毕然译:《论集体记忆》,上海人民出版社,2002年。近年来社会记忆研究呈现传播学取向,参见陈振华《集体记忆研究的传播学取向》,《传播学研究》,《国际新闻界》,2016年版,第4期。

③20世纪90年代,社会记忆研究作为"新文化史"的重要领域,在中国学界异军突起。潘光哲、陈蕴茜、李恭忠、石川祯浩、徐涛等学者对于孙中山记忆史学研究成为社会记忆研究的佼佼者,也启迪笔者对于奉天改名沈阳的思考。见潘光哲:《华盛顿在中国——制作"国父"》,台北,三民书局2005年版;李恭忠《中山陵:一个现代政治符号的诞生》,社会科学文献出版社,2009年;陈蕴茜:《崇拜与记忆:孙中山符号的构建与传播》,南京大学出版社,2009年;徐涛:《上海城市记忆中的孙中山(1925—1949)》,《近代史研究》,2018年版,第1期。

一、不同地域下"奉天"改名"沈阳"的记忆

"奉天"改名"沈阳"不仅直接关联着东北地区与江浙地区之间社会记忆，华北京津地区、港澳台地区，乃至南洋、日本、美、苏等国也对其有着鲜明的记忆。其中东北地区的官方媒体对于改名大都持有赞成和欢迎态度，而作为日本在东北地区最具影响力的《盛京时报》则对该名持有悲观态度，京冀地区实力派领袖阎锡山、冯玉祥对东北地区易帜的政策直接决定了对改名的态度。总体而言，阎锡山倾向于和平解决中国统一，赞赏张学良的易帜与改名。冯玉祥与奉系多次武力直接对抗，致使其对易帜和改名多持否定态度。港澳台、南洋地区的民众和侨胞多次催促张学良及早服从"三民主义"。日本国内政界、财经界更加关注改名后的东北政局走向。苏俄与张作霖多次交恶①，致使对改名态度模糊不定。英美等国更多关注本国与南京新兴政权的外交交涉。尤其是美国更多关注东北"门户开放"，极力推动张学良与南京中央政府协调。

（一）中国媒体主流赞许下的"少数异议"

"奉天"改名"沈阳"是奉系、日本、南京政府等多方长时间协商下产生的结果。民众对于它的期望直接反映出对"东北易帜"的态度转型。1928年8月后，媒体看到"最近北伐告成，南北统一之局，然而中国犹尚未见新政治之出现也"②，甚至认为"国府成立以来，百政并议，大会时开"，但"一会之后，万事不提，只闻宣传，不见事实"③。由此可见，民众对于东北易帜的进度时有悲观之情。然而，"奉天"改名"沈阳"则是重新点燃了民众对于国家统一的记忆。《江苏省政府公报》盛赞改名之后"从此国是统一，协力对外"。④

东北地区的媒体对改名的意见主要集中在"奉天"名字本身的封建属

---

① 苏俄与张作霖执政时期，双方就中东铁路和中国境内的"反苏反赤"活动争议不断。
② 《新旧政治之分歧点》，《大公报》，1928年8月26日，第1版。
③ 《会议与效率》，《大公报》，1928年12月27日，第1版。
④ 《奉天张学良等易帜来往电》，《江苏省政府公报》，1929年版，第72期，第10页。

性和改名的"符号权力"。1929年1月28日，《盛京时报》发表题为"易帜后边门"的报道中，特别加上副题："大西五色虽去，小西黄龙犹存;王气消沉矣，'陪都重镇'乎"。①报道指出"奉天为满洲发祥之地，清初入关定鼎北京，以顺天为京都。以奉天为陪都。即表示奉天亦如京师，又表示不忘其发祥之地"②。改名沈阳剔除原有"奉天"的封建帝制之意，引起了国民党教育部门的重视。1929年，国民党政府教育部审定《中华最新形势图》中指出:辽宁旧称奉天，以奉天二字含有帝制意味……改今名，取辽域安宁之意。简称辽，别名辽东。

改名本身作为一种"符号权力"，是对南京中央政府的认同。"改名"是一种不可见的隐形权力通过屈从者（东北地方政权）被支配的位置（从属地位）、社会制度（三民主义）的共谋产生，即表示东北接受和认同"孙文三民主义"的权威和国民党政府合法形式的支配地位。1929年，《新民晚报》发表《和平统一》评论，认为东北奉系集团以"持总理主张，取消不平等条约，以建设强有力之政府"为谈判口号，提出了"分治合作"。这种妥协不同于北洋政府提出的妥协要求，而是"甘为介公效力"的"和平统一"③。江浙地区对于"奉天"改名"沈阳"，集中国家统一和张学良高度的政治自觉。改名标志着孙中山先生毕生努力之期待，是一场主义胜利的象征，引发了对孙中山先生的崇拜和社会记忆的重塑。南京、上海、武汉、广州等城市纷纷设立以"中山"命名的建筑、雕塑、纪念碑、纪念铜像，掀起了孙中山崇拜思潮。致力于"和平谈判"的张学良成为江南媒体赞誉的对象。张学良"在易帜典礼上的演说"强调"我们为什么易帜，实则是效法某先进国的做法。……举政权还给中央，以谋真正统一"④。张学良"谋求真正统一"的政治自觉，高度契合国民党主流思潮。《江苏省政府公报》盛赞张学良"体国公忠"⑤；称东北要人为当世"俊杰"。

①《易帜后之边门》，《盛京时报》，1929 年 1 月 28 日，第 2 版。

②《易帜后之边门》，《盛京时报》，1929 年 1 月 28 日，第 2 版。

③《和平统一》，《新民晚报》，1929 年 2 月 5 日。

④《金风玉露：张学良与赵一荻合集》，第一部，第 517 页。

⑤《奉天张学良等易帜来往电》，《江苏省政府公报》，1929 年版，第 72 期，第 10 页。

1928 年 12 月 29 日, 国民政府致电张学良 "匡扶党国、共策国事"。[①]

除了中国国内媒体主流赞许 "奉天" 改名 "沈阳", 京津地区冯玉祥、国民党省党部、日本在华新闻机构等则对改名持有 "异议"。冯玉祥始终对和平解决东三省问题持反对意见。冯玉祥在撤离京津后, 仍命所部 "使敌片甲不归, 永绝后患"[②]。因此, 奉蒋代表磋商 "京津易帜" 步骤时, 奉方所提 "唯一之要求, 即为冯玉祥军队中止北进, 以免冲突"[③]。冯玉祥的武力解决主张几乎始终不变, 即使和平大势已定, 不便再公开反对时, 也没有放弃之意。

虽然改名后东北实现易帜, 但是党务权力之争成为奉国双方争夺的焦点[④]。尚处地下状态的国民党东北党务指导委员会, "誓死反对以政治解决"[⑤] 东北问题, 提出 "组织东三省特务委员会, 以资应付" 东北政局之巨变[⑥]。奉天改名后, 党部内就改名后的 "东北统一形式" 异议依旧存在。有党务人员指出 "本来国民革命第一部的工作就是谋全国的统一, 不过所谓统一, 有形式的统一, 有实质的统一, 前者是老同志们所主张的统一 (即悬挂青天白日旗、开会诵读总理遗训), 后者是革命同志所主张的统一。要实现三民主义, 非先打倒军阀不可"[⑦]。

(二) 日美苏等国对改名前后的不同记忆

日美苏等国对于 "奉天" 改名 "沈阳" 的记忆变化归根结底源于其对东北和南京政权的平衡和本国远东外交政策的转变。日本作为此次改名最直接的关系国, 无比关注此次改名。无论是军界、政界、商界, 都对奉天改名沈阳给出自己的态度。苏俄在思考如何处理东北易帜下的苏奉关系。

①《国民政府国防 (军事) 战役北伐东北易帜》, 1929 年 12 月 29 日, 台北 "国史馆" 藏, 001000005664A。

②《令鹿钟麟等乘胜追敌过京津电》, 1928 年 6 月 6 日,《冯玉祥军事要电汇编・军略》上, 第 81 页。

③《王士珍任维持京师治》,《盛京时报》, 1928 年 6 月 5 日。

④佟德元:《易帜后的东北政制转型及其困境——以东北政务委员会为中心的探究》,《民国档案》, 2014 年版, 第 2 期。

⑤《东三省问题绝对不容政治解决》,《京报》, 1928 年 7 月 13 日。

⑥《中国国民党中央执行委员会常务委员会会议录》(六), 第 7 页。

⑦《张学良也是国民政府的委员了》,《青年呼声》, 1928 年版, 第 23 期, 第 2—3 页。

美国极力推销"门户开放政策",极力支持张学良统一到南京政权当中,并且通过修订关税承认南京政权,这样就使得中央政权直接接管东北外交。美国通过与南京政权的关税协定和外交交涉,破除日本对东北地区政经的独占性,实现其一直倡导的"门户开放"。

日本政军财界对于改名的侧重不一。1928 年 11 月,莫德惠出席日本天皇加冕典礼,由此加快了奉天改名沈阳的进程。这种变化是日本政界对东北易帜态度的变化。田中义一表示"东北易帜事,只要维持日本在满蒙既得权益即不反对"①,这无疑加快了奉天改名沈阳。究其原因在于田中应对日本国内反对党的外交指责。田中作为这一时期内日本对华强硬政策②的典型代表,田中的对华政策一开始就受到国内舆论、人民及一些政党猛烈的指责和抨击。东京的《报知新闻》称:"各关系国务取不干涉主义,主张中国之事须由中国人自己解决"。③日本国内对于军部肆意发动济南事变和皇姑屯事变反对声音不断,尤其是在野党对于日本内阁对华外交决策质疑、批评不断。首相田中义一一度陷入内政外交处理两难地步。英美等国通过与南京国民政府签订关税协定,一方面承认南京政权,另一方面获得与中国关税商讨的大好时机。日本由此也陷入不得不承认南京政权和重新签订关税的被动局面。在这被动局面当中,日本不仅失去了先机,而且丧失了中日两国舆论支持的潜在力量,逐渐被中日外交冰点交涉报道取缔。

日本报纸认为奉天改名沈阳带给日本最大的改变则是外交对象的转移。皇姑屯事变前,"日本外交的对象是张作霖,然而时下东北外交交涉权移交南京政权后,日本外交对象究竟是张学良还是南京政府。如果谈判对象转为南京政府,帝国外交则会更加困难"④。甚至有报纸指出"东北易帜幌子下是奉方与南方妥协,究竟是哪一派别还未清楚。时下蒋介石代表已至东省,目前张学良一派是日本最大的敌人。张氏以东北一致民

---

① 《大公报》(天津),1928 年 11 月 11 日,第 2 版。
② 《日支間未解決の諸問題(三)幣原外交が何う現れる満蒙交渉の興味点》,《中外商業新報》,1929 年 7 月 12 日。
③ [日]古屋奎二著,木吉雨等译《蒋介石秘录》(上),广西人民出版社 1989 年版,第 279 页。
④ 《日支間未解決の諸問題(三)幣原外交が何う現れる満蒙交渉の興味点》,《中外商業新報》,1929 年 7 月 12 日。

意要求南北妥协，更换青天白日旗后，日本不得不要和南京政府进行交涉"。[1] 改名后日本亟待解决国民在东三省的商租权、满蒙五条铁路[2]、不逞鲜人在满洲地区的居留权、通商条约修订、关税主权、内河航运权[3] 都是政府亟待和东北当局商讨之事宜[4]。这正是日本财界最为关心的利益所在。中国报纸极力渲染日本武力干涉北伐军和强力阻碍东北易帜进程，引发中国民众"排日排货"浪潮。引发日本财界抱怨日本政府要意识到"当下中国外交无力、武力贫乏，对日排日排货则是战术上可以达到应有的成效[5]"。相对于政界和财界关注改名后影响的指向性，军界则是害怕改名后的东北易帜，致使日本在满蒙地区特权的丧失，尤其是张作霖时期签订的铁路相关条约的履行事宜，备受军界关切。日本陆相宇垣一成更是断言：中国的"赤化"迟早要从直隶威胁到满蒙的安全，建议政府出兵干涉[6]。当然，这种强硬的出兵干涉政策随着田中义一对莫德惠的表态而束之高阁。

经验与习惯是苏美两国对改名的重要依据。美苏两国不同于日本直接与张学良主导的东北政权打交道，对于奉天改名沈阳则是态度模糊。态度的模糊很大程度上源自于两国原有的外交经验对改名做出判断。苏联与张作霖、张学良父子多次之间的外交和军事瓜葛，致使整个东北政权当权者对于冯玉祥、苏俄政权多是持有消极态度。张学良在易帜通电中鲜明地表达了他"反赤""反共"的立场。"自共党横施阴谋，流毒海内，不特中外皆为疾首……现在国府诸公，反共清党，与此间宗旨相同。"[7] 可以看出张学良与蒋介石在"反赤""反共"的思想基础上实现了联合。由于南京

①《青天白日旗の下に三民主義を遵奉 急に妥協に決した奉天派》，《大阪朝日新闻》，1929年7月19日。

②《日支間未解決の諸問題(六)解決至難の満蒙五鉄道 解決の光明薄らぐ》，《中外商业新报》，1929年7月15日。

③《日支間未解決の諸問題(十)内河航行と沿岸貿易権 特許主義か相互主義か》，《中外商业新报》，1929年7月15日。

④《日支間未解決の諸問題(七)互恵条約と関税自主権 通商条約の改訂》，《中外商业新报》，1929年7月25日。

⑤《支那の排日と経済絶交 自洗的排日の煽動》，《大阪每日新闻》，1928年5月15日。

⑥[日]信夫清三郎著，天津社会科学院日本问题研究所译：《日本外交史》(下)，商务印书馆，1980年版，第537页。

⑦周毅等主编：《张学良文集》(上卷)，香港同泽出版社1996年版，第141页。

国民政府早已宣布对苏联绝交，这时又屡有情报显示有反蒋倾向的冯玉祥与苏联暗中勾结，而苏联的势力在北满地区又颇为活跃，这种情况无疑极易引起南京方面的猜忌。因此，乘着南京政府推行"革命外交"之机对苏联发难，改名后的奉系就成了向南京表明自身立场的一种极好的选择①。

张学良与日本、蒋介石三方艰苦交涉之中，十分重视英美等国对于东北易帜的态度。1928年7月31日，张学良致电蒋介石"对东三省压迫……欧美视听处境至苦"②，并要求蒋介石派人到美国说明情况。尤其是电请在美国的孙科向美国各界"宣布真相"③。这一时期，南京国民政府正在与英美等国商讨关税自主条约。8月25日，美国与南京国民政府正式签订关税自主条约④，由此展开美国对南京政权的承认和外交关系之路。关税自主条约签署之后，美国支持南京政府实现统一，尤其是将以往日本企图独占的东北地区收归中央政权。美国通过与南京政权外交关系，打通美国在东北的经贸发展，实现所倡导的"门户开放"政策。为此，美国驻华公使马克漠，征得南京政府的同意，以赴朝鲜为名，前往沈阳与张学良会面，力劝张及早换旗，美国方面愿为实现东北换旗作出努力。美国对于东北易帜和奉天改名积极支持态度带来的直接影响就是美国扩大了东北地区的经贸往来。1929年1月12日，美英纸烟公司与奉系财政进行税收交涉，最终确定"值百抽五"的税率⑤。

①杨奎松：《蒋介石、张学良与中东路事件之交涉》，《近代史研究》，2005年版，第1期，第174页。

②《革命文献北伐时期东北易帜》，1928年7月31日，台北"国史馆"藏，"蒋中正总统文物"，档号：002000000316A。

③《革命文献北伐时期东北易帜》，1928年8月25日，台北"国史馆"藏，"蒋中正总统文物"，档号：002000000316A。

④蒋介石：《劝勉记》，1928年7月1日，台北"国史馆"藏，"蒋中正总统文物"，档号：002000000741A。

⑤《关于奉天财政厅与英美烟公司交涉值百抽五纳税的文件》，《奉系军阀档案史料汇编》，第八册，九三。

二、不同阶层对改名的社会记忆

"奉天"改名"沈阳"不仅将张学良与蒋介石等权力精英紧密联系，而且引发不同知识精英在报纸各抒己见，引导普通民众的记忆演变。其中权力精英之中蒋介石作为"统治"派，借助改名彰显出东北地方政权对南京中央政权的服从。由此形成的政治权威和舆论支持，帮助蒋介石实现政治军事统一和减缓日本反对压力。权力精英另一代表张学良作为"本土"派，将改名作为自己追求国家一统、奉行三民主义的决心，断绝其他反对派再次"闭关自守"之路。知识精英不同于权力精英，他们更加注重媒体在改名之中"再现、遮蔽、凸显、创造"的功能。最后，普通民众既是权力精英和知识精英改名主张的塑造者，也是改名的源泉。

（一）权力精英对改名记忆的直接定性

张学良、蒋介石为代表的权力精英都对改名给出自己的定义，这一定义直接界定了社会记忆关于改名的基调。张学良作为刚接手东北地方政权的掌舵人对于改名给予厚望。他通过"奉天"改名"沈阳"，一方面表明自己统一的决心，使民众看到奉系统一于政府的决心；另一方面，一定程度上抑制杨宇霆等反对派。东北易帜自始至终在奉系内部反对不断。起初张宗昌、褚玉璞等人武力捍卫"东北自治"，随即杨宇霆等一派主张借助南京政府、地方实力派、日本等多方交涉获取更多权益。当张学良与南京代表谈兴正浓之时，日本《中外商业新报》特别报道"杨宇霆在白崇禧举办的招待酒会上与广西桂系实力派接触，询问杨对于未来蒋、冯、李之间发生战争的态度。鼓励杨宇霆参与东北军政实权争夺之中，巩固东北奉系地位"[1]。杨宇霆亦曾公开对张学良说："我们可以分开来做，你走中央路线，我和地方派联络[2]"。为了从根本上破除反对派可能再次掀起的多方合作契机，张学良通过奉天改名沈阳达到"统一是大势所趋"的目的，堵死杨宇霆与其他地方派谈判妥协的道路，避免再次走向第一次直奉战争后

---

[1]《懸念される重大な変事 南方派の進入憂慮》，《中外商业新报》，1929 年 1 月 13 日。

[2] 张德良、周毅:《东北军史》，辽宁大学出版社 1987 年版，第 121 页。

的老路。当然，张学良通过"改名"向民众灌输统一的理念，消除以往奉系自治时期对民众施加的"闭关自治""东北关外"等理念，培育民众对国家统一的认同感。另一方面针对国民党党务人员和共产党人关于奉系军阀"独占地盘""军阀统治""心无国家"①消极宣传的有效回应。

蒋介石作为"统治派"代表，在改名之前紧紧抓住与奉交涉的良机，将张学良绑在和自己合作上。1928年7月3日，蒋介石曾电告国民政府主席谭延闿等人"如有代表来京商承奉方事情各委员一概拒绝"②。7月4日，谭延闿致电请蒋介石"奉方代表来京一切请公主持"③。牢牢抓住与奉方交涉大权的蒋介石通过和平谈判方式，避免京津地区阎锡山、冯玉祥等地方实力派再度兴兵进攻热河和东北，为日后编遣会议召开扫清障碍。

当然，蒋介石"和平解决东北"的成功实施，赢得国家和平统一的再造之功，由此取得三民主义的胜利，获得党内权威，实现从军事领袖向党派、政治权威的转型。改名将奉系地方政权直接融入到中央政权之中，使得蒋介石逼迫日本加紧承认中华民国政权。奉系东北易帜使得日本认识到民众和地方实力派的选择，为南京政权和日本谈判取得了舆论支持的先机。

（二）知识精英对改名记忆的外延阐释

知识精英以媒体人的身份向民众"再现"日本野蛮干涉中国内政的史实，强化国人对日本的仇视，从而使日本失去在华邪恶形象自我重塑的机会。尤其是排日排货运动的高涨更是催化"再现"功能发挥作用。改名前，中国国内报纸就日本"武力干涉北伐军""林贤助、林久治郎等强硬干涉东北易帜"④报道不断，引起民众大范围的"排日排货运动"。这也是九一八事变后中国民众"排日排货"运动最易引起民众情感支持之处⑤。

---

① 《短评：张学良请停止党员工作》，《检阅》，1929年版，第10期，第6—7页。
② 《革命文献北伐时期东北易帜》，1928年7月3日，台北"国史馆"藏，"蒋中正总统文物"，档号：002000000316A。
③ 《革命文献北伐时期东北易帜》，1928年7月4日，台北"国史馆"藏，"蒋中正总统文物"，档号：002000000316A。
④ 《革命文献北伐时期东北易帜》，1928年8月9日，台北"国史馆"藏，"蒋中正总统文物"，档号：002000000316A。
⑤ 参见拙著《从"主动质疑"到"被迫趋同"：大阪财界对九一八事变的反应》，未刊稿。

东三省公民代表向日本驻奉天省内各武官处发出警告布告。东三省顺应南北妥协的潮流，这上承张大元帅"停战通电"的遗言，下遵三千万东北民众之渴望。我东三省在政治经济文化等方面直接、间接受到日本帝国主义的凌虐。废除不平等条约只是对外政策的第一要义，今日国民政府对日通告尊重民意，协力对抗强权。南北妥协必定会遭到日本阻挠，敬请诸公秉持强硬态度。南北妥协是我中华四亿大众统一的觉醒。南北妥协的威势极大促进统一，是为东三省人民解除压迫①。

当然知识精英用媒体尽量"遮蔽"东北易帜和改名过程中各派系内的争斗，"凸显"奉系军阀人物"公忠体国""共建革命统一大业"②。媒体给民众"创造"出民国即将"实际统一……人人安居乐业……工商业振兴发展"。日本情报部门指出杨宇霆一派郑谦、于国翰、邢士廉、常荫槐、罗文干等与南方政府联络，主张举国一致，反对日本对支干涉。另一派王树翰、袁金铠等在野党主张东三省自治③。民国报纸对于奉系军阀内部的派系之争，阎锡山、冯玉祥与蒋介石关于东北解决政策的斗争进行弱化处理，"凸显"国内各方势力协力主张东北和平统一。吉林人王新甫等上书张学良"释干戈为玉帛，化南北为一家"，并"建议由各地多选廉明人员，送往南京训练，精译研究三民主义，庶几改革可以彻底，建设方克稳固"④。

改名后，报纸"凸显"各方对于东北未来充满希望，盛赞东北从此"河山一新"⑤。媒体"凸显"改名后东北局势为之一新，"创造"出"沈阳为东北枢要地点，交通焦点，工商业荟萃、文明发达之处，应依例请准中央，改为特别市，以重其要地"⑥。然而，媒体也"创造"东北各地逐渐兴起

---

①《支那内乱関係一件／国民軍／北伐関係／張学良対南方妥協問題 昭和 3 年 10 月 12 日から昭和 3 年 11 月 17 日 》，外務省外交史料館藏：A-6-1-5-1_2_8_001，B02031862600。

②《关于全国各地祝贺东北易帜的电文》，《奉系军阀档案史料汇编》，第八册，三五。

③《支那内乱関係一件／国民軍／北伐関係／張学良対南方妥協問題 松本記録 南北妥協問題経過概要》2〔東三省省況（自昭和三年六月至九月初旬）〕〔昭和 3 年 12 月 15 日から昭和 4 年 3 月 2 日〕》，外務省外交史料館藏：A-6-1-5-1_2_8_002，B02031863100。

④张友坤等：《张学良年谱》(修订版)，第 223 页。

⑤《关于全国各地祝贺东北易帜的电文》，《奉系军阀档案史料汇编》，第八册，三八。

⑥《蒙旗旬刊》，1929 年版，第 1 卷，第 1 期，第 64 页。

"三民主义之风"。为了更好地开展东三省的党务工作，张学良选派东北大学副校长刘凤竹，保安总司令部军卫处处长朱光沐，东三省官银号会办韩麟生，原天津时报记者霍占一、原天津大公报记者张云贵，冯庸大学校长冯庸，奉天总商会副会长刘仲三，吉林保安司令部军法处长韩介生，省公署咨议德寿，黑龙江保安司令部参议处长万国斌等人南下南京、上海等地视察、学习党务事宜①。甚至有报纸指出"东省升起青天白日旗是表象，事实上要使得奉系势力在国民党势力面前屈服，承认国民党的三民主义的政纲。奉系当下即便不接受国民党三民主义的政纲，但是无法抹杀青天白日旗的由来及精神"②。中国国内报纸对于"三民主义"精神风潮的兴起却有另一种"创造"，认为这是投机的功利主义。

（三）被塑造者与被代表者：改名中普通民众的双重身份

奉天改名沈阳前，普通民众一方面作为权力精英进行南北和谈合法性来源和舆论支持者，另一方面作为知识精英导向性阐释的影响者，直接促成改名记忆的生成。改名后，权力精英引导民众认同东北易帜的合法性、支持奉系与中央之间关于权力交接与重组。知识精英也通过改名的外延解读，描绘社会的未来美景和激发更高潮的"排日排货"运动。

1928年6月上旬，普通民众害怕张学良走张作霖在第一次直奉战争后退守关内，经营东北老路。张学良继任的消息传出来后，报纸上立即出现大量报道，舆论普遍担心奉系会独立并行独裁统治。有舆论认为东三省保安总司令"当属张学良所有，不久将依军民各机关之推戴而就任"。"一般观察，谓张学良之就任总司令，无异拒绝遵奉三民主义与揭扬青天白日旗，而漠视国民政府，有实施东三省独立新政之意③"。日方末次研究所搜集剪报得出民众"多谓张学良就东三省保安总司令后……实行其独裁

---

① 《关东厅总务局长致内阁电》，1928年11月30日，外务省外交史料馆藏：A-6-1-5-1_2_8_001，B02031862700。

② 《青天白日旗 その由来と精神》，《满洲日日新闻》，1928年8月12日。

③ 《张学良将就任三省总司令》，季啸风、沈友益主编：《中华民国史史料外编——前日本末次研究所情报资料（中文部分）》，第31册，广西师范大学出版社1996年版，第211页。

的政治"。①为了从思想上塑造出东北决心归顺中央,奉系迅速、果断地采取了三项措施,以表明其无独立之意、无独裁之心。一是于1928年7月1日发表政治通电,要求国府"以最简捷办法,速开国民会议,解决目前一切重要问题",并声明"决无妨害统一之意②";二是军事上继续"从事撤退,以明真意"。据报载"奉吉军队已相继向关外撤退,滦州以东之吉军主力,截至本日(7月3日)殆全部撤退关外,奉军第三四方面军(6月)29日以来,陆续向关外撤退;其三分之一,已向山海关以东输送③";三是7月2日,张电北平何成濬,称派前省长王树翰等赴平正式与蒋等谈判。奉系迅速采取的积极措施直接作用于普通民众,引起民众称赞不已。张学良等本土派积极推进东北易帜的举措,直接塑造出民众对于南北统一的渴望。奉天省各县士绅联名呈请张学良速图南北统一之实现④。随后张学良等以日方多次强阻挠为由,不断推迟东北易帜时间。这引起南京政府的反感,《中央日报》评论:"小张所虑青白(指南京国民政府的青天白日国旗)一挂,委员之任命,党部之组织,均由中央主持,己之权力,势将剥夺,非将此层说妥,得有相当之保证,未肯高悬青白,皈依党国。"⑤这就直接引起民众对于东北地方政府缓慢推进东北易帜的不满和批评。1928年11月2日,华侨协会召开第四十九次常务委员会、各部主任联席会议,决议指出"张学良仍不服从国府命令,东三省至今尚不易帜,意存反侧,应电请中央明令警告,如不悔悟,当撤职讨伐,以肃国纪"⑥。

---

①《奉人观察三省,仍实行独裁政治》(1928.6.26),季啸风、沈友益主编:《中华民国史史料外编》第31册,第214页。

②《奉吉军队已相继向关外撤退》(1928.7.3),季啸风、沈友益主编:《中华民国史史料外编》第31册,第228页。

③韩信夫、姜克夫主编:《中华民国大事记》第二册(1923—1929),中国文史出版社1997年版,第841页。

④《中外大事记:津奉近事:奉天民意明征》,《兴华》,1928年版,第25卷,第34期,第42页。

⑤彬彬:《东三省归附问题近讯》,《中央日报》1928年8月16日。

⑥《华侨消息:华侨协会电请警告张学良》,《革命华侨》,1928年版,第5期,第11页。

三、结语

奉天改名沈阳并非一蹴而就，而是一个过程性活动。1929 年 4 月，奉海铁路改为沈海铁路。但是，直到 9 月 4 日，沈海铁路首站"奉天站"才改名"沈阳站"①。之所以出现上述现象，在于奉天改名沈阳是奉系地方政府从政治层面做出的决策，并未与经济社会等各方要素全面统筹。一般而言，城市改名往往是由财界人士或者学术界人士向权力部门提出市政规划建议，然后经过反复论证后实施。但是，奉天改名沈阳实为作为东北易帜当中一个重要的政治组成部分。

奉天改名沈阳始于"政治先导"，社会经济、社会文化紧随其后。改名的"政治导向"是受到当时历史条件的较大限制，具有浓厚的时代背景色彩。然而，奉天改名沈阳在社会经济、社会文化的影响远远迟于改名自身。1929 年 5 月 20 日，奉天市场才改为沈阳市场②。1929 年 3 月，一位从北平返回沈阳市的民众发现"自三月一日省政府宣布改称后，奉天旧称业已无效。辽宁新号，应时而兴。谁料今晨公出，发现通衢所张贴之市政公所三月七日第五号公告，仍赫然书为奉天市政公所，省是辽宁省，市是奉天市，非一系属乎。乃两歧如此。辽宁市也？奉天市也？孰是孰非，吾竟不得而知"③。由此看出，改名一定程度上是单纯政治名义上更名。它背后社会经济、社会文化等并未立即发生改变，而是随着政治大局的确定之后，经济部门和市场、街道等才更改。

作者单位：伪满皇宫博物院

①《为请将奉天站改为沈阳站》，1929 年 9 月 4 日，《沈海铁路月刊》，第五期。
②《沈海铁路月刊》，1929 年 5 月 20 日。
③《辽宁市耶？奉天市耶？》，《大亚画报》，144 期，第 2 页。

近代东北的市民社会与通俗小说

詹　丽

19 世纪末 20 世纪初，东北现代大都市的兴建，物质手段的初具，推动了现代化文化市场的开拓与成型；市民阶层的形成，职业文人的出现，促使了报刊和书籍的诞生和发展。东北民众对休闲娱乐性知识的渴望与自身文化水平低下的客观存在，为具有浅显易懂的通俗小说的萌发提供了合适的土壤。

一、都市的兴起

鸦片战争之后，俄国侵略者投入大量资金发展建设中东铁路附属地，改善市内交通骨干网络，建设公园，安设街灯，建立供水厂及学校，开发公用、民用房地产，修筑官署房舍和民用住宅、商店、工厂和墓地等[①]，引入现代的政治经济体系、组织制度、管理模式，使得附属地成为一个与西方发达国家齐步而行的具有都市化、现代化、殖民化的"小社会"。"小社会"的现代思想、经济体系、城建风格进一步辐射其他地区，促成了哈尔滨、奉天（今沈阳）等从乡村向城市化过渡。这些"小社会"在城建风格上极为考究，据相关资料记载，中东铁路局到 1904 年在哈尔滨城市建筑一项上即已耗资 3000 万卢布，在 1600 公顷土地上建成了完全清一色的

[①] 方外生：《哈尔滨事情》，《满洲日报》，1906 年 10 月 23 日。

欧式建筑群，这些楼房总数超过了 200 栋。房屋设计上，外部为典型的俄罗斯流行的欧洲古典式、巴洛克式风格。由于欧式建筑"布局合理"①，整个街面"石厦砖楼，蔚为大观"②。不可否认，附属地是西方发达国家对中国实行经济掠夺和军事侵略的阵地，但另一方面，我们也需承认附属地作为政治、经济、文化实体性存在，促进了哈尔滨、奉天等城市崛起，形成了"与传统中国地域空间决然不同的城市景观、市政制度、文化出版机制和消费思想，改变了市民的生活方式、价值观念、社会心理、审美观念等，影响了整个中国的现代化进程"③。此外，日俄战争（1904 年）后，各帝国主义对东北的经济侵略，刺激了当地政府和官僚资本家对东北的投资和开发。他们自行开放和开发商埠地，改造老城区，创建近代化市政管理系统，鼓励关内移民迁徙东北和发展区域近代交通等政策。民国初年，以张作霖为首的东北当局，积极兴办铁路、工矿，进一步促进了东北的经济、城区建设和工商企业的发展，一时开办了许多与面粉业、酿酒业、制烟厂、化妆品业相关的工厂，完成了东北部分地区由乡村向城市的过渡。作为现代都市的产物，通俗小说受市场经济的影响和约束，体现了城市的文化和精神特质，反之，如果没有现代都市的形成，就不会有现代都市小说的兴起。

二、市民阶层的形成

东北地区的城市化道路与中国传统城市所不同的是近代城市的形成没有经过手工工厂阶段而直接进入了殖民主义者为实施殖民统治的资本主义的大机器生产阶段，先城市，再移民。移民对象主要包括俄、日侨民和关内移民。首先，俄国移民。俄国人为了独占中东附属地，早在 1897 年就开始组织来华移民。移民对象主要有筑路工程技术人员、铁路管理人员及其家属，也有商人、手工业者、医生、文化娱乐人员等自由职业者。大量

① 张岩：《〈滨江时报〉研究》，东北师范大学，2010 年。
② 方外生：《哈尔滨事情》，《满洲日报》，1906 年 10 月 23 日。
③ 李永东：《租界文化与 30 年代文学》，上海三联书店，2006 年版，导论。

移民的到来使原本人烟稀少的一部分铁路附属地迅速成为人口聚居区,"造成城市的超常扩展和经济生活的千姿百态……多数市民生活在这个复杂多变的新环境中,急需扩充自己的信息量,扩大自己的知识面,改变自己的知识结构"①。其次,日本移民。1904—1905 年的日俄战争,日本人占领了大连,从俄国人的手里夺得了东北南部铁道的所有权,并于 20 世纪初叶设立"南满洲铁道株式会社",随着该会社的建立,逐渐有多达 15 万的日本移民来到中国东北居住在大连等城市。据统计,在 1931 年以前东北的日本移民总数达到 24 万人②。再次,关内移民。随着东北的城市化进程,民族资本家开始崛起。大批山西、福建、江浙一带的商人开始深入东北,扎根经营,开设粮栈、酒铺、钱庄。据资料记载,1903 年 2 月,仅哈尔滨市内人口就达 4.4 万人,同年底增至 6 万人③。大量移民的涌入促使了经济上的繁荣发展和市民阶层的形成。

市民与"日出而作日入而息"的农民生活方式截然不同,他们大多有固定的工作,生活节奏较快,周末休息可从事业余活动。一周的劳累使很多民众希望能够在休息之余获得更多的娱乐和休闲,而通俗小说具有的不可替代的优越性迎得了市民的欢迎和喜爱。正如王钝银所说:"礼拜一、礼拜二、礼拜三、礼拜四、礼拜五人皆从事于职业,惟礼拜六和礼拜日,乃得休假而读小说也……以小银元一枚,换得新奇小说数十篇……晴曦照窗,花香入座,一编在手,万虑都忘,劳瘁一周,安闲此日,不亦快哉。"④市民阶层对通俗小说的主动选择体现了"现代都市生活的一种方式,也是社会深层结构的一种生存法则"⑤。通俗小说家为迎合市民审美兴趣,开始大量地创作具有娱乐、休闲性质的文学作品。市民阶层的形成为东北通俗小说提供了大量的读者,推动了通俗小说的逐渐繁荣。

---

① 范伯群:《中国近现代通俗文学史》,南京:江苏教育出版社 1999 年版,第 10—11 页。

② [英]琼斯:《1931 年以后的中国东北》,商务印书馆 1959 年版,第 80 页。转引自马平安著:《近代东北移民研究》,齐鲁书社 2009 年版,第 82 页。

③《俄国经营哈尔滨之现状》,《大公报》,1904 年 9 月 7 日。

④ 王钝银:《〈礼拜六〉出版赘言》,1914 年 6 月 6 日出版。

⑤ 刘扬体:《"鸳鸯蝴蝶派"新论》,北京:中国文联出版公司 1987 年版。

三、物质的初具

在经济层面上，自然经济解体，现代工业逐渐兴起，为东北文化事业的繁荣提供了必要的物质基础，其中最能体现东北繁荣的是电讯业的发展，这时期电话通信开始从官方专用向市民普及。以辽宁为例，辽宁的有线电讯是全国第一批电讯建设高潮时期建成的，短短几年时间已经遍布辽宁各个城市。此外，当时的印刷技术较之清末时期也有了长足的进展，如"《海城白话演说报》整版刊载的县议会纪念照与全县学界合影，照片印刷清晰感人，是现存东北中文报刊最早的新闻图片"[1]。在辽宁地区，1900 年的斌声山房和 1901 年的彩盛印刷局分别在安东中富街和奉天金银库胡同开业，主要经营与图书市场相关的业务，如印刷、刻版等。日俄战争后，日商陆续到关东州一带开设书店，兴办印刷厂，促进了东北地区图书业的发展，当时大连地区较有影响的印刷厂主要有满洲日日新闻社印刷工厂、辽东新报印刷厂、泰东日报印刷厂等[2]。民国二十一至二十二年，东北的印刷业呈繁荣之势，印刷厂数量大增。当时许多报社都拥有自己的印刷厂，如东三省公报社"开始下设印刷厂，有大十六页印刷机 4 台"[3]。据有关资料记载，清末时期的整个东北地区拥有印刷厂仅 56 家[4]，而民国 20 年代初，仅辽宁地区新建印刷厂达 135 家之多。这些印刷厂大多引进日本的专业技术人员，移植日本的成套印刷设备，采用先进的印刷技术，使得当时的东北地区在印刷质量和水平上都领先于国内其他地区。印刷业繁荣推动了报刊大发展，促使了对纸张的大量需求。据《奉天通志》记载，东北地区早期印刷纸张"只有旧式纸坊用良衣如线麻等为原料，纯用人力制造毛头纸，有三八、三五等式的双抄纸，衙署卷宗或包裹物品及小户裱糊

---

①黑龙江日报社新闻志编辑室：《东北新闻史（1899—1949）》，哈尔滨：黑龙江人民出版社 2001 年版，第 33 页。

②《辽宁省志·出版志》，沈阳：辽宁科学技术出版社 1999 年版，第 134 页。

③辽宁新闻志（报纸部分）编写组编：《辽宁省地方志资料丛刊》第十二辑，《辽宁新闻志资料选编》第一册，辽宁省人民政府印刷厂（内部发行）1990 年版，第 28 页。

④《辽宁省志·出版志》，沈阳：辽宁科学技术出版社 1999 年版，第 134 页。

窗壁用之，颇为缺憾①。随着印刷业的繁荣，日商、俄商或官商合资组织造纸工厂，积极聘用专业造纸技术人员，借鉴日、俄先进技术，购置先进设备，新造各种纸张，同时大量输入高丽纸、大宗纸，为印刷书刊提供了物质保障。据资料记载，沦陷时期东北共有造纸厂四十三所，其核定资本共达一亿六千七百万元（伪满币），实际投资共计四千五百万元；其生产设备，计有五十三工厂，造纸机器八十三架（另外尚有二十架建设未完），生产能力共计十二万二千一百公吨"，"生产能力，大致已达到自给自足之目的"②。当时文化市场的经营者主要有日商、俄商、民族资本家、官僚资本家还有家庭小作坊等，他们从事这个行业主要为了赚取经济利益，但客观上也促进了当地图书事业的发展。由于经营者代表了不同阶层，针对不同的服务对象，所以经营模式、营销策略各不相同，多种类型印刷厂的同时存在，推进了文化事业的建设，丰富了市民大众的娱乐生活。随着物质条件的日益丰富，侵略者"为了着手经营满洲而进行宣传工作"③，扩大殖民文化的渗透，同时为了满足移居中国东北的侨民的精神生活需要，在东北相继出版了中、日、俄等多种语言的殖民化报纸。报纸的内容包罗万象，尤其带来了大量的外国先进事物、奇特的风土人情以及丰富多彩的奇闻逸事，这对当时读者，尤其是中国读者具有很大吸引力，同时也为通俗小说的发生提供了重要传播媒介。

此外，科举制度的废除，阻塞了一代知识分子仕途之路，使他们转向了文化市场，谋求生存的技能，从事编辑、作家等职业，与广大市民的需要相切合，现代稿费制度相应建立，为通俗小说的发展提供了人力、财力、物力的支持。"特缘时势要求，以合时人嗜好"④，现代通俗文学在这种背景下应运而生。

---

① 王树楠、吴廷燮、金毓黻：《奉天通志》第144卷，民治三，报馆，铅印本，1934年版，第2574页。

② 国民政府主席东北行辕经济委员会经济调查研究处编：《东北造纸业概况》，《经济调查研究处丛刊》，1947年版，第1页。

③〔日〕西村成雄：《辛亥革命在东北》，《国外中国近代史研究》（第四辑），北京：中国社会科学出版社1983年版，第112页。

④ 范伯群、孔庆东：《通俗文学十五讲》，北京：北京大学出版社2003年版。

四、市民社会下的东北通俗小说

具有现代意义的通俗小说最早出现在殖民统治者创办的报刊上，如《盛京时报》《远东报》等。《盛京时报》从创刊起至 1917 年刊载小说近四百篇，文字总量达到四百多万，尤其到了民国时期，受关内文艺思想影响，刊载小说数量与日俱增，类型也日益丰富，主要涉及侦探、言情、神怪、政史及探险等诸多领域；主题思想受维新革命的影响，大多具有社会革命和政治变革的主张；创作手法上借鉴西方文学的表现形式，采用新式叙事视角；小说语言上多用白话文创作，融入大量的方言土语；小说的作者群虽人数较少，但已经出现了署名。

1.小说类型丰富。这时期的小说受关内和西方文艺思想的影响，小说主要以政史、言情和侦探小说成就最高。纪实性的政史小说与其说是小说创作不如说是政治主张的表达，它忽略了小说通俗易懂、娱乐休闲的本质，虽在最初几年风行于东北报刊，但很快就有了改进。整体来说，政史小说出现在特殊的历史时期，"命意在于匡世"①，忽略小说自身的艺术特性，常发长篇大论，且晦涩难懂，而难被东北民众普遍接受，很快就难以为继了。言情小说既继承了古典小说的优秀传统，又受辛亥革命的直接影响，并融合了西方的文艺思想而风光一时。思想上追求男女平等、婚姻自由，艺术手法上讲求视角变换和心理描写。本土侦探小说既保留了小说中的人物和叙述语言的本土色彩，又借鉴了西方小说中所追求的离奇的故事、异国的背景、紧张的情节和新颖的手法，为读者提供了新的阅读美感，因而得到各报刊的推崇。侦探小说"特有的叙事中心、叙事结构、叙事角度给中国作家提供了一个全新的创作境界"②。社会小说数量虽然不多，但具有一定思想性，如《富者与贫者》《国家与个人》都是通过社会场景，以深沉的感慨警醒读者。另一部《狗吐人言》通过狗眼看人的独特视角，揭露了世态炎凉人情冷暖，思想性上较为深刻。这一时期还有传奇小说《空

---

① 鲁迅：《中国小说史略》，第二十八篇，北京：人民文学出版社 1973 年版。

② 范伯群：《中国近现代通俗文学史》，南京：江苏教育出版社 1999 年版，第 556 页。

谷佳人》、复仇小说《女豪杰》、悬疑小说《色戒魔》等，不一一赘述。

2. 白话文创作。19 世纪末到 20 世纪初，受维新启蒙运动影响，先进的知识分子逐渐认识到白话文的浅显易懂、易于普及，更易于用来启蒙普通大众的思想觉悟，于是开始有意识地呼吁白话文创作，并开始身体力行，频频试笔，如白话文运动的先驱裘廷梁就大力提倡白话创作，他说"白话为维新之本……救国之要图，莫要于文字革命"①。他积极组建白话学会，创办白话书局，"拟译中西有用之书，筹办白话报章"②。1915年《盛京时报》《远东报》刊载的小说陆续由白话回归文言创作。

3. 译述小说的盛行。对外国文学十分热衷的翻译，是这时期报刊的重要特色。这种风潮相比上海等地的报刊发展滞后了 4 至 5 年。《盛京时报》作为东北最早刊登小说的报纸，首开翻译先河。据初步统计，这时期的《盛京时报》刊载的译介小说的数量上占总数的一半以上。这种类型的翻译作品，虽然在上海地区已经流行，但对东北作家和读者来说却是十分新鲜的，"它悄悄的改变了东北小说的传统写作技巧，成为了中国现代型小说的启蒙教科书"③。无论是言情小说、政史小说的翻译，其"译"者仅粗略理解原书大意的基础上，通过主观想象，创作出新的作品，重在表达作者的主要思想，"原书人名地名，皆系以和文谐西音，经译者一律改过，凡人名皆改为中国习见之人名字眼，地名皆借用中国名"④，具有随意性和衍义性的特点。这类小说与原作已大相径庭了，既不能成为翻译小说，也不能成为创作，因此谓之"译述"小说，它是特定时期的特殊文学现象。

4. 短篇小说的出现。大正四年（1915）3 月 7 日起，《盛京时报》版面上开始出现两块小说发表的阵地，一块仍然是位于四版顶栏的"小说"专栏，另一块位置更为抢眼，设在一版的中栏，为"短篇小说"专栏，与前者成烘托之势。《远东报》和《泰东日报》紧随潮流也纷纷开辟"短篇小说"栏，促使了短篇小说的盛极一时。"短篇小说"栏的作者群相对固定，

① 徐培汀：《中国传播思想史》，上海：上海交通大学出版社 2005 年版，第 148 页。
② 徐培汀：《中国传播思想史》，上海：上海交通大学出版社 2005 年版，第 148 页
③ 范伯群：《中国近现代通俗文学史》，南京：江苏教育出版社 1999 年版，第 533 页。
④ 我佛山人：《电术奇谈》附记，见陈平原、夏晓虹编：《二十世纪中国小说理论资料第一卷》（1897—1916），北京：北京大学出版社 1989 年版，第 147 页。

《盛京时报》主要以踞石①和怜影②为主。踞石多创作文言小说，多宣扬因果报应思想，较多惩戒意味；怜影多创作白话小说，题材内容时代感稍强，并尝试多种叙事风格；《远东报》主要以迻③、郭④、忆云⑤、玉冰⑥为主。清末民初时期的短篇小说运用多种叙事手段和创作手法，情节设计简单，表达主题鲜明，多借一事或一人来宣泄对黑暗现实的愤懑之情，具有一定的批判性和斗争性。由于作者少，撰稿量很大，所以同一时期的同一题材或情节套用的现象也较严重。

萌芽时期的东北通俗小说在一定程度上迎合了时代的主流思想，表达了辛亥革命时期的一些重要主题；在小说类型的选取和创作特点的转变上，表现了萌芽时期的通俗小说在传统和现代、主流和边缘的交织影响下，对自身规律和发展方向的艰难探索过程，为探讨沦陷时期的东北通俗小说的特点奠定了基础，提供了参考的范例。

作者单位：沈阳师范大学学报编辑部

---

①踞石，生卒年不详，清末民初时期创作了数百篇短篇小说。

②怜影，生卒年不详，清末民初时期创作了大量的白话短篇小说，如《电中闲话》《新教子》《春江梦》《博徒》《宠妾写真》《有情眷属》《红颜泪》《校长梦》《木人戏》《血之研究》《猫鼠同眠》《钱可通神》等。

③迻，生卒年不详，1910年之后创作了大量的短篇小说，如1910年的《赛车》（6.15）；1911年的《塾师之好赌》（6.24）、《叶名琛遗事》（闰6.7）、《动物做官谈》（闰6.14—18）、《真名士与假道学》（闰6.24）、《盗侠》（7.8）、《老学究奥谈》（7.？—9.20）、《大倒帐》〔10.12—1（6）〕、《外国财神》（10.17）、《华山梦》（10.23—24）、《青年军》（11.8）、《马僧》〔11.10—2（6）〕、《方苙小说》（11.14—15）、《小说评》（11.18）、《鬺方风俗记》（11.28—12.1）。

④郭，生卒年不详，主要发表的小说有1911年的《新中国之飞行家》（1.17）、《门虎》（1.24）、《黠女》（2.11）等。

⑤忆云，生卒年不详，主要发表的小说有1911年的《真偶然》（5.21—23）、《赖婚判》（5.24—25）等。

⑥玉冰，生卒年不详，1916年之后发表了大量的短篇小说，如1916年的《退伍兵》（9.1—2）、《退伍兵》（9.3—5）、《否极泰来》（9.3—5）、《天假奇缘》（9.6—7）、《鸳盟离合记》（9.8—10）、《滑稽学童》（9.14—15）、《国际婚姻案》（9.16—20）等，1917年之后几乎成了《远东报》"短篇小说"栏御用小说家，期期有其作品。据不完全统计，玉冰在《远东报》发表短篇小说数百篇。

重庆中国西部科学院与大连
满蒙资源馆的前世今生

汤　怡　陆韵羽[①]

一、卢作孚《东北游记》与满蒙资源馆

　　日本侵占东北以后,日本"南满洲铁道株式会社"于 1907 年创办"地质调查所"。1923 年,调查所大量收集东北各地自然标本和资料,增设了陈列室,主要展示岩矿和部分古生物标本,并注明其产地、藏量、开采价值和用途等,只供日本少数上层人物观赏研究。1924 年在日本满洲铁路地质调查所陈列室的基础上,成立了"满蒙物资参考馆",有岩矿、古生物标本、林产、畜产、农产等陈列室。其后,由于展示的标本种类增多,陈列内容增加,收集标本的地域不断扩大,加之不断扩建,于 1928 年 11 月成立了供科学研究和观赏的"满蒙资源馆"。[②]

　　到 1930 年初, "满蒙资源馆"迎来了一位不速之客,这便是爱国实业家卢作孚及其率领的考察团。1930 年 3 月,卢作孚率领一个由民生公司、

---

　　① 汤怡:《重庆师范大学历史与社会学院》,陆韵羽:《重庆历史名人馆》。
　　② 侯江等:《1949 年以前外国人在华创办的自然类博物馆探析》,《安徽农业科学》2009 年版, 第 26 期。

峡防局、北川铁路公司和川江航务管理处的人员组成的一个考察团，前往华东、东北和华北等地进行了为期半年的考察，这次考察对于后来在抗战大后方开发建设中发挥了极大作用的中国西部科学院的建立至为重要。在东北地区的考察中，卢作孚深刻地体会到了日本以科学手段侵略东北的危害性，他在其《东北游记》中详细地记述了参观满蒙资源馆的感受："由埠头雇车到满蒙资源馆，更使我们动魄惊心。凡满蒙所产之动植物，通通被他们搜集起来，陈列起了；凡满蒙各种出产之数量，通通被他们调查清楚，列表统计，画图说明，陈列起了；凡满蒙之交通、矿产区域、形势，都被他们勘测清楚，做成模型，陈列起了……我们边走，边看，边想：东三省的宝藏，竟已被日本人尽量搜括到这几间屋子里，视为他之所有了。"① 而东北之行，卢作孚见日本人以科学手段为侵略先导的所作所为，"才憬然于日本人之处心积虑，才于处心积虑一句话有了深刻的解释"②。卢作孚在游记中写道："他们(指日本人)侵略满蒙，有两个更厉害的武器，为平常人所忽视：一个是满蒙资源馆，一个是中央试验所。凡满蒙的矿产农产畜牧，都被日本人将标本收集起来，将数量统计起来，将地形测量起来，绘图列表，并制模型，加以说明，——陈列在满蒙资源馆里。我们不须到满蒙，只须到满蒙资源馆，便可以把满蒙的家屋看得清清楚楚了。别人已把我们的家屋囊括到几间屋子里去，我们自己还在梦中。规模很大的中央试验所，则更把满蒙的出产一一化验出来，考求其原质、用途及其制造方法。有两个显著的成绩：一个是抚顺的油岩，由化验而至于试采，现在已经正式经营起来，年约出重油五万吨了；一个是榨过豆油的豆饼，以前只用来作肥料或喂猪，而今才知道更可作面包饼干，人的优良食品了。"③ 所有这些对卢作孚都产生了强烈的刺激，东北之行使他感受到日本对中国的侵略已是迫在眉睫，他大声疾呼"最要紧的办法是自己起来经营，才能灭杀日本人的野心"④。

① 卢作孚：《东北游记》，重庆：川江航务管理处出版，1931年再版，第95页。
② 卢作孚：《东北游记》，重庆：川江航务管理处出版，1931年再版，序。
③ 卢作孚：《东北游记》，重庆：川江航务管理处出版，1931年再版，第125—126页。
④ 卢作孚：《东北游记》，重庆：川江航务管理处出版，1931年再版，第36页。

在卢作孚等人看来，"吾国西部诸省物产丰富，幅员辽阔，不但为西南屏障，且与东北有同等之价值"①，建立研究机构，从事科学探讨，开发西部宝藏，乃刻不容缓之事。

可以说，卢作孚在北碚筹建西部科学院虽然早有缘起，但确是东北之行成了卢作孚加快筹备西部科学院的直接刺激。这次考察活动直接推动了中国西部科学院的建立。据随行考察的高孟先先生遗稿《卢作孚与北碚建设》记载，考察还未结束，在归途中抵达上海，卢作孚便启动了西部科学院的筹备工作，设立"中国西部科学院筹备处"。②

二、中国西部科学院的成立与作用

最早，在卢作孚的设想中，建立科研机构的动因是"期在各校学生，到此从容留住半月、匝月，在较学校为充实的科学环境中，作科学之研究，于各学校为助必多"③。希望通过建立一个既是科学研究组织也是科学教育单位的机构，优化学生的科学环境，加强学校的科学教育。据1928年11月11日的《嘉陵江》报上一篇《嘉陵江上科学馆》的文章报道："三峡区域以内，自峡防局经营温泉公园以来，很受各地方人士赞许，军商各界络绎捐款。往来游览者，亦逐日增多，重庆合川各地学校旅行该处，多为短时的游赏乃去。最近，峡局卢局长更拟在温泉公园内添设嘉陵江科学馆一所，内分物理试验室、化学试验室、生物研究室、地质研究室、卫生陈列室，已寄信上海购置仪器、药品及材料物品，预定年内或明年春间开馆，将来本馆即定名为嘉陵江科学馆，以备一般人之参观研究云。"④

可以看出，此时卢作孚设想中的"科学馆"是一个仅止于供教学与参观的科普性机构，只是希望通过建立一个既是科学研究组织也是科学教育

① 江巴璧合四县特组峡防团务局：《峡区事业纪要》，重庆：重庆新民印书馆1935年版，第16页。

② 高孟先：《卢作孚与北碚建设》，《高孟先文选》，2016年6月，第118页。

③ 《中国西部科学院之缘起经过及未来的计划》，《中国西部科学院全宗》，第6卷，重庆市档案馆档案。

④ 《嘉陵江上科学馆》，《嘉陵江》1928年11月11日。

单位的机构，优化学生的科学环境，加强学校的科学教育。但是，东北考察归来，设想中的科研机构的架构发生了极大变化，从后来的资料我们可以看到，在管理体制上：确立了董事会下的院长负责制，董事会设常务董事人，选聘院长人选，总理全院事宜，院长下设各所（处）主任，设总务处辅助院长处理院务，主任下设研究员。组织机构由研究机关、附属事业和联络事业构成，研究机关包括：理化研究所、农林研究所、生物研究所、地质研究所和博物馆（少年义勇队采集团）；附属事业包括：学校（瑞山、实用、兼善）、公共图书馆和地方医院；联络事业包括：属于生产方面的三峡染织工厂、峡区煤窑、廖师长山场、北川铁路及民生公司；属于文化方面的新闻事业（《嘉陵江日报》）、教育事业和学术研究机关（中央研究院、中国科学社、地质调查所、静生生物研究所、瑞典博物院和美国芝加哥博物院）。因为中国西部科学院在人力和物力方面的不足，一些部门如社会科学研究所没能成立起来，据《中国西部科学院组织大纲》第四章记载，最终科学院的机构包括：总务处、生物研究所、理化研究所、农林研究所、地质研究所、兼善中学、博物馆和图书馆。[①]即便是这样，最后成立的西部科学院也与最初设想中的"嘉陵江科学馆"大相径庭。

1933年出版的《中国西部科学院概况》如是说："比年以来，四川各界人士及军政当局、中外学者，鉴于吾国西部各省，物产丰富，幅员辽阔，不但为西南屏障，且于经济上有东北各省同等之价值，爰议设立研究机关，定名为中国西部科学院，从事于科学之探讨，以开发宝藏，富裕民生。"[②]

后来西部科学院取得的成绩也确实达到了这一目的，西部科学院不作脱离实际的所谓"高深"的理论研究，而是实事求是地将目光投向了西部各省的地质、矿产、动植物资源的调查与分析，"以作开发资源之实际参考"。显然，这种研究是主张开发性的，是以旨在促进本地经济开发的应用研究为主体的。而这一趋向，恰恰又是卢作孚爱国爱乡、主张开发西部资源以造成经济战略后方思想的鲜明体现。抗战军兴后，西部科学院历年进行的西南特别是川康地区的地质矿产、物种物产的详密调查与分析，便及时而

---

① 王登坤：《中国西部科学院管理体制研究》，硕士毕业论文，第7页。
② 《中国西部科学院概况》，藏北碚图书馆。

有效地成为抗战时期大后方经济开发的重要参考与铺垫。[①]

抗战时期，西部科学院由于经费拮据基本处于停滞状态。但在这一时期，院长卢作孚对一大批内迁至北碚的科研学术机构和科学工作者以鼎力帮助，李乐元在 1950 年发表在《科学通讯》上的文章记录道："抗战期间，国内公私学术机关，如中国科学社生物研究所、前中央地质调查所、前中央工业试验所、前中央研究院动植物与气象研究所等，十余单位均迁来北碚借用本院房屋及一部分设备，以恢复及发展其工作；本院均尽可能予以协助。"[②] 由于卢作孚和中国西部科学院的鼎力帮助和影响，战时北碚聚集了相当一批科研学术教育机构，比较著名的有：中国科学社生物研究所、经济部中央地质调查所、中央研究院一半的研究所即动物、植物、物理、气象、心理 5 个研究所和从上海迁来的复旦大学等，使得中国科学文化的国脉和精华得以保存和延续，北碚也成为战时大后方最大的科学中心，潘洵称其为抗战时期大后方科技事业的"诺亚方舟"，名副其实。[③]

三、满蒙资源馆与西部科学院的历史延续

满蒙资源馆与西部科学院，同是诞生在特殊历史条件下，代表了当时东亚自然科学发展的一定高度，又有着奇特历史联系的科研文化机构，随着时间的推移都逐渐消失在历史的进程中，但是它们的遗绪则流传至今。

1943 年，西部科学院联络中央研究院动植物研究所、实业部地址调查所和中国科学社等多个科研学术团体，借让中国西部科学院"惠宇"大楼作为博物馆的陈列主楼，办公室、实验室、图书室等则在"惠宇"附近另行建筑，筹办了中国西部科学博物馆(后更名为中国西部博物馆)。以"从事科学教育之推广及专门学科之研究"为宗旨的中国西部博物馆，设地理、地质、工矿、生物、农林、医药卫生 6 个分馆，是中国人自己建立的、综

---

①侯德础，赵国忠：《爱国实业家卢作孚与中国西部科学院》，《四川师范大学学报(社会科学版)》2000 年版，第 1 期。

②李乐元：《中国西部科学院》，《科学通讯》，1950 年版，第 4 期

③潘洵，彭星霖：《抗战时期大后方科技事业的"诺亚方舟"》，《西南大学学报》(社会科学版) 2007 年版，第 6 期。

合了最多学科的第一家自然科学博物馆。1950 年中国西部科学院和中国西部博物馆由西南文教部接管，西部科学院唯一运转的理化研究所及所有资产设备被并入中国西部博物馆（后更名为西南博物院，今重庆市博物馆与重庆自然馆的前身），中国西部科学院完成其历史使命，宣告结束。1952 年改为西南人民科学馆。1953 年并入西南博物院，更名为西南博物院自然博物馆。1955 年西南博物院改组为重庆市博物馆。1981 年四川省人民政府在重庆市博物馆增挂"四川省重庆自然博物馆"牌子。1991 年重庆自然博物馆独立建制至今。①

1932 年"满蒙资源馆"改馆名为"满洲资源馆"。抗战胜利后 1945 年 8 月 23 日，"满洲资源馆"由中国长春铁路公司接管，易名"东北地方志博物馆"，中国长春铁路科研所委托苏联地质专家叶果洛夫担任馆长，并对原有的陈列进行修整。1950 年 11 月，中长铁路局将该馆移交大连市人民政府文教局管理，改馆名为"东北资源馆"，调整并充实了陈列内容，主要展示我国东北地区的自然资源和建国后的新成就。1959 年，改制为大连自然博物馆。②

今天，大连自然博物馆和重庆自然博物馆同属全国顶级自然博物馆之列，一个殖民时代的博物馆，一个中国第一所民办科研机构，在祖国经历了极端苦难之后，在新时代的今天，迎来了辉煌。

作者单位：重庆师范大学历史与社会学院
重庆历史名人馆

---

① 重庆自然博物馆馆史一览 http://www.cmnh.org.cn/content/?22.html
② 侯江等：《1949 年以前外国人在华创办的自然类博物馆探析》，《安徽农业科学》2009 年版，第 26 期。

张学良主政时期的沈阳
高等教育资源配置

王　晨

1928 年 6 月 "皇姑屯事件" 后，张学良在东北官员支持下，特别是在张作相的支持下，就任了东北保安总司令，成为新一任 "东北王"，直到 1931 年九一八事变前，张学良的政治生涯达到了顶峰。张学良的东北新建设运动是张学良主持的一场建设东北现代化的运动。张学良在各项建设事业中，尤其重视高等教育事业的发展。东北地区的高等教育起步较晚，发展比较缓慢，大致可分为三个时期，即清末开始创立时期，规模较小，设备简陋；民国初期，高等教育创建时期，高校逐渐增多；奉系军阀张氏父子统治时期，高等教育迅速发展，辽宁最快，吉林、黑龙江两省次之。张学良主政时期，沈阳高等教育有了很大发展，初步改变了东北高等教育长期落后面貌。

一、张学良和沈阳高等教育

张学良主政时期，东北高等教育资源总量不足，在黑龙江、吉林和辽宁三省之间，高等院校之间，高等院校内部都存在资源配置不均衡现象。针对东北高等教育资源稀缺且不均衡的现状，张学良采用了私人投资教育，培养优质教师资源，高校教育资源共享，高等教育资源配置市场化等方法，增加了高等教育资源的总量，保障了沈阳高等教育的发展，促进了东北高等教育资源配置均衡化发展。

（一）私人投资创办冯庸大学

1927 年，张学良为了培养地方建设性人才，鼓励其好友冯庸创办冯庸大学。冯庸自己捐出家产 310 万元在沈阳浑河北岸汪家河子创办了冯庸大学。8 月招收新生，录取 180 余人，分为 5 班。10 月 1 日，校舍初步建成，冯庸自己担任校长，聘霍维周为秘书长，侯曜为教育主任。10 月 10 日，正式开学。

冯庸大学设立大学部、中学部和小学部。冯庸大学部是本科，学制 4 年，招收高中毕业生；本科设理科和工科。1928 年度，共有学生 275 人。本科生 35 人，预科生 117 人，教员 28 人，其中男教员 24 人，女教员 4 人。外国女教师 2 人，留学归国女教师 2 人，留学归国男教师 10 人。每年经费收入 24 万元，开支 20 万元。全校资产 310 万元，其中建筑物 50 万元，仪器设备 35 万元，土地 211 万元，基金 14 万元。1929 年度，本科生 71 人，分为工科机械系、法科政治系，成为以理工科为主的综合性大学，先办工科机械系，逐步扩充工科和理科，计划办成文法理工俱全的大学。1931 年秋，工科增设土木系，法科增设法律系，理科增设化学系和数学系，文科增加教育系和国文系。一共有大学生 300 多人。

冯庸大学设备完善。教学楼、宿舍、图书馆、实习工厂俱全。实习工厂有动力、电气、机械、材料强弱等试验厂，理化实验室设在工厂内。校内自备自来水塔、发电厂，有电影放映机上演教学片。体育设备完善更是突出之处，体育场有 400 米跑道，在这里召开东三省运动大会。体育器械应有尽有。九一八事变后，冯庸大学并入东北大学。

（二）东北大学教育资源配置

张氏父子主政东北时期，东北高等教育有了很大发展，初步改变了东北高等教育长期落后面貌。东北共有省立和私立大学专科以上院校 13 所，在学科设置上已具备国内已设学科和专修学科，门类较为齐全。主要有东北交通大学、东北农业专科学校、私立冯庸大学、同泽新民储才馆、吉林大学、吉林省立医学专科学校、东省特别区政法大学、哈尔滨工业大学、哈尔滨医学专科学校、东省特别区美术专门学校、东省特别区俄文师范专科学校、东北大学等，其中最具特色的当属东北大学。

1922年8月25日下午，张作霖和王永江同意兴办省立大学，责成谢荫昌成立东北大学筹备委员会。筹备委员会有省议长李树滋、副议长范先矩、交涉署长佟兆元，以及林成秀、王镜寰、王之吉、谢荫昌、莫贵恒、汪兆蟠、恩格、关海清、吴家象等12人。议定三省学生数额和经费比例，辽宁省出经费60%，吉林省出经费30%，黑龙江省出经费10%。12月20日，筹备委员会推荐王永江任东北大学校长，聘请杨宇霆和张学良等高级官员为东北大学赞助人，集东北三省各官属力量创办大学。张学良决定把国立沈阳高等师范和文学专门学校并入东北大学，吴家象为总务长，代行校长筹建学校，汪兆蟠为文法科学长，赵厚达为理工科学长。张学良派遣赵厚达去德国采购仪器设备。

1923年4月26日，东北大学正式在沈阳成立。盛京三陵都统衙门在昭陵前拨给领地300亩，兴建理工学院，称为北校。原沈阳高等师范校址称南校。当年7月招收预科生9班，共310人，高师和文专并入专科学生170人，共计480人，教职员50余人。9月正式上课，10月24日举行开学典礼。

修正东北大学十年计划表列入文学专门学生属于专科班，1925年度正式招生：招中国文学专科第一级，1929年毕业。教育学系（师范）列入文科计划，东北大学计划设立文、法、理、工、农、商6个学院，吸收国内外办大学的经验，6个学院共设26个系。九一八事变前，绝大多数院系相继设立，除没设医学、音乐、美术3科之外，其余院系俱全，是当时国内最完备的大学之一。

吉林省因财政困难没有参加共建大学。奉天辽宁本省承担了吉林省的这部分经费，拨款建筑校舍，购买欧美最新教学仪器学设备，逐年扩大学校规模。

二、张学良的高等教育改革

（一）教育资源投入和产出

1928 年开始，张学良亲自兼任东北大学校长，开始对高等教育进行改革。东北大学的办学宗旨是："本大学以研究高深学术，培养专门人才，应社会之需要，某文化之发展。"省立大学主要培养本地区建设人才，兼培养中等以上学校教师。当时东北高校经费充裕，教职员待遇优厚，按人均经费超过关内各校。张学良慷慨解囊，捐资 200 万元巨款，用作东北大学的建设，后来为解决学生校舍问题，张学良又捐款 150 万元。东北大学每年经费富裕。1923 年度经费 43.9 万元，1925 年度经费 47.8 万元，每名学生平均 800 元现大洋，比国立大学学生人均 250 元多两倍以上。1929 年度经费 133 万元，人均经费名列全国大学第一。1929 年度，有 5 个学院、28 个系，72 个班。学生共计 1976 人（男 1868 人，女 108 人），教职员 179 人，职员 55 人。1931 年度，学生 2015 人，达到辽宁有史以来大学生最多的一年。

高等教育资源配置的目的就是消耗尽可能少的人力、物力、财力资源，充分实现高等教育的各种职能。张学良鉴于东北高等教育没有的学科，按照市场的需求，制订了合理的培养计划。他设立了师范学院、农学、体育专科。

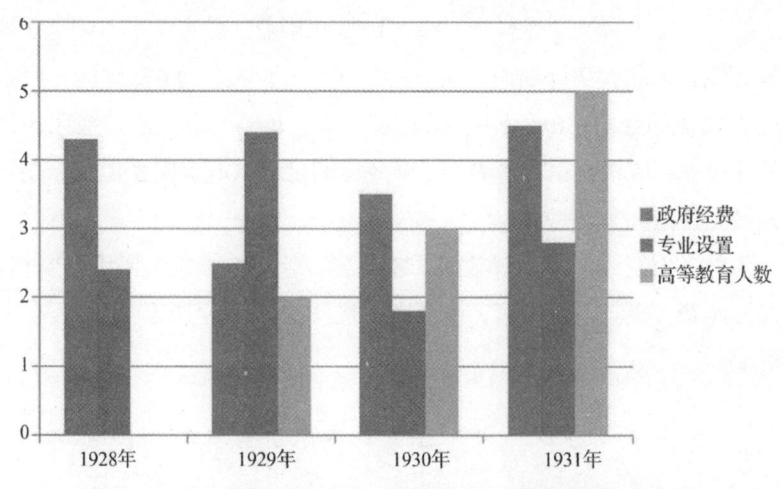

图 1　高等教育人数变化，反映高等教育资源配置效率

（二）建立有影响力的学科

张学良励精图治，试图振兴东北。所以他自 1928 年主政东北之后，提出了进行东北新建设的主张。到 1931 年九一八事变爆发前，东北新建设进行了三年多时间，大刀阔斧地进行全面改革，包括政治建设、经济建设、文化建设、社会建设以及军事建设。其中，以经济建设为重点。张学良是中国现代化的先驱者之一，这一时期东北新建设也具有张学良浓厚的个人色彩，具有战略长期性、实践短暂性、全面建设与重点建设相结合等特点。东北新建设，由始至终都贯穿了强烈的爱国主义精神，取得了一系列重要成就，促进了东北地区经济的发展。张学良在主政期间对东北地区的政治、经济、文教、军事等诸多方面进行了富有近代意义的改革，推动了东北地区的现代化进程，对于实现东北地区由封建形态向近代社会形态的历史性转变具有重大意义。张学良主政东北后曾大力推进东北的经济文化建设。

张学良主张增加教育经费。狠抓军事教育、裁军屯垦，加强国防，并大力发展大、中、小学教育，为国家培养人才。张学良在各项建设事业中，尤其重视教育事业的发展。1999 年 8 月，张学良在接受日本记者采访时说："我不光是想让东三省，而且想让全国都好起来。我父亲给我留下好多财产，我有很多钱，我把这些钱几乎都捐出去了，建立了东北大学等学校。那些费用都是我出的。一点也没使公家的钱。我很高兴这样做。我要国家强起来，要强起来就得培养人才。教育是强国的根本。"

当年张学良主要从两方面狠抓教育：其一，狠抓军事教育、裁军屯垦，加强国防。早在 1922 年就成立军需教育班、宪兵教练处、东北学生队、炮兵研究班、高等军学研究班、东北步兵研究班。继而开办军官教育班，军事教导班，并亲自抓海、空军建设。成立东三省航空、航警学校，以提高部队的文化、军政素质。其二，大力发展大、中、小学教育，为国家培养人才。他捐赠其父遗产 1000 万大洋中的一部分扩建东北大学，增设师范教育、体育教育和农学专业，并亲任东北大学校长。高薪聘请国内学术界名流到东大任教，如章士钊、梁漱溟、梁思成、张伯苓等，教授月薪 360 银元，最高则达 800 银元。当时南开大学教授的月薪为 240 银元，北京大学和清华大学教授月薪为 300 银元。张学良执政东北后，教育事业得到长足发展，以辽宁教育为例，1929 年各地公私学校共计 10404 所，比 1928 年增加了 400 所。在校学生 64 万，增加了两万多。同年，吉林省兴办吉林大学。

"再以教育经费为例，1928 年教育经费为 528 万元，1929 年猛增至 1635 万元。东北大学经费，1926 年为 51.7 万元，1929 年增至 133 万多元。这与当时蒋介石管区教育经费连维持原有规模都不易，因欠薪造成风起云涌的罢教风潮，是一鲜明对照。"①

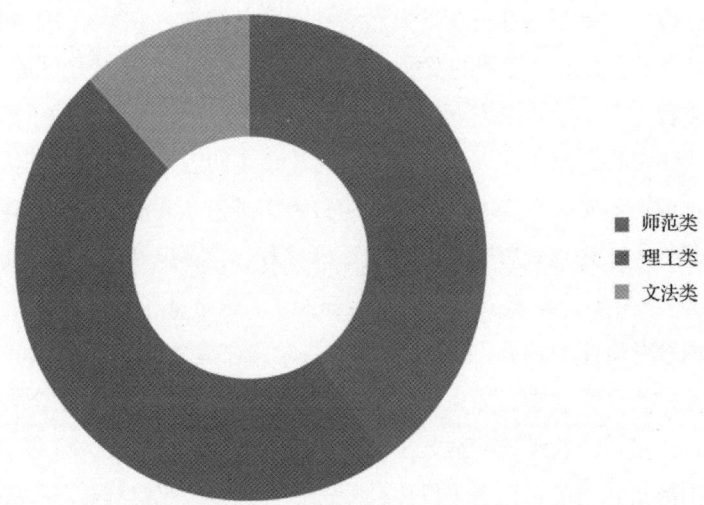

图 2　学科建立，反映了高等教育资源配置的循环发展

三、借鉴和启示

张学良展开的东北新建设，兴办东北现代教育的私人捐款居全国首位；张学良支持刘长春参加第十届奥运会，为中国体育代表队首次参加奥运会；奉天体育场是中国第一座现代化体育场；聘请外籍教练指导东北大学选手训练，并资助新闻记者随团出访，在我国尚属首次；在辽宁洮安举办了中国第一次赛马会；资助东北大学球队出访日本，开中国"体育外交"之先河。为中国东北的现代化建设作出了不可磨灭的贡献。张学良主政期

① 王鸿宾、向南、孙孝恩：《东北教育通史》，辽宁教育出版社 1992 年版，第 484 页。

间，他大力发展东北高等教育，对沈阳的高等教育资源配置是应该以直接有效地为东北经济建设和社会发展服务为根本目的和出发点的，他的高等教育实践对今天的沈阳高等教育发展也有着深刻意义。

第一，深化高等教育综合改革是高校提升办学质量、实现内涵式发展的必由之路。高等教育综合改革头绪多、任务重，只有在重点问题和关键环节上取得突破，才能带动全局工作的开展。其中至关重要的就是高等教育资源配置。以资源配置为核心推进高等教育综合改革，不仅可以突破利益固化藩篱、实现资源最佳开发利用，还能够形成长远、持续的高校治理体系。

第二，优化外部资源配置以释放活力。高等教育综合改革涉及政府与高校的关系、社会与高校的关系以及高校内部的关系。优化外部资源配置，就是要通过对管理模式、评价方式、投入措施等的调整，建立"政府宏观管理、社会广泛参与、高校自主办学"的管、办、评相对分离又相互支持的现代高等教育治理体系。

第三，优化校内资源配置以增强动力。首先，增强学院发展动力。高校人、财、物应更多地向学院倾斜，给学院更大的资源配置权和发展空间。有条件的高校可以从财务管理开始，逐步实施校院两级管理，以权责划分为核心整合优化教育教学资源。学校对学院实行目标责任制管理，以考核评估为主要方式管理学院工作，以发展规划和资源配置为主要手段引导学院工作，以监督制约为主要途径规范学院管理权力的使用。通过学校分权和管理重心下移，转变学校部门的管理职能，明晰学院办学主体地位，形成学校宏观决策、部门协调配合、学院实体运行的管理模式，提高整体办学水平和效益。其次，积极构建现代大学治理模式。高校应以制定章程为契机，明确校内各种权力运行规则，形成党委领导、校长负责、教授治学、民主管理的治理体制，使高校治理紧紧围绕学校发展目标运行，各部门各司其职、相互配合，构建行之有效的现代大学治理模式。

作者单位：沈阳师范大学教育科学学院

近代东北高等教育国际化进程的历史考察
——以东北大学（1923—1949 年）为例

王天琪　　陈　均

在科学技术日新月异的经济全球化大趋势下，封闭式的发展模式已经不再适合时代发展的潮流，自由、开放、进取的发展方式才是一个地域与国家立足于民族和世界之林的根本。在新形势下，大学的国际化是高等教育实现创新与发展的必然选择，也给高等教育带来了新的挑战和选择。中国是一个文化历史悠久的古国，其高等教育历史同样源远流长。但严格意义上讲，我们今天所谓的大学是近代中国在外国列强入侵、国家民族面临严重生存危机的社会背景下，本着学习西方先进科学知识技术的宗旨从西方"移植"过来的一种教育组织。近代以来，随着西学东渐，中国高等教育的发展模式被极大地"西化"了。然而，我们依然不能忽视中国教育传统仍在"西化"的同时顽强地显示着自己的影响，这尤其体现在文化观念方面。我们为了探索一种适合中国国情的高等教育模式，进行了种种尝试和努力，并且取得了一定的成绩。但总的来说，作为后发外生型国家，我们在国际化进程中一直未能完全解决好外来与本土的融合问题。因此，如何处理好对西方高等教育理念、模式的移植与对传统的继承、改造和发扬的关系，仍将是今后中国高等教育国际化面临的一个非常现实而紧迫的问题。而要正确解决这一问题，我们必须重新认识大学的国际化，并用新的文化观念来反思近百年来的对外学习，这对于我们打造"世界一流大学"的现代化目标的实现，无疑具有重要的价值和意义。

一、大学国际化的内涵与要求

"国际化"作为高等教育的一种理念，有的学者认为，从内涵上说，"大学教育指把大学的讲授、学习、研究、服务和管理置于世界教育文化中进行建设和管理的这样的一种理念、政策和各项措施"。笔者认为，大学国际化不仅仅是一种理念、政策和各项措施，国际化更重要的是过程的体现，是指国际的、跨文化的、全球的观念融合到本国大学教育教学、科研和社会服务诸功能中的过程。大学的国际化涉及到高等教育的各个方面，包含着极为广泛的内容。大学国际化作为一个过程，必须要通过各方面的国际化活动最终实现大学整体的国际化。联合国教科文组织所属的国际大学联合会认为"大学国际化是把跨国界和跨文化的观点和氛围与大学的教学、科研和社会服务等主要功能相结合的过程，这是一个包罗万象的变化过程，既有学校内部的变化，又有学校外部的变化，既有自下而上的，又有自上而下的，还有学校自身的政策导向变化"。该定义注意到在当今世界经济全球化和文化多元化的背景下，大学国际化是一个过程，大学在国际化的过程中注重知识和文化的交流，强调文化的多元共存，总结出了现代大学国际化的基本内涵。大学国际化主要通过以下几个指标来体现：国际化的教育观念和培养目标、大学管理的国际化、课程与教学的国际化、大学对外交流的国际化、大学办学条件的国际化。

二、东北大学（1923—1949）"国际化"程度的历史考察

（一）教育观念及培养目标：知行合一育英才

东北大学从建校初期起就坚持培养具有国际视野的人才，并强调"知行合一"的办学理念，鼓励学生在实践中求得真知，巩固所学。1922年底，王永江被筹备委员会推举兼任东北大学校长，他曾说："要抵制日本之文

化侵略，就必须提高自己之教学质量，使东北大学办成为第一流的高等学府，才能与日本之帝国大学并驾齐驱。"在他兼任东北大学校长期间，对国内外知名学者广为延揽，倍加礼遇，还花重金到德国购买新型的机器设备，办东北大学工厂。

1928年张学良兼任校长后，不仅明确提出东北大学的办学宗旨、目的："研究高深学术，培养专门人才，应社会之需要，谋文化之发展"，"培养实用人才，建设新东北，以促进国家的现代化，消弭邻邦的野心"。而且，在具体工作中，他捐巨资建设校园；高薪聘请著名学者到校任教；创立校董会加强管理；开拓新领域增添新学科；奖励优秀毕业学生出国留学深造；发展东北大学的体育，资助刘长春等参加奥运会等，为东北大学的发展花费了大量的心血。

1933年王卓然接任东北大学代校长之后，又与张学良讨论了办理东北大学的方针，其结论是："办学的宗旨是训练复土还乡的干部，要在复土还乡目标下作忘我的团结。"同时，王卓然向张学良建议：将来需要联俄，东北大学应当创立俄语学系，以培植联络与通译人才，得到张学良的赞成。

东北大学理论联系实际的教学方针，不仅在理、工院系得到实施，在文法、教育院系也是如此，学生经常接触社会，为社会需要而学习。例如，俄文系学生去哈尔滨，住在俄侨的宿舍里，以便练习俄语。文、法学院组织学生赴北京、天津、江浙等地参观，以便学生了解社会。

（二）大学管理：创建大学委员会

1931年3月，在著名爱国将领张学良将军兼任东北大学校长期间，在代理校长宁恩承的建议下，东北大学校董会在中国率先成立，当时称之为大学委员会。宁恩承极力主张创建的大学校董会就体现了当时他对国际化理念的引入尝试。在他的《百年回首》中写道："我到东大的第一个大计是要成立一个董事会。但是中国各地官立大学都没有董事会的组织，乃改称为东北大学委员会，聘请张伯苓、章士钊、罗文干、汤尔和、萧纯锦、王卓然为委员，他们都是学贯中西，并有办大学经验的名人，加上本地有权势的官员，如辽宁省主席臧士毅、大帅府秘书长王树翰、教育厅长金静庵各权要，知识与权力配合，成立了东北大学委员会。"①

宁恩承后来在写给阎明复同志的一封长信中提到了当年建立校董会的初衷以及同国际大学接轨的想法，他认为：各国各大学均有校董会的组织主持大学大计。其成员系由政府及名流学者两方面组成之。集思广益，搜罗各方的才智经验为董事会，高瞻远瞩，主持大学大政。例如美国加州大学官方校董七人，为当然校董。职随官转。州长为加州大学当然校董之一。在职之日为校董，任满之期，校董之名随之销逝。其他当然校董如副州长、教育监督、州议会议长等七人，也是有官之日得有校董之名，丢了官连校董一齐丢。个人方面，加州大学校董有二十一人，由州长（Governor）提名，由州议会通过延聘，任期为十二年。州长新就任这一年不得提名延聘加州大学校董以免新州长任用私人，而妨害大学的独立、公开、公平原则。在借鉴西方高校经验的基础上结合本校实际情况，东北大学在1923年至1949年期间，先后有两个"东北大学委员会"，都是在张学良兼任东北大学校长期间成立的：第一个成立于1931年；第二个成立于1933年。

（三）课程与教学：借鉴美国学科体系，聘请外籍及留洋归国教师

东北大学在筹建之初就对美国的学制、学科等设立进行了研究与借鉴。1922年东北大学筹备委员会成立后，奉天省代省长王永江，就留美学生孙国封调查美国学制、学科等事宜致电留美学生监督严博士："本省现拟设立东北大学，希转饬奉省学生孙国封，就近将美国学制、学科宜于吾国者详密调查，加具意见，报备采择。并促其于阳历十月底回省，着手筹备。王永江巧印。中华民国十一年八月。"孙国封为辽籍留美学生，成绩卓著，为使其毕业回奉省并参与东北大学筹建工作，奉天省教育厅厅长谢荫昌于八月二十一日，特向奉天省省长公署具文呈请，于是有了王永江代省长致留美学生监督的电函。②

谢荫昌呈奉天省长公署请求留用孙国封的报告原文（部分）："查奉省兴学已二十载，综计留学国外学生，虽不乏优异之才，而得有博士学位

---

① 宁恩承：《百年回首》，东北大学出版社1997年版，第210页。

② 东北大学史志编研室：《东北大学校志》（第一卷）（上册）.东北大学出版社2008年版，第3页。

者孙生实开其始。前据赴美调查员姬振铎报称，该生品端学粹，对于电气尤多发明，为美洲人士所赞许，我国内省各大学多有欲为延聘者。该生以既受本省培植，毕业后宜回省服务，各方已被谢等语。兹当筹备东北大学之际，此项人才正合需要。厅长为因才器使起见，拟请钧署先委任该生为东北大学筹备会查员，并请令行沈阳高等师范学校将理工科大学应行筹备事项，交该调查员在美切实调查以备回国参与改组。"按照奉天省长公署指令，孙国封在美欧等地考察后，于 1925 年 1 月回国并被委任为东北大学理科学长。

表1　建校初期具有海外留学背景的教授名单①

姓名	职　　务	毕业院校
刘凤竹	副校长	美国密西根大学法学博士
周守一	文学院院长兼哲学心理学系主任	美国伊利诺大学研究院群学系
臧启芳	法学院院长兼代办辩论学教授	美国加省大学研究院研究员
孙国封	理学院院长	美国康乃尔大学理学博士
高惜冰	工学院院长	美国麻省纺织工科大学学士
李树棠	教育学院院长	美国纽约大学教育博士
杨疏桢	东北大学工厂厂长	德国柏林大学工学博士
关承烈	土木系主任	美国伊利诺大学土木工程硕士
吴贯因	史学群学系主任教授	日本早稻田大学学士
凌达扬	英文学系主任教授	美国哥伦比亚大学硕士
赵厚达	理工科学长	德国工学博士
冯祖荀	数学系主任教授	日本东京帝国大学理学学士
李光中	经济学系主任教授	美国伊利诺大学经济硕士
王翰宸	电工系主任教授	美国哈佛大学电工硕士
江之泳	政治学系主任教授	留学法律学士、政治学士
薛桂轮	采冶系主任教授	美国哈佛大学矿冶硕士
何杰育	物理系主任教授	英国曼彻斯特大学理学硕士
汪兆璠	文科学长兼法科学长	美国密西根大学教育心理硕士

① 杨佩祯：《东北大学教授名典》，沈阳：东北大学出版社 1993 年版。

　　建校初期，东北大学的教授大多都有国外留学的背景，学校的校长、各院院长及主任教授都属于"海归"学者，他们把国外的办学理念带到东北大学，并用他们平生所学，为东北大学的建设打下了坚实的基础。表 1 为部分具有海外留学背景的教授名单。此外，东北大学成立后广聘名师，实行高薪礼聘教师的政策，对应聘到校任职的外籍教师，也给了较高的薪金。1924 年聘请英国教授卢默生到校。在东北大学任教的外籍教授主要有俄文学系主任教授艾勒戳、俄文教授巴克达诺夫、荷兰的麻色里斯教授、文法科的美国瓦雷教授等。东北大学校友、著名运动员刘长春，在回忆录中说到了对德国教师步起的高薪聘请问题：1929 年 10 月在东北大学举行的"中、日、德运动会后，张学良不惜金银，又将德国田径队队长步起留在东北大学当教练。步起每月薪给白银八百两，专用小轿车一辆，马二匹（此人是当时的五千米世界纪录保持者，技术全面，我在起跑时，他能扶住我的腰背部一同前进）。"[1]高薪聘请外籍教师体现了东北大学当时办学过程中对国际化先进技术和理念的重视。此外，东北大学还聘请了大批留洋归国的优秀学者来校任职。据 1929 年统计，在全校 125 名院长、教师中，留学美国的 48 名，留学英国的 4 名，留学法国的 3 名，留学德国的 3 名，留学日本的 6 名，这些学者知识渊博，办学有方，治学严谨，学风优良，使东北大学在短时间内成为国内知名度很高的一流高等学府。[2]

　　（四）对外交流：鼓励本校师生出国交流，邀请国外学者来校讲学

　　1924 年，奉天省为经济、文化、教育事业培养优秀人才，举行选拔公费到英美等国留学深造的会考。宁恩承由南开回沈阳应试，并取得了第一名的好成绩。但是，由于官场腐败，以宁恩承的文章使用新式标点符号为借口，其成绩被篡改而名落孙山。张学良了解到了此情况，认为宁恩承是位有培养前途的人才，于是决定自己出钱资助宁恩承去英国留学深造。宁恩承回国后于1931年开始任东北大学秘书长，代行校长职权，并将国外

---

　　[1]东北大学史志编研室：《东北大学校志》（第一卷）（上册），东北大学出版社2008年版，第 189 页。

　　[2]东北大学史志编研室：《东北大学校志》（第一卷）（上册），东北大学出版社2008年版，第 190 页。

所学先进理念用于东大建设之中。1929年10月下旬，王卓然与东北大学文学院院长周守一教授一起东渡日本，代表中国参加在东京举行的"太平洋国交会议"。1931年3月至5月，应聘任东北大学教育学院代理院长，东北大学委员会委员。1933年教育学院院长姬振铎赴美考察教育。同年，张学良校长去欧洲考察教育，逾年回国。并于开学之日致东北大学学生电："余由欧洲考察，所得彼中者，教育印象至深，世界各国，生存竞争，无不以培养人才，阐明学术为根本之计，其教者之善诱，学者之攻苦，孜孜不倦，远非我所能及。"

此外，东北大学还非常重视邀请国外学者来校讲学，传播先进知识。1924年至1931年间，来东北大学讲学的外籍人士主要有法国科学院永久书记兼国际研究会总书记拉克博士、美国教育设计专家克伯萃博士、前日本大理学院院长横田博士、英国威尔大学外交历史教授外布斯特、英国麦克唐纳首相公子、法国里昂大学中国文学讲座主任马古烈博士、日本庆应大学教授阿布胜马博士、美籍华人黄女士及美国普林斯顿大学教授吉普森博士来校演讲。

东北大学在办学理念中非常重视体育及其竞赛，不仅"出巨资邀请著名之德选手步起任陆上竞技指导员"[①]来传授国际竞技技能，还指导和组织东北大学学生参加国际体育赛事。步起为德国体育界健将，肄业于德国体育大学，曾参加国际赛会凡十有五次。所学既富，经验尤丰。步起对于指导非常热心，口讲指画，并订立练习时间表，准时到场指导，不遗余力。选手出场非常踊跃，每日下午四时后跑跳于运动场上。

东北大学在九一八事变之前和之后，均有足球、篮球、网球、排球等球类运动队，多次参加各种国际级别的比赛，诸如：1929年1月，东北大学篮球队访问日本，共进行了7场比赛，取得了5胜1负1平的成绩。东北大学的足球队也多次远征。其中，1929年1月访问日本，先后进行5场比赛，战绩4胜1平。[②]此外，东北大学在1929年还主办了中、日、德田

①东北大学史志编研室：《东北大学校志》（第一卷）（下册），东北大学出版社2008年版，第935页。

②东北大学史志编研室：《东北大学校志》（第一卷）（下册），东北大学出版社2008年版，第961页。

径对抗运动会，在当时正在修建的东北大学体育场举行，来参会的德国和日本的选手都是各国出席世界级运动会的选手，东北大学仅恃一校人才与之对抗，实力固甚悬殊，然结果尚得三十余分，实属难能可贵。东北大学还培养出了中国优秀的体育人才刘长春。1932 年 7 月，东北大学学生运动员刘长春、教练员宋君复代表中国参加在美国洛杉矶举行的第十届奥林匹克运动会，开创了中国参加奥运会的先河，刘长春成了第一位代表中国正式参加奥运比赛的运动员。

（五）办学条件：购买国外仪器，创建校办工厂

伴随着学校的发展，实验室建设及其实验器具亦日趋完备，至 1931 年九一八事变之前，理工农各学科的实验室及其设备，均初具规模。生物学系实验室贮藏昆虫标本已采用美国国立博物馆之纸匣法，且该系承美国数大公司之馈赠已有各重要杀虫杀菌剂之样品，现拟继续搜罗以备授课之用并供关心防除作物病害者之阅览。

为力戒纸上谈兵，东大初创时就建有校办工厂，并任命留学德国归来的杨毓桢任厂长，使学生能够在实践中求得真知，巩固所学。1923 年冬季，经当时的奉天省省长兼东北大学校长王永江批准，东北大学工厂开始筹建，为办好东大工厂，当时的奉天省公署通过东北大学为其投资总额达 370 万元（奉大洋），折合当时国币 170 万元，为工学院学生实习、实验所用。建成后的东北大学工厂是一所引进了不少西方国家机械设备的"现代化企业"，为了培养学生的动手能力、创造能力、独立分析问题和解决问题的能力，还从欧美进口大批教学实验仪器，建立起了全国一流、设备完善的实验室，到 1930 年全校共有实验室 39 个。[1]

三、结论

（一）作为东北高等教育的最高学府，东北大学的国际化代表了东北高等教育甚至整个教育界的国际化程度

从 1923 年创建到九一八事变这八年，是东北大学快速发展阶段。这

---

[1] 丁义浩：《漫游东大》，沈阳：东北大学出版社 2013 年版，第 14 页。

时的东北,强邻觊觎、危机四伏。东北大学创建的目的,就是为了培养人才、建设东北、保卫东北。1928 年张学良兼任校长以后,尤为重视教育,他强调"教育是立国之本";明确东北大学的办学宗旨是"研究高深学术、培养专门人才,应社会之需要,谋文化之发展";提出"智、德、体、群、美"五育并重的培养目标。为解决"省库困难",他解囊捐资,建设了一流的教学馆、图书馆、体育场等;为建立一流的教师队伍,他礼贤下士,高薪聘请名师来校任教,"几将当时最知名的硕学鸿儒、专家学者,尽荟于斯"。到九一八事变前,东北大学"经费之充裕,校地面积之广阔,校舍建筑之壮丽,尤以实习工厂之规模,运动场(体育馆)之宏伟,堪称全国之冠"。

东北大学生于忧患、长于忧患。"九一八"国难降临后,东北大学成为全国第一所被迫流亡、内迁的大学。此后,师生背井离乡,从沈阳到北平、开封、西安、四川三台再到沈阳、北平,于 1949 年解体,部分返回沈阳成立沈阳工学院(即东北工学院前身)。这 18 年间,东北大学多次迁校,颠沛流离、历尽磨难,但是,广大职员、教师及学生依然艰苦卓绝地奋斗,并得到社会各界人士的鼎力支持,东大仍弦诵不辍。东北大学前26 年是在曲折中前进的。在学制上,有预科、专修科、本科、硕士研究生;还有先修班、补习班、夜校等。在院系方面,涵盖文、理、法、工、农、交通、教育七个学院和系部、科、班。虽然先后有所增减,但始终一贯,亦为当年各大学所少见。26 年中,东北大学培养了包括预科、专科、本科和硕士研究生在内的各类学生,合计万余名,其中本科生 8130 余人。那个时期,曾在东北大学任职的教师或在东北大学就读的学生,后来成为中、外院士(含学部委员)的有 26 人;成为新中国副省(部)级以上领导干部和人民解放军将军的,合计有 115 人。东北大学的体育教学亦有特色,培养出了刘长春等体育名将。作为当时东北高等教育的最高学府,东北大学的国际化代表了东北高等教育甚至整个教育界的国际化。

(二)近代高等教育国际化与本土化关系的思考及启示

中国近代高等教育不是古代高等教育传统的自然延伸,而是在西方列强的洋枪大炮打开国门的社会背景下,随着西学东渐的滚滚潮流,从西方移植而来的"舶来品"。①外来的强制力量因而改变了中国高等教育现代化的发展轨道，使其在很大程度上偏离了传统，以至于在我们今天的高等教育的学校形态、教育形式以及教育内容中，已经很少能直接看到中国古代高等教育的影像，以儒学为核心的传统教育似乎已经与现代高等教育的发展不相干了。然而，如果从历史的角度来观察中国高等教育的国际化与本土化进程，我们会发现，中国传统文化仍然对中国高等教育的发展产生着重要影响，只不过这种影响往往是隐蔽的、不易直接觉察的。它以文化特有的方式根植于深层的社会文化、民众心理结构和大学的基本价值理念方面，乃至于今天在大学人才培养的价值取向、社会民众对大学的期待、大学入学考试的设计、大学的组织管理等很多方面，我们仍然能够感受到这种影响的"根深蒂固"和难以清除。正是由于这样的历史原因，中国高等教育本土化发展比西方国家复杂得多，因为它从一开始就面临着两种完全异质，乃至相互排斥的文化教育传统。如何协调这两者之间的冲突，并试图将它们融合在一个统一的高等教育框架和制度之下，成为贯穿中国高等教育本土化发展始终的主题。

历史的经验教训告诉我们，中国现代大学创新模式的开辟是难以避开其悠久的历史与文化传统的，因此，适时地转变改革的思维模式，以中国传统文化为显性主体，来与时俱进地借鉴和吸收多元化的西方大学文化与模式，中国大学未来的现代化和全球化才可能有更广阔的发展空间。近年来，中国政府提出了"提高国家文化软实力""建设文化强国"的核心政策，这无疑为这样的一种大学理念改革的转型提供了契机。不过须指出的是，中国大学现代精神的塑造绝非一句空洞的口号，抑或从某几所重点大学的校训或章程中就可以提炼出来，而须在开放的文化视野下对中国传统的教育理念、知识与课程体系、人才培养模式等进行全方位的重新审视。鉴于长期以来中国大学对传统文化教育的忽视，理念的培育与建构将是一个漫长而复杂的过程。

作者单位：东北大学档案馆

---

① 董宝良：《中国近现代高等教育史》，武汉：华中科技大学出版社2007年版。

张学良主政东北时期的救灾公益活动

张佳蕾

一、救灾公益活动的背景

张学良主政东北时代，全国各地都遭受自然灾难和战争的严重破坏，其中直、鲁、晋、豫、甘、察各省受灾情况最为严重。

（一）察哈尔灾情

北平中国华洋义赈总会接察哈尔分会来函报灾，谓"察省口外饥象，不独食粮食无存，即草根、树皮亦均罗掘俱空"①。其惨状无可描述，并且查察省，数经兵燹，三年亢旱，居民颠沛，十室九空。现在翻草无根，食树之皮，情况之惨，望救之殷，有非言语所能形容者。分会见闻此状，开始调查，已完成调查者有十一县、三特塔、六蒙旗，共计极贫、次贫灾民五十八万七百二十口，尚有三旗待查，不在此内。所有调查灾民详细数目，如下表，到1928年12月察区灾民达到98万。②

表 1　灾民数目

地　　区	极贫（人数：口）	次贫（人数：口）
张北	20094	70200
丰镇	107400	119726
集宁	45807	119726
兴和	28225	45924

① 《盛京时报》，民国十七年十二月二十三日，星期日，第6847号（一），第679页。
② 《盛京时报》，民国十七年十二月二十三日，星期日，第6847号（一），第679页。

续表

地　　区	极贫（人数：口）	次贫（人数：口）
陶林	8678	26320
多伦	12762	19324
商都	28459	47463
康保	22722	37552
宝昌	12030	13166
沽源	31195	——
凉城	62822	87783
左翼牧场	1671	2216
右翼牧场	521	917
商都牧场	1540	2214
正蓝旗	183	344
镶白旗	119	234
牛羊群	788	1227
正白旗	1166	166
正红旗	2494	3665
镶黄旗	999	1631
合计	389719	599798
总计	989517	

（二）绥远灾情

绥远大旱，毫无收成。灾情最严重的属萨拉齐县，赤地千里，村落荒凉，房架门窗以及家具品等都被变卖以购粮食，甚至有出售妇女孩童者，婴儿死亡者更是比比皆是。其中有土质滋润之处，则均被逼种罂粟，加上历年存粮则因三年频遭匪患，均被掠夺无余。所谓匪祸，即系来自蒙古边境及黄河南岸各县之遗兵。以前逃避在外的难民现已有返家者，但大多数已死于中途。"萨拉齐粮价较之前涨高五倍，大同粮价则比萨县减少一半，妇女售作妾婢者，每于途中跳车自杀。几处灾赈，目前尚无几体办法云。"①绥、陕灾民积死累累。

---

①《盛京时报》，民国十七年十二月二十八日，星期五，第6851号（二），第700页。

（三）直鲁二省灾情

兵燹连年，所祸之地直、鲁二省首当其冲，以致哀鸿遍野。百姓纷走谋生，"间道来营者摩肩接踵甚于过江之鲫"①。据调查，1928年3月20日辽河开通到12月4日轮船停航，在此时期内，关内难民在营口登陆并由南满车赴长春沿线及齐克铁路，充工者计有122000人，其他由大连步行来营口及由营口步行北上者不计其数。并据《盛京时报》载："昨有山东难民老幼十数口携男抱女沿街乞食，嗷嗷待哺，竟将未满三岁之男孩身插草标，沿街叫卖，一时观者如堵，令人酸鼻，颇有多人倾囊资助，以济危困。"②数以万计百姓流离失所不是年景荒歉就是遭受兵燹之祸，夫死天涯，妇人殒地角，生遭颠沛，死受流离，其惨状无以言表。

基于以上种种，张学良开始着手成立东北筹赈会并积极号召各界募捐以缓解灾情。

二、赈灾举措

（一）东北筹赈会成立

"慨自频年以来，全国各地天灾人祸，继续环生，而直鲁京畿被灾尤重，兵燹水旱无灾不全，荡析离居触目皆是。"③北平失业贫民数超二十万，啼饥号寒，鬻女卖子，甚至有因求生不得而举家自尽者，这种情况每天都有。此等惨况实在罕闻，一城如此，他城可知。惟有东三省十余年来，"虽因迭次军兴，不免有伤元气，加以钱法毛慌，亦复民力艰难，然而匕鬯不惊，干戈未扰，安居乐业，连岁丰登。本年秋收，又歌大有，以视各处灾区，不啻天堂福地。所以致此者，盖因民风淳厚，素尚道豢，慈善机关组织如林，向来对于灾赈，无论官绅商民，莫不踊跃捐输，慷慨施与，历年费辍，中外同钦。用能感召天和，获斯果报，所谓作善降祥，固有如响斯应也。是则自今以往，更宜上下修省，益宏胞与之怀，普发慈悲之愿，以广功德

---

①《盛京时报》，民国十八年一月七日，星期一，第6857号（四），第40页。
②《盛京时报》，民国十七年十二月八日，星期六，第6832号，第593页。
③董慧云、张秀春《张学良与东北新建设资料选》，香港同泽出版社1998年版，第409页。

而永无麻。哀此劫后之灾黎，现处隆冬之绝境，若不急起援助，宁非有始无终，于义何安，于心何忍。况我东省仁心义举，夙树风声，福地救星，风呼将伯，早已捐册络绎，函电交驰。回顾奉省亦有通、临两县，吉江两省又有十余县，同被水患，均告遍灾，近属切肤，赈施尤亟"①。综上所述，足见筹赈救灾对外对内无可推辞，刻不容缓，遂成立东北筹赈会，以策进行。1928 年 11 月 22 日，张学良为了创建东北筹赈会向奉天总商会发去电文，提出希望筹现洋 100 万，电文中还提到奉省应承担 50 万元，吉江两省各15 万，哈埠特区分担 20 万，但张学良强调"此次分配款数，无非酌定范围，重在实行劝募，并非出于摊派，令好善者谁不如我，是以毫无强迫，但期各凭天民自由捐输，随缘乐助"②。东三省筹赈会电汇 30 万元给国府赈务委员会，该会决定分配办法为：晋、豫、冀、陕、甘 5 省各 4.5 万元，绥、鲁 2 省各 3 万元，察哈尔 1.5 万元。③张学良还指出，对于劝募的方法，不必拘定于现金，如果有粮食衣物，亦可一律收受，照价折抵。如果劝募的数额超出定额以上，这也是多多益善的行为，尤其欢迎。"第念救灾急如救火，恐为时已晚，待泽孔殷，所望既解仁襄，借重鼎立，以速为妙，及早募竣。"④张学良希望于电到半个月内，解送省城娘娘庙街沈阳红十字会院内本会事务所，并分报省署备查。其中粮食衣物则仍存原处，听候拨运，不必解送，以免波折。

1928 年，东北筹赈会也设定了赈务奖励章程，"案准东北筹赈会事务所函开，本会办理筹赈，现已粗具端倪，胥赖慈善机关倡导协助，农商绅界踊跃输将，或慨解仁囊，或广募巨款，不辞劳苦，枵腹从公。揆其好善之心，固无期于酬报，若论成绩之考实，应予以褒彰"。附《东北筹赈会赈务奖励章程》⑤如下：

①董慧云、张秀春：《张学良与东北新建设资料选》，香港同泽出版社 1998 年版，第 409 页。

②董慧云、张秀春：《张学良与东北新建设资料选》，香港同泽出版社 1998 年版，第 410 页。

③《张学良年谱》，1928 年，社会科学文献出版社 2009 年版，第 232 页。

④董慧云、张秀春：《张学良与东北新建设资料选》，香港同泽出版社 1998 年版，第 410 页。

⑤董慧云、张秀春：《张学良与东北新建设资料选》，香港同泽出版社 1998 年版，第 412—414 页。

第一条　本章程依据前内务部义赈奖励章程酌量规定。

第二条　合于左列各项之一者，得遵照章程之规定奖励之。

一、捐助赈款者

二、经募赈款者

三、办赈出力者

第三条　凡捐助赈现洋五千元以上，或经募现洋五万元以上者，应报由本会函请省长公署题给匾额。

第四条　凡募捐赈款现洋三千元以上，或经募现洋三万元以上者，应报由本会题给匾额。

第五条　凡捐助赈款现洋二千元以上，或经募现洋二万元以上者，应报由本会给予一等金质麒麟章；其捐助一千元以上，或经募一万元以上者，由本会给予二等金质麒麟章；其捐助五百元以上，或经募五千元以上者，由本会给予三等金质麒麟章。

第六条　凡由各团体名义捐助，或经募各赈款合于第三、第四、第五各条之规定，得由本会酌量题给匾额。

第七条　凡办赈人员异常出力者，应由本会审核成绩，分别给予一等或二等、三等金质麒麟章。

第八条　凡捐助赈款未满五百元及一百元以上者，或经募赈款未满五千元及一千元以上者，由本会依左列规定奖励之。

一、捐助未满五百元，或经募未满五千元者，给予一等银质麒麟章；

二、捐助在两百元以上，或经募在二千元以上者，给予二等银质麒麟章；

三、捐助在一百元以上，或经募一千元以上者，给予三等银质麒麟章。

第九条　凡办赈人员寻常出力者，应由本会审核成绩，分别给予一等或二等、三等银质麒麟章。

第十条　凡应受奖之人员或团体，须将姓名、籍贯、职业或团体之名称、地址并捐助或经募之实在数目，以及办赈人员之出力事实，汇报本会核办。

第十一条　本会奖章及匾额，本国人及外国人得一律给予，但奖章以受奖人佩戴为限，其有合于第三、第四、第五各条之规定。不愿受奖章或匾额者，得由本会酌量给予纪念赠品。

第十二条　本章程自核准日施行。

这是东北筹赈会针对社会的慈善行为进行的具体褒奖办法。"可见，奖励规定办法细致入微，照顾全面，对社会救济事业十分鼓励，充分吸纳社会不同阶层积极参与慈善事业，为形成全民抗灾合力凝聚力量。"①同时，筹赈会也是人们行善助贫的基地，为社会各界人士所重视，积极推动了东北慈善事业的发展，为弘扬社会正气作出了重要贡献。

在东北筹赈会设立的影响下，各地开始设立筹赈分会。吉林省各当局为协助东北筹赈会办赈起见，特共同于吉垣组成东北筹赈分会，"推张作相主席为会长，熙洽、诚执中二人为副会长，张海涛、钟毓等为会员，昨已电知奉垣之东北筹赈会总会云"②。东北筹赈哈尔滨分会令哈尔滨商务会设立筹赈事务所，"特加聘正会长许君荆山为该事务所委员，副会长张文彬为副委员长，并委任会董十五名"③以便广募赈款而拯救灾黎，许荆山会长奉函后遂即遵照成立事务所，并开始着手办理代募赈款。东北筹赈会及其分会的成立是为政府性的救灾活动，为缓解灾情，抚恤灾民起到了相当大的救助作用。

（二）东北筹赈会对于受灾地区具体救济情况

东北筹赈会自成立以来对于筹赈事宜莫不竭力积极进行，该会筹得赈粮一千二百石，为应北平东北筹赈会所设之十二粥锅之急需，"特于昨日（十九日）派员由平奉路押运送至北平云"④。并且北平华洋义赈会电吁张学良称：察哈尔迭经兵燹之祸，三年大旱，居民颠沛流离，十室九空。现在翻草无根，树皮食尽，情况之惨，望救之殷，有非言语所能形容者。"分会见闻较切，业经会员调查，计口外十县、三塔、六旗，共有灾民极贫无食者五十八万余名之多，情殊可悯，同为华国之民，何忍坐视其饥馑，素仰贵司令当仁不让，三省各军民长官、各界人士慈善为怀。聆此钜灾能踊

---

①王虹波:《1912—1913年间东北灾荒的社会应对研究》，吉林大学博士论文，2013年6月1日。

②《盛京时报》，民国十八年一月三十一日，星期四，第6881号（四），第170页。

③《盛京时报》，民国十八年五月二十三日，星期四，第6984号（五），第133页。

④《盛京时报》，民国十七年十二月二十二日，星期六，第6846号（四），第674页。

跃轮将急集赈欵，庶活数十万之生灵，祈予转饬三省，极力赞助以体上天好生之德等情。据此，当即令饬赈务阁督办安为筹计从速醵资赈济云。"①时任东三省保安总司令的张学良得知这一情况后，以直、鲁、晋、豫、甘、察各省连年战祸，年景歉收，人民生活异常困难，"已派员前往放赈，多次因粥少僧多无济于事。闻该总司令于月之廿三日又拨赈卅万元汇解云"②。

东北筹赈会为难民运棉衣。东北交通委员会电吁赈灾会，称"天气渐寒，直鲁难民多无棉衣，本会现购制棉衣五千套，拟运送洮南等处发放，以恤民命。请饬各路免费运送等情，交委会当于月之廿六日饬北宁洮昂两路免费照运云"③。

对于直、鲁、晋、豫、甘、察各省的灾情，张学良曾募捐私人善款以及直接拨付赈款以救灾黎。张学良以无业游民及关里难民，在此米雪在地之时无以谋生糊口，"遂在同善堂按设粥锅，俾免冻饿，惟以欵项难募，遂将所有私款捐助奉大洋十万元，令该经理人来部呈领云"④。如此急公好义、好善乐施委实是一种难能可贵的情怀。

（三）东三省各地为救灾之努力

对于来东省之难民，东省各地采取各种赈灾措施，以挽灾民。

1. 大连举办赈灾游艺会。陕、甘赈灾会曾派代表来大连募捐救济，已得关东厅谅解，所以来到大连的代表向各方协议进行方法，已得连埠热心慈善。"诸大家筹备妥协，凡埠内精于歌舞之男女及热心慈善艺术家情愿加入，乐为效力者大有人在。是以特举行大规模游艺会定于本月六七日午后七时在西岗子华北电影院奏。赈灾义务游艺大会第一日表演戏目为葡萄仙子，第二日表演为血泪悲剧，谅热心慈善大家届时定不乏人云"⑤。大连各界为救灾助民不遗余力。

2. 营口义务戏救济灾民。商埠公安局局长李禹铭以营口为水陆交通之要冲，津鲁等处可一苇通航。所以惨遭逆军蹂躏之贫苦难民避难北上

①《盛京时报》，民国十七年十二月二十五日，星期二，第6849号（四），第691页。
②《盛京时报》，民国十七年十二月二十五日，星期二，第6849号（四），第691页。
③《盛京时报》，民国十八年九月二十八日，星期六，第7109号（四），第175页。
④《盛京时报》，民国十七年十二月八日，星期六，第6832号，第592页。
⑤《盛京时报》，民国十八年七月六日，星期六，第7075号（七），第703页。

者，都汇集此处。"此辈兵燹余生在籍，罹炮火锋镝之劫，外出遇露宿枵腹之危，致炊骸鬻事呻吟，冻地者触目皆是，苟不设法救济则贫民将何以堪。故特请公余海关二俱乐部之票友诸君，发晚与之怀演唱义务戏三日，用拯灾黎，闻已商妥日内即在明星大戏院开演云。"①营口政界人士同情各省灾民之遭遇，为救灾民全心全意的付出自己的一点"绵薄之力"。

3. 锦县义赈会救济灾民。直鲁灾民一千元五百余口由北平乘车至绥中白庙子车站，机车损坏不能前进，该地系属乡村僻壤，灾民无处居住，更无从得食。时为锦县义赈会干事陶杰人、史学符、田述森闻知，当邀请同慈善会长杨子功，一面请铁路当局速派机车前往开驶，一面在锦站筹备大宗食品，以便灾民到来，共同分食，免受困饿。诚为难民劫后之福音。

4. 通辽县安置难民。辽宁省政府主席翟文选先前以通辽途中滞在河南难民四千余名，"饬由通辽县安置垦荒，已由该县支配。各区将难民接往本区收容云"②。

5. 难民过绥中。关内河南、山东各地连年荒旱，哀鸿遍野。所以在1929年春到9月出关之难民络绎不绝，张学良司令长官暨翟文选主席关心难民，张学良司令长官更是慈善为怀，设法拯救，意将灾黎拨赴江省及兴安区等地垦殖。前后派冯谏民、王海菴二人相继去绥中，检查招待，复派冯子安为驻绥检查垦民临时办公处处长。难民到绥即停车供给饮食，颁给垦照，招待极为优渥。经垦民检查处发出垦民执照五十六批拨赴江省，男女共三万五千名，拨赴兴安区者男女共二万余名。张学良司令长官派员采买，已发关内之赈粮计红粮五千石，苞米五千石。张、翟二人之慈心救民，拯救垂死之同胞，其功德可谓无量矣。

三、结语

从古至今，灾害与人类社会的发展相始终，给人类带来了巨大的灾难和阻力，是人类一直在面对和积极应对的重大生存问题。在科技迅猛发展的

①《盛京时报》，民国十八年三月十七日，星期日，第6920号（五），第382页。
②《盛京时报》，民国十八年九月二十九日，星期日，第7110号（四），第181页。

今天，我们也无法预知自然界的未来灾害，所以防灾减灾仍是全人类的永恒课题。民国初年正是处在新旧社会转型时期，并且受孙中山民生主义思想的影响，对灾害管理较为重视，赈灾工作的制度化、专门化日益明显，设立专门的赈务机构管理救灾事宜，使国家赈济工作具有了明显的近代化色彩。

但对于此次直、鲁、晋、豫、甘、察各省的灾情，主要原因有三。第一，灾区中终日不得饱腹者竟达百分之八十五，饿毙者已达百分之二，这是令人惊心动魄的事实。况且人民迫于饥寒，铤而走险，匪氛猖獗，社会秩序动摇，影响全局。如陕南以及察绥等处匪势披猖，在当时的情况下日甚一日。虽有军队进剿，但效果不佳。"饥民从之者如归市，苟无釜底抽薪之策，必贻噬脐无及之悔。"①第二，当时内蒙古各地土匪，背后有外人接济，西北各省密通内蒙古，外部势力可以渗入，况且农村之中，不无内应。灾民饥寒迫身，社会秩序破坏，"叫异地易于勤人，而迷惑不难奏效，见隙而动者方且严密其组织，巩固其阵线，培植其潜力，见机而作。不俟终日脱一旦而会扩大之行动，若千万盗贼饥民，风行草偃，为祸之烈，宁复堪言。"②第三，灾民田地出卖成荒，无地者达百分之二十，农具木料等全数变卖，农民已大部分失去其生活之根据，多数农民生存亦成为严重问题。且必有一部分沦于一生不得翻身之境，此为当时不可轻视之社会问题，所以急切需要政府之救济。在此种危机之情况下，张学良及时下令筹备东北筹赈会并督促赈灾事宜，此种从容不迫之态度，已足令一般人吃惊。关心民众痛苦，尽政府当局所宜之努力，竭尽全力，慷慨解囊，以慰人民之渴望，实乃大爱。由于张学良及东北筹赈会对此次灾情所做的努力，对于缓解灾情，拯救灾黎起到了一定程度上的效果，并为此后的救灾公益活动起到一定意义上的典范作用。

作者单位：辽宁大学历史学院

---

①《盛京时报》，民国十八年二月二十二日，星期五，第6898号（五），第264页。
②《盛京时报》，民国十八年二月二十二日，星期五，第6898号（五），第264页。

一所大学的悲壮抗战故事
——九一八事变后东北大学抗日救亡运动影像

李正鸿　李　莹　董认可

一、东北大学是率先举起爱国抗战的一面旗帜

（一）从诞生与抗战结缘

在内忧外患、风雨飘摇之中，在日本帝国主义对东北虎视眈眈，大肆掠夺东北的资源，并企图在文化领域控制东北的时代背景中，东北大学云破日出。东北大学建立于 1923 年 4 月。当时的东北长期处于日、俄的威胁之中。东北地区中国自己的高等教育相当匮乏，只有沈阳高等师范学校和私立医科专科学校，而日本则开办了旅顺工科大学、满洲医科大学等，这些日本开办的高校师资力量充足，教育体系健全，吸引了大批中国学生。这引起了东北当局的注意。

1921 年，奉天教育厅厅长谢荫昌向张作霖提出了兴办大学教育的建议。同年 10 月，奉天省议会向张作霖提交了创办东北大学的议案，张作霖同意并安排奉天省省长王永江承担筹办东北大学的工作。东北大学的筹建遭到了日本的干涉和阻挠。日本驻奉天总领事公然对王永江筹建大学进行劝阻："你们要学理工科，我们已有'旅顺工科'；你们想学医，我们早有'南满医科大学'；你们愿学文法科，也可以派留学生到帝国大学去

上学，大日本政府将予以优待。"东北大学就是在日本帝国主义的重重压力下诞生的，从创建之日起就承担着特殊的历史使命——抵抗日本、俄国对东北领土的觊觎，发展东北，培养地方人才。

（二）在爱国主义的斗争中成长

学校在创建初期，进行了一系列爱国运动。东北大学自创建以来就肩负着宣传反帝思想、抵御外敌侵略的责任。自创建初期至九一八事变之前，东北大学爱国师生开展了一系列反帝爱国活动，包括"提倡国货、抵制日货"活动、反对"临江设领"的斗争、声援"五卅"爱国运动、开展"平民教育"、组建"奉天平民教育促进会"等。

进行维护国权的努力。在"提倡国货、抵制日货"活动中，东北大学师生在校内成立了"国货消费合作社"、在校外成立了"国货推销联合会"，在沈阳中街开设了"大众国货商店"。以张希尧和车向忱为代表的东大师生在积极支持国货、出售国货的同时，积极宣传抵制日货的重大意义，对日本对东北地区的经济侵略和垄断给予了强烈反击。1927年5月，日本在未得到中国政府承认的情况下，准备在临江（今吉林省东南部）强行设立领事馆，被当地民众和警察阻止后，日本人在临江架起枪炮向民众施压，消息传到奉天，奉天市民举行了反对日本在临江设领的游行，东北大学师生积极参与了游行，坚决反对日本人的侵略行径。在声援"五卅"运动中，东北大学师生积极宣传、发表演讲，举行了罢课、请愿等活动，并集体捐款1500元现大洋来直接声援"五卅"运动。1928年，东北大学附属中学教员车向忱通过创办平民学校来宣传反帝爱国思想，车向忱还同东北大学进步学生张希尧成立了"奉天平民教育促进会"，吸收了朱大光、宋黎等一大批进步学生，在抵制日货和打击日本奸商倒卖鸦片上发挥了重要作用。

（三）最早举旗抗战的大学

九一八事变以后，中国人民开始了不屈不挠的抗争，无数仁人志士共赴国难。东北大学师生作为其中一个特殊的群体，他们最早面临失去学校、失去故乡、失去亲人的苦难，他们经历了多次迁校的流亡历程。他们在中国抗战史的多个关键历史节点上扮演了重要角色，在抗日救亡的过程中，东北大学抗战呈现出鲜明和突出的特点。

（四）学生义勇军书写辉煌篇章

九一八事变，日军一夜之间占领沈阳，东北大学师生成为全国最早陷入战争苦海的一群人。爱校、爱乡，深受爱国主义教育的东北大学师生的抗日斗争从这一刻已经开始，成立反帝大同盟东北大学支部，部分学生参加东北义勇军，积极响应东北民众救国会的号召，冯大义勇军配合19路军作战等等。相比1937年以后的全面抗战，东北大学的抗战要早六年，在抗战时间上具有率先性。

冯大义勇军在抗战史中发挥了重要作用。1931年10月，刚成立不久的东北民众救国会决定组织民众赴南京向国民政府请愿，要求国民政府出兵抗击日军，收复东北被侵占的土地。救国会以东北大学、冯庸大学师生为主体，组成的请愿团人数达到620人，其中冯庸表现积极，组织了冯庸大学抗日义勇军，共赴南京。请愿团得到了全国各地民众的支持，参与请愿人数不断增加。蒋介石最终只能接受学生们的请愿，表明了收复东北的决心。

1932年初，淞沪抗战爆发，蒋介石派精锐部队决心消灭日军在上海的几个据点，日军被迫不断增兵，从上海登陆。为支持前线抗战，冯庸大学义勇军派出了300名师生前往上海前线直接参与抗战。义勇军协助守卫浏河的19路军修筑防御工事，与19路军将士共同阻击日军登陆。冯庸大学义勇军在此次作战中派出人数之多为学生直接参与抗战之最，校长冯庸更是亲临指挥。经此一战，冯大义勇军已经成为抗战史上学生军抗战的杰出代表。1932年末，冯大义勇军还参与了热河抗战，这一次冯大义勇军更是付出了生命的代价，有1名教师牺牲，1名学生受伤，有2人被俘。[①]冯大义勇军抗战决心坚定，不怕流血牺牲，义勇军有一定的规模，其中还有一支"女子抗日义勇中队"，校长冯庸更是倾其家资投身抗日，还亲自创作了《冯庸义勇军军歌》。冯大义勇军的义举表现出了中国大学生投身抗日的热情，表达了坚定的抗日意志，冯大义勇军在抗战史中书写了辉煌的一笔！

---

① 郅泓：《冯庸和冯庸大学》，《侨园》杂志编辑社1992年版，第3页。

在抗日救亡的具体实践中，东北大学在很多方面具有率先性。"一二·九"运动中，东北大学师生率先走上街头请愿，率先将请愿改为游行示威。在前期请愿游行没有达到目的的情况下，又率先走到农村去，向广大农民、工人宣传抗日，推动学生运动第一次走上与工农结合的道路，壮大和凝聚了抗日力量，也扩大了"一二·九"运动的影响。

二、在炮火硝烟中始终呐喊抗战的一所大学

（一）抗战态度的坚定性

在东北大学抗战的发展中，经历了九一八事变前后、"一二·九"运动前后和西安事变前后的三次抗日救亡运动的高潮期，也经历了三台时期被国民党势力打压的低潮期。但东北大学师生坚持抗战的信念从未动摇，坚持抗战的脚步也从未停歇，只是在不同的历史时期，面对不同的斗争环境，采取了特定的斗争策略和斗争形式。在1931年至1945年长达十四年的斗争中，东北大学师生始终坚持抗战，是全国举旗抗战最早，持续时间最长的一所高校，并始终保持抗战态度的坚定性。

（二）坚持十四年抗战的持久性，为抗战培养了大量人才

东北大学在奔赴国难的潮流中发挥了人才储备作用，为抗日培养了大批骨干力量。张学良的教育思想以爱国主义为基础，国家至上、注重实践。在特定的历史时期，东北大学作为一所抗日大学，在张学良爱国主义教育思想的影响下，在反对日本帝国主义不断的斗争中，培养和锻炼出了一批抗日骨干力量，输送到全国各个抗战领域，或参加抗日义勇军，武装反抗侵略者；或在中国共产党的领导下组织学生运动；或志愿从军，参加远征军，援缅抗日；或响应号召奔赴解放区，参加新四军。东北大学还培养了50多位抗战英雄，如苗可秀、宋黎等，他们的名字永远镌刻在中国的抗战史册上。后来并入东北大学的冯庸大学提倡以工救国，实行军事化管理，并把军事教育和爱国主义教育结合起来，培养了一批军事人才，他们中的一部分人报考了航空学校，成为空军骨干；冯大义勇军更是洒热血、杀敌寇，成为最直接的抗日力量。

在不断的斗争中，东北大学师生在思想上更加先进、更加成熟，在人格上更加完善，在斗争经验上更加丰富。他们中的很多人加入了中国共产党，经过抗日战争的磨炼，成为后来解放全中国，建设新中国的骨干力量。

东北大学在抗战中态度坚定性，坚持抗战持久性的原因：其一，九一八事变前，东北就开始受到日本的侵略，加之受到张学良爱国主义思想的影响，东北大学师生的血液中已经具备了抗战的基因。其二，九一八事变后，国民党政府一系列的妥协退让政策，助长了日本进一步侵略中国的野心，日益加深的民族矛盾和东北大学师生的爱国热情形成了尖锐对立。其三，张学良密切关注东北大学的状况，为东北大学迁校提供校舍和资金，大力支持学生运动，多次营救爱国学生。东北大学师生"打回老家去"的强烈愿望始终促使师生们始终保持着民族意识和爱国热情。其四，共产党发表了《中国共产党为日本帝国主义强暴占领东三省事件宣言》《八一宣言》等一系列宣言、决议，为东北大学抗战指引方向的同时，也坚定了东大师生抗日斗争的信心。

三、十四年抗战中始终站在抗日斗争的最前线

东北大学的抗战史上，先后经历了沈阳时期、北平时期、西安时期、四川三台时期，而前三个城市分别是九一八事变的中心、"一二·九"运动的中心和西安事变的中心。历史赋予东北大学如此多的挑战和机遇，东北大学不辱使命，在抗战历史的关键节点上充分发挥了助推作用，推动张学良抗日和全民族抗战，成就了东北大学辉煌的抗战史。

东北大学师生作为一个先进的群体，时代的先驱，在他们身上具备高尚的奉献精神、爱国情怀和革命意志。随着民族危机的日益加深，他们站立潮头、勇敢奋进，一路流亡一路抗争，他们有的投身学生运动，为推动抗战奔走呼号，有的投笔从戎，直接奔赴前线，浴血沙场，有的坚持知识救国，支持抗战，东大师生始终站在武装抗日斗争的最前线，开展多种形式的抗日爱国运动。

（一）投笔从戎直接奔赴抗战前线

九一八事变后，很多东大学生投笔从戎，到前线用生命和热血抗日救国。苗可秀在东北组建了"中国少年铁血军"，历经多场战役，慷慨就义。冯大义勇军派出 300 人千里南下抗日，协助 19 路军参战，创下了抗战史上学生直接参战人数之最。东北大学师生用自己的血肉鼓舞和激励着全国人民的抗日斗争。东北大学师生英勇抗战，血洒疆场，谱写了许许多多的抗日故事。

（二）文化抗战，科学救国

日军占领东北后，推行奴化教育。东北大学师生迁入关内，也是对日本文化政策的一种有效抵制。在流亡途中，东北大学师生在困境中坚守知识青年的使命，一边坚持抗战，一边坚持文化学习和科学研究。据统计，东北大学北平时期创办学会达到 26 个[①]，出版了多本刊物；国立三台时期东北大学学术团体达到 11 个。东北大学的文化抗战促进了三台等相对落后地区现代化教育的发展；培养了一批思想进步青年和科技人才，为抗战队伍输送新的血液；保全了中华文化的血脉，也为抗战胜利后我国高等教育的恢复和发展奠定了一定的基础。

（三）呼喊抗战，《五月的鲜花》由东大传唱到全中国

《五月的鲜花》是著名的抗日救亡歌曲，广为传唱至今，感染和鼓励了几代人。歌曲的词作者是诗人光未然，而曲作者是当时的东北大学教师阎述诗。阎述诗出生在沈阳的一个文化家庭，大学学习期间接受了五四运动的新思想，1934 年 8 月，被聘为东北大学音乐教师。九一八事变后，日军占领沈阳，阎述诗离开沈阳逃到北平。"一二·九"运动中，阎述诗目睹了爱国学生为抗日救亡而付出的努力和鲜血，此时的阎述诗悲恨交加。"一二·九"运动后，东北大学学生排演《阿银姑娘》时，有同学找到阎述诗为《五月的鲜花》谱曲，"五月的鲜花开遍了原野，鲜花掩盖着志士的鲜血"，这悲壮的歌词深深感染了阎述诗，引起了他强烈的情感共鸣，一时间国仇家恨涌上心头，激发了他的创作灵感。这首由东大教师谱曲，由东大学生传唱的抗日救亡歌曲激人奋进，很快传遍了大江南北。

①东北大学史志编研室《东北大学校志（第一卷）》上册，东北大学出版社，2008 年版。

　　《五月的鲜花》表达了东北大学师生抗日的决心、不怕牺牲的悲壮，感染并激励着全国人民的爱国热情，是东大师生在"一二·九"运动后的又一次呼喊。《五月的鲜花》是东北大学文化抗战重要的历史成果，时至今日，《五月的鲜花》仍然在很多大学中传唱，以此为主题的爱国主义教育活动仍具有重要的现实意义。

　　（四）体育有国界，向世界传达中国人民的声音。刘长春代表中国参加奥运粉碎了伪满洲国分裂中国的阴谋，运动场上演抗战故事

　　1932年7月，东北大学应届毕业生刘长春代表中国参加了在洛杉矶举行的第十届奥运会，自此开启了中国人的奥林匹克梦，被称为"中国奥运第一人"。刘长春的奥运之路充满曲折，能够最终站上奥运会的舞台，与东北大学对他的精心培养和时任东北大学校长张学良的支持与运作是分不开的。1928年，刘长春因短跑方面过人的能力，被东北大学文预科破格录取，一年后又转到东北大学体育专修科，经过一段时间的培养，刘长春在短跑的技术和能力上大幅度提升，在第十四届华北运动会上一举拿下一百米、二百米、四百米三项冠军，并创造了全国新纪录。[1]在第四届全国运动会上，刘长春再次获得这三个项目的冠军[2]。

　　第十届奥运会前夕，伪满洲国为了在国际上得到承认，提高国际知名度，率先下手拉拢刘长春，向国际奥委会为刘长春和于希渭报名参赛，并在报纸上刊登了刘长春将代表伪满洲国参加奥运会的消息。刘长春得知此事义愤填膺，立刻发表声明："我是中华民族炎黄子孙，我是中国人，绝不代表伪满洲国出席第十届奥林匹克运动会。"[3]对于刘长春的声明，张学良感到欣慰和鼓舞，决定出资8000银元资助刘长春参加此次奥运会。1932年7月1日，张学良公开宣布了刘长春代表中国参加第十届奥运会的消息，并鼓励刘长春："愿君用其奋斗精神，扬我民族正气"[4]。经东北

---

　　[1]《第十四届华北联合运动大会高级部男子田径赛运动结果》，《东北大学周刊》1929年第77期。

　　[2] 樊广武：《六年来之东大体育》，《东北大学六周年纪念增刊》1929年第1期。

　　[3] 文史资料研究委员会，《史资料选集》（第70辑），中华书局1980年版。

　　[4] 孙晶岩：《中国奥运梦，悲壮刘长春（上篇）》，《北京文学》2007年第10期。

大学和中国奥委会的积极努力，国际奥委会最终取消了伪满洲国的参赛资格，刘长春于1932年7月30日代表中国参加了第十届奥运会。刘长春的奥运之行，开创了中国人参加奥运的先河，是向国际社会展示中国人体魄的壮举，也是张学良体育理念的一次重大实践。同时也粉碎了伪满洲国企图得到国际承认，进而分化中国的阴谋，政治影响巨大。

四、为推动全民族抗战架起坚固桥梁的一所大学

（一）校园里不断点燃革命的火种

东北大学的抗战始终与中国共产党的指引和领导紧密融合，东北大学在建校初期校内就有党员存在。据统计，有宋介、唐宏经等6名党员①，这一时期，中共满洲省委在沈阳成立了"反帝大同盟"，东北大学有刘振亚、徐文秀等3人参加了"反帝大同盟"。九一八事变之后，中国共产党的影响在校园里不断扩大。1931年9月20日，中共中央发表《关于日本帝国主义强占满洲事变的决议》，提出要发动包括学生在内的下层小资产阶级。在此之后，东北大学于1932年建立了"反帝大同盟支部"、1934年成立了团支部，爱国学生在共产党的领导下开展了为李大钊送殡游行示威等爱国运动。《八一宣言》发表后，东北大学抗战开始逐步接受共产党的领导。共产党引导北平学生成立了"北平学生联合会"，领导包括东北大学学生在内的北平学生开展了"一二·九"运动，又在东北大学成立了东北大学学生救国工作委员会，领导此后的一系列学生运动。在"一二·九"运动中担任学生运动领袖的东北大学学生，有很多人是共产党员，如郑洪轩、邹素寒等。他们在党的领导下，发挥了先锋队与主力军作用，推动了"一二·九"运动的发展。

（二）"一二·九"运动的先锋队、主力军。在学生运动中发挥了先锋作用，打击了不抵抗政策和对日妥协逆流，推动了抗日民族统一战线的建立

华北事变中，国民政府与日本签订了《何梅协定》，并在日本的操纵下，

---

① 东北大学史志编研室：《东北大学校志（第一卷）》，东北大学出版社2008年版。

在北平成立了"冀察政务委员会"。华北主权尽丧,中华民族的危机已到了空前严重的程度。然而国民政府认为中国不宜对日开战,继续步步妥协。国难当头,中国的青年学生率先站了起来,作为时代的先锋,他们政治敏感,充分认识到中日民族矛盾已经上升到主要矛盾。作为中国青年学生的杰出代表,东北大学爱国学生成为学生运动的先锋。九一八事变后他们参加南下请愿团,质问蒋介石政府为何一味依靠国联调停,并在"一二·九"运动中冲在了游行队伍的最前列,率先喊出了"停止内战,一致对外"的口号。"一二·九"的呼喊促进了全中国人民的觉醒,揭露了日本帝国主义灭亡中国的野心,揭露了国民党的不抵抗政策,沉重打击了对日妥协逆流,促进了全民族的觉醒。

(三)在抗日救亡洪流中发挥了宣传作用,引导了学生运动走向与工农结合的道路

九一八事变以来,东北大学师生一直积极宣传抗日主张,通过宣讲、排演话剧、创作抗战歌曲等形式积极唤醒民众,对抗战发展和共产党的抗战思想都起到了积极的舆论宣传作用。"一二·九"运动和"一二·一六"运动后,全国各地纷纷掀起了抗日热潮,而国民党则采取各种措施破坏学生运动。此时,共产党号召青年学生到工农兵商中去。为了响应共产党的号召,继续扩大"一二·九"运动的影响,北平学联决定组织"平津学生南下扩大宣传团"。东北大学积极参加了"宣传团",东北大学学生宋黎还担任了总指挥。东大师生冒着严寒,长途跋涉,印发传单、张贴抗日标语,为农民演出抗战话剧和歌曲。由于学生们对农村情况缺乏了解,农民的接受能力有限,加之国民党的破坏和阻挠,南下宣传团从宣传效果上讲并没有真正达到唤醒民众的目的。但南下宣传团最重要的意义,是使学生运动第一次走上了与工农结合的道路,这是学生运动一次历史性的跨越,而历史也已经证明,仅仅依靠青年学生和知识分子的力量是远远不够的,工人阶级和农民阶级是最可靠、最强大的抗日力量。东大师生参加南下宣传团,宣传了共产党的抗日思想,也在工人和农民中播下了抗日的火种,为全民族的抗战打下了一定的群众基础。

（四）推动张学良校长走上联共抗日道路，上演惊天壮举

东北大学师生的爱国运动，在关键的历史节点上发挥了助推作用，直接导致了西安事变的发展。九一八事变后，东北大学部分爱国学生参加南下请愿，无情地揭露了国民党消极抵抗的"攘外必先安内"政策，掀起了抗日救亡运动的第一次高潮。"一二·九"运动中，东北大学爱国师生走在最前列，宣传全民族抗战思想，促进了全民族的觉醒，得到了全国各地的声援，将抗日救亡运动推向第二次高潮。西安事变前夕，东北大学的学生运动得到了张学良校长的保护和支持，而张学良的思想也在不断转变。"艳晚事件"激化了张学良和蒋介石的矛盾，"临潼请愿"更是成为西安事变的直接导火索，东北大学的爱国救亡运动对抗日民族统一战线最终形成起到了重要的助推作用。

五、铸就东北大学抗战精神薪火相传

东北大学的抗战史历经十四年，东北大学的爱国师生经历了国破家亡、流离失所的生活窘境，经历了屈辱、迷茫、愤怒和抗争的心路历程。为了迎来抗日战争的胜利，东北大学师生付出了他们的青春乃至生命，彰显了强烈的民族自尊心和自信心，在共产党抗日民族统一战线的领导下，迸发出了强大的精神力量，形成了东北大学的抗战精神。

东北大学抗战精神的内涵为：第一，天下兴亡，匹夫有责的担当意识。"九一八"的一声炮响让东大师生的民族意识彻底觉醒，面对日本帝国主义的枪炮，面对国民政府的软弱妥协，东大师生没有一心只读圣贤书，而是选择了勇于担当，他们肩并肩，大声呼喊着抗日的声音，用自己的实际行动震撼着中华儿女的心灵。第二，团结一致，共御外辱的爱国精神。东大师生深受张学良校长爱国主义思想的影响，高举中国共产党抗日民族统一战线的大旗，坚决反对内战，号召全国人民团结一致，汇成一股强大的力量，共同抗击侵略者，还我山河。第三，不畏强暴，自强不息的拼搏精神。面对东北沦陷、华北危急，东大师生并没有因为敌我力量的悬殊差距

而放弃斗争。多次迁校，东大师生也从未动摇自己抗战的决心，在不同的时期，东北大学采取了不同的斗争方式。第四，勇往直前，不怕牺牲的英雄气概。一路流亡，一路抗争，东大师生不畏惧一切阻挠、破坏、恐吓，彰显了无私奉献、不怕牺牲的英雄情怀。苗可秀等抗战英雄的为国捐躯，谱写了一个又一个可歌可泣的英雄篇章。

东北大学的抗战精神是东大人宝贵的精神财富，是中华民族精神的重要体现，是激励一代代东大人砥砺奋进的强大精神动力。

作者单位：东北大学中国近现代史研究所
沈阳航空航天大学

张学良的体育观
及其对东北体育近代化的贡献

王晓晨

近代东北地区作为清王朝"龙兴之地"，长期实行民族歧视性封闭政策；同时因地缘政治原因，又是帝国主义尤其是日俄两强长期窥视争夺和染指的地区。这些因素导致东北体育近代化进程的特殊性与差异性，东北近代体育的发展模式的复杂性。20 世纪 30 至 40 年代，东北成为全国体育发展较为先进的地区，与地方政府的大力支持密不可分。在特殊的地缘政治背景下，张学良在东北从政时期，在各种势力中折冲樽俎却大力发展体育。他一以贯之地投资兴办学校发展学校体育、出资建设体育场地设施并承办大型体育赛事、推行并颁布体育法规制度，使得东北成为中国近代体育发展较好的地区。可以说，张学良的体育观和实践渗透在东北近代学校体育、社会体育、竞技体育及东北大学体育发展的许多片段之中，张学良体育观的传播和体育实践的推行促进了东北体育近代化的进程。本文仅以张学良从青少年与体育结下不解之缘至体育观和实践的具体表现，着重分析其对东北体育近代化的贡献。

一、张学良的体育启蒙

张学良，字汉卿，号毅庵，1901 年 6 月 3 日出生在辽宁省广宁县（今台安县），是奉系军阀张作霖的长子。张学良早期接受中国传统文化教育；后 1911 年随着其父张作霖进入奉天开始广泛参加基督教青年会的活动，在青年会中接受了早期的西方资产阶级民主主义思想包括体育思想，并经常在青年会参加体育活动并参加网球和篮球等球类竞赛，使得张学良从少年时期就接受西方先进体育思想并参加体育活动。张学良在 1916 年 12 月 9 日第一次参加基督教活动时接受了南开学校校长张伯苓"中国的希望"的演讲教育，下决心从我做起，立誓救中国，是张学良体育思想形成的早期萌芽。而张学良 1919 年进入东北陆军讲武堂炮兵科从事军事学习，在日常进行打靶、队列、兵操等，接受了 1 年的军事体育训练并以优异的成绩毕业担任卫队旅上校营长。总体来看，青少年时期的体育启蒙是从政后的张学良希望通过发挥体育的作用救亡图存、抵御外侮的思想基础，也为后期体育观的形成和体育实践的表现奠定了基础。

二、张学良的体育观及实践

从青少年到成年，张学良的体育志趣和爱好不断升华，随着从家庭走向社会，从学生变成军官，张学良对体育逐渐形成见解和观点。20 世纪 20 年代末 30 年代初是张学良体育思想形成的主要时期，其体育思想的逐渐成熟来源于他在东北地区大力发展体育的实践活动，在实践中不断沉淀。下文仅以张学良在出席会议、典礼、运动会等活动中的训词、讲话、致辞并结合其体育实践活动提炼其体育观。

（一）提倡德、智、体、美、群五育并重，注重发展学校体育

张学良在积极兴办教育的过程中，提倡德、智、体、美、群五育并重，注重发展学校体育，将体育寓于教育之中，要求青年学生免受文化侵略，改变局面。

第一，"以健全之身体，求精妙之学问"。

张学良在 1928 年 8 月任东北大学校长后，9 月 14 日在开学典礼上《对东北大学学生的训词》中提到"以健全之身体，求精妙之学问"。主要内容是"我今天欲与诸位说的，首先是提倡体育。说起来中国的体育界，大

多数不肯注意体育，所以学生多软弱。我很希望本校关于体育方面要特别注意，然后用健全之身体好求精妙的学问"。他认为，对处于风雨飘摇的中国来说，体育代表一个国家和民族的精神和气节，学生应当健全身体以增强体质，是完成智育的充分保障，使得国家富强，也是张学良担任校长后第一次对学生体育提出要求。

第二，"养成完美人格，求得真实学问"。

1934年2月28日，在东北大学春季学期开学之际，张学良《开学日致东大学生电》请代理校长王卓然转全体同学鉴："余由欧观察，所得彼中者，教育印象至深，世界各国，生存竞争，无不以培养人才，阐明学术为根本之计，其教者之善诱，学者之攻苦，孜孜不倦，远非我所能及，我国文化落后，国势阽危，……振奋精神，努力作人，努力向学，坚苦卓绝，恪守规纪，必须养成完美人格，求得真实学问，方不负养士初衷，才可负救国重任。"从言语中可以看出，张学良认为今日教育为明日救国的出发点，注重培养学生的完美人格，重视体育在教育中的重要地位。特别在我国文化落后，国势阽危的情况下，青年需要努力求学，明确指向，"养成完美人格，求得真实学问"才能担负文化救国之重任。

"以健全之身体，求精妙之学问""养成完美人格，求得真实学问"以十分简明、精辟的语言强调了健全的身体在教育中的重要性，体育为培养学生完美人格、实现教育救国的作用，体现其既重视文化教育，又重视体育教育的思想。

（二）提倡"健身强国，抵御外侮"，实现强国强种目标。

张学良认为发展体育与挽救民族危亡关系密切。他提出了"健身强国，抵御外侮""强国必先强种，强种必先强身"等观点，很大程度上赋予发展体育很高的政治期望，希望国人形成健康体魄来抵御外侮，最终实现强国强种的目标。

1928年10月，张学良在奉吉黑联合运动会开幕词中讲道："国家盛衰，不仅恃土地宏大，物产丰饶，并恃人民之强体魄真精神。健全之精神，恒寓于健全之身体，故体育运动，实不可忽视。"表明了国家的强大更在于国民的强健体魄，唯有体育运动能够强健体魄保国家之昌盛。

1934 年 2 月 28 日，张学良在观察西欧教育和训练之后，在《致东大教官电》中说道："东北大学高仁绂、赖恺元、金镜清三兄钧鉴：吾国学生，士习日坏，校纪日堕，苟非力挽狂澜，奚足以言救国。兄等当知变化气质，整饬纪律，实为体育真才之第一要务。……养成学生服从领袖，恪守规纪之精神，俾今日得之学校者，异日即以之转移社会，中国前途，庶其有豸。"张学良面对东大学生在军训中的懒惰，定要整顿纪律、严格训练，以培养强健体魄，日后走向社会才能言救国。

（三）"倡导体育造成复兴民族之生力"，通过体育复兴民族。

九一八事变后，东北沦陷，张学良利用各种场合反复阐述他关于复兴民族的思想，更是赋予"倡导体育、发展体育"与复兴民族高度的关联性。

1929 年，第十四届华北运动会在沈阳召开，张学良在闭幕宴请时讲道："最喜欢与青年交欢……吾国之衰弱，实因本身之不努力。青年应奋发自强，此次运动会实无胜者强而败者弱，……故对青年之爱亦深，希望大家努力为国增光云。"张学良希望青年应该通过体育奋发自强，振兴民族，为国增光。

1934 年 4 月 13 日，张学良对东大球队暨东大旅汉教职员学生的讲话中，提出"运动足以代表国家民族的精神"，通过比较意大利和英国两国足球队员比赛失误后的不同画面，得出"体育一事，很足以代表国家民族的精神。通过体育训练，竭力去掉我们中华民族传统的劣根性"。张学良认为体育不应一味苛责比赛的输赢，应该注重团体群力的对外竞争，振作民族之精神，增强民族之生力。

1934 年 10 月 28 日，张学良在出席第五届汉口市民与第一届中等学校联合运动会开幕式时，做了题为"提倡体育的意义"的讲话，"……尤其是今日的青年学生，必须长期保持这种生龙活虎的精神，铁骨钢筋的体魄，做复兴民族最前线的有力斗士"。他认为不论是青年学生还是市民均要保持浓厚的体育兴趣，讲求体育，维护自身的健康，打造钢筋铁骨的体魄，才能打造健康而有生力的民族。

三、张学良对东北体育近代化的贡献

纵观东北体育近代化的脉络，张学良从政伊始至成为东北行政长官，始终倡导和发展体育，不仅与青少年时期的体育启蒙有很大关系，也是成年时期面对社会变革希望通过体育强国强种，抵御外侮，造民族生力和民族精神的缘由所在。在东北近代学校体育、社会体育、竞技体育的近代化进程中均作出了贡献。

（一）张学良对学校体育的贡献。

较全国而言，清末东北"新政"实施较晚，东北地区的新式教育也开端较晚，各级各类学校是近代体育最先发起的载体，学校体育发展水平也基本代表了社会上的体育水平。办教育，兴体育，造就各类人才，是张学良在东北执政前后大力革新的重要内容。由于连年战乱，东北地区教育经费欠缺，张学良个人捐款数额 500 万元，设立奉天省公立中小学教育永久基金，在全国范围内产生了很大的轰动。张学良的慷慨之举，助教兴学，也一定程度上保证了学校体育的开展。捐助的款项由热心教育人士组织董事会负责保管支配，并配有董事会章程和支配计划书，其中体育补助金五万元，主要应用于小学教育研究班，成立体育专修科，派遣体育留学生，假期体育讲习会等方面，为促进学校体育发展增添动力。现将张学良投资兴建学校的体育活动开展情况列表如下。

表 1　张学良投资办学的体育活动开展情况一览表

序号	学校名称	投资情况	体育活动开展情况	备注
1	奉天体育专科学校		培养小学体育教员	担任董事长
2	奉天同泽中学	同郭松龄共捐资60万	设有体育处、体育场	担任董事长
3	奉天同泽女中	个人提供全部办学经费	体育场馆一应俱全，提供运动服	
4	海城同泽中学	捐银 40 万		
5	东大体育专修科	投资 3 万	学校体育场地设施一应俱全	担任校长
6	新民小学（多处）	个人全部投资	有一定的场地设备	

来源：由《论张学良早年对东北体育事业的贡献》和《辽宁省志·教育志》内容综合整理。

　　张学良对学校体育的贡献是依托奉天教育基金会对学校体育进行政策指向和资金拨付，通过建立学校、规范课程、完善设施等发展学校体育。特别是奉天和海城的同泽中学尤其倡导体育，在张学良的资助下，体育师资雄厚，体育设施先进，张学良还亲自策划中法田径交流赛在同泽中学举行，另同泽女子中学也是发展女子学校体育的示范学校，在近代东北的校际运动会上屡获佳绩。

　　（二）张学良对社会体育的贡献。

　　近代东北的体育先通过学校传入，当时社会体育的发展水平也就是青年学生的体育水平，社会体育的发展相对滞后于学校体育。张学良对社会体育的关注也是来源于民众逐渐上升的体育需求。公共体育场的需求是首先要解决的，正值奉天在 1921 年和 1929 年承办第九届和第十四届华北运动会之际，1921 年时任筹备处总干事的张学良征得张作霖同意拨付奉大洋 7000 元建立了奉天第一个公共体育场；1929 年时任东北边防军总司令和东北大学校长的张学良又捐资 24 万元建设了当时全国最为现代的东北大学体育场，这些场地设施不仅圆满地完成了比赛任务，更方便学校开展体育教学，更为日后开展民众体育提供便利。

　　值得一提的是，1927 年张学良组建了奉天体育协进会，希望通过组织的章程，行之有效地规范化、条目化地促进东北近代体育的发展。1928 年"皇姑屯事变"后，张学良出任东北行政长官，更加注重通过政策条文来促进东北体育的规范化发展，一是东北当局对于国民政府发布的《国民体育法》在军队、学校、社会予以贯彻推行，二是张学良颁布了适用东北地区的《注重体育以健全国民体格发扬民族精神》八条建议案。张学良对近代东北社会体育的主要贡献是依托承办两次华北运动会的契机兴建了两个公共体育场，依托体育组织的规范化管理和体育法规政策的条目性指引为东北近代体育开拓了一条明确的良性发展路径。

　　（三）张学良对竞技体育的贡献。

　　张学良自少年就受到体育启蒙，自身体育旨趣极高，经常参加体育活动并进行体育竞赛。在近代中国还没有形成完整的竞技体育体系之时，竞技体育主要是指各地区、各大区、国内、国际的各级各类运动会，张学良组织和支持了这些运动会，并将东北选手培养成这些运动会的佼佼者。

在 1928 至 1930 年短短几年，他支持和主办的国内外体育运动会达 10 余次之多（见表 2）。这对东北的竞技体育水平提高帮助较大，使东北三省的竞技体育水平在 20 世纪 30 年代跻身全国前列。刘长春就曾表示："借着张学良热心奖励的力量，东三省的体育，乃从阴郁的境域转向勃兴。"

表 2　张学良支持和主办的体育运动会

序号	举办时间、地点	运动会名称	张学良的作为	情况说明
1	1928.9 奉天 大帅府网球场	旅奉外侨网球赛	主办比赛并作为中方选手	美、英、法、日等侨民参加
2	1928.9 奉天 小河沿体育场	中日田径对抗赛	担任会长并致开幕词 拍摄日本选手技术动作	奉天同泽中学主办，要求其他学校参观
3	1928.10 奉天	中法田径友谊赛	张学良与冯庸共同主办 组织东大学生参赛	中法共38人参赛 法第1，中第2
4	1928.10 奉天 冯庸大学体育场	奉吉黑运动会	担任会长并致辞	参加华北运动会预选赛
5	1929.1 日本	中日足篮对抗赛	捐资东北大学远赴日本参赛	共12战，9胜2负1平
6	1929.5 沈阳 东北大学体育场	第14届华北运动会	拨款5万元，准备奖牌 参加跳远赛，致闭幕词	张学良弟弟张学铭任总裁判长
7	1929.10 沈阳 东北大学体育场	中日德田径运动会	邀请外国选手、准备奖牌、修整会场	
8	1930.4 杭州	第四届全国运动会	组织东北各省代表队准备奖牌	东北大学获得田径优胜锦标
9	1930.10 沈阳 东北大学体育场	东北四省联合运动会	担任会长致开幕词 参加跳远、网球比赛	东北大学第一名
10	1930.5 日本	第九届远东运动会	捐资3000元支持辽宁选手参赛	

来源: 此表格由《论张学良早年对东北体育事业的贡献》和《东北大学体育80年》内容综合整理。

张学良对东北近代竞技体育的贡献就在于主办了国内外各级各类体育竞赛，为本土选手提供参赛便利条件，提供与外国选手交流技艺的平台，多次担任赛会会长并致辞，一些优秀运动员通过比赛历练逐渐成为优秀选手。

（四）张学良对东北近代体育的标志性贡献——资助刘长春参加奥运会。

1932 年，刘长春作为中国唯一一名选手站在第十届美国洛杉矶奥运会的赛场上，成为"中国奥运第一人"，是东北体育近代化过程中最闪光的时刻。在南京国民政府不支持运动员参加1932年奥运会的前提下，在日寇绞尽脑汁跟踪、威胁、诱惑刘长春代表伪满洲国参赛的不利局势下，唯有东北大学校长张学良反复与国民政府交涉，积极斡旋并个人出资8000元资助其参赛，过程中，张学良委托东北大学委员会委员张伯苓与国际奥运会沟通，使其接受中国的参赛申请并取消伪满洲国的参赛资格，这起到了至关重要的作用。这过程如果缺少张学良与国民政府的反复交涉、缺少张学良委托张伯苓与国际奥运会的沟通、缺少张学良个人资助的8000元任何一个环节，刘长春作为中国第一人的奥运之旅都会成为泡影，这也是张学良对东北近代体育乃至中国体育史上的标志性贡献。虽然经过25天的海上颠簸，在7月31日和8月2日的100米、200米的预赛中，旅途劳顿、身体疲惫又缺乏赛前训练的刘长春只列小组第五名和第四名，但是已经开启了中国奥运的新篇章，意义十分重大。

四、结语

张学良终身热爱体育、积极倡导体育、大力发展体育正是源于其深层的体育思想。张学良在东北从政并兼任东北大学校长期间，在学校体育、社会体育、竞技体育等诸领域的体育实践活动，对东北体育近代化作出了较大的贡献。简言之，张学良的体育思想和实践活动适逢近代体育传入我国的社会语境，具有时代性；张学良的体育思想和实践活动覆盖学校体育、社会体育、竞技体育各个领域，具有全面性；张学良体育思想和实践活动经常被近代报刊报道，具有引领性。一言概之，张学良的体育思想和实践促进了东北体育近代化的进程。

作者单位：沈阳体育学院管理与新闻传播学院

张学良与东北陆军军士教导队的建设

才　璐

　　自 20 世纪 20 年代以来，偏居东北三省一隅的张作霖与张学良父子逐渐掌握了中国东北地区的军政大权，并几度武力染指北京政府，成为近代中国历史上纵横捭阖、呼风唤雨的地方军政最高统帅之一。然而，这时的中国东北内有连年征战之后的社会动荡、民不聊生；外有日、俄等帝国主义列强妄图瓜分国土的虎视眈眈。张氏父子面临着此种内忧外患的时局，虽身处权力巅峰却并没有高枕无忧、盲目短视，为了抵制日本等帝国主义对中国东北的进一步扩张和掠夺，维护奉张集团对东北地区的统治地位，强化自身实力，全面改变东北地区近代化建设落后的严峻局面，以张作霖、张学良父子为首的奉系军阀在政治、经济、军事、文化以及教育等诸多方面采取了一系列振兴东北的发展举措，从而东北全面进入了近代化发展的历程，迎来了东北近代化建设迈向繁荣的发展高潮。由张氏父子推行的这一系列举措，不仅巩固了奉系军阀长期的统治地位，庇佑其辖境内的长治久安，进而极大限度地维护了国家主权和民族独立，更为推动和促进东北地区近代化建设奠定了坚实的基础。

　　自张作霖时期"惠工工业区"的思想理念到张学良时代"东北新建设"的号召，从 20 世纪 20 年代到九一八事变爆发前，历经十余年之久，张氏父子大刀阔斧地推行奉天各方面的建设，积极兴办实业，振兴民族工商业，发展农业、矿产，自建自营铁路，打造以葫芦岛为基地的港口，筹建航空工业以及完善军事、文化、体育等各类教育体系等，为实现东三省的近代化建设作出了重大贡献。

军事的近代化是东北近代化建设的重要组成部分，同时也是张氏父子巩固其自身实力的重中之重。而东北军事教育的兴起，大力推进了奉系军队近代化建设的进程。张作霖、张学良父子两代都十分重视军事教育建设，注重军事骨干的培养，深知"养兵之道当以教育为先，视军队之有无进步，应视教育之良否为衡"。在其父子二人的大力扶持下，延揽众多致力于军事教育的有识之士，逐渐发展了东北讲武堂、高等军学研究班、东北陆军军士教导队、宪兵教练处、炮兵研究班、军需研究班、军医兽医教育班以及东三省航空学校等多学科、多兵种，规模大，专业强，素质精的军事教育体系。东北军事教育的蓬勃发展，为东北军培养了大量的军事人才，为东北地区军事近代化作出了重大贡献。

近年来，已有很多学者就近代东北军事教育的诸方面问题撰文论述，笔者读后，感到获益良多。然而，鉴于相关文献材料有限，有些专题的研究论述相对较少，颇有言犹未尽之感。因此本文试就近代东北军事教育的一个缩影——东北陆军军士教导队的相关问题做简单介绍，以期裨益有关学术研究。

一、东北陆军军士教导队的发展历程

第一次直奉战争结束后，奉军失败而归，张作霖、张学良父子有感于当时奉系作战部队整体实力较差，"奉军之教训不足招致失败"，于是痛定思痛、厉兵秣马，决心整军经武，积极扩军备战，期"以五年完成整军，造就大批军事人才"①，以伺东山再起，争夺北京政权。1922 年 7 月，张作霖将东三省巡阅使署与奉天督军署合并，成立东北保安总司令部，自任总司令，从此脱离北京政府的统治与管辖。是月 24 日，设立东三省陆军整理处，任命张学良为参谋长，负责整编和训练军队。在此期间，张学良

---

① 张友坤、钱进、李学群编著：《张学良年谱》，北京：社会科学文献出版社 2009 年版，第 44 页。

协助其父整军经武，逐渐完成对奉系军队的统一整编。

1922 年 6 月，"为造就有知识之新兵"，张学良在呈准张作霖同意后，决定在其下辖的暂编奉天第二混成旅和郭松龄指挥的暂编奉天第六混成旅（两旅合署办公，并称"二、六"旅）特设军士教练所，不久改为东三省军士教导队，专收在校国文精通、体格强壮、有志从军的优秀青年。当时的《盛京时报》曾刊载道：鉴于奉、直战争失败，皆因军人无学识，回省后极力提倡造就军事人才。令闻当局又创立一军士教练所，专以造就下级军官或上士为目的，惟恐所招学生年龄、学识不齐，不堪造就，特令各县就现任警察中年富力强学识优秀者选送之，以便深造；数额，大县 20 名，小县 10 余名。卫队旅招募新兵送拟设军事养成所培养……①

东三省军士教导队设立于奉天省城北郊的北大营，即张学良、郭松龄所指挥的东北模范"二、六"旅的旅部所在地。郭松龄任总教，张学良兼任军士教导队队长，魏益三任队附，聘请的教官多是来自各个军校毕业的军官。第一期军士教导队，最初预计招收学员 500 名，年龄要求在 22 岁以上，资格以高等小学及中学毕业生为限，以造就中下级各级军官程度。入选的学员必须经过入学考试的甄别，合格者方可入队学习。鉴于考生具备一定的文化基础，因此考试科目设置为国文、英文、算术、地理四门。直至正式开学，新创办的军士教导队已经足额招生，达到一千三百余人之多。至于学员的学历程度，张学良自有一番深刻认知。张学良晚年回忆他青年时期在东北讲武堂求学的经历时，谈道："讲武堂大多数是行伍出身的，字都不认识，我是个学生，那么头一个月考，我就考了个第一，第二个月考，我又考了个第一……季考，我又考了个第一。"②虽是笑谈，但从中也可以窥见奉系军队在建设初期整体文化素养普遍较差，军士文化水平亟待提升。有鉴于此，张学良极为重视士兵的文化教育，不止一次对他

---

① 张友坤、钱进、李学群编著：《张学良年谱》，北京：社会科学文献出版社 2009 年版，第 44 页。
② 《张学良口述历史》编委会整理：《张学良口述历史》（访谈实录），北京：当代中国出版社 2013 年版，第 126 页。

的部下说过"人没有文化就会愚昧，愚昧的军队是打不了胜仗的"①，"要培养有文化的士兵……力图通过提高部队的文化素质来改造东北军"等言论和思想。可见张学良倡导军队建设，力图将传统的旧式军队改造成现代化新式军队的坚定决心。

张学良非常关心学员的学习进度和生活起居。多次视察教学进展，亲自点名、演操，鼓励各位"坚忍求学，为国效力"。他曾在第一期新生入学时，告诫学员：设立教练所的原因，是因为奉直战争的失败，亦是因为各军官中缺乏军事知识，故欲造就人才，预备将来为国效力，诸君此次前来投考，鄙人甚感欣慰，你们都是毕业于高小或中学，都是有知识的人，岂能与来自田间者同日而语，自当另眼看待。你们入学后多研究兵事学问，须知为军人者无论军官士卒，皆极苦恼的是每逢战争饮食起居均不能与常人同其劳苦，其苦胜于他们，要知道不能坚忍耐劳，决不能成为军人，更不能成为有名的军人，无论军人士卒均须谋勇兼备始能胜敌。②

第一期学员毕业后，张学良呈请当局，续招第二期。凡在16岁以上24岁以下之高小毕业或同等学历的有志青年均可报名，经入学考试，合格后除了发放书籍、服装等学习所需，另拨补兵饷。第二期招收初始，报考未满额，张学良为吸引报考者，拟定由东三省军士教导队毕业的学生准予升入东北讲武堂、航警学校、航空学校或留张郭"二、六"旅深造。第二期于1923年3月底开学，学员人数与第一期相当，学期为六个月，前两个月以劳动为主，学习基本的军队知识。正式上课为四个月，训练内容为学科和术科两大类，学科以各种典范令为主，术科为制式教练和战斗教练等，除此之外，国文、数学、地理等文化课程也一并教授。

第二期学员于同年10月毕业。毕业后，学员原应分送至各旅服务，因毕业者优劣不等，"若以军队补用，未免屈其才学。为此将最优等者一律咨送讲武堂再受一年教育，以便委用"③。

---

① 王永纯编：《张学良人格面面观》，哈尔滨工业大学出版社2000年版，第219页。
② 张友坤、钱进、李学群编著：《张学良年谱》，社会科学文献出版社2009年版，第44—45页。
③ 张友坤、钱进、李学群编著：《张学良年谱》，社会科学文献出版社2009年版，第57页。

第三期的军士教导队不仅面向社会招募适龄并有一定文化基础的社会青年，还接受奉系各旅选送的学兵接受教育，学员达到两千余名。由于事务繁多，张学良请准不再兼任教导队队长的职务，改委第六旅旅长郭松龄兼充。这一期于1923年12月开学，同样将学员扩充为步兵、骑兵、炮兵、工兵及辎重五个兵科，除此之外步兵科被扩编为三个营，每营下辖四个连；炮兵也扩编为营，下辖两个连；其他兵科与第一期相同。

1924年8月，第三期教导队学员即将考试结业，适逢奉直关系紧张，第二次直奉战争爆发在即，应战事需要，这期学员被改编混成团加以训练，以备调遣。①不久，各旅认为教导队军士均是军中骨干，请求将他们调回原部队，随即张学良令各军士各回原职随部队参战。骑兵科学员另有重用除外。

第二次直奉战争结束后，东三省陆军军士教导队第四期恢复招生，并正式更名为东北陆军军士教导队。这期于1925年4月开学，学员人数基本与第三期相同，王瑞华为教导队队附，各营营长分别由黄师岳、韩光第、范先炜、王以哲、吴克仁担任。其中王以哲在此期间编写的《步兵操典详解》一书，成为培养东北初级军官的经典教材。第四期学员于1925年11月考试结业。

1926年7月第五期东北陆军军士教导队正式开学，此时学员除了面向社会招考了百余名中学生外，主要为各个调训部队和直鲁军选送的现职尉级军官和下士，共1700余名，其中将学员分为三个步兵营和一个工兵连和电信连，每个营下辖三个步兵连和一个机关枪连。因时值奉系部队扩编急需初级军官充盈，第五期军士教导队学员于1927年2月提前毕业。

1928年皇姑屯事件发生后，张学良接替其父张作霖正式就任东三省保安总司令职，同年底宣告东北改旗易帜，服从南京国民政府，促成了中国在形式上的统一。张学良主政东北后，开始着手裁缩东北军，并统一东北军事教育。张学良宣布裁军20余万，被裁减官兵根据自愿，入讲武堂求学，或入军官队候差，或编入地方警服务，或归屯垦公署屯殖；或分别资遣⋯⋯②同时整顿东北军内设立的各种诸如高等军学研究班、东北陆

① 张友坤、钱进、李学群编著：《张学良年谱》，北京：社会科学文献出版社2009年版，第64—65页。

② 张友坤、钱进、李学群编著：《张学良年谱》，北京：社会科学文献出版社2009年版，第229页。

军军士教导队、宪兵教练处、炮兵研究班、军需研究班、军医兽医教育班以及东三省航空学校等"通归讲武堂范围以内办理，以成系统"。

由此可见，第六期的军士教导队直接隶属于东北讲武堂，教育长为王瑞华，归东北讲武堂监督管理，因此改名为东北讲武堂教导队。该队于1929年1月开学，统辖两个班，分别是军士班和深造班。其中军士班招收1500人，主要抽调了各部队的上等兵或军士来施行模范教育，编成一个总队，辖三个分队，每个分队辖四个连队。深造班是选拔曾在本队军士班或各个部队堪以深造的军士或初级军官，共500人，编为六队。课程除教授初级军官基本具备的军事学术外，还加授国文、数学、历史、地理等。第六期军士教导队的学员在完成学术任务后于1930年1月如期毕业。

时任东北讲武堂监督的张学良对毕业学员寄予深切期望，在第六期学员毕业时，他更是亲莅毕业典礼现场，训勉道："年来东北处内忧外患冲要之间，我辈军人现任愈以重大，我东北军队日求精良者，即所以应此当务之急也。尔等即为军队最低级干部，军队之优劣依为准据，……尔等负有军队良否之责任，此诸生不可不自重也。诸生今日毕业，于学术成绩当有所得，回部队后，宜展其所学，求所以致用之道，从军队根本上负责任，从最下层用功夫，以收固本浚源之效。其现任之重大固不让于军官，此诸生不可不自尊者也。诸生随余转战多年，与我为长官部属，患难与共，生死相随。今日进而为师生矣，其本此种关系，发为良心血性，好自为之。热心以尽职，忍耐以将来，精勤自修，力图上进，前途深造之机至多且广，诸生不可不自勉也。此皆余之所望于诸生者，诸生当知所以自处矣。"[①]此刻，张学良寄希望于新式军人之拳拳深情溢于言表。

1931年九一八事变爆发后，东北讲武堂的校舍东大营被日本侵略者占领，在校师生陆续转移至北京，同年11月东北讲武堂宣布暂时停办，而附属于东北讲武堂管理的教导队也从此结束了其短暂的八年历程。

二、东北陆军军士教导队学员毕业后的发展

东北陆军军士教导队自1922年7月张学良、郭松龄兴办以来，到

① 王永涛、张璐：《东北讲武堂史略》，沈阳：白山出版社，2013年版，第183—184页。

1930 年 1 月最后一届学员毕业，历经八年，共创办六期，先后培养了近万余名优秀的初级军官。这些军官学成之后，有的被张学良、郭松龄的部队吸收；有的则遣回原作战部队复职；或者应战事需要，充盈各个部队；更有学业突出的学员被张学良保送至当时东北军事最高学府——东北讲武堂继续接受军事教育；还有的学员被公派至海外留学深造。

早在东北陆军军士教导队创建之初，张学良为了吸引社会广大应考者，鼓励有志于军事造诣的社会青年报名，承诺自教导队毕业的学生准予升入东北讲武堂、航警学校、航空学校或者继续留张学良和郭松龄的"二、六"旅继续进修。①

1922 年 10 月，东三省陆军讲武堂第四期开始招生，讲武堂的监督张学良整军经武，为了提高和加强讲武堂第四期学员的整体素质和文化水平，采纳了郭松龄等人的建议，除在社会上招考一部分中学生外，还从东三省陆军军士教导队第一期中考送具有中学文化程度的学兵。②原东三省陆军军士教导队第一期学员张国威曾回忆，凡"教导队学兵中有初中毕业或有同等学历者可报名应考第四期讲武堂为学员……学兵们听到这个命令，真是从心眼儿里高兴。大家都说：讲武堂是培养陆军军官的学府，我们能考上，毕业后不就是陆军军官了吗！当时报考的学兵有数百人之多，最后录取者不过五十多人而已"③。这些成绩优秀的学兵被东三省陆军讲武堂录取后，每月发放 12 元大洋，作为学兵伙食和日常零用费用。凡是由教导队考送的学生，毕业后须到部队当为期三个月的见习军官，再补上实缺。随后的讲武堂第五期、第六期均有教导队优等学兵考取入学，这其中缪澄流、贺奎、吕正操、唐君尧等，日后追随张学良将军而逐渐成为其麾下著名将领，有的甚至在抗日战争期间，始终活跃在抗日的最前沿，为维护国家的主权和领土完整作出了不可磨灭的贡献。

---

① 张友坤、钱进、李学群编著：《张学良年谱》，北京：社会科学文献出版社 2009 年版，第 51 页。

② 郑殿启：《东北军事教育机构沿革》，政协沈阳市委员会文史资料研究委员会编：《沈阳文史资料第九辑》，沈阳：政协沈阳市委员会文史资料研究委员会办公室出版，1985 年版，第 54 页。

③ 张国威：《郭松龄热心部队整训》，辽宁省政协文史资料研究委员会编：《辽宁文史资料第十六辑》，沈阳：辽宁人民出版社 1986 年版，第 144 页。

第一次直奉战争结束后，张学良担任东三省陆军整理处的参谋长，负责整饬和训练奉系部队。其间，张学良与郭松龄鉴于部队素质亟待提高，积极倡导选派一批优秀青年军官赴日留学深造，培养专门性人才。这其中的留日学生主要为张学良和郭松龄"二、六"旅的优秀军官。1924 年 10 月来自东北陆军军士教导队和军官教育班的李广荣、曹瑞麟、赵云飞等 ① 青年军官从沈阳出发，搭乘南满铁路火车赴日本东京留学，分别入日本步、骑、炮、工兵和航空学校学习。此后张学良为建设东北军队，提升军事实力，巩固国防，陆续将"二、六"旅的青年军官，包含东三省陆军军士教导队的优秀学兵分别送至日本、俄国、法国等军事院校学习，迎来了东北公派留学生赴国外深造的高潮。

三、总结

东北陆军军士教导队是张作霖、张学良父子主政时期东北地区专门培养奉系中下级军官的军事教育机构。吸纳对象主要是奉系各作战部队的下级军官或上士，以及有文化、有学识、立志从军报国的有为青年，可以说，这时的军士教导队是奉系集团基层部队的初级军官向中、高级军官进阶的重要基础和有力途径。与当时的东北军事最高学府——东北讲武堂相比，东北陆军军士教导队的教学体系虽欠缺完善，但其培训周期短、文化水平均衡、实战经验丰富、适应能力强等方面的特点却是尤为突出的。从这里培养出的青年军官可以在短时间内大量、快速地充盈到基层部队中，学员自身的理论积淀与实战经验可以得到全面施展。

东北陆军军士教导队的设立在某种程度上推动和促进了东北军事的近代化建设，是近代东北新建设的重要组成部分，在奉系军事集团由传统的旧式军阀向新式军队转型中发挥了积极的作用。

作者单位：张氏帅府博物馆

---

① 李英夫：《郭松龄将军选送留学日本陆军士官学校学生的情况》，政协沈阳市委员会文史资料研究委员会编：《沈阳文史资料第五辑》，沈阳：政协沈阳市委员会文史资料研究委员会办公室出版，1984 年版，第 60 页。

张氏家族给抚顺留下的一项
大型文化遗产——元帅林

郝武华

　　今年是皇姑屯事件90周年。90年前，1928年6月4日，"晨5时27分，张作霖专车行至奉天皇姑屯京奉、南满两铁路交叉处之桥洞时，被日本关东军预先埋置的电控炸药炸毁，吴俊生当场死亡，张作霖身受重伤。具体策划皇姑屯事件者，是关东军高级参谋河本大作，现场指挥是关东军大尉东宫铁男。上午，张作霖死去，奉天当局秘而不宣"①。秘不发丧是在等张学良回奉，"17日为安全计，张学良化装秘密自滦州动身回奉天，次日晚安全抵奉"②。而后，奉天各法团会议公推张学良继任奉天军务督办，张学良于次日上午11时在军署正式就职，并通告驻奉各国领事。"21日奉天当局宣布张作霖于本日下午去世，成立丧礼筹办处，葬仪委员长张作相，副委员长袁金铠。开吊公祭，为张作霖发丧，全城下半旗，停止一切歌舞，以示哀悼。葬仪极为肃穆、隆盛。"③

　　张学良主政东北后，为厚葬张作霖，决定投资1400万大洋，修建陵寝。其中，张学良承担500万，辽宁省政府400万，黑、吉两省政府各200万，热河省100万。（当年的1400万大洋相当于现在28亿元人民币。）以《大

① 胡玉海、里蓉主编《奉系军阀大事记》，辽宁民族出版社2005年2月，第477页。
② 胡玉海、里蓉主编《奉系军阀大事记》，辽宁民族出版社2005年2月，第479页。
③ 胡玉海、里蓉主编《奉系军阀大事记》，辽宁民族出版社2005年2月，第479页。

元帅林工简略说明书》中的预算一项内容为例：每万块砖价值现大洋 140 元。[①]2015 年，本人在修缮元帅林陵墙时定购了一批同样质量和同样尺寸的青砖，1 万块青砖合人民币 3 万元。

如果说上个世纪 20 年代的东北，张氏父子主政期间投资建设的最大项目之一，元帅林应在其内了。元帅林在陵墓工程的建设管理上，基本是按照现代工程管理模式操作的。首先，工程面向社会招标，来确定承包方。其次，工程从勘察到设计到预算只有半年的时间。再次，全部工程预计三年完工。这样恢弘的工程怎么可能在这么短的时间内完成勘察、设计、预算、审核、施工？（真是不可思议。）（笔者带着诸多疑虑，凭着在元帅林工作多年的便利条件，对元帅林 90 年前的工程做了一些考察和研究。近年又亲自管理了很多元帅林陵区的古建修缮项目。针对两个世纪同一地点的项目，）一个是始建工程（工程造价约 28 亿元），一个是现代修缮工程，（比较后认为，）上个世纪 20 年代面对元帅林这样恢弘浩瀚、投资巨大的工程，工期短，质量要求高，受时代影响，设备短缺，人才匮乏，不利因素很多。就在这样一个历史条件下，工程能完成得如此之完美，让人难以想象。在没有现代的吊装设备、运输设备、施工设备的前提下，张家是怎么完成民国期间第二大陵墓建设项目的？

一、在时间的安排上（选址）

张作霖死后，张家就开始为张作霖寻找墓地。召集了辽沈地区的著名术士和勘舆专家，遍察辽沈地区的名山大川。经过认真的考察比较，最后选定了抚顺县第四区高丽营子村南的水龙卧村。村庄落在高阜之上，与铁背山隔浑河相望。水龙卧村的地理环境完全符合"吉地"选址条件。古代选阴宅建陵墓主要看龙穴砂水图，这几个方面却要相互依托，相互照映。

"元帅林位于高丽营子大伙房水库旁，留有 1300 多年前唐太宗东征的旧迹。其南面有一个小山冈，自北向南凸出，人称老龙头。浑河环绕其

---

①辽宁档案馆编：《皇姑屯事件始末》张作霖被炸的档案资料汇编，香港同泽出版社 1998 年版，第 394、395 页。

东南西三面而逝，隔水与山崖垂立、拔地而起的铁背山相望。努尔哈赤当年在此修筑界藩城，居住一年有余。站立山冈放眼眺望，浑河水如白练环围，铁背山似绿色屏障壁立，山冈若龙头探入水中。"正如一姓周的风水先生对此所称：前照铁背山，后座金龙湾，东有凤凰泊，西有金沙滩。[①] 特别是铁背山，史称"界藩山"，是著名的萨尔浒大战的古战场。战后后金在山上筑城建殿，努尔哈赤并将都城从赫图阿拉迁到此山。在此城居住了一年多的时光。后又迁到了距离元帅林约3公里的萨尔浒城。此后攻辽阳，克沈阳，直到建立大清定鼎中原。

风水先生认为这样的自然环境和人文景观，张家一定会满意的。在张学良的指示下，彭贤等人先行来此考察，在仔细观看后，对选此地非常满意。然后他向张学良做了汇报，认为水龙卧村可为首选墓地。

"当年张学良偕夫人于凤至及张作霖五夫人（寿夫人）、张作相、汤玉麟，在东三省官银号总办彭相亭与风水先生的陪同下，一行由奉天乘车至铁背山站，雇佣3辆马车抵达此处实地勘定。他见此地气势不凡，而且有铁路相通，遂决定在该地营建墓地。"[②]

这个时间大约是1928年10月30日。

二、成立葬仪筹备处

在张学良的主持下，成立了大元帅葬仪筹备处。"大元帅葬仪筹备处公函：迳启者查本处组织成立并办公地址，当经刊登省政府公报在案，兹经刊就木质图章一颗，文曰：大元帅葬仪筹备处之章即于四月一日启用，除分行外相应函达即希，查照转账所属一体知照为荷。此致。辽宁省政府——中华民国十八年四月十五日。"[③] 张学良以私人的名义聘请彭贤为大元帅葬仪筹备处总办的，（1928年皇姑屯事件之后，彭贤主动向张学良

---

① 赵杰：《张学良·毁誉由人》，中国文史出版社2007年1月第一版，第266、267页。
② 赵杰：《张学良·毁誉由人》，中国文史出版社2007年1月第一版，第267页。
③ 辽宁档案馆编：《皇姑屯事件始末》张作霖被炸的档案资料汇编，香港同泽出版社1998年版，第356页。

辞去东北官银号总办之职。张学良同意，而又请他出任"大元帅葬仪筹备处"总办，同时又兼边业银行总裁。）负责建陵一切事宜。

"选好建陵址之后，便开始办理动迁事务。当时水龙卧村有朱、潘、李等姓十余户人家，居住年头最多的甚至有 200 多年的老户，他们共有土地 800 多亩。在动迁之时，张学良为百姓着想，在土地的赔偿方面，以高出当时市价几倍的价格收购。因此，民无怨言，很顺利地完成了动迁之事。"① 葬仪筹备处成立之后，在彭相亭的管理下效率很高。虽然"大元帅葬仪筹备处"的公章在 1929 年 4 月 1 日才正式获批，但是建陵的相关工作早已有序展开，请看葬仪筹备处的一个请款文："敬启者，先大元帅葬费前经议定，由奉省摊纳半数，余下一半由吉江两省分担。敝处现已成立，即行着手购备修陵所用之一切材料，在需款拟先支取现大洋十万元，以备应用除分函外相应函请。查照，迅将应摊之现大洋五万元于旧历年前如数拨下至为盼，感此致。奉天省政府——大元帅葬仪筹备处启——中华民国十八年一月二十八日。"②

因张学良指示葬仪筹备处办理收购农户房屋和用地事宜，在价格上又高出了市价的好几倍。按当时土地管理法规，土地易主要征收"更名"契税。税种很多，又超出了预算，经办人按着张学良的旨意，请抚顺县公署予以关照。时任抚顺县县长的张克湘呈文上报省财政厅，要求按荒地呈报予以免税。批复的公函如下写道："圣启者：查先大元帅林地坐落在第四区高丽营子南水龙卧等处，计地八百一十一亩九分七厘。此项地亩系属沙石山场，本无出产。兹经改为陵地尤不能垦植。请将所有一切课赋自本府购置之日起一律免除。实纫公谊。相应函达。希既查照办理，见复为荷！"③ 就这样葬仪筹备处顺利地完成了动迁农户的任务。

---

① 郝武华：《元帅林》，辽宁人民出版社 2010 年版，第 35 页。
② 辽宁档案馆编：《皇姑屯事件始末》张作霖被炸的档案资料汇编，香港同泽出版社 1998 年版，第 340 页。
③ 郝武华：《元帅林》，辽宁人民出版社 2010 年版，第 35 页。

三、招标定方案

前面说过张家在兴建元帅林这一大型工程的管理上是很科学很现代的，"元帅林葬仪筹备处成立之后，开始面向社会招标元帅林工程设计方案。最后由天津华信工程司中标，华信是民国期间天津的一家建筑设计单位。（2009年10月，笔者曾专程去天津市档案馆，查阅了华信工程司的相关资料，）因天津档案馆在1937年曾失大火，有许多珍贵的档案资料都已烧毁，特别是1937年以前的基本无存，（我只是在档案馆工作人员的帮助下，）查到了华信工程司同天津银行30年代的一份合同文件。可以肯定华信工程司当时在天津注册"①。

元帅林工程的设计与监理都由华信工程司设计师殷俊负责。殷俊只用了半年的时间，就完成了元帅林工程的勘察、设计、预算等项工作。

第一套方案出台后，交于张家审定，张家提出了个别修改意见。辽宁省档案馆查到了第一套方案的《大元帅林工简略说明书》。由于内容很多，本文篇幅有限，无法全部体现，现简要列举部分内容：

大元帅林工简略说明书

张故大元帅林墓之形势

沈阳之北辽水之东有佳城，焉名为水龙湾。其地四势紧凑，起祖于长白之龙岗。千里奔腾，发辉于铁背之山麓，前朝后应，气象万千，左降右伏，明堂端正，结回龙顾祖之穴，流神环抱揽浑河上游之秀。屈曲到堂，且也灵石，遥承俱见精英之凝结奇峰，环列益形拱卫之森严是知。

吉人福地，久宜百世，荣昌此诚，天施地设，所以酬我遗德在民之。

张故大元帅者，也谨将建筑大纲简略说明开列于左。

计开：② 方案以子、丑分列：

"（子）建筑大纲

---

① 郝武华：《元帅林》，辽宁人民出版社2010年版，第37页。
② 辽宁档案馆编：《皇姑屯事件始末》张作霖被炸的档案资料汇编，香港同泽出版社1998年版，第358页。

一、本建筑以庄严坚固为标准

二、由奉海铁路车站随山坡之起伏造石子马路一条，屈曲相连，跨过浑河转东至林墓头门，并于浑河上架石桥一条，于通过之山涧上架洋灰桥一条以联络之。

三、林地之前随河身之环抱，左右岸造洋灰叠石堤以拦上游之水归入本河。

四、林墓头门外造连三之白石桥跨过浑河南岸，并于桥面左右建筑白石华表一对。四周镶以石栏杆加雕刻，北岸立白石五圈门之牌坊一座，此处地平，南至桥根，北至头门前之月台，照石子马路法筑平。

五、林墓外围墙纵六百八十公尺，横三百十五公尺，四城角造圆形炮各一座，各带洋灰石级上下通连。

六、外围墙南面造三圈之头门一座。上带门楼盖绿色琉璃瓦，头门前造月台一份连三之白石台级一份，月台左右各装木质守卫棚一间。

七、门内左右置石兽五对，洋灰石子镶嵌花纹之甬路一条，直达正门。甬路中部起造碑亭一座，碑亭东西向各造甬路直通左右两门，并于路之中段各架白石三圈门之牌坊各一座。

八、外围墙左右两门内路北，各造坐北向南之守卫室五间带廊子。

九、碑亭至正门之间左右各造办公室五间，东西相向均带廊子并造砖路以联络之。

十、内围墙纵一百七十公尺，横一百五十公尺。南面正中起造正门一座，门内铺石子路一条，直接正厅前之月台，其中段置铜鼎一座，四周铺石子路环抱并于左右各铺石子路一条直达配房。①

以下略——此工程方案前三十九条为方案文字说明。（丑）简略预算。两部分共6300字。

三十九、余录

本说明书为林工布置之各种工程上分段之简略说明也。其余如油漆粉刷、出水道、五金、玻璃、涂金彩画、雕刻及高低广涧尺寸、格式等，于

---

① 辽宁档案馆编：《皇姑屯事件始末》张作霖被炸的档案资料汇编，香港同泽出版社1998年版，第361页。

工程进行期间随时于大样上注明以来简便而知明了，如有中途变更其一部分之计划者，亦较为便利，临时酌量经费以伸缩工程之精粗或就地取材，仅求规模之雄壮，好在自办材料，随时有增减之机。惟一部分磁铜玉石之雕刻须聘美术家为之以资留览于千古。"[①]

《元帅林方案》获批后，于1929年5月开始施工，预计三年完工。

四、元帅林的始建与停工

元帅林的建筑风格仿明清帝陵，又有中西结合的特点，更主要的是仿清福陵。坐北朝南，建筑分两部分，南部为祭祀区，北部为陵墓区。陵区南北长540米，东西宽270米，占地1250亩。建陵之时又从北京隆恩寺、清初王爷坟等地购买了大量的明清陵墓石刻，约6000吨，以增陵墓威严和气势。这些石刻，大部分为明代的。

1931年秋，正当元帅林的工程初具规模时，爆发了九一八事变，事变后第二天，元帅林接到了帅府指令，工程停止营建。停建后的元帅林，遭到了日本人的破坏，宝顶被炸塌，有的建筑被毁。

九一八事变发生时，元帅林的主体建筑已经基本完工，工程因为战乱而停止。大帅府被日本人占领，张作霖的灵柩从帅府五间房被转移到了小东门外的珠林寺。（张家多次与日本关东军进行交涉，要求归还张作霖灵柩。）九一八事变后，彭贤多次努力要将张作霖葬在元帅林，日本人始终不同意，最后他找到了张作霖的把兄弟，时任伪满洲国总理的张景惠。在张景惠的协调下，1937年6月将张作霖改葬在锦县驿马坊（今凌海市）张家祖坟，张作霖和他的原配夫人赵春桂（张学良生母）葬在了一起。

张家人决定待驱逐日寇之日，再迁元帅林安葬。然而历史的发展往往出乎人的意料，张学良将军从此再未踏上过故土，张大帅的灵柩也永久地安葬在了驿马坊，气势恢宏的元帅林永远成为空穴一座。元帅林的始建

[①] 辽宁档案馆编:《皇姑屯事件始末》张作霖被炸的档案资料汇编,香港同泽出版社1998年版,第390、391页。

工程从建设时间上和工程量上看到底完成了多少？从时间上看，1929年5月开始施工，到1931年9月18日停止营建，时间上是28个月，包括冬季在内，真正有效的施工时间只有20个月。因东北地区每年至少有4个月的冰冻期，无法户外施工。所以说元帅林的有效施工时间很短。从工程量上看，从30年代拍的元帅林全景老照片上可以得到证明，元帅林的主要建设工程基本完工，只差一些收尾工程和陵墓石刻归位等等。我们现在看到的元帅林，只是当年元帅林全部工程的一部分（北部建筑），另一部分建筑（南部建筑）已淹没于水下。1954年，国家决定修建大伙房水库，元帅林处于淹没区，在1958年蓄水前将南部建筑拆除，石刻文物搬迁到北部高阜地带。元帅林建成后不到30年就被迫拆除了南部建筑，只保留住了北部高阜地带的建筑。

最早发现元帅林并有文字记载的是我国著名史学家金毓黻先生，1934年4月金毓黻先生在元帅林考察时发现了诸多石刻，其中，有一重要的金代石碑在此出现。据《静晤室日记》载："4月25日，星期三，朝起，偕杉村诸君赴元帅林。此故大元帅张公雨亭之冢墓，工将竣而未克葬者也。沿沈海路东行，过抚顺城，至营盘之东，有村曰高丽营子，其南有铁背山，山上有土城二，东曰界城，西曰藩城，合称界藩城……，祀殿门前，石料纵横，中有石坊、石马、石狮、翁仲，多为前代制，有极佳者。余寻得数碑，其一曰'传戒菩萨妙行大师和尚行状碑'，文略云：师契丹氏，讳克智，普济国舅，大丞相楚国王之族，辽太平三年下生（又有重和十年三生及咸和某年），门人清摄大德讲经律论沙门即满编涿郡石经比丘义藏笺书，刻大定二址年中秋，第四代门孙□经比丘觉琼等建。"[1]金毓黻先生认为此碑史料价值很高。而后，又派人将此碑拓来。又据《静晤室日记》记载：1934年5月6日，"元帅林之金大定碑已搨来，两面皆有字"[2]。金先生在元帅林看到的石碑是"金昊天寺妙行大师行状碑"[3]。

同去元帅林考察的日本人也注意了此碑，他们借口"代替中国人民保

① 金毓黻：《静晤室日记》，辽沈书社1993年版第五册，第3299页。
② 金毓黻：《静晤室日记》，辽沈书社1993年版第五册，第3310页。
③ 郝武华：《元帅林石刻》，辽宁人民出版社2012年版，第164页。

护文化财产"，投资 30 万日元，设立"奉天国立博物馆"。在搜集的诸多文物中，也将此碑从元帅林运至奉天，昊天寺碑第二次流徙。金毓黻先生曾被邀请参加了 1935 年 6 月的开馆仪式。1945 年日本投降，国民党政府派周之风接收伪国立奉天博物馆，在接收的 9857 件文物中内有碑志 111 件，其中包括这件昊天寺碑。据辽宁省博物馆馆藏大事记载，11 月 2 日沈阳解放，国民党统治时期的"国立沈阳博物院"由人民政府接管。1949 年改称东北博物馆，同时登记文物上账 10.351 万件。1959 年更名为辽宁省博物馆。解放后昊天寺碑一直收藏在省博物馆，定为一级文物。此碑正是建元帅林时从北京隆恩寺等处购买的，连同其他石刻文物一起运至元帅林的。

五、元帅林的现状

元帅林是张氏家族留给抚顺人民唯一的一个大型建筑遗存，该建筑无论是从投资规模还是工程质量上看都是可圈可点。虽然因当年为修建大伙房水库而被迫拆除了陵门、隆恩门、隆恩殿、东西配房、方城、部分陵墙、张学良行宫南部建筑，但余下的部分也相当可观。其中，有保存较完好的圆城、陵墙、两哨楼、明清陵墓石刻等等。元帅林曾历经日伪时期、"文革"时期的破坏。80 年代初，省、市政府相继开始投资修缮至今。1988 年由辽宁省政府颁布为"省级文物保护单位"，2013 年国务院公布为"全国重点文物保护单位"。

元帅林所处的地理位置十分特殊，是建在清前史的遗址上，对面的铁背山（史称界藩山）是努尔哈赤建立后金政权的第二都城，天命四年（1619年）六月，努尔哈赤由赫图阿拉城迁到此城。据史料记载，康熙二十一年（1682 年）康熙帝东巡（盛京）谒陵，在元帅林一带猎虎三只。当晚借猎虎余兴，追思先祖创业之伟业，康熙帝作《萨尔浒》一绝："城成龙跃竦重霄，黄钺麾时早定辽。铁背山前酣战罢，横行万里迅飞飙。"[1]铁背山第一次出现在史书上，康熙帝第一次东巡祭祖就留下了这样的精美诗句。

---

① 傅波、曹德全：《抚顺编年史》，辽宁民族出版社 2004 年版，第 220 页。

而元帅林建筑的中轴线就是对应铁背山上晃荡石的。

元帅林晋级全国重点文物保护单位后，国家文物局加大了投资力度，相继投资 1000 多万元修缮陵墙、哨楼、祭台、圆城正门屋面及油饰等古建工程，同时，又升级改造保护区内安防设备。元帅林地处大伙房水库上游，是一类水源保护地。全省 7 个城市在喝大伙房水库的水，环境保护方面要求非常严格，元帅林方圆 20 公里没有工业。元帅林是张家主政东北期间给抚顺留下的一项大型文化遗产，我们有责任有义务承担起文物保护使命。给张家一个承诺，给历史一个交代。

作者单位：抚顺市元帅林文物管理中心

为烈士洗污　还历史真相
——关于高福源①烈士是否参与"二二事件"②的调查报告③

张友坤

　　高福源原为东北军 67 军王以哲将军的部下，是王非常器重的年轻有为的进步军官，高一直把王视为"恩上"。1935 年 10 月 25 日，高福源在

①高福源（1901—1937）原为东北军 107 师 619 团团长。1935 年 10 月 25 日，在榆林桥战役中被红军俘虏后秘密加入中国共产党，成为沟通中共与东北军、张学良秘密联系的和平使者，1937 年 2 月 4 日被刘多荃授意部属葛晏春团长秘密杀害，其遗体在中共地下党组织的协助下，由高的家属和堂弟高福洪偷运出来，掩埋在西安市东城门外的城墙角下；直到 1981 年才将高的遗骨找出。当地人民政府为他举行了隆重的骨灰安放仪式，并将高的骨灰和遗像安放在西安市南郊陵园。

②所谓"二二事件"：1936 年 12 月 25 日，张学良送蒋返京后，蒋介石不但坚持扣留张学良，而且命令中央军大军压境，企图以武力压迫东北军、十七路军就范。情势危急之下，东北军内部产生了两种对立意见：一是以王以哲、何柱国、刘多荃等为首的高级将领，主张服从蒋介石的命令，从渭南前线撤军，而后再要求释张；一是以应德田、苗剑秋、孙铭九为首的中级军官则主张先释放张学良将军，然后才能撤军，否则不惜一战。双方矛盾激化。1937 年 2 月 2 日，东北军少壮派枪杀了东北军元老 67 军军长王以哲，东北军发生分裂。周恩来副主席为避免东北军内部继续火拼，为保持西安方面的团结，把对南京的和平谈判继续下去，决定让应德田、孙铭九、苗剑秋离开西安，赴陕北苏区云阳镇红军司令部，避免了东北军内部的自相残杀，使张、杨两位将军发动西安事变的初衷得以保证。

③1987 年初，根据吕正操将军的指示，我对高福源烈士是否参与杀害王以哲将军的"二二事件"进行调查与考证，此文完稿于是年 4 月 5 日，距今已有 31 年了，鉴于种种原因，没能及时发表；为了还烈士清白、对历史有所交代，特将此文公开发表。这次发表，引用了全国政协文史和学习委员会编的《中共、国民党、东北军、十七路军当事人"揭秘西安事变"》（中国文史出版社，2007 年版）中的一些资料。

榆林桥战役中被红军俘虏后，秘密参加中国共产党，1935 年 11 月，他主动承担沟通红军与东北军关系的任务，做张学良将军的工作，对当年西北张学良、杨虎城与共产党"三位一体"逼蒋抗日局面的形成有不可磨灭的历史功绩。1937 年 2 月 4 日，高福源被东北军 105 师师长刘多荃令其部属葛晏春诱杀于西安。[①]

1986 年，王以哲[②] 的女儿王育新致函人民日报编辑部，认定高福源参与了枪杀其父王以哲将军的"二二事件"；要求刊登她撰写的《"二二事件"现场简况之一》。其根据是："一、我母亲及家卫队营长王崑亲眼看到高福源在我家西安粉巷二十七号做'二二事件'总指挥。二、在高崇民、申伯纯、刘多荃、孙铭九等人的回忆录中都可找到旁证。"

为弄清历史真相，澄清是非，告慰英灵，根据吕正操将军的指示，我再次查阅有关史料（包括王育新同志提出的一些回忆录），并于 1987 年全国政协会议期间特别访问了时任第六届全国政协委员的孙铭九（也是"二二事件"的策划者与执行者之一）。他说：高福源虽属"少壮派"，但他没有参与"二二事件"。事实是：高福源是被他的顶头上司刘多荃师长暗示其部署葛晏春团长秘密诱杀的。

根据我考证的结果：高福源根本没有参与"二二事件"，更不是什么现场总指挥，其理由如下：

1. 在所有"二二事件"参与者的回忆录中，都没有涉及高福源。"如果说，他们有意隐瞒的话，那么在 1965 年高崇民给周总理的信中，要求给（'二二事件'的参与者）何镜华作一政治安排，信中列举了'二二事件'的参与者，其中并无高福源。"高崇民是"二二事件"的坚决反对者，又事隔数十年，没有为高福源隐瞒的必要。

2. 应德田在回忆录中称："参与'二二事件'的人，记得有刘启文、邓玉琢、杜维刚、刘佩苇、文英奇、何镜华、赵龙韬、乌庆麟、黄冠南、

———————

①详见张友坤：《张学良身边的共产党员暨西安事变记事》，社会科学文献出版社 2017 年版，第 41—46 页。

②关于王以哲是中共的"特别党员"一事，长期湮灭不闻，甚至一些曾经在东北军工作的一些党员都不知情，后在叶剑英等证实才得以确认。详见《党史博览》2007 年版，第 7 期刊载的散木撰写的《土地革命战争时期的"特别党员"和"秘密党员"》。

周锟、贾国辅（贾涛）、商同昌、王协一、于文俊、华国章、魏治国、朱云飞、孙聚魁等，此外还有苗剑秋和孙东园。连孙铭九和我在内，共约30多人……"①此回忆录中也没有提到高福源。

3.枪杀王以哲是应德田、孙铭九、苗剑秋等人煽动起来的，并做了具体布置，策划者、执行者有名有姓。连三位核心人物都始终没有到过现场，作为时任105师的旅长高福源怎么可能去做卫队营的现场指挥呢？

孙铭九在回忆录中称："2月1日晚，何镜华和应德田②找我到张副司令公馆应德田的办公室谈话，房中只有我们三个人。何镜华首先说：'只有王以哲、何柱国两人不同意坚持要求副司令回来，应该赶快想法去铲除他们。由你的卫队营先把王以哲监禁起来……'何镜华又说：'若不赶快决定，就来不及了。'应德田在旁催促我快下决心，我想：这件事是要卫队营去做的，也就是我要负责。在部队中我是下级，这样做是以下犯上。我们的目的是要营救张副司令，是为了抗日。张副司令是抗日同志会的主席……三人沉默相视，心情无限悲愤，好像大势已无可挽回。何镜华和应德田就再次催促我说：'不快决定就晚了'……应德田又说：'我要写一篇宣言作传单，说明王以哲的罪过是出卖东北军，出卖张副司令，所以要铲除他……'我听了应德田说写一篇宣言的话以后，才下决心并表示同意了。开始我说应推刘启文师长派人去干，因为他的军阶比我高。但大家要我派卫队营去干。孙东园说：'派20个人跑步去，来个左转弯就进去了。'我就提议派卫队营于文俊连长带队去，大家同意。随即派人找于文俊来，当场有许多人给他提出建议，告诉于连长率领卫队营的卫士要跑步到王以哲家中，随后又派人跟着去看，随时回来报告情况。同时决定派卫队营营副商同昌带人到何柱国家中打死何柱国。于是就分别出发了。

"当于文俊连长出发后不久，有人跑来报告说：'王以哲在家中已被打死了。'孙东园说：'没有错！这次王就算完了'……

①《中共、国民党、东北军、十七路军当事人"揭秘西安事变"》，中国文史出版社2007年版，第508—509页。

②应德田：《二二事件纪实》记载，应德田此时在副司令公馆随从参谋秘书室，其他人先后来到。

"'二二事件'发生后，西安形势发生了急剧变化，责任都集中到我一个人身上，我感到很焦急，以前我都听应德田的，到现在应德田亦无办法。苗剑秋急忙跑来告诉我说：'周副主席对这件事很生气。'我一听此话更急了，我说：'这怎么办呢？赶快去请周先生帮助。'我问他周先生在哪里，苗剑秋说：'周先生来了，在副司令公馆。'我马上同苗剑秋一同到张公馆，在楼上看到周副主席。他说：'这是怎么办的呢？'我即下跪向周副主席叩头请求。我说：'请周先生帮助解决吧，我做错了，请宽恕！请周副主席为和平继续谈判。'周副主席两手张开招呼我说：'快起来！起来。'我站起来时，他问：'这是谁搞的？'我说：'应德田和我，还有何镜华，开会时还有刘启文师长等决定的。'周副主席没再继续说什么，即同苗剑秋走开了。"① 以上回忆已把"二二事件"的过程说得够清楚了，怎么就没提到高福源呢？

4. 就军事常识而言，军队的命令是逐级垂直下达的，不会发生横向的命令关系。直接策划、执行的人都没到现场指挥，而时任 105 师旅长的高福源却避开卫队营营长孙铭九去现场指挥杀害王以哲将军？他能去指挥吗？卫队营的战士能听他的吗？真是笑话！

5. 如果高福源果真是"二二事件"的总指挥，"二二事件"发生后，周恩来副主席为避免事态扩大，派刘鼎同志② 将应德田、孙铭九、苗剑秋等人立即转移到云阳镇红军彭德怀的司令部，为什么偏偏漏掉了高福源这位旅长现场总指挥呢？刘多荃为什么敢于公开杀害直接刺杀王以哲的凶手于文俊，并剖腹割肝挖心去祭奠王以哲，而把高福源秘密诱杀呢？

6. 从查到的回忆录看，凡是涉及"二二事件"，提到高福源的，都是

---

① 全国政协文史和学习委员会编：《中共、国民党、东北军、十七路军当事人"西安事变"》，中国文史出版社 2007 年版，第 521—522 页。

② 刘鼎（1902—1986），四川南溪人，原名阚尊民，曾用名阚泽民、于作民、戴良等。刘鼎之名是 1936 年 3 月到西安会见张学良时的用名，并沿用终生（曾任中共派到张学良身边的代表）。他 1921 年参加社会主义青年团，次年经孙炳文和朱德介绍转为中共党员。1926 年在莫斯科东方大学学习。1930 年在中共中央特科工作。新中国成立后，历任一机部副部长兼任航空科技研究院院长、第六届全国政协常委等职。1962 年周恩来指定其担任《西安事变简史》撰写领导小组组长。"文革"中受到迫害，在狱中被关押达七年之久，1975 年经毛泽东批示释放出狱。

道听途说，没有一句肯定语气。就按王育新提到的刘多荃、张政枋写的回忆录来说，不但不能说明高福源参与了"二二事件"，相反，却恰恰说明高福源死得不明不白。刘多荃在回忆录中称："我想'少壮派'真凶狠，枪杀王以哲、徐芳、蒋斌、宋学礼，又有黑名单，连我与谭海亦在要杀之内，高福源今晚不来师部见我，他逃回西安一定去见应、孙、苗等人去了。我即决心令西安二团团长葛晏春立即将他（高）逮捕就地处决，打击他们一下。"

张政枋在回忆录中称："高福源是应葛晏春团长的邀请，前来参加宴会。一进葛晏春的会客室，葛即向他开头一枪，高当时未倒下，并大声说为什么事情这样做。葛又开第二枪，高倒地下后，葛又开第三枪，高才死去。高福源是个进步的青年军官，就在这样不明不白的情况下牺牲了。"①

周祖尧在回忆录中称："1936 年双十二事变前，张学良重用了一批青年军官，高福源就是其中之一。他被派到 105 师当旅长，与师长刘多荃意见不一致，常有些矛盾。……后来张学良送蒋介石去南京不得，西安的情况发生急剧变化。刘多荃认为处理高福源的时机已到，指令葛晏春团长在西安秘密诱杀了高。"②

7. 1980 年 8 月，王以哲的女儿王育新同志曾问刘多荃："你为什么要杀高福源？是不是他要夺你的一〇五师师长的位？"刘答："是的。"

综上所述，刘多荃令葛晏春杀害高福源，是怕高夺了他师长的权，是为打击报复"少壮派"。说高参与了"二二事件"，其用心是给高福源捏造罪名，为杀高制造借口。

吕正操将军曾对我说："葛晏春后来在兰州一个军事学校任教，就因他杀害高福源，彭德怀将军没有同意他参加抗美援朝战争。"

以上事实与分析，足可证明，高福源烈士根本没有参与"二二事件"，更谈不上是该事件的现场总指挥。他是被冤杀的。

作者单位：中国社会科学院

---

① 见《西安事变亲历记》，中国文史出版社 1986 年版，第 521 页。
② 见《西安事变亲历记》，中国文史出版社 1986 年版，第 19—20 页。